A STUDENT'S GUIDE TO DEVELOPMENTAL
PSYCHOLOGY(ISBN: 9781848720176)
by Margaret Harris and Gert Westermann

Copyright © 2015 by Psychology Press

All Rights Reserved. Authorized translation from the English
language edition published by Routledge, an imprint of the
Taylor & Francis Group, an Informa Business.

Japanese translation published by arrangement with
Taylor & Francis Group, division of Informa UK Ltd.
through The English Agency (Japan) Ltd.

原著まえがきより

　この新しいテキストは，発達心理学を学ぶ学生に，多くのことを提供している．今日の発達心理学における重要な話題を取り上げながら，これまでの研究と理論，そして，最新の研究結果とその手法についてまとめている．誕生から成人まで，年代を追って重要な発達段階に焦点を当て，行動と発達の変化に脳の活動がどのように関連しているかを明らかにする．また，各章では，子どもの定型発達と，非定型発達を説明し，遺伝と環境要因の影響を比較検討している．

　本書では学習の手助けとなるように，次のようなセクションを用意している．

- 各章での学習目的
- KEY TERM の定義
- 多数の説明図版
- 各章のまとめ
- 参考文献
- 質問に答えてみよう

　本書は発達心理学を学ぶ全ての学生にとって基本的なテキストである．子どもの発達について，最新のわかりやすい説明を必要としている教育，保育，保健その他の専門の学生や専門家の期待に添えるもので，重要な発達の概念を示すビデオクリップを含むウェブサイトも提供している．

日本語版への序

　日本語に私たちの書が翻訳されることを嬉しく思っています。本書で私たちが議論している発達の諸側面の多くは，異なる文化と異なる環境で育つ子どもたちと非常に類似したものでしょう。本書で取り上げた研究の大部分はヨーロッパやアメリカ合衆国で生まれた子どもに焦点を当てたものです。そして，私たちが本書で報告したその多くの発見は日本の子どもたちにも適用できるものと思います。アジアの子どもたちや青年は同年齢のヨーロッパの子どもに比べて数学がよくできるという事実を取り上げています。また，日本語の読みを学習する子どもについての研究もふれています。

　第1章で指摘しているように，子どもの発達は生まれながらに決定されているのか，あるいは育ちによるのかについては，発達心理学が答えようとしてきた，古くから今日までの問題です。発達における文化差を考えることは，氏か育ちかの微妙な関係への重要な洞察を得るものと考えます。

　本書を読んでいただき，西欧で育つ子どもたちと類似する，あるいは異なる日本の子どもたちの行動や気持ちについて考えていただく，刺激になればと思います。

2017年4月

　　　　　　　　　　　　　　　　　　　マーガレット・ハリス ＆ ガート・ウェスターマン
　　　　　　　　　　　　　　　　　　　　（Margaret Harris & Gert Westermann）

目　次

原著まえがきより……………………………………………………………………3
日本語版への序………………………………………………………………………4

第1章　枠組みと方法

1.1　発達心理学における重要な疑問…………………………………………12
1.2　心理学的データの収集と分析……………………………………………23
1.3　まとめ………………………………………………………………………40

第2章　理論と方法

2.1　初期の見方…………………………………………………………………44
2.2　ジョン・ロック……………………………………………………………46
2.3　ジャン-ジャック・ルソー…………………………………………………48
2.4　ジャン・ピアジェの構成主義……………………………………………50
2.5　レフ・ヴィゴツキーの社会・文化理論…………………………………54
2.6　ジョン・ボウルビィの愛着理論…………………………………………58
2.7　コネクショニズム…………………………………………………………62
2.8　ダイナミックシステムズ…………………………………………………64
2.9　神経構成主義………………………………………………………………68
2.10　まとめ……………………………………………………………………73

第3章　乳幼児期への導入

3.1　胎児期の発達………………………………………………………………78
3.2　新生児………………………………………………………………………85
3.3　座位，立つこと，歩行……………………………………………………86
3.4　手のコントロールの発達…………………………………………………89
3.5　聴覚，嗅覚，味覚，視覚…………………………………………………92
3.6　まとめ………………………………………………………………………95

第4章　乳児期の認知発達

- 4.1　カテゴリー化の発達……………………………………………………… 101
- 4.2　対象の処理………………………………………………………………… 111
- 4.3　数量の理解………………………………………………………………… 120
- 4.4　コア認識…………………………………………………………………… 122
- 4.5　まとめ……………………………………………………………………… 123

第5章　初期の言語発達

- 5.1　話しことばの知覚の発達………………………………………………… 128
- 5.2　喃語の発達………………………………………………………………… 133
- 5.3　初期言語発達における社会的文脈……………………………………… 136
- 5.4　初期の語彙：単語の理解………………………………………………… 140
- 5.5　語を話すことの学習……………………………………………………… 148
- 5.6　まとめ……………………………………………………………………… 150

第6章　乳児期における社会的，情動的発達

- 6.1　他者への気づき…………………………………………………………… 154
- 6.2　他者の模倣………………………………………………………………… 157
- 6.3　微笑みと社会的認識……………………………………………………… 161
- 6.4　愛着の発達………………………………………………………………… 162
- 6.5　自己概念の発達…………………………………………………………… 171
- 6.6　感情への反応……………………………………………………………… 175
- 6.7　まとめ……………………………………………………………………… 178

第7章　就学前期への導入

- 7.1　脳の発達…………………………………………………………………… 183
- 7.2　運動発達…………………………………………………………………… 185
- 7.3　描　画……………………………………………………………………… 186
- 7.4　まとめ……………………………………………………………………… 191

第8章　就学前期の認知発達

- 8.1　ピアジェの前操作的推理の理論………………………………………… 194

8.2	ピアジェの前操作的思考のテストへの批判	197
8.3	問題解決	204
8.4	類推による推理	209
8.5	見かけ，想像と現実	211
8.6	社会的認知と心の理論	214
8.7	まとめ	221

第9章　就学前期における言語発達

9.1	言語発達の理論的説明	227
9.2	初期の語結合	236
9.3	文法の始まり	238
9.4	早期の文法理解の実験的研究	240
9.5	特異的言語発達障害（SLI）	243
9.6	言語障害と言語的不利	246
9.7	まとめ	248

第10章　就学前期の社会性と情動の発達

10.1	友情と交友関係	252
10.2	社会的問題解決	255
10.3	性役割の発達	257
10.4	自己の理解	258
10.5	遊び，想像，ふり	260
10.6	信頼の発達	263
10.7	まとめ	265

第11章　児童中期への導入

11.1	運動技能	269
11.2	脳の発達	271
11.3	発達障害	273
11.4	まとめ	276

第12章　児童中期の認知発達

| 12.1 | 推理 | 280 |
| 12.2 | 問題解決 | 287 |

  12.3 ワーキングメモリ ································· 291
  12.4 数的処理の学習 ··································· 294
  12.5 まとめ ·· 307

第13章 読み書き能力（リテラシー）

  13.1 読むことの学習 ··································· 312
  13.2 書くことの学習 ··································· 320
  13.3 読み書きの学習の障害 ····························· 324
  13.4 まとめ ·· 330

第14章 児童中期の社会性と感情性の発達

  14.1 仲間との交流 ····································· 334
  14.2 道徳性の発達 ····································· 340
  14.3 感情性の発達 ····································· 344
  14.4 性役割の発達 ····································· 347
  14.5 まとめ ·· 349

第15章 青年期への導入

  15.1 青年期の矛盾 ····································· 354
  15.2 青年期の脳の発達 ································· 356
  15.3 青年期の思春期成熟変化 ··························· 360
  15.4 青年期についての比較文化的展望 ··················· 361
  15.5 まとめ ·· 363

第16章 青年期の認知発達

  16.1 ピアジェの形式的操作的推理の理論 ················· 366
  16.2 ピアジェの理論への批判 ··························· 370
  16.3 実行機能の発達 ··································· 376
  16.4 まとめ ·· 379

第17章 青年期の社会的，情動的発達

  17.1 道徳的推理 ······································· 382
  17.2 人間関係 ··· 387

17.3	青年期の友人関係の性差	392
17.4	争いと攻撃的行動	395
17.5	家族の中での性的役割	398
17.6	まとめ	400

文　献	403
索　引	419
訳者あとがき	425
著者・訳者紹介	428

CONTENTS

1.1　発達心理学における重要な疑問
1.2　心理学的データの収集と分析
1.3　まとめ

第1章

枠組みと方法

> この章によって読者は，以下の点がわかり説明できるようになる。
> - 子どもの発達に関する重要な課題が整理できる。
> - 「氏か育ちか」の議論の主要な点について述べることができる。
> - 発達における臨界期について理解できる。
> - 発達研究において用いられる主な行動学的そして神経生理学的方法について述べることができる。

1.1 発達心理学における重要な疑問

　子どもの発達研究は，私たち自身について問う多くの重要な疑問への対処を可能にする。私たちが，現在成人となった自分を理解しようとするためには，私たちがどのようにして形成されてきたのかを理解しなければならない。いかにして私たちは周りの世界についての知識を学習し，それを得たのか。私たちの性格や能力や社会的スキルはいかにして形成されたのか。私たちは親から遺伝子的な形質をどの程度受け継いでいるのか。そして，私たち自身はどのくらい経験に影響を受けているのだろうか。全てはどこから始まるのか，すなわち，赤ちゃんはどのような能力を持って生まれてくるのだろうか。

　もちろん子どもの研究によって，子どもたちのニーズや，彼らが元気に生きていくことと，育っていくことを可能にするものは何かを私たちはよりよく理解できる。いかにして子どもたちの生活をよくし，安全で幸せと子どもたちが感じることができる環境を用意することができるのか。子どもたちの世界の見方は成人のものと異なっているのだろうか。いかにして子どもを善良な人，そして善良な市民になるように教育し，彼らが次世代を気遣う成人になるように働きかけることができるのだろうか。悪いことで子どもたちを罰す

るべきか，それとも，子どもたちのよい行動を促すことに焦点を絞るべきか。発達性ディスレクシア（読み書き）障害や自閉症のような発達障害がある子どもたちにどのように援助できるのだろうか。

　発達を研究することによって，最終的には，発達過程そのものに対する疑問への答えを見出そうとすることができる。なぜ子どもは発達するのか。発達的変化を起こすものは何なのか。子どもは何かができない状態からそれができる状態にいかにして変化するのだろうか。子どもたちは発達において能動的な役割を取っているのだろうか，あるいは環境からの刺激の単なる享受者であるのだろうか，遺伝子に決定された能力の成熟が起こっているのだろうか。

　子どもの能力の発達は連続的であるのか，あるいは，発達には段階があり，比較的安定した相における突然の変化として見えているのだろうか。そのような突然の変化を見る時，何か突然の変化が子どもの中に生じているのだろうか。あるいは，基盤となるプロセスでの漸進的な子どもの中での変化が行動や能力の突然の変化につながっているのだろうか。ことばを話すことのような能力が学習される特定の時期というものがあるのだろうか。あるとすれば，それはなぜだろうか。

　これらの疑問は，子どもが成長し幸福になること，社会がよい環境を創り出すこと，科学が人間発達への更なる理解のために役立つことといったさまざまな観点からとても重要である。これらの疑問に対する答えは，もちろん実践にも大いに役立つ。その範囲は広く，子育て支援の質と内容，学校教育の対象となる年齢，学校教育の構成や査定といった政策から，教育的玩具，CDやDVDの良いところを判断する知識を養育者に与えるといった点にまで役立つ。歴史を振り返っても，これらの疑問の多くは熱心に議論されてきたが，その疑問の重要性を示すために期待される事実としてのエビデンスが伴ってはいなかった。エビデンスを集積し，評価し，仮説を立て，子どもの発達がどのように展開していくかを理解していくことは，心理学の1つの分野である発達心理学の課題である。

　次に，発達的変化に関して問われ続けてきた主要な2つの疑問について考える。1つは「氏か育ちか」の論争についてであり，もう1つは，学習の臨界期についてである。

「氏か育ちか」論争

　なぜ私たちは今のようにあるのだろうか。それは，遺伝子といった生物学的な素因によるのだろうか。それとも私たちが経験してきたことや成長してきた環境によるのだろうか。このように，子どもは生得的に方向づけられているのか，育ちによって形成されるのかといった問いは心理学においては最も長年にわたって議論されてきた課題で，哲学においてはそれ以前からなされていた。これは，この議論においてどの立場を取るかによって，ある社会がいかに体制化されるべきかといったことの見方がかなり異なるということにもよる。もしも人の能力や行動が主として生物学的基盤によるものと考えるなら，それらを変えようとすることにはほとんど利がないとわかるであろう。学校で特別な指導やコーチングによって成績が悪い生徒を支援しようとすることは役立たないことになるだろう。人はその人の能力を持って生まれているということになる。同様に，罪を犯した人を刑務所に入れることは主に2つの目的のためということになる。すなわち，彼らから自由を取り上げることによって罰することと，彼らを拘束することによって社会を守ることである。

　しかし，人々が経験によって作り出されるという考えを取ると，異なる結論に至る。私たちを形成するものが環境であるとすると，環境に適応することによって，何事も成すことができる。適切な環境があれば，天才にもなれよう。あるいは，恵まれない子どもたちの学校での成績が思わしくないことは，他の同年齢の子どもと同様な豊かな経験と機会がなかったことが原因だとわかるので，少なくとも彼らへの支援が非常に重視されるだろう。刑務所に関しては，刑務所で過ごす時間が社会に再統合する手段となるように，犯罪者を更生させることが重視されるだろう。

　このように多様な意味合いがあるので，「氏か育ちか」論争は議論を引き起こし，多くの異なる観点が形成されてきたことは驚くことではない。古代ギリシャの哲学者は既にこの問題に対して，彼らの見解を持っていた。論争は，彼自身も含め天才の血筋で印象づけられるチャールズ・ダーウィンの従弟である博学者フランシス・ゴルトン（Francis Galton, 1822-1911）によって「氏か育ちかの問題」

と命名された。ゴルトンは，知的能力には遺伝的に受け継がれた，生物学的基盤が濃く影響していることについて考察し，その考えを彼の著書『遺伝的天才』（1869）において論じた。

歴史的には，多くの見方は，人々の行動や能力には，生物学的な要素が強い部分もあるし，環境に影響を受けるところもあるというものである。「育ち」の重要性について強い立場を取り，強調したのは，英国の哲学者であるジョン・ロック（John Locke, 1632-1704）である。子どもは，**タブラ・ラサ**，すなわち白紙の状態で生まれるという信念をロックは持っており，彼らは経験によって最終的な状態に形成されると考えた。彼は以下のように述べている。「心はいうならば白紙のようで，特性も考えもなく，それはいかに形成されるのであろうか。全ての道理と認識の材料はどこから生まれるのだろうか。この問いへの私の答えは一語で，経験である。そこに私たちの認識が形成され，そこから究極的に生じるのである」（Locke, 1690, 第1巻，2号，セクション2）。

ロックの強い環境論としての立場は，神への信念やいくつかの数学的な真実などの多くが生得であるとする，その時代に広く行きわたっていた考えへの反応でもあった。彼の見解によれば（次章でより詳しくみるが），生得的な要因は心理的発達に重要な寄与はしていない。

ロックに対して，スイスの哲学者であるジャン-ジャック・ルソー（Jean-Jacques Rousseau, 1712-1778）は，人間発達について，より「氏」の見方を取っていた。彼は，子どもは自然の計画にそって成長し，自然によってのみ最もよく導かれ，他者による教育は，よい人間を形成するよい方法ではないと考えた。子どもは生得的に「善」であり，教育や道徳的な教えと制約は，子どもに利益をもたらすよりは，堕落させると彼は考えた。彼の考えは，社会によってだめにされていない**高貴な野蛮人**（noble savage）という見方であり，教育によって堕落した結果とは対照的なものである。この見方は，子どもの自然の素因を強調し，子どもを育てていくことにおける教育の役割を最小限にしたものである。ルソーの考えについても次章でまたふれることにする。

「氏か育ちか」の論争は，初期の哲学的な議論から今日もなお続

> **KEY TERMS**
>
> **タブラ・ラサ**
> 白紙の状態
>
> **高貴な野蛮人**
> 社会によってだめにされていない人格をいい，教育によって「堕落させられた」状態とは対照的なものである。

野生児ヴィクトールの写真，イタールの著書より。

KEY TERMS	
野生児	人間との節触がほとんど，あるいは全くなく成長した子どものこと。
一卵性	1つの受精卵から発達する双生児。遺伝的には同一である。
二卵性	一卵性ではない双生児で，遺伝的には通常のきょうだいと同様に近いだけである。
エピジェネティクス	いかに経験によって遺伝子のスイッチが入り，また消えるかについて研究する。

いている。歴史的には，どちらに関しても実証的なエビデンスはほとんどない。しかし，野生で成長し，文明に戻された**野生児**に関する事実が1つの資料としてある。そのような報告はたくさんあるが，野生児ヴィクトールの事例が有名である。ヴィクトールは，1799年に発見され，11歳か12歳であった。フランス南部のアヴェロン近くの森を裸でさまよっていた。1年後に大きな人々の関心のもとにパリに連れてこられた。ルソーによって記述された「野生の高貴な野蛮人」をじかに見たいと人々は思った。しかし，彼らが目にしたのは，混乱し，話せない，そして注意の維持が難しく，身体を前後に揺すって時間を費やしている子どもだった。ヴィクトールは生理学者のジャン-マルク-ガスパール-イタール博士（Jean-Marc-Gaspard-Itard）によって育てられるように措置された。イタールは，ヴィクトールの障害は社会化の欠如からくるものと考え，5年間にわたり教育を行った。彼は，ヴィクトールに話すことを教えることを試みたが，最終的には失敗だと認めざるを得なかった。40歳の年齢でヴィクトールが亡くなるまでに，3語しか話せなかった。

　他の野生児と同じように，ヴィクトールにおいても，非定型的な行動が親や他の人間との社会的接触の欠如，考えられる心的外傷的経験など普通ではない経験によるものであるかどうか，あるいは，自閉症や重い学習障害のような障害の特徴があったのかどうかは明確ではない。いくつかの点で異常が見られたことによって両親に遺棄されたとも考えられる。こうした理由から，発見されたどの野生児も，ルソーの述べた「高貴な野蛮人」とは似ても似つかない子どもだったが，氏か育ちか論争のエビデンスとしては疑わしいと思われる。

　実験心理学の到来は，一方での遺伝的素因と他方での環境の寄与という，人間の行動への相対的寄与の研究に新しい方法をもたらした。双生児の研究である。**一卵性**双生児は遺伝子には同一で，彼らは同一の生物学的基盤を持って生まれてくる。そのため，一卵性双生児の外見や性格，そして能

双生児研究は，遺伝と環境のそれぞれの人間行動に及ぼす影響，及び両者の交互作用による影響についての研究者が用いる方法である。

力に見られる違いは環境によるものに違いないと考えられる。すなわち育ちである。もちろん、多くの双子は一緒に成長し、かなり多くの環境的経験を共有する。それに対して、**二卵性**双生児は、遺伝子的には通常のきょうだいと同様に近いだけである(近年のレヴィらの推定では人間であることによって遺伝子の99.5%を共有しているといわれている)(Levy et al., 2007)。しかしながら、二卵性双生児においても多くの経験を共有している。

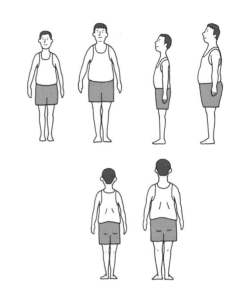

一卵性双生児だが、それぞれ別々に異なった環境で育てられた例。[訳注:原著では写真(Gottieb, 1998)だが、本訳書ではイラストに置き換えた。]

　一卵性双生児と二卵性双生児の大きなグループを比較することによって、科学者は双子の類似性と違いを観察し、多くの特性への遺伝子の寄与、両方の双子に共有されている環境の寄与、そしてそれぞれの双子に特有の環境の寄与について測定してきた。例えば、一卵性双生児が二卵性双生児よりも身長において類似しておれば、どちらのタイプの双子も環境は共有しているが、それに加えて一卵性双生児はより遺伝子を共有しているから、身長は遺伝子による影響が大きいものであると結論づけられる。

　しかしながら、双生児研究はその結果が広く一般化できるものではないと批判されてきた。まず、双子で生まれることは多くの点で、一人で生まれる子どもと違っている。双子は同じ子宮で育つことから始まり、誕生後、両親の注意を共有する。彼らは同一年齢の仲間として常に周囲にいて成長する。もう1つの批判としては、双生児研究は一卵性双生児にしても二卵性双生児においても共有される環境は同一であるという仮定に基づいているけれども、一卵性双生児の共有する環境と二卵性双生児のそれとは多くの点で異なっている。例えば、一卵性双生児は互いに多くの時間を共にし、二卵性双生児よりもより共通の友達を持つ。したがって、二卵性双生児よりも一卵性双生児のほうが類似の特性をより多く持つというのは、共有される遺伝子によるというより、より多く共有される環境によるのかもしれない。双生児研究の価値と妥当性についての議論はまだ解

決されていない（Freese & Powell, 2003; Horwitz, Videon, Schmitz & Davis, 2003a, 2003b）。

　多くの科学者は，「氏か育ちか」の二分的な考え方は有用ではなく，人の能力や行動のどのような側面が遺伝子によるもので，どのような側面が環境によるのかという問いは単純すぎるということで現在では一致している。このようなコンセンサスが得られるようになったのは，氏も育ちも非常に一体化しており，分けられるものではないことが明確になってきたからである。従来，遺伝子は発達の青写真であると考えられてきたが，現在は，遺伝子の働きは環境によって統制されていることがわかっている（Gottlieb, 1998）。特定の遺伝子が*発現*する（活動する）かどうかは，他の遺伝子やホルモンから受ける信号に依存している。これらの信号は栄養的な手がかりや身体的な接触，環境的ストレス，そして学習と環境的要因に影響を受ける。遺伝子の発現をもたらす環境的な刺激のはっきりとした例は17頁の写真でわかるだろう。この写真は，異なる状況で育てられた一卵性双生児のもので，DNAが同一であるにもかかわらず，経験に影響されないと思われる身長のような特性において非常に異なっている。遺伝子の発現をもたらす経験の影響については，エピジェネティクス（epigenetics）についてのボックス1-1においてさらに詳しく述べている。

ボックス1-1　エピジェネティクス

　エピジェネティクスの研究は，いかに経験によって遺伝子のスイッチが入り，また切れるかについて研究する分野である。あなたの1つ1つの細胞は同一のDNAを持っているが，大きな違いもある。例えば，皮膚細胞と脳の神経細胞とでは異なる。これはなぜであろうか。胎児期の発達において，個々の細胞の遺伝子はエピジェネティク的タグ（目印）によって，最終的な細胞の役割に関連のある遺伝子のみが活動し続けるようにスイッチが入ったり，切れたりする。最近では，遺伝子が経験によってスイッチが入ったり切れたりすることができるように，エピジェネティク的タグが生涯を通して働くことができることがわかってきた。このプロセスのいくつかの

際立った例があり，母親の行動が子宮の中の赤ちゃんのエピジェネティク的タグに影響を与えるだけでなく，私たちのエピジェネティク的タグを子孫に受け渡していくことも明らかになってきた。

　誕生前の子どもへの母親の経験の影響のエピジェネティク的形成の1つの例として，第二次世界大戦中のオランダに生まれたあるグループの人たちのものがある。ドイツの占領下のオランダでは，西部の人口の多い都市への食糧供給が遮断されて，1944年の11月から1945年の春の終わりまで続いた「オランダの飢餓の冬」（Dutch Hunger Winter）と呼ばれる大飢餓をもたらした。多くの人が亡くなり，生存者は標準的な食物摂取量のわずか25％の状況を生き延びた（Roseboom, de Rooji, & Painter, 2006）。戦争終結後，エピジェネティクス学者は，重い栄養障害の生存者の長期にわたる影響を追跡した。興味深いのは，飢餓の時期に子宮にいた子どもたちである。驚くに値せず，妊娠末期の3か月に栄養状態が悪かった母親の赤ちゃんは小さく生まれていた。それに対して，飢餓の時に妊娠していて最後の3か月間（飢餓が終わった後）に正常に食事を摂った母親の赤ちゃんは標準の出生体重であった。

　しかし，これらの赤ちゃんへの長期の影響はさまざまであった。低体重で生まれた乳児は生涯を通して体重も肥満の割合も平均以下であった。しかし，標準の出生体重で産まれた赤ちゃんは，後に成人となってから一般の人たちよりも平均肥満率が高かった。誕生時には全く健康で正常に見えたけれども，妊娠早期の母親の栄養異常によって，後の肥満の影響を受けやすくなるように変化していた。このように早期の胎児期から後の成人期に伝達される影響は，成長ホルモン，コレステロールの運搬，そして老化に関係する遺伝子の非定型のエピジェネティク的マーカーを通して伝達されることが発見されている（Heijmans et al., 2008）。

　他にも動物においても人間においてもエピジェネティク的影響の例は多くある（Carey, 2012）。ある疾病（例えば，糖尿病や乳癌）の遺伝的素因が同一である二人が，なぜ一人は発

病し，もう一人がそうでないのかはエピジェネティクスによって説明できる。これは，遺伝的素因と環境と（たぶん，喫煙や食べ過ぎ，運動不足など）が共に影響し，関連のある遺伝子をオン，オフにするからである。

　エピジェネティク的研究は，獲得された特性は子孫に伝えられないという長く考えられてきた信念にも疑問を投げかけてきた。親が獲得した特性が伝えられるという考えは，最初にフランスの動物研究家であるジャン＝バティスト・ラマルク（Jean-Baptiste Lamark, 1744-1829）が発展させた。彼の考えの一例は，高い木の葉に届くよう懸命に首を伸ばすキリンは，長い首を次第に発達させたというものである。この獲得された長い首は，キリンの子孫に伝えられ，親の誕生時の首よりも長い首を持つ子どもが生まれるであろうというものである。ラマルクの進化理論は，ダーウィンの自然淘汰の理論に先行していたが，ダーウィンのより説得力のある理論が受け入れられるようになると，ラマルクの理論は受けられられなくなり，軽んじられ，嘲笑の対象とさえなった。しかし，ラマルクの考えはその詳細において間違っていたが，そして，彼の例は残念なことに不適当であったかもしれないが，ある程度，エピジェネティク的な情報は子孫に伝達されることが今日わかってきている。伝統的な見方が，卵子や精子にある全てのエピジェネティクな情報が消し去られるというものである一方で，生き残る情報がいくつかはあるように今日では思われる。この働きが生じるメカニズムは現代では非常に盛んな研究領域である。既に明らかになっていることは，エピジェネティクスにおいて新たにわかったこと，すなわち，遺伝子はDNAを変えることなしに，経験によってオン・オフを切り替えるという知見は，氏か育ちは分けて考えることができないことを示しているということである。

ラマルクは，獲得された特性は子孫に伝えられると理論化した（高い木の葉を食べるために伸ばすことから発達した長い首のように）。ラマルクの理論は詳細において誤っていたけれども，今日ではエピジェネティク的情報はある程度，継承されることがわかってきている。

臨界期

　発達心理学における第二の問題は，ある技能（スキル）の学習が可能な，あるいは少なくとも他の時期よりも良い時間的な枠があるかどうかである。学校で外国語を学習したなら，おそらく訛りがあるだろう。大人になってピアノを習ったならば，コンサートピアニストにはなれないであろう。これはどうしてだろうか。

　研究者は発達の時期の問題が関係していると長年考えてきた。どの年齢においても，全ての能力が等しく学習できるとは限らない。特定の能力が学習される時期を**臨界期**と呼んできた。臨界期の最も際立った例は，生物学者のコンラッド・ローレンツ（Konrad Lorenz, 1903-1989）によるものである。彼はガチョウを含めた数多くの種の詳細な観察を行った。ガチョウのひな鳥が生まれた時，ひな鳥が最初に目にし，後を追った動く対象に生涯続く愛着を形成する。このプロセスが**刻印づけ**（imprinting）といわれる。それは，ある行動が特定の環境的刺激に誘発され，関係づけられる生物学的な傾向である。通常，ガチョウのひな鳥が刻印づけられる対象は母親鳥である。しかし，ローレンツは，転がるボールやローレンツのブーツのような対象といった多くの物にガチョウのひな鳥が刻印づけられることを示唆した。ガチョウのひな鳥が刻印づけられた物は，それが何であったとしても戻せなかった。ローレンツによれば，臨界期は，生涯のある短い非常に限られた時期に学習される能力で，後の学習によって戻せないといった特徴がある。この刻印づけについては，第2章においてより詳しく述べている。

　ローレンツが彼の観察を発表して以来，臨界期の時期や長さは経験によって影響を受けることが明らかになってきた。例えば，家畜のガチョウやヒヨコの刻印づけは，刻印づけとなる適当な対象が存在しないときには遅れる。このため，学習能力が高くなった時期については，**最適期**（sensitive

KEY TERMS

臨界期
特定の能力が学習される時期のこと。

刻印づけ（インプリンティング）
特定の環境的刺激に，誘発され，関係づけられる行動の生物学的素因。

最適期
学習の能力が際立っている時期。

ローレンツは孵化したガチョウのひなに対して，彼をひな鳥が最初に目にするものとなるようにした。その後，ひな鳥は彼をどこでも追い，実際の母鳥への認識は示さなかった。ガチョウのひなは彼らが従うべき対象の像（刻印づけ）を形成した。

period）という用語が用いられる。人間発達において，臨界／最適期は，言語の学習（音韻，統語など言語の異なった側面に関して異なる臨界期がまたあるが）から，第二言語の学習，両眼視，固形食物についての学習そして愛着の形成といった広範な学習に対して考えられてきた。

　研究者が臨界期，最適期について主に問題にしてきたことは，どのような状況で，その開始や長さが変わるのかどうか，また，そのような期間で学習されたことを戻すことができるのかどうか，そしてそのような期間の起源は何かということである。これらの疑問は，発達において子どもが適切な経験を確実にできるようにするために，そして発達における正しい時期に正しい経験をしていない場合の結果やそれがどのように修復できるのかといったことを理解するためにも重要なものである。例えば，生後1年目に養育者から剥奪された子どもは情動的な発達や愛着に問題が生じる。研究の焦点は，これらの否定的な結果が取り戻され，後の治療的関わりによっていかに修復されるのかに当てられてきた。

　どうして最適期が生じるのかについてはさまざまな説明がある（Thomas & Johnson, 2008）。1つ目は成熟である。発達におけるある時期に脳の神経化学が変化し，学習のための脳の能力である可塑性が非常に減少するということである。学習における脳の柔軟性が多くのニューロンの結合に基づいているとすると，特定の能力の最適期が終わると，使用されなかったこれらの結合は刈り取られることになる。例えば，もともと脳の運動ニューロンは，バイオリンの演奏に必要な手指の器用さの発達を可能にする多くの結合をしているであろう。もしも子どもが実際にバイオリンの演奏を学ぶなら，これらの結合は強化され，安定化する。しかし，この技能が学習されなかったら，必要な結合は刈り取られるだろう。そして，いったん無くなると，全ての元々の結合があった時に存在したバイオリンを演奏する同一の能力を発達させることは不可能だろう。

　2つ目の説明は，最適期は学習そのものの副産物であるというものである。学習には特殊化が伴う。特殊化が起こると，この過程を元に戻し新しいことを学習することは難しい。脳の観点から見れば，このことは，もともとの脳の領域は脳に入ってくる幅広い種類の情

報に反応するようになっているという可能性を示している。発達を通して，他の脳の領域との交渉によって，この領域はより特殊化されてくる。例えば，ある脳の領域が他の視覚的刺激に対してよりも顔に対して特に反応性が高いようになる。この領域をより広い範囲の視覚的刺激に再び反応するように脳を再体制化することは難しい。

最後に，さらに学習することが少なくなるにつれて学習システムが安定化するので，最適期が終わるのではないかという説明もある。例えば，ある言語環境で育つと，脳は言語の特定の音声と構造に適合する。言語環境が壊れない限り，能力に大きな変化は見られないだろう。しかし，環境の完全な変化が見られると，このシステムは不安定化し，学習が再び起こる。

臨界期と最適期に関してさまざまな領域において，人や動物について，研究の全く異なる流れがある。厳密に定義され，不変であった臨界期についての多くの常識は修正されてきた。より多くの科学者が，刻印づけのように動物に観察された行動は，愛着のような人間の学習や発達の側面の理解に重要性を持つかどうかに現在疑問を持っている。学習における可塑性の基礎となる神経メカニズムの研究が行われており，より多くが進行中である。このトピックに関してより多くのことが確実に発見されると確信を持っていえる。

1.2　心理学的データの収集と分析

心理学的研究を行うにおいて，私たちは研究計画と研究デザインを考え，実験的データを集積し，それらのデータを統計的に分析して結果を解釈する。本書において読者はそのプロセスの多くの例を見るであろう。データが収集されてきたが，その結果の解釈に不一致があることもわかるであろう。同一のデータの解釈は非常に異なるので，いかにそのデータが収集されたか，結果とそこから導き出された結論とにどのような関係があるのかを理解しておくことは重要である。ここでは，発達心理学における最も一般的なデータ収集の方法のいくつかについて説明する。

KEY TERMS

縦断法
同一個人について時間を追って資料を収集する研究デザイン。

横断法
同時にさまざまな年齢の子どもを研究するデザイン。

縦断法と横断法

　発達心理学のトピックは，子どもの変化の特徴である。私たちは2つの基本的な方法によってこの変化を検討することができる。縦断研究では，研究者は異なる年齢において検査をするなど，ある子どもの群を時間的経過のなかで追跡する。この方法の利点は，個々の子どもの変化を時間とともに追えることである。同一の子どもが異なる年齢で調べられるので，子どもの間の個人差の問題はほとんどない。しかし，**縦断法**はいくつかの点で課題がある。まず，実施するのに長い時間を要する。例えば，2歳の時の語彙量が8歳時の書きの能力に与える影響に関心があれば，その答えを得るためには6年を要する。第二に，縦断研究においては，常に欠落していく割合が高い。研究期間に子どもが転居したり，参加することへの意欲が低下したりする。従って考えられる欠損を補うため，研究の初めに多数の研究協力者を選んでおかねばならない。第三に，研究に協力しつづける協力者と欠落していく協力者との間に組織的な違いがあるかもしれないことである。これは偏ったサンプルにつながる。例えば，読みに困難さがある子どもは読みが優れている子どもよりも8歳の時に参加したくないかもしれない。このことは代表的でないサンプルによって早期の語彙量の読み能力への影響を研究者が過少あるいは過大評価してしまうことにつながりかねない。

　横断法においては，異なる年齢の異なる子どもが同じ時に調べられ，比較される。例えば，1歳から3歳までの語彙発達を研究する時，12か月，15か月，18か月，24か月，そして36か月といった異なる月齢群によって調べ，それぞれの月齢群において理解語彙と産出語彙とをカウントする。この方法では，15か月時の語彙から36か月時の語彙をいかに予測するかについて研究することは難しい。というのはそれぞれの月齢で異なる子どもが調査されているからである。しかし，平均で見て語彙がどのくらいの速さで増加するか，その月齢範囲で直線的に，あるいは急上昇的に増加するかどうかは見出すことができる。横断的方法は，縦断法よりも早く容易であるが，弱点もある。第一に，縦断法によるよりも異なる年齢群の個人差が大きいこと。そのためより多くの協力者をテストする必要があること。

第二に，年齢群に組織的な違いがある。いわゆるコホートの影響である。早期の保育の提供が増加し，18か月児はその恩恵を受ける一方で，36か月児はそうでないなら，これら2つの月齢の語彙の比較からはっきりした結論を引き出すことは難しい。にもかかわらず横断的方法が発達心理学においてよく用いられているのは，主に時間と費用が節約できるからである。

観察的方法

多くの発達研究には，子どもの自然な行動の観察が含まれている。そのような観察研究には，子どもの行動や発話を日常的に保護者が記録する日誌を利用することができる。近年では，ビデオ録画が一般的になってきている。子どもの家庭や保育所でカメラを設け，あるいは設備の整った研究施設(下の写真のように)で行うことができる。観察を行う研究施設には大抵はいくつかのカメラがあり，異なる視点から子どもを記録できる。セッションの終わりには，非常に詳しく分析することが可能である。スローモーションを用いることにより，生の観察から記録できない些細な行動を分析できる。これらの設備によって，日常生活において子どもが経験しているような，生態学的に妥当な状況での子ども間あるいは親子間の相互交渉を研究することにも役立つ。

ビデオ録画を用いることの欠点は，記録を文字化したり，分析したりすることのやっかいさである。子どもが話した言語の分析では，

子どもの観察室の例。ワンウェイミラー（マジックミラー）によってプレイルームで行われていることが観察できる。

1時間の記録を文字化したりコード化したりするのに大抵20時間以上かかる（Kirjavainen & Theakston, 2012）。そのため，そのような研究の多くは週に1度か2度程度のセッションが限度である。特に資料が豊かな研究では，一人の子ども（ブライアン）と母親との遊びと食事時間の相互交渉の記録で，2歳から4歳近くまでのトータル330時間記録されたものがある（Maslen, Theakston, Lieven & Tomasello, 2004）。14か月間は，週5日，1日1時間の記録であり，8か月以上は月に4ないし5セッションであった。これらの研究者はブライアンの発話の8〜10%を捉えていると考えた。このような豊富な資料によって，興味深い洞察を得ることができる。例えば，それまでのよりデータが少ない研究ではわからなかった過去時制の誤り（例として，yesterday I eated ice-cream）の頻度と名詞の複数形の誤り（three blind mousesのような）の頻度との違いが見出された。

　理想的な世界では，長い時間にわたって子どもの覚醒している時を記録することができるであろうが，自然にそのようなことを行おうとすると恐ろしいほどの課題と倫理的な配慮を要する。まずどのように記録するかの問題がある。ずっとカメラを回すことを保護者に依頼するわけにはいかない。また記録できたとしても少なくとも毎日1日10時間，週7日間にわたるビデオや音声記録をどのように分析するかである。一方でこのような莫大な量の資料はとても有用である。というのは，子どもの特定の経験（親との面と向かっての相互交渉や子どもが受けている言語の量とタイプといったような）と子どもの変化する能力のとてもきめの細かい記録が得られるからである。

　氏か育ちかの論争において，子どもの経験のはっきりとした特徴は，しばしば議論のあるところである。これは，経験の無い子どもに認識があることは，その認識が生得的なものであることの有力な論拠として重視されてきたからである。例として，以前そのような出来事を経験すること無しに，1つのボールが他のボールにぶつかり，そのボールが転がっていくことを子どもが期待するとすれば，原因とその影響の認識は生得的に賦与されたものであるということができる（Leslie, 1995）。子どもの経験を十分に説明することにより，子どものこのような認識が学習されたものかどうかを確認でき

る。同様に，発達的変化を遅く漸進的（連続的）であるか，あるいは突然または急速な変化（非連続的）であるかを特徴づけることにおいても，1つの能力の変化が急速なものかどうかを確認するために，きめの細かい観察資料を得ることは重要である。要するに，発達の要因やメカニズムを理解するために，私たちは少なくとも子どもの経験と行動の十分な理解を必要としているのである。

科学の他領域（例えば，遺伝学，物理学）では，**ビッグデータ**と呼ばれるアプローチが一般的になってきている。この考えはできるだけ多くのデータを集積し，自動的なコンピューターによる分析方法を発展させるものである。心理学においても同様に，この方法を1つの足場としつつある（Ivry, 2013）。発達研究において，ある科学者は現在，子どもの生後数年間の大部分を記録しようとしている（ボックス1-2参照）。大規模なデータが用いられた1つの例は，初期の発話について，言語の遅れや自閉症の子どものものか，定型的な話しことばの子どものものかを自動的に区別するために用いられてきた（Oller et al., 2010）。それは初期の話しことばにおいて既に違いがあることを示している（5-2参照）。疑いもなく，このようなビッグデータによる方法はこれからの心理学的研究においてもより重要となるであろう。

観察研究に関係して，研究者ができるだけ率直な会話を行うようにし，子どもに質問を行う**臨床的面接**がある。子どもの反応によって，インタビューは違う方向にいくが，研究者は質問において問題となっている点についてより多くを発見するよう会話を方向づけていくことができる。

KEY TERMS

ビッグデータ
非常に大量のデータを，コンピューターによって自動的に収集し，分析する研究方法。

臨床的面接
できるだけ自然な会話を維持して研究者が質問する方法。

ボックス1-2　ビッグデータによる研究

　ビッグデータによる研究の一例（Roy et al., 2006）では，自分の家庭の全室の天井に研究者がカメラを備え付け，彼の息子の生後3年間のほとんど全てを録画した。ビデオ録画が90,000時間，音声記録が140,000時間であった。このデータの量は手作業ではトランスクリプト（文章化）したりコード化したりできない。このプロジェクトの焦点は，話しことばとビデオ分析のコンピューターによる方法の開発であった。同

KEY TERMS
馴化 乳児の能力の測定方法で，乳児の注意が有意に減少するまで刺激が繰り返し提示される。そして，新奇な刺激が提示され，注意の増加が測定される。

様に大規模な研究は，生後10か月から48か月の子どもの衣服のポケットに小さな音声レコーダを付けて月に数回全日録音したものがある（Zimmerman et al., 2009）。この研究は232例の子どもの1,486件の全日録音という結果となった。同様に子どもの発話を自動的に同定し分析するソフトが開発された。

注視時間と眼球運動の測定

発達心理学における（心理学全体として）最もよく取られるデータ集積の方法は実験を行い，子どもの行動の適切な測定値を集積することである。この方法の利点は，環境の多くの側面と他の重要な変数が綿密に統制できることである。これは観察研究よりもより正確な仮説検証を行うことができる。

年長の子どもは成人と同じような方法で研究することができる。彼らには経験や意見，記憶などに関して質問することが可能である。また，実験で反応を示すことについての指示に耳を傾け，従うことができる。就学前からそれ以降の子どもの発達について述べている章において，そのような研究例を多く目にするだろう。年少の子どもでは，また別の方法を必要とするので，特別な課題に直面する。その年齢によって，言語的教示の理解が難しく，また言語による反応をすることができないだろう。選択肢から選ぶような複雑な非言語的反応もまた難しいかもしれない。かつ幼児は集中できる時間が短く，研究が終わるまでじっと座っていることができなかったり，座ろうとしなかったりする。これらのことから，研究者は，幼児，特に乳児に対して認識や能力を測るまた別の方法を開発しなければならなかった。

注視時間の測定は，乳児の認知研究の主要な方法として確立されてきた。この測定は，乳児が通常すでに馴染みがあるものに比較して新奇で新しいものを好んで見るという発見が基礎にある。この結果を取り入れて広く使用されている1つの方法が，**馴化**（habituation）のパラダイムといわれているもので，異なる刺激を乳児が区別できるかどうかを見るために用いられる。乳児はある1つの刺激を提示

熟知性と新奇性への選好研究に参加している乳児。アイトラッカーは画面の下に設置されている。

される。例えば，コンピューターの画面に三角形が繰り返し提示され，それぞれの提示に対する注視時間が測定される。同じ材料が何回か示されると，乳児の興味が減ってくるので，注視時間は徐々に減少することが想像できる。ある程度まで注視時間が減少すると（例えば，50％），乳児はこの刺激に馴化したと考える。そして，新たな刺激，例えば四角形が示される。そして乳児が最後に見た三角形よりも四角形をより長く注視すれば，三角形と四角形の区別が乳児はできていると考える。

　この方法の重要な特徴は，乳児にコントロールされているということである。テスト場面（ここでは四角形）に進むかどうかは乳児自身の注視行動に依存している。関連して，乳児にコントロールされない方法は熟知－選好注視法（familiarisation-preferential-looking paradigm）で，よく使われているものである（写真参照）。例えば，10回といったように，決まった回数の馴染みある刺激が提示される。これらの提示中の注視時間の減少は，乳児が刺激に馴染み，能動的に処理したことを示していると考える。そしてテスト場面に入り，2つの対象が並んで示される。1つは馴染みのあるもので，もう1つが新しいものである。もし乳児が馴化パラダイムにおいて新しいものを長く注視すれば，この2つの対象を乳児は区別していると考える。

　感覚間選好注視法（intermodal preferential looking paradigm: IPL）では，聴覚刺激への注視行動が測定される。この方法は，例えば，乳幼児の語の理解の測定に有用である。例えば，猫とボールのような2つの絵がスクリーンに並んで乳児に提示される。この提示から2秒してスピーカーから「ボール」と流される。もしも乳児がボールを長く注視すれば，この語の意味を理解していると見なす。

また別の方法であるアイトラッキングは，例えば，壁に隠れた対象が再び出現するなどの出来事の結果や行為の目的を子どもが予測するかどうかを見るのに有効である。行為の目的の理解を調査したある研究では，ボールをバスケットに入れる動画クリップを成人と同様に 6 か月と12か月の乳児が見た。研究協力者のアイトラッキングでは，12か月児と成人は，行為の結果が予想でき，演者の手がバスケットに届く前に，バスケットを見た。それに対して，6 か月児では，演者の手にあるボールを追跡していただけであった（Falck-Ytter, Gredebäck & Von Hofsten, 2006）。

ボックス 1-3　注視時間の測定

　注視時間の方法がまず開発された時，乳児の注視時間はオンラインで記録された。それは，乳児が左を見た時には実験者がボタンを押し，右を見た時にはまた別のボタンを押すといったものである。また，より正確な記録の方法はオフラインで，刺激が提示される画面の上部にカメラが設けられて乳児の眼を記録するものであった。研究終了後，ビデオ録画がフレームごとにそれぞれの時点で乳児はどこを注視しているかを見て分析された。特定のソフトを作成した研究者もいるが，スコアリングには時間が非常にかかり，テスト場面よりも長くかかる（1 分の録画に対して，15分程度かかる）。

　近年では，乳児期を対象とした研究では，スコアリングの過程を自動化したアイトラッカーを用いる研究者も増加している。アイトラッカーは，コンピューター画面の上部あるいは下部に取り付けられ，協力者の眼に見えない赤外線の光を照らし，眼の瞳孔と虹彩からの反射を測定する赤外線カメラを用いている。複雑な計算によって，アイトラッカーは，画面の（または実際の情景の）どこを協力者が見ているかを決定する。以前のアイトラッカーは，頭部の動きに反応するので頭に装着するか，動きを最小限にするために顎を台に載せて頭を位置づけなければならなかった。新しいモデルは，自動的に頭部の動きをある程度補正でき，乳児や子どもの研究には理想的になっている。アイトラッカーを用いることによ

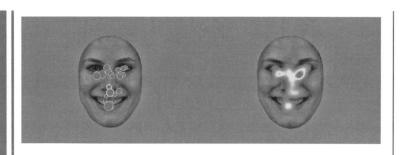

左：1人の乳児がどのように顔を見たか
右：顔認識研究において，乳児が凝視した領域のヒートマップ

って，子どもが提示された刺激を注視する時間量がオンラインで測定でき，極めて正確である。それに加え，単に画面の左を見ているか，右を見ているかの区別ができるというだけでなく，眼の追跡の空間的分析が高いので，子どもが提示されるイメージのどこを（例えば，動物の頭，尻尾，脚など）注視しているか，そしてその順序もより細かく検討できる可能性がアイトラッカーにはある。

　アイトラッカーは，人が注視している位置を記録するというだけではなく，瞳孔の大きさも記録できる。人の瞳孔は，覚醒し，注意を向けている時や，難しい算数の問題を解く時のように，非常に高い認知的負荷の下では，広がることはこれまでもよく知られていた。近年では，研究者は発達的な文脈においても瞳孔の大きさを用い始め，処理のより細かな時間的全体像を得るための補足的な注視時間測定尺度として使用している（Laeng, Sirois & Gredeback, 2012）。瞳孔の拡大における変化は注視時間よりも認知的処理のよりよい尺度となると述べている研究者もいる。

画像法

　過去20年において，対象を見ている時や音を聴いている時の子どもの脳の活動を視覚化できる方法が発展してきた。脳の活動を直接測定することはいくつかの利点がある。第一に，子どもは対象を長く注視したり，驚きを示したり，ことばで返したりといった観察できる明らかな反応を示す必要がないので，脳の測定は些細な影響を拾うことができる。第二に，以下に述べるERPのような測定は時

> **KEY TERMS**
>
> **機能的磁気共鳴画像法（fMRI）**
> 神経活動に相関する脳の血流を測定する方法。
>
> **脳波検査（EEG）**
> 頭部に付けられたセンサーによって脳の神経活動によって生じる電気活動の細かな変化を測定する方法。
>
> **事象関連電位（ERP）**
> EEGから生じた神経電気活動の特殊な波形。

間が限られたものなので，心的過程のタイミングの分析が可能である。第三に，脳のどこであるプロセスが生じているかを見つけ出すことができるので，子どもと成人の脳機能の比較ができ，発達における脳の変化と認知に関連した脳の変化の様相についてさらなる洞察を得ることができる。脳と行動発達を関係づけられるようになったことにより，発達認知神経科学と呼ばれる全く新しい研究領域が生み出されている（Johnson & Haan, 2011）。以下に，子どもに最もよく用いられている神経科学的方法について簡単に述べる。

　成人によく適用されるいくつかの確立された方法の中に子どもには適さないものもある。例えば，**機能的磁気共鳴画像法**（functional Magnetic Resonance Imaging : fMRI）は神経活動に相関する脳の血流を測定するものであるが，研究協力者は狭いチューブの中で，時には長い時間，騒音を防御するヘッドフォンを付け，横たわってじっとしていなければならない。5歳頃からじっとしているようにしつけることはできるが，より年少の子どもは動き回る。時々，fMRIは乳児にも適用されるが，数少ない研究の大部分は乳児の睡眠中で活動していない時になされたものである。睡眠中の子どもに対して取り組める課題に必然的に限られる。例えば，生後3か月から7か月の睡眠中の乳児に対して，乳児の脳が環境音と区別して情動的な発声（笑いや泣き）を処理できるかどうかを調べる目的のためfMRIを用いた研究がある（Blasi et al., 2011）。研究者は，成人と同様に，これらのタイプを音処理する脳の領域はかなり異なっていることを見出している。

EEGとERP

　子どもの脳の活動を測定するもっと一般的な方法が**脳波検査**（electro-encephalography: EEG）と**事象関連電位**（event-related potentials: ERP）である。EEGを用いた脳造影は，多くのセンサー（電極）を頭部に付け，脳の神経活動によって生じる電気活動の細かな変化を拾うものである。これらの小さなシグナルは増幅され，分析することができる。EEGを用いて，例えば，特定の頻度でかなりのニューロンに同時に起こる発火を測定することが可能である。発達研究の文献では，ガンマバンド活動，すなわち40Hzあたりで（1

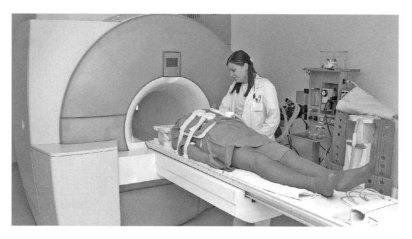

fMRIのスキャナー

秒に40回のニューロンの発火）脳のニューロンのグループの発火が同時に起こることに焦点が当てられてきた。乳児では，この同時的な活動は対象の処理に関係している。例えば，生後6か月の乳児がスクリーンの対象を見ている時，遮蔽物によって隠れると側頭葉のガンマバンド活動が激しく起こり，対象の姿が見えなくなってもその対象を表象し続けていることを記述している（Kaufman, Csibra & Johnson, 2003）。

　事象関連電位（ERPs）はEEGから生まれた神経電気活動の特殊な波形である。例として，直立した顔が特定の方法で処理されるかどうかの問題について，研究者が関心を持つと，反転された逆さまの顔に比較して，直立した顔を見た時の脳の反応を比較したいかもしれない。脳波では，全ての脳の活動を反映するので顔を見た時だけに関係したものではないので，ノイズが非常に多い。ERPの観点では，顔を見た時に記録されるかなりの数の波形を用いて，顔に関係しない部分のEEGが平均的な線に落ち着き，残りの部分が顔に固有の反応であると考える。したがって，典型的なERP研究の協力者は，かなり多くの刺激を見る。生後12か月児の顔の処理を検討した研究では，80の直立した顔と80の反転した顔を見せられた（Halit, de Haan & Johnson, 2003）。直立した顔への反応の波形を平均化し，反転した顔の反応の波形も平均化することで，2つの顔との間で異なる特徴的なプロフィールを示した。これはこの月齢の乳児において，成人と同様に，反転した顔と直立した顔を違ったように

処理していることを示している。反応のパターンを図1-1に示す。

　EEGやERPによる測定の主な利点はかなり高い時間的分解能があることである。ミリセコンドでの測定で神経活動の変化を観察することが可能である。また，情報の処理の時間的な展開が観察できる。このような利点はあるものの，これらの手法には多くの欠点もある。第一に，頭皮に付けられたセンサーによって電気的活動が測定されているので，測定された活動は脳のどの部位から生じているのか簡単には推測できない。したがって，ある特定の情報処理に脳のどの部位が関わっているのか正確にいうことが難しい。第二に，記録された神経活動は筋肉運動によって生じる電気活動よりももっと小さい。そのため，子どもが眼球や頭，あるいは顎を動かすと，神経活動が測定できないほどのより電気的なノイズが生じる。その結果，乳児研究では多くの協力者を必要とする。例えば，先に述べた顔の処理では，85例の乳児が調べられたが，58例が動き回り，結果的にデータが使用できなかった。にもかかわらず，ERPは子どもの神経イメージング法として広く用いられている。

NIRS

　幼い乳児の脳の活動を視覚化する近年の方法として，**近赤外線分光法**（Near Infra Red Spectroscopy: NIRS）がある（Gervain et al., 2011）。この方法は，ある脳領域で神経活動が増加することが，この領域の血液の酸素処理における変化と関係があるという観察に基

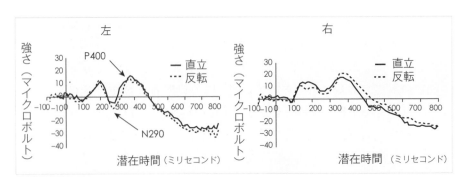

図1-1　反応パターン
Halit, de Haan, and Johnson (2003) より作成。*Elsevier* より掲載許可，2003年。

づいている。子どもは，特定の波長の近赤外光を発するLEDと発せられた光を記録するセンサーが付いた特性のキャップを被る。光は頭蓋骨を通って，血液の酸素量によって，吸収，拡散する。皮質の表面から反射された光の量を光のセンサーは測定する。そしてそれは，脳の活動と関係のある血液の酸素の水準を計算するために用いられる。NIRSは他の画像法に比していくつかの良い点がある。センサーは子どもの頭に直接付けられているので，fMRIやERPのように，頭を完全にじっとしておく必要はない。さらにfMRIとは違って，そしてERPと同様に，NIRSは静かである。NIRSの時間的分解は5秒程度で，fMRIに似ているが，4 cm程度の空間的分解も伴う（脳のどこで増加した神経活動が生じているか，正確に指摘する）(Shalinsky, Kovelman, Berens & Petitto, 2009)。また，現在，発達研究のための完全にそのまま変更せずに使えるシステムは少ないけれども，NIRSは，比較的安価である。NIRSの欠点としては，光は頭部の深いところまで入っていかないので，より深い脳の構造ではなく，皮質の表面層を探るだけである。

乳児はEEGのヘアーネットを装着している。頭部のセンサーが脳の神経活動によって生じる電気活動の変化を記録する。

KEY TERMS

近赤外線分光法 (NIRS)
脳領域の神経活動の増加が血液の酸素処理の変化を伴うという観察に基づく脳活動の評価方法。

　よく知られているNIRSを用いた1つの研究は，新生児が言語をどのように処理するかを検討したものである (Pena et al., 2003)。後述するが（ご存知かもしれないが），大部分の成人の言語機能は脳の左半球に優位である。NIRSを用いた研究において，この大脳優位性が既に乳児の時期から決まっているのか，それは次第に発達してくるものかを検討したいと研究者は考えた。この問題に答えるため，新生児（睡眠中の生後2日から5日）は3つのタイプの聴覚刺激を聴かされた。1つは普通の乳児への話しかけ，1つは話しことばの逆再生（話しことばとして普通は処理されない），そして，沈黙であった。その結果，話しことばを聴いた時には左側頭部において活動が増加した。しかし，逆再生や沈黙はそうではなかったという結果を研究者は得た。したがって，母国語の左半球の優位性は誕生から既に存在しているように思われる。

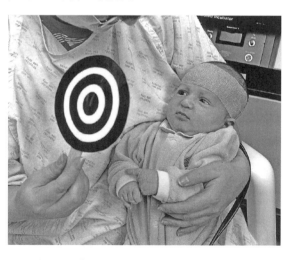

NIRSを用いた乳児の脳の活動の測定

コンピューターによるモデリング

　これまで私たちが述べてきた方法は，子どもの行動や脳の活動を記述し，測定するものであった。しかし，それらの方法ではこれらの行動と脳の活動のパターンを説明できない。また，年齢とともに見られる行動や能力における変化も説明できない。コンピューターモデリングはこのための方法である。すなわち，観察と説明とを関係づけることである。

　コンピューターモデルは，本質的には，人間の行動を疑似したコンピュータープログラムであるが，重要なのは，人間がいかにこの行動を生じさせるのかという理論に基づくものだということである。この方法は人工知能とコンピューターモデリングとを区別するもので，人工知能では，「知的」な行動を示すようにコンピューターをプログラムするが，コンピューターが人と同じような処理原理を用いているかどうかについてはあまり関心が向けられない。例えば，チェスコンピューターは上手にチェスをし，人の世界のチャンピオンを負かすが（Hsu, 2002），その戦い方は人とかなり異なることは，皆が承知していることである。ゆえにチェスコンピューターは人間がチェスをするよいコンピューターモデルではない。

　心理学的なコンピューターモデルでは，人間がある課題を学習する時に犯す誤りも含めて，人間の行動を正確にまねることが目的である。新しいモデルが開発されると，心理学的研究と類似した実験的状況におくことができる。例えば，熟知／新奇選好研究のモデリングでは，注視時間のモデルを開発することができる。乳児のように，モデルにある一連の対象を示し，モデル化された注視時間が子どもから得られたものに類似しているかどうかを調べる。もし，それらがそうであれば，私たちは乳児の行動と学習過程の説明としてそのモデルを用いる。（そのモデルを開発したので）私たちは，そのモデルがなぜそのように行うがわかっている。そしてモデルにおいて使用された原理と同じものに乳児の行動が基づいていると考えることができる。

　特に発達心理学においては，**人工神経回路網**，あるいは**コネクショニストモデル**といわれるコンピューターモデルの特殊なタイプが

一般的になってきている。コネクショニストモデル（図1-2）は脳のニューロンが機能する方法から大まかな発想を得たものである。よく知られているように，ニューロンはその細胞体の中で電気的インパルス（衝撃）を生じさせる。これらのインパルスは神経軸索からそのシナプスまで届く。シナプスは2つのニューロンをつなぐもので，そこでは電気シグナルが神経伝達物質を放出するように働きかけられる。神経伝達物資は他のニューロンに取り上げられ，電気に再転換される。この電荷は神経樹上突起を通して細胞体に入っていく。この入ってくる電気的シグナルが十分に高いと，ニューロンそのものが電気的インパルスを発火させる。

　思考，感じること，そして，行為のような神経的な処理は，生物学的な神経回路網に走る電気的インパルスの交換から生まれていると述べることができる。それぞれのニューロンは単一の機能を持っている。すなわち，樹状突起から受容した活性化を統合（まとめる）する。この活性化が十分に高いと電気的インパルス（スパイク）を生じさせ，それが軸索やシナプスを通って他のニューロンに行くのである。ニューロンは処理しているものが視覚的，聴覚的，運動的，あるいは他のどの種類の情報かが「わかる」わけではない。入って

KEY TERMS

コネクショニストモデル
多くの相互に結合されている接点（ノード）があるコンピューターに作られた学習のモデル。

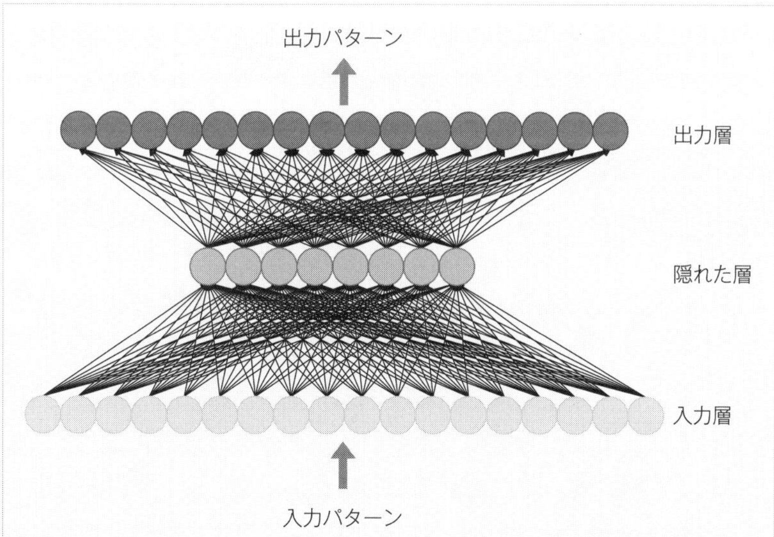

図1-2　単純な神経結合

くる活性化を集積し，他のニューロンに送る原理は全てのニューロンに共通である。学習はシナプスの強さを変化させることによって起こり，放たれ，取り上げられる伝達物質の量は時間とともに変化する（学習は新たなシナプスを産むことと，既にあるシナプスを刈り取ることに関わっている）。

　人工神経回路網は，生物学的な神経回路網のこれらの基本的な操作原理（必然的に手短に単純化して）を捉えようとしたものである。回路のユニットは受信接続を通して受けた活性化を統合する。この受信活性化はニューロンの活性化に変換され，他のニューロンに送信接続を通して送られる。発達現象のモデリングにとって，コネクショニストモデルが魅力的であるのは，ユニット間の結合を増加させたり減少させたりすることによって，経験から学習できることである。このことがどのように起こっているかについてはボックス1-4で詳しく述べる。

　心理学的立場から，コンピューターモデルで起こっている学習は，学習の実際の起こり方を観察できるので興味深い。例えば対象の名称を学習するモデルにおいて（ボックス1-4参照），どの名称がまず学習されるか（たぶん，よく目にする対象であり，かなり特徴的な対象のものであろう），どの名称の学習が難しいか（たぶん，鳥とコウモリのように，2つの非常に類似した対象が異なる名称を持つ場合があろう），名称の学習は線形的か非線形的か（ゆっくりとした学習の後に，モデルが短期間に多くの名称を学習する急激な増加があるのかどうか）についてわかる。私たちはモデルの対象の名称の学習についての結果と，私たちが子どもがそれらをどのように学習するかについてわかっていることとの比較ができる。もしも，モデルが子どもと同様な学習していることがわかれば，すなわち同じように学習が容易だったり難しかったりする名称がわかり，モデルが同じ全体的な学習プロフィールを示したならば，そのモデルは子どもの学習についての良い説明を与えてくれているといえる。しかし，これは何を意味するのか。モデルが対象の名称を学習するのは対象の視覚的外見とその名称を単に連合したということはわかっている。学習の特徴はこの単純な連合から生まれたものである。モデルの行動が子どもの行動と相当しているならば，子どもの語学習について同じ主張をす

ることができる。

　コンピューターモデルによって与えられる人間の処理の説明はモデルができる*予測*を考えることによってさらに評価できる。私たちの例では，提示した対象の名称を全て学習した後，ユニットのいくつかの結合を取り除くことによってモデルに「ダメージを与える」ことができる。このダメージによってモデルのパフォーマンスが悪くなり，学習した全ての対象の名称能力を失うであろう。ダメージによって，どの名称が最も影響を受け，ダメージに対してより強い語はどれかについてより正確に調べることができ，脳卒中や認知症を患っている人が対象の命名能力における障害の予測ができる。この予測が正確であるとすると，モデルの妥当性の新たなエビデンスとなる。

ボックス1-4　コネクショニストモデルではどのように学習するのか

　多くのコネクショニストモデルは図1-2のように体制化されている（かなり複雑なものもあるが）。ユニットは３つの層に配列されている。入力の層は環境からの情報を受容し，それは，入力のユニットが活性化されることを意味する。この活性化は，結合を通して中間の隠れた層（「隠れた」と言われるのは，外界と結びついていないからである）に，流れていく。そこで，入ってくる活性化に基づき，隠れたユニットはさまざまな程度に活性化され，その活性化は出力層への結合を通して送られていく。

　このようなタイプのネットワークにおいて，モデルは典型的に指導者に与えられた課題を学習する。例えば，モデルは異なる対象の名称を学習するために用いられるかもしれない。そのようなモデルの入力は，対象の視覚的な外見の表象であり，出力は対象の名称の音韻的な表象である。初めに，ネットワークが何かを学習する前は，結合の強さはランダムな値にセットされている。これは，モデルが対象を提示された時に，隠れたユニットから出力ユニットに活性化が流れた時，出力は意味を持たないことを意味する。しかし，モデルは対象に

> **KEY TERMS**
>
> **バックプロパゲーション・アルゴリズム**
> コネクショニストネットワークにおける学習のアルゴリズムをいう。

対して正しい名称を産出することができ，この学習は結合の強さを変化させることによって達成できる。この働きは次のようである。モデルが1つの出力を産出している時，この出力はモデルが産出すべきこと（例えば，対象への正しい名称で，ターゲットとも呼ばれる）と比較される。モデルの出力ユニットには，それがあるべきよりも過剰に活性化しているものもあれば，活性化が足りないものもある。基本的に，結合の強さ（ウエイトとも呼ばれる）が変換され，過剰に活性化されたユニットは減少するように，活性化が足りないユニットは増加するように供給される。このように，ネットワークが産出する活性化のパターンは次第により正しいターゲットのパターンになる。最もよく使われているウエイトの変化を計算する方法は，**バックプロパゲーション・アルゴリズム**（backpropagation algorithm）と呼ばれている。

1.3　まとめ

　本章では，発達心理学の枠組みにおいて問われる問題と，それに対する答えについて考えてきた。また2つの問題，すなわち，氏か育ちか論争と，臨界期あるいは最適期の問題について詳細に見てきた。そして，子どもの発達を研究することができる方法に関して記述してきた。年長の子どもは成人と同じように検査ができるが，乳児に適用されてきた方法は注視時間の分析に基づくものである。私たちは，発達する脳がいかに情報を処理しているかについて調べる多くの方法についても議論してきた。主には，EEG，ERP，そしてNIRSである。最後に発達理論と発達的変化を検証し，発展させる方法としてコンピューターによるモデリングについて議論した。本章を読み終える頃，読者は発達心理学において私たちが問う問題と，それらの答えを探る方法について用意できるに違いない。

参考文献

Carey, N. (2012). *The epigenetics revolution: How modern biology is rewriting our understanding of genetics, disease, and inheritance.* New York: Columbia University Press.

Elman, J. L., Bates, E. A., Johnson, M. H., Karmiloff-Smith, A., Parisi, D., & Plunkett, K. (1996). *Rethinking innateness. A connectionist perspective on development.* Cambridge, MA: MIT Press.

Harris M. (2008). *Exploring child development: Understanding theory and methods.* London: Sage Publications.

Lewkowicz, D. J. (2011). The biological implausibility of the nature-nurture dichotomy and what it means for the study of infancy. *Infancy*, *16*(4), 331-367.

質問に答えてみよう

1. 氏か育ちか論争を批評してみよう。
2. 「私たちがあるのは遺伝子による」ということについて論じてみよう。
3. 発達に臨界期はあると思うか，検討しよう。
4. 乳児の研究において画像法の使用例とその利点と欠点について述べてみよう。

CONTENTS

- 2.1 初期の見方
- 2.2 ジョン・ロック
- 2.3 ジャン-ジャック・ルソー
- 2.4 ジャン・ピアジェの構成主義
- 2.5 レフ・ヴィゴツキーの社会・文化理論
- 2.6 ジョン・ボウルビィの愛着理論
- 2.7 コネクショニズム
- 2.8 ダイナミックシステムズ
- 2.9 神経構成主義
- 2.10 まとめ

第 2 章

理論と方法

> この章によって読者は，以下の点がわかり，説明できるようになる。
>
> ● ジョン・ロックとジャン-ジャック・ルソーの初期の発達理論について述べることができ，近年の発達理論と関連づけることができる。
> ● ジャン・ピアジェの発達の見方の主な点が説明でき，レフ・ヴィゴツキーの発達の見方の主要な点と対照できる。
> ● 愛着理論と動物行動学におけるその起源について述べることができる。
> ● ダイナミックシステムズと神経構成主義の発達の見方について論じることができる。
> ● ウィリアムズ症候群のような発達障害が神経構成主義の枠組みの中でいかに理解できるかが説明できる。

　第1章では，発達心理学において検討されてきたいくつかの大きな問題について述べてきた。ギリシャ哲学の時代に，そして，それ以前に，発達はいかに起こり，始まりはどこか，いかにそれは形成されるのかといったことを人は問うてきた。本章では，発達の理論において形作られてきたこれらの問題に対する主な見方のいくつかについて述べる。

2.1　初期の見方

　歴史の中では，子どもは成人と重要な点で異なっていると長い間考えられてこなかったように思われる。その結果，児童期は人生の中で異なる重要な段階であるとの考えはなかった。幼児は，世話と保護を受けていたが，6歳，7歳頃になると，家庭を離れ，異なる村に商売を学びに行くことがよく見られた（Crain, 2005）。そこでは，彼らは，年齢の違った子どもや成人と交わり，彼らと違うようには

子どもといるマドンナ（イタリアの芸術家ベルリンギエロによる，1236年）。子どものジーザスは典型的な乳児の体型ではなく，成人の体型をしている。

KEY TERMS

前成理論
個人の本質的特性は発達の初めに特定されるという考えに基づく理論。

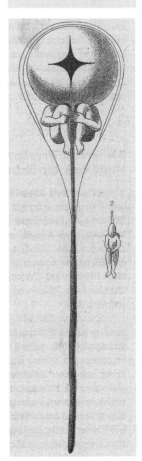

精子の中の十分に前成した人（ニコラス・ハートソーカーによる。*Essai de diotropique*, 1694年）。

扱われなかった。人々は子どもと成人の基本的な違いは感じておらず，中世の絵画では，子どもは，子どものような特徴よりも「小さな大人」としてよく描かれている。

　子どもを小さな大人としての見方は，人間発達の考え方においても確認される。長く浸透していた**前成理論**（preformationist theories）においては，個人の本質的な特徴は発達の初めから十分に特定されており，発達的変化は錯覚に基づくものであると信じられてきた。このような考えは，写真のように描かれている。多くの人にとって，完全に形成され，小さな人間が人の精子の中にあり，それゆえに発達は変換のない成長であるという見方であった。

　子どもと大人についての初期の考え方は，1500年代の印刷機の出現と都市や商業の勃興によって変化した（Crain, 2005）。それによって起こった読み，書き，算数の指導に関係したよりよい教育の必要

性は，より多くの学校を開き，その結果，初めて多くの子どもが商売を学びに行くのではなく，学校教育を受けるようになった。この学校教育の発展が成人と子どもとを分け，両者の違いを強調することにつながった。さらに，子どもの教育の最もよい方法を考えることが重要となった。

17世紀，18世紀の二人の哲学者，ジョン・ロックとジャン・ジャック・ルソーは，発達心理学への基礎を発展させた。彼らの子どもの育て方についての哲学や見方は，後の多くの理論に影響を与え，同じように両者は今日においても影響を与えている。既に第1章でロックとルソーは氏か育ちか論争において強く相反する見方を持っていたことを紹介したが，特定の論点を超えて両者は影響を与えているのである。

2.2 ジョン・ロック

ジョン・ロック(1632-1704)

ジョン・ロック（1632-1704）は，英国のサマーセットに生まれた。彼はオックスフォード大学で学び，後に同大学のギリシャ語と道徳哲学の指導者になった。彼は職業として聖職者と医者との間で迷い，最終的には医者に決め，自然科学について多く学んだ。ロックは彼の時代の偉大な思想家の一人となり，大きな影響を与えた数多くの著作を書いた。『教育論』（1693）は子どもの最も良い教育法を展開したものである。『人間知性論』（1690）は経験主義者としての哲学的考えと人間の学習についての彼の見方を発展させたものである。『統治二論』（1689）は生まれながらの権利に基づく市民社会へのビジョンをまとめたもので，合衆国憲法の発展の核となる業績となった。

第1章で述べたように，ロックは生得的な考えの存在は信じていなかった。それに対して，彼は，生まれた子どもは「白紙の状態（タブラ・ラサ）」で，最終的にその人自体になるようにすべての経験が刻印づけられ，環境，特に教育によって人は形成されると論じていた。この見方は，当然，教育を非常に強調するものであった。ロックは，いかに教育が子どもたちを良い市民に形成するか，その時代の教育的実践がいかに改善されるべきかを問うた。ロックの考えでは，発達する心の形成は，*連合*（association）（一緒に経験する2つの事項

をつなぐことにより，他のことを考えずに1つの考えのみを持てなくなる），*反復*（自然な習慣にまでするために何回も何回も行う），*模倣*（他者，特に成人の行動を写し取ること），*報酬*と*罰*によって進められる。

　これらはロックの教育哲学の基本である（Crain, 2005）。子どもを教育することは，よい特性の発達を保証する方法であり，自己統制が徐々にできるようにすることは教育の主要な目的の1つである。子どもが一時の満足や衝動に駆られた行動に打ち勝つことができる時，また楽しみや欲望を追い求めることを止められるようになると，子どもたちは良い特性を形成できる。

　健康な身体はこの自己統制を達成するために必要で，そのため肉体的鍛錬は重要である。子どもは1年中，戸外で遊ばねばならない。後になくすことは難しい悪い習慣を形成しないために，しっかりとしたしつけは必要で，子どもにいかに報酬を与え，罰するかについては配慮しなければならない。ロックは，報酬は，アイスクリームやお菓子を与えたりするような，子どもの自己統制を惑わすものであってはならないと考えた。しかし，好ましい行動は強化されるように，褒めるべきである。罰は，好ましくない連合を生むので，身体的なものではあるべきではないと彼は考えた。もしも野菜を食べないことで子どもが叩かれると，野菜と叩かれることとの連合が生じて，次に野菜を食べる時に，食べたい気持ちは増大しないだろう。また，罰することは賛同できないことを示すことによって，そして，可能ならば，称賛によって好ましい行動を促進すべきである。

　ロックは全体に教育は規則や罰によるべきではなく，例によって導くべきであると考えた。言い換えれば，子どもは役割モデルを必要としていると彼は考えた。また，彼は，子どもは規則を理解する能力や気質において成人と異なることを強調した。そのため子どもの行動の教育は，彼らの発達の状態に合わせるべきである。子どもは自然な好奇心を示し，私たちはそれを利用して，彼らが楽しみながら学べる教育的遊びを作ったり，彼らの疑問に耳を傾けてそれに答えたりすることができる。

　ロックの考えは非常に啓発的で斬新なものであったことは明確である。それらは現代の親へのペアレンティングのガイドブックからもそのまま取り上げられる（現代の説明では自己否定や苦難の経験は

ほとんど強調されていないけれども）。ロックは子どもの特徴と成人の行動を教育である社会化の過程の重要な側面と当然考えた。彼の見方は，子どもが，良い特性と教育された心を持つ人へと発達できるように，成人は子どもがどのように機能しているかを理解し，子どもにある最も良いものを引き出すために自分たちの行動を観察し，適用する必要があることを強調している。

2.3 ジャン-ジャック・ルソー

ジャン-ジャック・ルソー
(1712-1778)

ロックが教育によって，子どもが良い成人になることを詳説した一方で，ルソーは非常に異なる見方をした。子どもは，元気に成長するために大人の考えを押し付ける必要はないとし，しかし，そうではなくて，社会から守られ，彼らの思い通りに発達するべきであると述べている。

ジャン-ジャック・ルソー（Jean-Jacques Rousseau, 1712-1778）は，ジュネーブに生まれた。彼の母親は彼の誕生時に亡くなった（Crain, 2005）。彼は父親（母親の死に彼が影響していることをいつも思い出させた）と（外で遊ぶことを禁じ，本に向かわせた）叔母によって育てられた。ジャン-ジャックは，先生とうまくやっていけない恥ずかしがりやで内向的な少年であった。16歳までに，放浪生活を始め，旅をし，お金を稼ぎ，年長の婦人の好意の下で生活をした。29歳でパリに移った時，時代の偉人の何人かに接するようになった。その中にはボルテールもいた。このような集まりに出入りするにもかかわらず，彼は常によそ者であると感じ，恥ずかしがりすぎていた。そして，他の啓蒙思想家と異なる考えを発展させた（Crain, 2005）。33歳の時，無学の使用人の少女と一緒になり，残りの人生を彼女と過ごした。五人の子どもをもうけたが，良い教育を彼らに与える手段がないことから，全ての子どもを養育施設に引き渡した。

ルソーは偉大な啓蒙思想家の一人とされている。彼の最も有名な著書は，『社会契約論』(1762) である。この著書は，人々が主権者である政治的共同体をいかに組織するかについて，彼の理論を発表したもので，フランス革命に大きな影響を与えた。彼は最初の現代の自叙伝である『告白』(1782) を著し，教育の原理を発展させた『エ

ミール』(1672) では，想像上の登場人物を用い，ルソーの別の自分であるジャン-ジャックがルソーによって教育されるというものである。後者が発達心理学にとって重要な著作である。

　ルソーは，子どもを形成しようとする時，社会の役割について慎重であった。というのは，このような教育は他者の賛同に子どもを非常に強く依存させるからであり，社会の力から逃れられなくなり，とりこになるからである。称賛による報酬や支持しないことによる罰といったロックの原理は，子どもが他者の判断に依存するようになることを非常に強調していると読者は気づくかもしれない。ルソーは，教育は危険から子どもを守ることと，それぞれの子どもの自然な素質を育むことに限られ，それは強力かつ完全な独立した人間を作るためであると述べている。

　ロックのように，ルソーも子どもとその能力を理解することと，子どもは基本的に成人と異なっていることの理解は，基本であると考えた。彼は自然が子どもを導く主要な4つの段階があると信じ，記述している。段階1は乳児（自然の年齢）で，誕生から2歳頃までである。この段階では，子どもは感覚を通して経験し，視覚や触覚，他感覚による探索によって学習する。この段階での教育者の役割は，子どもの身体的ニーズを満足させることにある。段階2は児童期（強さの年齢）で，3歳から12歳頃までであり，外界を探索する能力が増し，独立性を獲得する。模倣や自分自身の探索によって学習する。彼らの思考は具体的で，抽象化することに困難さを抱えている。教育者は，子ども自身が発見と経験をし，試行錯誤の過程で学習することに導いていく。段階3は，児童後期（思考の年齢）で，12歳から15歳で，論理的思考と合理性が生じ，知識の教授の必要性を示す。この教授は，子どもの興味を目覚めさせ，「学習することの学習」を指導することである。最後に段階4は，青年期（洞察の年齢）で15歳から20歳であり，思春期が始まり，他者に依存するといった社会的存在になって自分の激しい感情の目覚めに困惑する。教育者の役割は，青年が自立した状態を保ちながらも，情動を感じることができるように確実にすることである。激しい感情は，狩りやスポーツのような活動に注ぐことができ，感情移入が育てられるべきである。歴史と文学の学びは人間の本性についての洞察を与えるだろう。

そのさまざまな段階での児童期の特徴を理解しようと努力していくことによって，ルソーは発達心理学の基礎を築いた。そしてジャン・ピアジェのような近年の理論家に強く影響を及ぼした。ロックとは異なり，ルソーは，子どもは外的な力によって形成されるのではなく，内的な生物学的な予定に沿って発達し，明確な発達段階を示すようになると考えた。異なる年齢の子どもは特定の遊びと問題によって年齢に合ったように教育されるべきであるという考えは，教育理論への革新的な洞察であった。その結果，児童中心主義の教育方法の誕生となった。しかし，ルソーは子どもの社会的能力に関しては悲観的であった。彼は思春期の始まりをもって，子どもの社会的存在の始まりと位置付けた。しかし，ボウルビィの項で見るように，乳児でさえ誕生から母親と強い絆を形成し，より近年の社会認知発達の領域の研究では，より年少の乳児でも多くの社会的能力があることが示されている（Striano & Reid, 2006）。

　にもかかわらず，ルソーの心理学と教育への影響は莫大なものである。教育においては，ヨハン・ペスタロッチ（Johann Pestalozzi, 1746-1827）が最も影響を受けた後継者で，ペスタロッチの考えは国際的に教育実践に大きな影響を与えている。ペスタロッチは，子どもの自然な発達に教育方法は適用されるべきであると論じ，1805年に彼の考えを検証できる学校を開いた。彼の学校にはヨーロッパ各地から生徒が通い，幼稚園を設立したフリードリヒ・フレーベル（Friedrich Froebel, 1782-1852）は，4年間その学校で教師をし，ペスタロッチの考えに非常に影響を受けた。

2.4　ジャン・ピアジェの構成主義

　ジャン・ピアジェは，20世紀の最も重要な発達心理学者であり，彼の死後，30年以上経ってもなお，彼の影響は重要に思われる。ピアジェの生産的な生涯は，彼が他の科学者とは全く違うように形成した分野での多くの重要な発達に及んでいる。

　ピアジェは，1896年にフランス語圏スイスのニューシャッテルに生まれた。子どもの頃から生物学に関心を持ち，特にジュネーブ湖の貝殻の収集に興味を持った。早熟で，10歳の時に白子スズメにつ

ジャン・ピアジェ
(1896-1980)

いて，彼の最初の科学的論文を公刊し，15歳までに彼を国際的専門家にした一連の軟体動物に関する論文を書いた（まともに扱ってもらうために彼はよく彼の年齢を隠した）。21歳で自然科学において博士号を取得した後，子どもの心の発達における認識の起源に関心が向いた。最初の知能テストを開発したアルフレッド・ビネーの研究所で仕事をし，彼の仕事は子どもの知能テストを考えるものであった。最終的にそこでの仕事は満足のいくものではなかった。それは，彼は子どもの反応は単に正しいか誤りかといった点で評価されるべきではないと考えたからである。彼は子どもの誤りに興味をそそられるようになり，それは子どもの思考に見られる内的な一貫性を示していると思われた。そのため，子どもの思考は成人の思考の「誤った」ものではなく，全く成人のものと異なるように思われた。子どもの誤答は彼らの思考のシステムの体制化をよく示すものであるとピアジェは信じるようになった。

　子どもの思考は質的に成人の思考と異なり，子どもの誤答は彼らの思考の特徴を示しているという洞察は，ピアジェの認知発達理論の基盤となった。ピアジェは，いかに子どもは論理的思考を行っているかを深く探るために，臨床的面接法と子どもの自然な行動の観察によって，個々の子どもを非常に深く研究し始めた。1925年に彼の三人の子どもの最初の子どもの誕生に伴って，彼自身の子どもに焦点を当て始め，乳児期から児童期まで非常に深く彼らを研究した。1921年に，ジュネーブに移り，彼の残りの生涯をそこで過ごした。ピアジェの長い生産的な生涯において，彼は最初に子どもの夢と道徳性について研究した。その後，科学的思考と数学的概念，そして，社会的思考の発達について研究した。晩年，彼の理論の正式な説明を発展させようとしたが，この努力は実を結ばなかった。

　ピアジェは多くの論文と著書を書いている。最も影響を与えた彼の著作には以下にあげるようなものがある。『知能の誕生』(1923/1926) は，乳児の反復的な活動から次第に知能がいかに発達するかについて述べている。『児童の実在の構成』(1937/1954) は，初期の空間，時間，因果性，そして物理的対象の概念が発達においていかに生じるかについて述べたものである。『遊び，夢，模倣』(1945/1962) は乳幼児期におけるファンタジーと象徴化の発生につ

KEY TERMS

シェマ
認識と行為の構造化された組織。

同化
既に獲得しているシェマと一致する新たな情報を扱う時，その情報は既得のシェマに同化される。

調節
新たな経験が既に獲得しているシェマに一致しない時，システムは新たな情報に合うように調節しなければならない。

均衡化
存在しているシェマと新たな経験との間の均衡状態を産出するために同化と調節のプロセスを用いること。

段階
ピアジェの理論は，発達は，思考と行為の質的に異なるシステムに特徴づけられる一連の段階にそって進行すると述べている。

いて述べたものである。

　ピアジェの発達に関する主要な考えは，認識には生物学的基盤があるというものである。思考や言語の前駆体は，乳児の初期の行為（反射），知覚，そして模倣にある。これらの基本的なブロックを積み重ねていくことによって，子どもは能動的に思考と認識を*構成*する。子どもは彼らの発達において能動的なのである。知識は子どもに単に吸収され，刻印づけられるのではない。思考の一貫したシステムに能動的に構築されていく。発達において，このシステムは繰り返し変化する。その結果，発達は，それぞれ思考のシステムに特徴づけられる質的に異なる*段階*を進んでいく。

　いかに新たな経験は子どもの認識のシステムに統合されるのであろうか。ピアジェによれば，先の経験は一連の**シェマ**に表象され，シェマは認識と行為の構造化された体制化である。既にあるシェマに新たな情報が出会うと，それはそのシェマに**同化**される。しかし，この新たな経験が既にあるシェマに一致しないと，システムは新たな情報に**調節**するように適応しなければならない。この適応の過程は，外界と子どもの認識の内的な体制化との均衡化があることを確実にしている。

　したがって，発達は**均衡化**の過程を通して起こる。均衡化とは，外界と内的世界との間で両者が不一致であった場合に再び調和を取ることである。

　ピアジェによれば，発達は，思考と行為の*質的*に異なるシステムによって特徴づけられる一連の**段階**にそって進行する。これは，ある段階から次の段階への移行は，子どもがより何かができるということだけを意味するのではなく，物事を異なったやり方でするということである。乳児はまず這い這い（あるいはお座りで前進する：bottom shuffling）によって動き回り，歩くようになるのはその後である。これは移動における質的な変化である。歩行は這い這いの進展した形ではない。全く異なっている。

　ルソーと同じように，ピアジェは，誕生から青年期まで，はっきりとした4つの段階を明らかにしている。個々の子どもによって1つの段階から他の段階へ移行する年齢は異なるけれども，段階の順序は不変である。常に同じ順序で起こる。**感覚運動期**は，誕生から

2歳頃までの期間で，認知は乳児の外界との身体的関わりを基礎とする。この段階において，乳児は感覚知覚や運動能力を協応させ，外界の認識を獲得する。**前操作的段階**は，2歳から7歳頃までで，言語の開始があり，それによって象徴的，表象的思考が見られる。また，具体的な対象間の関係だけではなく特性の理解も関わってくる。しかし，この段階では心的に情報の操作を行うことはまだ子どもはできない。そして，他者の視点を取得することも難しい。これらの能力は，子どもが論理を使って思考できるようになる**具体的操作段階**（7歳から12歳頃）に生じる。ピアジェ理論の最後の段階は，**形式操作段階**で，ピアジェは全ての人がこの段階に至るとは限らないと述べているが，およそ12歳頃にこの段階に至る。この段階において子どもは抽象的概念について考えることができ，全く仮説的な状況での思考が可能となる。

　その影響はさておき，ピアジェの発達の見方は多くの批判を受け，彼の理論のある部分は正しくないことがわかってきた。例えば，ある段階から次の段階への移行は，新たな思考の様式に特徴づけられるのであるが，全ての領域において同時に生じるとピアジェは信じていた。ある1つの領域での1つの思考の様式を子どもは示すが（例えば，重さについての推理），より進んだ段階の異なる特徴の様式をまた別の領域で示す（例えば，数についての推理）ような研究が，この考えに対してなされてきた。段階の移行は全体的でなく，異なる領域に固有であるように思われる。

　もう1つの批判は，ピアジェ以後の，この分野の発達に最も深く影響していると考えられる批判は，特に乳児期においてピアジェは子どもの能力を過少評価していたということである。ピアジェは子どもを質問や行動の観察によって測定した。これらの課題に対して子どもができなかった時に，その課題を行う心的表象を持っていなかったと考えることができた。しかし，また，それを示すことに必要な反応は非常に複雑である場合もありうる。一例は，物の永続性の場合である。ピアジェは，乳児は生後9か月頃まで視野から隠れた対象の心的表象は保持できないと考えていた。ピアジェによれば，遮蔽物の背後を移動する時，子どもは対象が存在し続けることは理解できない。ピアジェは，この理論のエビデンスとして，生後9か

KEY TERMS

感覚運動期
適応の過程におけるピアジェの最初の段階。概ね誕生から2歳ぐらいまでを指す。乳児は感覚的知覚と運動能力を協応して，外界についての認識を獲得する。

前操作的段階
ピアジェの認知発達の段階の第二の段階。乳児が既に習得した行為の形式の内面化がなされる。2歳から6，7歳まで続くこの段階の重要な特徴は，一時に課題の際立った特徴のみに焦点を当てることができ，物の外見によって支配される。

具体的操作段階
ピアジェの第三の段階。子どもは論理的ルールを問題解決に使用し始める。彼らは同時により多くの際立った特徴を扱うことができるようになり，もはや外見に左右されない。しかし，まだ抽象的な問題は扱えない。この段階は6，7歳から11，12歳まで続く。

> **KEY TERMS**
>
> **形式的操作段階**
> ピアジェ理論の最後の段階。11, 12歳からそれ以降。全体的な問題に関連付けて，全ての可能な結びつきを考えることができる。また，仮説の下に推理できる。

月以下の子どもが，子どもに見えているところで，布の下に置かれたおもちゃに手を伸ばさないという観察をした。しかし，到達行為（リーチング）そのものも複雑で，隠された対象の位置の認識とその位置へのリーチングの開始への指令とを統合することが要求される。近年の研究では，注視パターンやERP（第1章参照）のような巧妙な測定を用いて，生後3か月頃の乳児においても隠された対象の表象を保持できるというエビデンスが示されてきた。

ピアジェの方法への批判は，非常に月齢が低い乳児に対してさえも複雑な認識があるということによって，ピアジェの発達の核心的な側面を否定するまた別の理論が生まれることにつながってきた。これらの考えは，例えば，対象，動作主，数，幾何学（Spelke & Kinzler, 2007），心の理論（Leslie, 1992），顔の処理（McKone, Kanwisher, & Duchaine, 2007）といった生得的なコア認識（innate core knowledge）のほうを支持して，漸進的な認識の構成という見方を否定している。他の科学者は，初めに簡単なものから認識を構成するというピアジェの主な考えを取り，それを脳の発達に関係づけることや，全体的な学習システムからいかに複雑な認識が生じるのかを理解するためにコンピューターモデルを用いることによって，さらに発展させてきた（Elman et al., 1996; Johnson & de Haan, 2011; Mareschal et al., 2007; Newcombe, 2011）。これらのうちどの方法がより子どもの発達を説明することができるのかということに関して現在，この分野では議論がなされている。

2.5 レフ・ヴィゴツキーの社会・文化理論

ピアジェとヴィゴツキーは，同じ1896年の生まれである。両者の理論は，心理学の分野において強い影響を与えた。しかし，彼らの理論はその生涯の違いに見られるように異なるものである。ピアジェは1980年にその生涯を閉じるが，その生涯のうちに広く認識され，名声さえ得ていたのに対して，ヴィゴツキーは，1934年に結核の犠牲となって倒れ，彼の業績は，彼の主要な著作である『思考と言語』が初めて英語に翻訳される1962年まで西欧には知られなかった。

レフ・ヴィゴツキーは，モスクワ大学において，文学と文化史を

レフ・ヴィゴツキー
（1896-1934）

研究し，独裁帝政が倒れ，共産主義による統制が起こったロシア革命のあった1917年に大学を卒業した。1917年から，ヴィゴツキーは，ロシア西部の港町であるゴメルの教員養成大学で文学と心理学を教えた。時代のマルクス主義の広がりとともに，彼は，子どもの心に重要な影響を与えるものとして，文化と社会的体制，そして社会を形成する歴史的な力を目にした。にもかかわらず，ヴィゴツキーの仕事はスターリンと衝突し，彼の著作はロシアでは抑圧された。この抑圧と彼の早い死の結果，『思考と言語』(1934/1962)の翻訳まで，彼の業績は限られた学生と仲間の間でしか知られなかった。

　ピアジェの理論は「一人の科学者としての子ども」に焦点を当てている。子どもは外界の観察をシェマに同化・調節することによって，外界についての認識を能動的に構成し，最終的には分離し，社会的交渉から独立する。したがって，ピアジェの焦点は，認識の起源と認知的段階の特徴を描くことであり，子どもの発達に影響する要因ではなかった。ヴィゴツキーの理論は反対に，発達は社会的交渉を基礎とし，そこでは子どもは成人や他の仲間から学習し，それによって社会化されるというものである（Vygotsky, 1980）。ヴィゴツキーによれば，認識は社会的活動から生まれ，学習過程において言語が重要な役割を果たす。そのため，認知発達は，文化的文脈，社会的交渉，言語，そして，より経験のある教師や仲間からの学習によって形成される。ピアジェ理論と対照的に，認知発達は子どもの中では決まった予定で進行するとはヴィゴツキーは考えず，むしろ社会的交渉によって動くと考えた。

　ヴィゴツキーの理論では，言語は中心的な役割を果たしている。言語は，高次の心理機能の体制化に役立ち，認知に影響を与えると彼は考えた。これは，前言語期にある乳児の認知能力を否定するものではない。しかし，ヴィゴツキーにとって，認知発達に最も重要な時期は，話しことばと実践的活動が統合される時である（Crain, 2005）。この統合の後，子どもはプライベート，あるいは自己中心的言語を用いる。この「自らに話しかけること」は，子どもの認知的活動を体制化し，行動の計画や方向性を示すことになる。そして，それは，次第に内言として内面化される。

　言語とは別に，ヴィゴツキーは認知発達の助けとなる多くの社会

> **KEY TERMS**
>
> **発達の最近接領域**
> 学習者が援助なしにできることと援助があってもできないこととの差。したがって，他者の援助があれば解ける問題を指している。

文化的ツールを特定した。それらは，描画，書き，読み，地図，図表，数の使用である。言語と同じように，これらのツールは認知行動を体制化し，促すものである。例えば，記憶能力は，描画や書きによって外在化されるよう拡大化され，そして，次々と記憶が形成される。認知発達は子どもを越えて拡大するが，それは子どもとこれらのツールとの相互交渉に基づく。

ヴィゴツキーの発達論における他の重要な概念は，**発達の最近接領域**（Zone of Proximal Development: ZPD）である。ZPD は，ある特定の状況において子どもが自力でできることと，成人や年上の子ども，あるいは同年齢の子どもの援助があればできることとの差を定めることである。ZPD は，いかに教師の援助によって，子どもがさらに進歩できるかを示している。重要なのは，同じ能力を示している二人の子どもにはまだ異なる ZPD があるということである。ヴィゴツキーは，認知能力を測る標準化された課題において，8歳児のような得点を示し，結果として精神年齢は8歳になる二人の10歳の子どもの例をあげている。二人の子どもは，標準化された課題のいくつかの問題の回答方法を実験者が示すと，一人の子どもは12歳水準の課題まで至っているのに対して，もう一人は上限が9歳レベルであった。これらの子どもの ZPD は異なっていることは明らかである。

ZPD の概念は教育に大きな影響を与えてきた。効果的な子どもの学習を進めていくには，現在の発達段階に合わせて指導するだけでは十分ではない。子どもの現在の能力を少し超える技能の学習は認知発達を促すことなので，教育はそれぞれの子どもの ZPD に合わせるべきである。教師としての大人は学習される行動を説明しモデルを示すことから始め，子どもが最初に模倣し次第に新しい知識を内化する時，サポートを徐々に外していく。ボックス2-1に ZPD の実例を示している。

ヴィゴツキーが亡くなってからかなりの年月が経っているが，彼の社会文化的発達の理論は，特に教育の分野において非常に影響を与えている。例えば，アメリカの発達心理学者であるジェローム・ブルーナー（Jerome S. Bruner, 1915-）の仕事にそれは明らかである。彼は，西欧の研究者にヴィゴツキーを紹介する重要な役割を果たし

ボックス2-1 発達の最近接領域について

　ZPD の働きについて，リンネルとフラックらの研究において描かれている（Linnell & Fluck, 2001）。リンネルらは就学前児の数えることのスキルを研究した。この年齢の子どもは数えることが難しいがより経験のあるパートナーと一緒だとできることがある。リンネルらは，2つの条件で子どもの数えることを比較した。1つの条件は子ども一人で，もう1つの条件は母親の援助がある場合である。リンネルらは，母親によって課題が説明された時，対象の数を正しく選択することや対象の数を数えることの両者においてより正確であることを見出した。3つのおもちゃを数えて，遊びとしてピエロのビリーと呼ばれる人形のバスケットに入れる課題において，母親の説明が重要な役割を果たしていることを以下の引用は示している。この例に登場する子どもの月齢は32か月である。

母　親：いいわよ。いくつかビリーにあげる？　あげる数を数えなければならないわ。3つあげましょう。

子ども：うん（バスケットから1つ取り出しながら）。

母　親：：数えて。

子ども：1つ（もう1つ取り出し，両手に2つ持ち）。2つ。

母　親：そう。

子ども：あれに入れる？（ビリーのバスケットにそれらを差し向けながら）。

母　親：そう（子どもはおもちゃをバスケットに入れる）。ビリーはもう1つ欲しいって。1つ，2つ，……（物は指ささない）。

子ども：3つ，そしてこれ1つ（バスケットからおもちゃをもう1つ取り出す前に3つということばを言う）。

母　親：続けて。ビリーにあげて。

子ども：(もう1つおもちゃを取り，もう一度両手に1つずつ持つ)。

母　親：ビリーは3つ欲しいだけ。

子ども：(両手のおもちゃをビリーのバスケットに入れる)

母　親：それは4つよ。

た。ブルーナーは，ピアジェとヴィゴツキーの理論の多くの点を統合することを示した。彼は認識の3つの形式について述べている。それらは，動作的表象（行動に基づく認識，あるいは物事のやり方の認識），視覚的心像による認識の表象に基づく映像的認識，そして，言語に基づき文化によって伝達される象徴的認識である。これらの認識は部分的には重なるところがある。スキーの仕方を学習する時，動作的表象は重要であり，スキーの仕方について書かれた本を読むだけではうまくいかない。一方，スキーの熟練者は，滑降コースを視覚化するだけで，また言語的にフィードバックされるだけで，パフォーマンスを上げることができるかもしれない。

2.6 ジョン・ボウルビィの愛着理論

ピアジェとヴィゴツキーの理論は，主に子どもの認知発達に関してであった。それに対して，ジョン・ボウルビィの理論は情動発達に焦点を当てている。

ジョン・ボウルビィ（John Bowlby, 1907-1990）は，名家の六人兄弟の4番目としてロンドンで生まれた。ケンブリッジで前臨床学（訳註：臨床研究の前段階の開発・研究）と心理学の最初の学位を取り，適応障害の子どもの学校で仕事をした。幼い子どもの反社会的行動や混乱する幼い子どもに彼が見た問題行動は，養育者と子どもとの上手くいかなかった関係の結果であると考えるようになった。愛情を示すことや受容が上手くいかない青年期の精神的障害に彼は特に関心を持ち，幼児期の長期に至る愛情の欠如の結果であるとボウルビィは考えた。特に孤児院で育てられた子どもは，早期にしっかりとした愛着を形成する機会を持たなかったため，その後の生涯で長く続く関係を形成することができないと考えた。

1930年代初めに彼は精神分析家としてロンドン大学で訓練を受け，医学と精神医学の資格を得た。児童精神分析家としての彼の業績は，フロイト流の精神分析学からの伝承，自然な経過の観察と記録，自然環境における行動のフィールド研究（特にコンラッド・ローレンツの動物行動学における業績，ボックス2-2参照），ヒト以外の霊長類の愛着に関する比較研究，そして認知発達心理学から導き出された理

ジョン・ボウルビィ
（1907-1990）

論と方法とのユニークな統合を発展させたことであった。

　ボウルビィの理論の基礎は，人間に関して再構築化した，動物行動学の原理にそって，乳児と母親との最早期の愛着的な絆（bond）の形成を説明することであった。異なる種の動物は，初期のそして，永続する社会的な絆を形成するために，自分の母親に刻印づけられる。ボウルビィは，人の子どもは類似した進化的メカニズムによって，自分の母親，あるいはそれに代わる養育者と絆を形成するように導かれると彼は考えた。

　乳児と母親との社会的絆の重要な側面は，乳児が外界を探索し，周期的に戻ってくる安全基地を母親が提供することである。母親への乳児の情動的な愛着は，安全と安心の感覚を乳児に与える。動物ではこの愛着の進化的機能は，捕食者から赤ちゃんを守ることである。長期に至っては，全ての他の関係の基礎となるモデルを提供することでもある。乳児期の安定した愛着は，成人期に安定した愛着を上手く築く基礎となる。

　ボウルビィは，子どもの愛着の発達には4つの段階があるとした（Crain, 2005）。第1段階は，誕生から生後3か月までであり，乳児は人（顔や声）に興味を示すが，全ての人に同じように反応する。生後6週ぐらいになり，社会的微笑みが始まると，全ての顔に対して微笑む。ボウルビィは，この微笑みは，愛情を向けることや養育行動を促すので，養育者の接近を維持することにつながると考えた。段階2は，生後3か月から6か月で，乳児の微笑みは馴染みのある人，二，三人にだけに限られるようになる。そして，見知らぬ人に

ボウルビィの愛着理論の第3段階。子どもは環境の探索の時，自分の両親を安全基地とする。

対してはじっと見つめるだけである。馴染みのある人の一人の大抵は母親が好まれるようになり，それは，この人がそばにいる時には，すぐに微笑み，喃語を発声することでわかる。段階3は，6か月から3歳で，短い間でも不在だった母親が戻って来て，出会った時に乳児が微笑みや抱っこの要求で手を伸ばすことが示すように，愛着が非常に強まってくる。同時に生後7か月から8か月には，見知らぬ人への不安を示し，見知らぬ人を見ただけでも泣いたりするようになる。赤ちゃんが這い這いを始めるようになると（大体，生後8か月頃），後追いをするようになる。乳児がより移動できるようになった時，両親を彼らは環境（例えば，遊び場）の探索の安全基地とするようになる。彼らは探索に出かけ，時々振り返って微笑んだりして確認する。時には母親の元に戻ることもある。この段階において，親の行動のワーキングモデルを築き，親の接近性や応答性を理解するようになる。段階4は，3歳から児童期の終わりまでであるが，子どもは，例えば，一緒ではなく，短い時間その場を離れることのように養育者のニーズを理解するようになる。この段階では，よりパートナーシップ的な養育者との関係が見られる。

　ボウルビィは，養育者への確かな愛着は，必要な時にそこにいて安全と慰みを与えてくれる存在として子どもが養育者を頼ることができ，心理的に健康な発達的経路へと子どもを導くと述べている。それに対して，上手く形成されなかった愛着や不安な愛着などの不安定な愛着は，健康でない心理的経路に着かせ，神経症的なパーソナリティの形成の原因になる。この仕事は，ボウルビィと40年間一緒に仕事をしていたメアリー・エインズワースによって継続され，見知らぬ人と共に残された時や短時間一人で置かれた時の乳児の反応の観察から，乳児の異なる愛着のパターンが綿密に研究された。

　ボウルビィの理論は，さまざまな領域に重要な影響を与えた。有名なものとしては，病院に子どもがかかる方法である。今日，幼児が病院にかかる時，両親が一緒にいることが許されている。20世紀前半はそうではなかった。この変化をもたらした主な要因は，ボウルビィの共同研究者のジェームズ・ロバートソンが1952年に作った2歳の少女が8日間入院したことを記録した1つの映画である。両親の訪問は非常に限られており，映画は子どもの苦悩に結びつくこ

とをはっきりと示していた。この映画によって，親の訪問の設定に関する変化につながった（この映画については，第6章でより詳しく述べる）。

　ボウルビィの理論は，孤児院などの施設で育つ子どもの影響を考慮することにも重要であった。施設では強い愛着を形成することができる1対1の十分なケアを子どもにすることは難しかった。現代の施設では，両親が与える同水準のケアを与えるように取り組まれている。そのため，愛着理論は，デイケアにいつ子どもが送られ，デイケアの状況をいかに組織するかの議論に役立つ。

KEY TERMS

刻印づけ（インプリンティング）
特定の環境的刺激に誘発される，あるいは関係づけられる行動の生物学的な傾向。

ボックス2-2　コンラッド・ローレンツと動物行動学

　動物行動学は，実験室状況に対して自然条件下での動物の行動の科学的研究である。科学的学問としての動物行動学は，1930年代にオーストリアの生物学者，コンラッド・ローレンツとオランダの動物学者，ニコ・ティンバーゲンの仕事によって生まれた。

　第1章でも紹介したコンラッド・ローレンツ（1903-89）は，現代動物行動学の創設者である。彼の父親はウィーンの著名な内科医で，コンラッドは薬について研究しただけでなく，自然と野生生活の研究にも関心を持った。彼の家族が住んでいるところに，異なる種の動物を詳しく観察できる多くの機会があり，動物の生得的（本能的）行動は身体的特徴と同じように進化してきたことを確信した。

　ローレンツは，環境的刺激に誘発される本能に関心を持った。これらの本能の中で最も著しいものが**刻印づけ（インプリンティング）**である（第1章の「臨界期」も参照のこと）。雛が孵化した時，母親に順応し，生涯，母親に愛着を向ける。しかし，ローレンツは，雛鳥が必ずしも母親に刻印づけられるわけではなく，彼らが目にした最初に動く対象に刻印づけられる（通常の状況では，この対象は母親である）こと，また，

コンラッド・ローレンツに刻印づけられたガチョウは縦一列で彼の後をついている。

インプリンティングは臨界期に生じる必要があることを発見した。愛着は臨界期の前後ではなく，臨界期にひよこが曝された対象に形成される。しかし，第1章で見たように，臨界期の概念は，以前に考えられていたよりは固定されたものではなく，最適期という概念に置き換わってきた。

　ガチョウの雛や子ガモは母鳥以外に刻印づけられるかもしれないが，動物が刻印づけられる対象の範囲は種特有であることをローレンツは発見した。ハイイロガンの子はほとんど全ての動く対象に刻印づけられるが，マガモアヒルの子はより特殊で，ローレンツがかがんでガーガー鳴く音を出した時だけローレンツに刻印づけられた。ローレンツはまた，早期の刻印づけは，大人になった鳥の社会的行動を形成することを発見した。例えば，人間に刻印づけられた小ガラスは，成鳥となってローレンツに求愛行動を取り，つぶれた虫を彼の口に入れようとした（Crain, 2005）。

　早期の強い愛着形成のメカニズムとしての刻印づけは，鹿，羊，バッファローなどの他の種にも生じる。幼いチンパンジーは生後3，4か月で他の大人に用心深くなった時，母親に際立って好みを示す（Crain, 2005）。その後，母親の近くにいて，規則的に母親の元に戻る。これのような行動は，ボウルビィが指摘した人間の子どもでわかっていることと類似している。

　動物の個体および社会的パターンの体制化と誘発についてのローレンツらの仕事に対して，コンラッド・ローレンツ，ニコ・ティンバーゲン，そして，カール・フォン・フリッシュ（Karl von Frisch）はノーベル生理学・医学賞を1973年に受けた。

2.7　コネクショニズム

　第1章において，コンピューターモデルは，発達理論を発展させ，検証するものであることがわかった。コンピューターモデルの最も一般的な例として人工的神経ネットワークを取り上げた。しかし，

研究者が彼らの理論を検証し，実行できる以上に，コンピューターモデルはそれ自身の理論的な枠組みも示している。ここでは，コネクショニストモデルに示されている発達的な見方を簡単に述べ，関連する枠組みであるダイナミックシステムズを紹介する。

環境における経験への反応として結合荷重を次第に適用することによってコネクショニストモデルは学習するといったことは先に述べた。典型的なモデルでは，ある特定の出力と入力との連合によって学習は起こる。この考え方では，コネクショニストシステムにおける学習は，ユニット間の結合の強さを適用することを通して，環境的な構造を徐々に内化することによって生じる。さらに，高次の水準の行動（対象の命名や，動詞の過去形を作るなど）は，低いレベルでの過程の相互交渉を基礎に**創発**（emerge）する。この創発の概念は，コネクショニズムの方法における中心である。第 1 章で述べたように，モデルのそれぞれのユニットは入ってくる活性化を単に統合し，この活性化によって自身も活性化するだけである。それにもかかわらず，これらの低い水準での相互作用は複雑な認知的行動の基になる。

環境からの統計的な抽出を基礎とする学習と創発する行動といったコネクショニストの発達についての見方は，発達心理学における最も基礎的な疑問に対する新たな答えを提示してきた。その 1 つが発達における非線形的（non-linear）な変化の起源についてである。これまでも見てきたように，子どものある技能は一定の割合で進展していくという線形的な発達であるとは限らない。発達は非線形的に進展する（ボックス2-3参照）。コネクショニストモデルは，そのような非線形的な変化がいかに一貫した学習システムの中で緩やかな学習を基に起こるかを示してきた。アナロジーとして，一貫した割合でマイナス20度から120度に温度が徐々に上昇する時の水の状態の変化がある。広い温度範囲にわたって，水は固体としての氷である。しかし，0 度になると，固体から液体に急激に変わる。そして，そこから100度までは液体で，100度以上になると蒸気（気体）に変わる。

コネクショニストモデルは，そのような非線形的な発達的軌跡がいかに連続的な学習から生じるかを検討してきた。例えば，あるモ

KEY TERMS

創発
複雑な行動がより単純な行動から生じることで，コネクショニストモデルでは，相互に結合した単純な処理から高次の複雑な行動を生じるとされる。

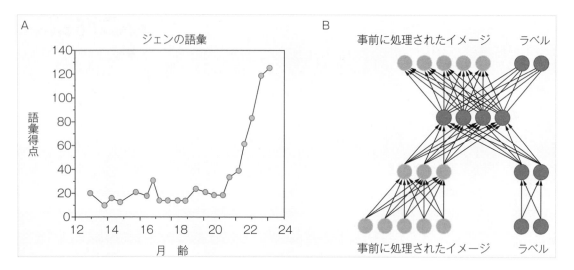

図2-1 左の図は，語彙サイズの典型的な発達の例。右の図は，コネクショニズムのモデルで，非線形の発達傾向を示すモデルとして使われたもの。
Plunkett（1997）より作成。*Elsevier* より転載許可，1997年。

デルは図2-1に示すボキャブラリースパート（vocabulary spurt）の説明に用いられてきた。このモデルでは，対象の心像とその名称を入力として受容し，出力として心像と名称の両者を再生する。このモデルは，入力時に対象を見せられ，出力時にラベルを生み出すことで対象の名称を学習し，そして，入力時にラベルを見せられ，出力時に対象を産出することによって命名された対象を再認識する。モデルにおける小さな連続的な重み（ウエイト）の変化にもかかわらず，正しく対象を命名する能力は，子どもに見られるボキャブラリースパートの非線形的なプロフィールを示した。ボキャブラリースパートについての大抵の他の説明では，子どもが新しい語を学習する方法の変化の結果として生じると述べているが（例えば，体系的に語が物を指示することに突然気づく），このモデルでは，ボキャブラリースパートは一貫した学習のメカニズムから生じた。このようなコネクショニストモデルなどでは，行動における非線形性を説明するために，学習システムにおける質的な変化を考える必要はないことに注目してきた。

2.8　ダイナミックシステムズ

　ダイナミックシステムズ理論（力動システム）は，いかにシステムが環境の影響を受け，時間的経過とともに変化しているかを記述

するものである。それは，発達するシステムの個々の部分の即時の相互交渉に焦点を当てる。そして，これらの相互交渉が全体としてのシステムの変化をどのように生むかを問うものである。この考え方では，発達を中心となって促すものはない。発達的変化は，これらの低水準の相互交渉から創発するものである。ダイナミックシステムズ理論においては，身体にある神経システムと環境にある身体を考えることが重要である。これは，相互交渉が脳-身体-環境のループにあると考えられるためである。

ダイナミックシステムズの重要な概念が**自己体制化**（self-organisation）である。自己体制化とは，外的な動因や計画もなく，秩序だった状態にシステム自体が調整することである。化学からの例をあげれば，結晶の原子は部分的な相互交渉のみによって，秩序だった格子状に配列されている。同様に，エレベーターの中の人は互いの距離を最大限にするように並ぶものである（もう一人入ってくると，並び直す）。ダイナミックシステムズの発達に関する見方では，同じようにシステムの部分同士，部分と環境との即時の相互交渉を通して発達するシステムにおける一貫性が実現できていると述べている。この創発する一貫性は，相対的な安定性につながる場合もあり，また急速な変化にもつながる。

コネクショニストモデルと同様に，ダイナミックシステムズの目的は，発達するシステムの質的な変化が小規模の量的な変化からいかに生じるかを説明することである。これらのシステムでは，ボックス2-3に述べているように，非線形的な変化の説明にも焦点を当てている。ボキャブラリースパートの問題に戻り，この非線形性をダイナミックシステムズではいかに説明できるのかを考えることは有効であろう。1つの例は語彙発達を記述する際にそれに関連する多くの変数を特定することから始めている（van Geert, 1991）。ヴァン・ガートのモデルでは，増加の速度（どのように素早く語彙が増加するかを測る）と「フィードバックの遅延」がある。簡単に言えば，フィードバックの遅れとは，新しい語を学習する際にたくさんの語を既に知っていることがもたらす影響である。増加速度とフィードバックの遅延は，モデルにおいて独立して変化するものである。ヴァン・ガートは，特定の子どもの語彙発達をモデル化することを目的

> **KEY TERMS**
>
> **自己体制化**
> ダイナミックシステムズにおいて重要な概念であり，それは，システムが外的な動因あるいは計画なしに，それ自身で秩序だった状態に調整することである。

KEY TERMS

U字型発達

非線形的（non-linear）な発達の1つの形で，遂行は初期には高く，再び回復がしていく見られる以前には時間ともに減少していく。

ボックス2-3　非線形的な発達

　発達は非線形的（non-linear）なさまざまな形を示す。例えば，初めの変化は緩やかであり，その後，急速に増加し，遂には水平になる（図2-2）。このような「シグモイド」（S字状）のプロフィールは，子どもの語彙発達に見られ，週に数語の学習が見られるだけといったゆっくりとしたスタートの後，生後18か月から24か月に急に増加し，日に数語学習するようになる。子どもの年齢が高くなり，語彙が増加するにつれて，新しい語の学習は再び緩慢になる。もう1つの非線形的な変化は，段階的な変化である。既に見たように，子どもの行動が相対的に一貫した状態からより高い水準へ急激に変化するといった発達段階はピアジェの発達理論の特徴でもある。三番目の非線形性は，**U字型発達**（U-shaped development）に見られる。これは，遂行は初期には高く，一時的に減少した後，再び回復していく。この発達の過程でよく知られている例は，ate, came, swam, went といった不規則変化動詞の過去時制の屈折である。初めは，これらの過去形のほんのわずかを子どもは産出する。2歳半から3歳の間に子どもはより多くの過去形を学習し，彼らは突然，comed, eated, swimmed, goed のように，誤った形式を産出し，その後，彼らが正しい過去形の形式を学習する（Berko, 1958）。また，逆U字型の発達的軌跡も見られる。例えば，脳の発達において，初期の灰白質（主に神経細胞体と樹状突起）の増加が，脳の異なる部位における異なる発達の段階で減少してくるようなことである。灰白質の濃度は11歳から12歳がピークでその後次第に減少する（Giedd, 2004）。

とし，その子どもの0.35の成長速度と1週間後のフィードバックの遅れは，モデルと観察資料とが密接に適合していることを彼は発見した（図2-3）。

　ダイナミックシステムズにおける認識は，それはしばしば行為の基盤となるものであるが，瞬時に創発するものである。本来備わっ

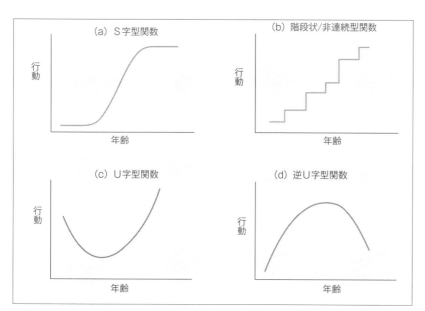

図2-2 年齢とともに変化する発達関数（4つ全てが非線形である。）

ているダイナミクスと特定の時期のシステムの状態，そしてその時の入力の結果である。それは，概念や変化しないシンボルや論理的前提が説明の基礎を形成している古典的な認知の見方と全く異なるものである（Smith, 2005）。

「古典的な」認知の見方とダイナミックシステムズの見方との違いを示す一例がある。少し離れたところからあなたの友達があなたにボールを投げることを思い浮かべてほしい。伝統的な認知の捉え方であれば，友達とあなたの距離を判断して，ボールのスピードや友達が投げた角度を見て，ボールが着地するところとの誤差を潜在的に計算してそこに動くことで，あなたはボールを捕らえようとすると説明される。同じ課題のダイナミックシステムズによる説明では，あなた自身とボールとのその時その時の相互交渉に焦点を当てる。ボールが描き始めた曲線にあなたの位置を合わせて，あなたに直接ボールが向かって来るようにあなたは動くだろう。このようなボールの着地点への即時の適応では，ボールの軌跡のオフラインの複雑な計算は必要ではない。

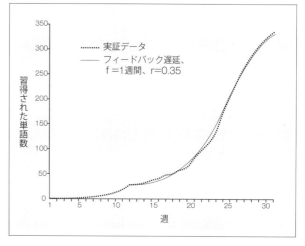

図2-3 実証的な曲線が二段階の過程であると考えると，よく一致した発達曲線が見られる。第一段階は第12週で約25語での安定している初めの増加期である。そして，約350語に始まる第二の増加期がある（van Geert, 1991）。

2.9 神経構成主義

　神経構成主義（neuroconstructivism）の理論は，脳の発達と認知発達との密接な関係である。思考の基礎である心的表象は，脳の神経ネットワークの活性化のパターンとして見なされる。そのため，発達におけるこれらの表象の変化を理解するためには，脳がいかに変化するかを考えることが必要になる。特に，およそ過去10年間，さまざまなレベルでの子どもの経験に発達する脳がいかに適応するかについては多くのことを学んできた。そして，神経構成主義の見方は，これらの適応がいかに生じるかに焦点を当てている。

　神経構成主義における発達は，脳の発達に影響を与えるさまざまなレベルでの多数の相互交渉する制約によって形作られる軌跡として（a trajectory）見ている。軌跡としての発達の考えは，コンラッド・ウォディントンの後成的風景（the epigenetic landscape）（Conrad Waddington, 1957）（図2-4）に影響を受けたものである。この風景では，発達は，次第に深くなるさまざまな谷がある丘を転がるビー玉に関係づけられている。ウォディントンは，このメタファによって，いかに身体の細胞が異なる機能に特殊化されるかを述べているが，私たちは同様のイメージによって認知発達を説明できる。丘にそってビー玉が転がる時，ある時点でそれがどこにあるか，それがいずれかの方向にどのような力に押されるか，また風景がどのように形成されているかで経路が決定される。

　脳の発達を形成し，また，それによって，心が発達する制約は何であろうか。神経構成主義は，そのような制約について，さまざまな相互交渉のレベルで考えている。第一の最も低い水準は，遺伝子の生物学的活動である。第1章において発達の青写真を与えているという遺伝学の見方は，近年，遺伝子の機能は個々の経験に関連して外的な要因によって切り替わることがわかってきたことを述べた（エピジェネティクス）。

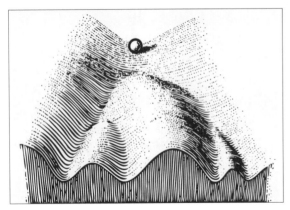

図2-4　ウォディントンの後成的風景（ウォディントン，1957より）。

そのため遺伝子は発達的な軌跡を形成し，遺伝子の表現も同様に発達的な経験によって形作られる。

第二の制約は，「エンセルメント」（encellment）と呼ばれ，ニューロンの発達はその細胞状の環境と近接のニューロンとの相互作用によって制約されているという事実である。発達するニューロンが互いの結合を形成する方法は遺伝的活動に導かれ，あるいは神経活動の影響下にある化学的な相互交渉に統制される。すなわち，神経活動につながる経験はこれらの経験を処理するために使用される神経ネットワークの形成に能動的な役割を取るということである（Quartz & Sejnowski, 1997）。このように，徐々に，より複雑な神経ネットワークが，次第により複雑な経験を処理することができるようになる。「ハードウェア」（脳）を変える「ソフトウェア」（経験）との間の交渉的なループがあり，その結果としてより複雑な「ソフトウェア」が「ハードウェア」をさらに変化させる。このような見方からは，同時に脳に起こる変化を考えることなしに心的表象と心的能力における変化を理解することはできないことは明らかである。

もう1つ上の水準は，エンブレインメント（embrainment）の制約である。これは，脳の全体的構造の発達における異なる脳領域の相互交渉である。脳の異なる部位は互いに情報を送り，これらの神経活動パターンは，脳の領域の機能的な特殊化がいかに創出するかに影響する。例えば，先天性の視覚障害の人においては，「視覚野」はブライユ点字を読むことによって活性化された（Sadato et al., 1996）。皮質領域の機能的特殊化は経験によって形作られ，視覚的入力が無くても，異なる感覚モダリティが視力のある人の視覚野となるものを用いるようになると思われる。

脳は身体にあるということは重要であり，「**エンボディメント**」（embodiment）の制約は，発達する子どもが自らの経験をより洗練されたものにしていくことを可能にするのは身体であることを強調している。例えば，対象を掴み，口にそれらを運ぶ能力は，這い這いや歩行によって移動する能力の発達と同じように，乳児の対象での感覚的経験を非常に豊かにする。そして，一方では，これらの発達は外界の経験を豊かにし，また一方で，特定の新たな経験を得る環境の操作を可能にする。このようにして，身体の発達は自分自身

KEY TERMS

エンボディメント
認知が身体で形成されるという考え方。

の経験を創り出しながら，発達において先行的な役割を取ることを可能にする。それは，これらの新たな経験の処理を支える神経ネットワークの構造を変化させていくことにつながる。

個人は，親，きょうだい，そして他人といった人のネットワークの中にいる。これらの社会的相互交渉はエンソーシャルメント（ensocialment）としての制約と考えられている。例えば，母親と子どもの相互交渉のパターンは子どもの発達に深く影響を与える（ボウルビィの愛着理論を参照）。神経構成主義では，社会的経験は経験を処理する神経ネットワークを再び形成する特殊な経験につながるとしている。

さまざまなレベルで活動する制約が記述されているが，それにもかかわらず，それらは相互に交渉する（図2-5）。例えば，先天性の視覚障害の人はまた別の経験した環境を持つ。これらの特殊な経験は，脳の異なる領域間の交渉によって，脳の構造の発達の柔軟な適応につながる（例えば，視覚的入力の処理を行う領域の縮小と触感覚の処理に反応する領域の拡大）。これらの神経活動パターンの変化は遺伝子の表現に後成的に影響し，それはまたさらに神経発達を形成する。同時に視覚的入力の欠如は身体の用い方に影響し，例えば，

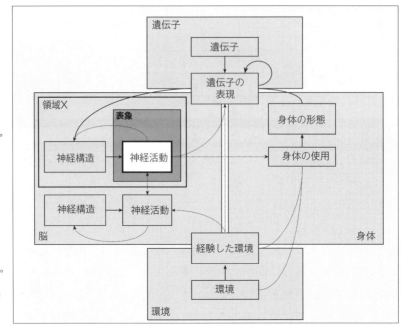

図2-5　神経構成主義の枠組みにおける相互交渉する制約。脳と認知発達との関係は「領域X」において作られ，そこでは心的表象が神経活動のパターンとして具体的に示される。これらのパターンは遺伝子-脳-身体-環境のシステムの全ての他の部分によって制約され（実線），全ての他の部分に影響する（点線）。Westermannら（2007）より再掲。*Wiley-Blackwell*より許可。

触覚的な探索を促すことによって，経験における変化と神経適応の変化につながる。このようにこれらの制約間の相互交渉は発達する個人に特有の軌跡によって発達を進めていく。

　神経構成主義の魅力的な見方は，定型発達と発達障害とを統合した1つの見方を示していることである。発達は常に相互に交渉する制約によって形作られる軌跡である。発達障害において異なることは，制約が異なることである（ボックス2-4参照）。例えば，ウィリアムズ症候群のような遺伝的な障害では，定型発達の軌跡は妊娠時に既に軌道から離れていて，初期の偏奇は後にさまざまな領域に次々と現れる影響につながる。このような発達障害の見方は，特定の障害が，1つあるいはいくつかのモジュールの発達不全につながり，他の認知システムは影響を受けないと言われるような見方とは非常に異なるものである。

　神経構成主義の重要な意義は，発達の過程がいかに成人のシステムを引き起こすかを考える時にのみ，成人の認知は十分に理解することができるということである。事実，成人の認知は，発達的軌跡のあるポイント（むしろ領域）である。伝統的な認知心理学では，成人の認知システムは相対的に一様で静的なものとして考えられてきた。しかし，発達的な見方は，成人の認知能力の基礎にあるメカニズムに新たな洞察をもたらしている（Westermann & Ruh, 2012）。

ボックス2-4　神経構成主義から見たウィリアムズ症候群

　ウィリアムズ症候群（Williams syndrome）は約10,000人の赤ちゃんに一人程度見られる発達障害である。7番目の染色体の遺伝子的な部分の欠失が原因と考えられる。ウィリアムズ症候群は，それを患う子どもの成長と身体的外見，そして認知的能力に影響する。ウィリアムズ症候群の子どもには，大きな口，厚い口唇，広く間隔のあいた歯といった顔貌に特徴が見られる。遺伝子の欠失は血管の柔軟性に影響するので，ウィリアムズ症候群の子どもは心臓の問題をしばしば持つ。精神機能に関しては，全般的な発達の遅れが見られるが，言語や顔の処理能力は相対的に維持されている。

　アネット・カーミロフ-スミスらは，ウィリアムズ症候群

ウィリアムズ症候群の子ども（写真はウィリアムズ症候群財団の厚意による。）

の詳細な研究を行ってきた。そして，彼女らは神経構成主義の立場からこの発達障害の特徴を表してきた。彼女らはまたウィリアムズ症候群の例から，認知発達のモジュールについて批判的に論じている。モジュールの見方によれば，脳と心は独立した機能的な単子（モジュール）の組み合わせからなり，発達障害は，発達すべきモジュールの1つあるいはいくつかの不全に現れ得る。この考え方では，発達障害は，1つの領域におけるかなり特殊的な障害で，他の領域の能力は損なわれていないということになる。ウィリアムズ症候群は，この考え方を支持する1つの例である。ピアテッリ−パルマリーニ（Piattelli-Palmarrini, 2001）は，次のように述べている。「ウィリアムズ症候群の子どもは，かろうじて測定できる程度の全般的な知能しかなく，一貫した養育者の世話が必要であるがウィリアムズ症候群の子どもは，統語や語彙は極めて習得している。しかしながら，見事に構成された彼らのセンテンスの意味を即座に理解することができない」（887頁）。

　このウィリアムズ症候群についての記述は，維持された能力と障害のある能力との差を非常に強調（やや誇張している）している。例えば，ウィリアムズ症候群では，比較的保持されていると言われる顔の処理能力についてより詳しく見れば，ウィリアムズ症候群の子どもは，顔の処理能力を測定する課題の遂行においては標準的な範囲にあるが，その範囲の下端に近いあたりである。より特殊的な顔の処理能力の側面（定型発達の子どもで観察される顔の直立と逆さまの顔の違いの認識）においては，ウィリアムズ症候群では非定型であるように思われる（Karmiloff-Smith et al., 2004）。顔の処理を支える脳のシステムの発達的軌跡もまたウィリアムズ症候群においては非定型である。定型発達の子どもでは，顔の処理

に対応する脳の領域は次第に局在化されるが，ウィリアムズ症候群の事例では，この局在化が成人においても見られない（Karmiloff-Smith et al., 2004）。それで，定型発達の子どもの顔の処理能力とウィリアムズ症候群の顔の処理能力はどちらも顔の認識検査を通過するという点では似ているが，ウィリアムズ症候群の子どもにおいては，この能力は非常に異なる基礎となる過程によって達成しているように思われる。正常範囲の得点はそれゆえに非定型発達の軌跡を基礎に達成されていると言える。

　障害のあるモジュールと，維持されている言語と顔の処理のモジュールという説明の代わりに，神経構成主義の立場からは，ウィリアムズ症候群は，より早期の全般的な障害によって発達的軌跡がコースから外れ，別の流れにつながり，後の発達においてより特殊な障害となると特徴付けられる。一方で，脳の発達の相互交渉的な特性もまた異なる脳の領域を用いる補償的な方略につながる。

2.10　まとめ

　本章では，子どもの発達の見方の変化と発達的変化についてなされてきた説明を見てきた。成人と異なるという子どもの見方はわずか400年に過ぎず，早期には十分に形成された人間が妊娠の時から在ると想像されていたことについて私たちは見てきた。17世紀のイギリスの偉大な哲学者であるロックは，子どもは空白の状態で生まれ，良い成人に形成するのは大人の責任であると考え，子どもの教育方法について啓蒙的な考えを発展させた。ルソーは18世紀の偉大なスイスの哲学者であるが，子どもは基本的に大人とは異なることを認識し，全ての子どもが通過するさまざまな発達段階を記述することで発達心理学の基礎を築いた。彼は，「自然の計画」に従って開花する自然の素質という考えを選んで空白の状態という考えを否定した。

　200年先に跳んで，ジョン・ボウルビィは，子どもと養育者（大

抵は母親）との社会的な絆の重要性に重きを置いて，彼の愛着理論の発展のためにさまざまな分野の理論と研究を統合した。そして，このような子どもと養育者との絆は進化してきたもので，動物の刻印づけと比べることができると主張した。ルソーの伝統から，ジャン・ピアジェは，彼の認知発達の構成主義理論を発展させた。そして，さまざまな年齢における子どもの行動と誤りの詳細な研究によって，彼は20世紀で最も影響力のある発達心理学者となった。レフ・ヴィゴツキーは，病気のために彼の生涯は短いものであったが，にもかかわらず，かなり影響を与える教育理論を発展させた。そして，彼の発達の最近接領域の考えは，教育実践に強力な影響を与えた。さらに，コネクショニズム，ダイミックシステムズ，そして，神経構成主義といった今日の認知発達理論は，心の発達だけを考えることから進んで，発達する子どもの脳と他の側面を統合して描こうとしている。これらの新しい理論の発達は過去30年間におけるコンピューターによるモデリングや脳画像，そして，エピジェネティクス的研究といった方法論の重要な進展によるところも大きい。

　発達の諸側面について，全てを包括する理論はないことは明らかであろう。教育に焦点を当てているものもあるし，心の認知的な発達に焦点を当てているものもある。そして，発達の基礎となるリアルタイムのダイナミクスと脳のメカニズムに焦点を当てるものもある。このようなことはよいことで，全ての理論にはその分野における強みがあり，全ての理論には真実がある。これらの異なる理論は，相入れないものではないと言える。これらの全ての理論は，発達は非線形的であるとし，ルソー，ボウルビィ，そして，ピアジェは発達の明らかな段階を記述した。ダイナミックシステムズとコネクショニストモデルは，連続的な学習から段階がいかに生じるかを考えており，神経構成主義においても，発達的変化が発達しつつあるシステムの異なる部分同士の相互交渉からいかに生じるかについて問うている。これらの理論は後の章において再度取り上げ，心理的発達の異なる側面の説明においていかにこれらの理論が用いられてきたかについて議論する。

参考文献

Crain, W. (2005). *Theories of development: Concepts and applications* (5th edition). London: Pearson Education.（本書では，さまざまな発達の理論が非常に読み易いだけでなく深く紹介されている）

Newcombe, N. S. (2013). Cognitive development: Changing views of cognitive change. *Wiley Interdisciplinary Reviews*: Cognitive Science, *4*(5), 479–491.

質問に答えてみよう

1. 子どもの発達におけるロックとルソーの見方について比較対照してみよう。
2. 子どもの発達におけるピアジェとヴィゴツキーの見方について比較対照してみよう。
3. なぜ，非常に多くの異なる発達の理論が発展してきたとあなたは考えるか。
4. 神経構成主義はピアジェの構成主義とどのように関連しているか。

CONTENTS

3.1 胎児期の発達
3.2 新生児
3.3 座位，立つこと，歩行
3.4 手のコントロールの発達
3.5 聴覚，嗅覚，味覚，視覚
3.6 まとめ

第 3 章

乳幼児期への導入

> この章によって読者は以下の点がわかり，説明できるようになる。
> ● 胎児期の発達が，母親の食事やストレスを含めていかに環境に影響を受けているかが理解できる。
> ● 早産の長期に至る認知的影響について説明できる。
> ● IQ の算出法が説明できる。
> ● 早期の運動能力がいかに発達し，発達がいかに赤ちゃんの経験に影響を受けているかを述べることができる。
> ● 赤ちゃんが生後1週間において何を見，聴き，味わうことができるのかを理解できる。

3.1 胎児期の発達

　第1章で見たように，発達は遺伝子と環境との複雑な相互作用の結果である。胎児期においては，遺伝子と子宮の環境は胎児の発達を形作るように相互交渉する。この複雑なプロセスについては，まだ発見されるべきことが多くあるが，過去20年間において理解され始めてきた。しかしながら，遺伝子は固定して柔軟性のない方法では影響を及ぼさないことがはっきりとしている。2つの近年の展望は，遺伝子は発達の大まかな下書きと枠組みを示していると述べている（deRegnier & Desai, 2010; Fox, Levitt, & Nelson, 2010）。この枠組みからは，より明確になった構造が進化し，それは次第に胎児の脳の特有の領域が発達するにつれて，さらに分化していく。

　胎児期には，赤ちゃんは母親とその環境を共有している。そのため，妊娠から誕生までの発達を理解するためには，母親が赤ちゃんの発達に及ぼす多くの影響について考えなければならない。いくつかの影響として，薬物，アルコール，そして，たばこ等，よくわかっているものもある。ストレスや鬱のように，かなり重要な要因と

して明らかになり始めたものもある。

母親の栄養状態，アルコール，薬物の影響

胎児の脳は他の器官よりも急速に発達する。休んでいる新生児において使用できるエネルギー（全体の安静代謝率）の87％まで用いている。この割合は，年長の子どもあるいは成人，他の動物に比して高いものである（deRegnier & Desai, 2010）。胎児期において，胎児の脳は発達のために，たんぱく質，脂肪，鉄，亜鉛，銅，ヨード，セレニウム，葉酸，ビタミンAといった豊かな栄養が必要である。これら全ては母親の食事を通して得られ，それらが乏しいと赤ちゃんの発達に影響を及ぼす結果となることは驚くにあたらない。

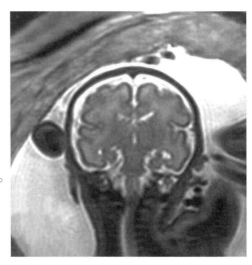

子宮にいる25週の胎児の脳を磁気共鳴画像法（MRI）によって見たもの。25週では胎児の脳内での結合が進んでいる。特に情動や知覚，そして意識的思考の領域においてである。この胎齢では聴くこともできる。

胎児の発達への母親の栄養の乏しさの影響をはっきりと示す実例として，第二次世界大戦の後半（1944-45）にオランダでの深刻な飢饉の時期に生まれた赤ちゃんの長期追跡がある。オランダの港が封鎖され，食糧不足が起こり，人々はチューリップの球根を食べる状態にまで陥った。妊娠の2期，3期に十分な栄養を摂らなかったオランダの女性から非常に小さい頭囲の赤ちゃんが生まれ，それは脳の発達が悪かったことを示す。特定の栄養素の欠如は，全体の栄養状態が良くても，胎児の脳の発達に影響を与える。欠乏が重度の場合，知的能力や記憶，行動への注目すべき影響があり得る（deRegnier & Desai, 2010）。

さまざまな薬物や毒素も胎児の発達に悪い影響を与えることがわかってきている。直接的，間接的影響があるので，影響については複雑である。多量のアルコールを摂っていたり，物質的依存として薬物を用いていたりする母親は妊娠中に自分自身の養生に影響する精神的健康問題や社会的問題を経験することがある。例えば，栄養状態が悪くなるかもしれないし，定期的に医療を受けないかもしれない。そして，それらのことは彼女らの赤ちゃんの発達に影響を与えるかもしれない。

非常にアルコール摂取量が低い場合にリスクがあるかどうかを見

> **KEY TERMS**
>
> **胎児性アルコール症候群**
> 妊娠中に母親がヘビードリンカーの赤ちゃんに身体的，精神的異常が見られる。

定めることは難しいが，アルコール摂取の直接的な影響は十分に立証されている。今日，医療では，妊娠中はアルコールを慎むように助言している。ご推察の通り，多量のアルコール摂取は最も重大なリスクがあるとされ，赤ちゃんが**胎児性アルコール症候群**（Foetal Alchol Syndrome: FAS）として生まれるかもしれない。1,000人に1人の割合でFASの子どもが生まれている。主な徴候は，特徴的な顔の奇形と成長の遅れ，知的障害である。これらの徴候は，早期対応に成功すれば長期的なリスクのいくつかは軽減できるが，非可逆的なものである。妊娠中のアルコールの影響は，子宮内環境と関係し，母親の栄養状態が悪かったり，肝機能が悪かったりすると（アルコール依存症の場合はよく見られる）影響はより大きくなる（Karp, 2010）。

　違法な薬物利用も胎児に重大なリスクを与える。アルコールと同じように，薬物依存の女性は健康な生活を送られていないことがあるので，直接，間接に影響がある。例えば，喫煙したり，違法な薬物を利用したり，十分に食べていなかったりするかもしれない。コカインの直接的な影響は，胎盤への血管を狭め，それによって，胎児への血液が減少する。このことは，胎児が受ける酸素や栄養素のレベルに影響し，成長が悪くなることにつながる。コカインは母親の血圧を上げ，早産につながる。

　出産直前までコカインを服用していた母親から生まれた新生児は不安定な心拍，異常な筋緊張，高音の泣き声と過度の啼泣といったコカイン中毒の徴候を示す。これらの徴候がコカインによるものなのか，禁断によるものなのかは明らかでないが，数日で影響は消えることがわかっている（deRegnier & Desai, 2010）。

　禁断の影響はヘロインやメタドンに依存している母親から生まれた乳児に特に見られる。統制されていない禁断は致命的で，そのような場合は，乳児を暗い，静かな環境に置き，数週間からあるいは数か月に至ってメタドンの服用を次第に減少していくことを慎重に行う。上手く禁断ができれば，胎児が受ける影響を最小限にできる。しかし，母親が依存していると，まだ乳児に強い社会的リスクがある。

母親のストレスの影響

　妊娠中の母親のストレスは発達に長期にわたる影響があるかもし

れない。ストレスの影響の可能性として2つの情報がある。1つは自然災害の直後に生まれた赤ちゃんの研究であり，もう1つは妊娠中の女性のコルチゾールのレベルを測定したものである。**コルチゾール**のレベルはストレスを感じた時に上昇するので，ストレスレベルの良い指標となる。

> **KEY TERMS**
>
> **コルチゾール**
> ストレスへの反応として放たれるホルモン。

　ある自然災害で研究されたものが1998年に起こったケベックでの厳しい着氷性暴風雨である。300万人の人々が最長40日間，電力がなく，多くの人が自宅を離れて一時的に避難所で生活をした。氷嵐を経験した妊婦に回想的に主観的，客観的経験をインタビューし，彼女らの子どもの言語性と非言語性知能の得点を5歳6か月の時に測定した（Laplante et al., 2008）。IQスコアは，母親が経験した主観的なストレスの水準ではそうではなかったが，客観的なストレスの水準と関係していることが明らかになった。

　フィールドらは妊娠中の女性のコルチゾールのレベルを測定し，そのレベルが高い人はより鬱傾向が見られることを発見した（Field et al., 2006）。これらの女性から生まれた赤ちゃんは早産の傾向があり，低い体重の傾向が見られた。

早産の影響

　人間の場合，出生前発達の期間の発達は266日前後（38週）で9か月に少し足りないぐらいである。これは妊娠から出生までの標準的な期間である。妊娠期間の長さは出生時体重によって主に決定される。非常に小さな動物では，生存できる成熟レベルに至る妊娠期間は短く，大きな動物には長い期間が必要とされる。ねずみの妊娠期間はたった20日だが，猫あるいは犬では60日で，赤毛ザルでは，64日である。象の妊娠期間は645日である。人間は他の霊長類，ゴリラ（257日），チンパンジー（227日）と非常に類似した妊娠期間である。

　38週で生まれた赤ちゃんは平均体重，3,150g（7ポンド）である。頭から足先までは53cm（21インチ）である。全ての赤ちゃんが満期出産というわけではなく，数週間，早く生まれる子どももいる。2,500g以下の赤ちゃんは，低体重出生と分類されるが，非常に早く生まれた赤ちゃんでもこの体重をかなり下回ることもある。超早期に生まれた赤ちゃんには（25週以前），後の学習困難のかなりのリ

KEY TERMS

早産
在胎37週以前に生まれた赤ちゃんを早産として分類する。

スクがある。

ある縦断研究は，生後1年間にわたって超早期出産の子どもを追跡し，**早産**が認知発達にどのように影響しているかについて検討した（Wolke & Meyer, 1999）。同じ時に同じ場所で生まれた満期と計算される36週以上の群と比較された。この研究の主な目的は，認知的障害の範囲と程度とを明らかにすることであった。それで，研究は言語と知的能力に焦点を当てている。ウォルクとメイヤーは，25週以前に生まれた子どもは満期産の子どもよりも全体的に遅れを示すと予測した。

それぞれの群には264例の子どもが含まれ，ウォルクらの結果は早産の影響に関して信頼のおけるものである。これら2群の出生体重における差は予想通り非常に大きく，平均3,407gの統制群に対して，超早産児は平均1,288gであった。超早産児の4分の1近くの事例が双生児か3つ子で複数の妊娠が早産のリスクが高いことを反映している。超早産の赤ちゃんは，平均，誕生後12週間，入院している。

6歳まで追跡した結果では，超早産児と満期産児では，はっきりと違いが見られた。さまざまなテストを含む知能の測定結果では，平均得点は満期産の群では100強であった。これは定型発達のサンプルとして考えられるものである。早産群では，有意に低く，85弱であった。学習障害に関していえば，満期産児の10％強が軽度障害の基準に合致し，2％弱が重度障害の基準にあった。関連して，早産児では，25％が軽度，23.55％が重度であった。超早産児では，軽度または重度の学習障害を持つリスクが高まる（ボックス3-1では，心理学者の子どもの知能の測定の仕方をより詳しく述べ，学習障害の程度の基準について述べている）。

超早産の子どもでは，言語能力が低く，特に文法とセンテンスの意味に課題を抱えていた。また，彼らは同年齢の子どもに比して語の調音に問題があり，洗練された構音能力を必要とするschの音に困難さがある傾向があった。読みの準備課題では，韻を踏む2つの語の判断や，語に音を対合する能力を含めて，際立った困難さが見られた。音を基礎にした技能は読みを学習する子どもには重要なので，これらの技能が劣る子どもは，読みの学習に困難が生じる可能性がある。読みの学習については第13章において詳しく述べる。

超早産児は，通常，誕生後暫くは病院にいて，適した環境条件を維持できるよう，保育器に入ることもある。

より詳しい分析により，超早産児の多くの子どもの核となる課題は，同時に情報を処理することが困難だということが明らかになった。このことは，いくつかのピースから複雑な形を配列するような課題によって測定された。そこでは，その形を作るために，同時にいくつかの異なる形のピースについて考えることが必要である。この能力を要素の1つとして含めないとき，2群の差はほとんどなくなり，認知と言語における全体的な違いの基礎となるのは，この能力であることを示していた。

後者の結果は多くの認知的スキルは互いに関係していることを示している。例えば，情報処理の速度は，同時に異なる種類の情報を処理する能力と同様に，多くの認知的課題の1つの要素である。認知発達について学びを深めていくと，認知的スキルのいくつかの共通な要素について，さらにわかるであろう。

> **KEY TERMS**
>
> **知能指数**
> 精神年齢の生活年齢に対する割合。知能検査によって測られる。100は「平均IQ」を示す。

ボックス3-1　子どもの知能の測定

　標準化された知能の測定の考えは，ドイツの心理学者でもあり哲学者でもあったウィリアム・シュテルン（William Stern, 1871-1938）によって導入された。**知能指数**（Intelligence-Quotient），一般に略してIQという用語は彼の造語である。最初の知能テストは，幼児の思考の実験的研究を行っていたフランスの心理学者であるアルフレッド・ビネー（Alfred Binet, 1857-1911）によって開発された。ビネーは，医者の責任の下に精神遅滞（学習困難）として，パリの特別支援学校に措置されている精神遅滞の診断について批判的であった。学習困難の子どもを簡単に特定する方法はないと主張し，同じ子どもが小児科医によって異なる診断名を受けることを指摘していた。

　信頼かつ妥当性のある知能検査の必要性から，ビネーは，1905年に刊行されたビネー・シモン検査を作成するに至った。初期には，この検査は，相対的な知的能力と学習障害のある子どもの教育的可能性についてのガイドラインを示すものであったが，彼の仕事は，すぐに教育や訓練においてかなり広く適用されるようになった。ビネーとシモンは，ある所

KEY TERMS

精神年齢
精神年齢は，子どもの認知機能の水準の指標を何歳何か月と示すことである。これは子どもの実際に何歳何か月であるという生活年齢と同じかもしれないし，異なるかもしれない。

生活年齢
何歳何か月という子どもの実際の年齢。

学習障害
低いIQスコアの子どもは学習障害（learning disability）を持つと考えられている。IQスコアによって，最重度，重度，中度，軽度に分けられる。

定の年齢の成績基準に基づいたテストを発展させた。このことは，間もなく子どもの**精神年齢**（mental age）を**生活年齢**（chronological age）と比較して測定する考えにつながった。精神年齢の背後にある考え方は，何歳何か月かという子どもの年齢における認知機能の水準の指標を示すことである。所定の年齢の成績の平均レベルとしてそれを考えることができる。これは子どもの実際に何歳何か月であるという生活年齢と同じかもしれないし，違うかもしれない。

この考え方は，もしも子どもの精神年齢が生活年齢と同じであれば，彼らは年齢相応の水準の成績を示している。そのような子どものIQは100となる。精神年齢が，生活年齢よりも優っている子どもは100以上のIQとなり，精神年齢が生活年齢よりも低い子どもは100以下のIQとなる。

知能指数（IQ）の算出の公式は知能と年齢との関係性を示す。

$$IQ = \frac{精神年齢（MA）}{生活年齢（CA）} \times 100$$

例えば，8歳児の精神年齢が10歳である場合，IQは10/8×100＝125と評価される。一方，同じ生活年齢で精神年齢がわずか6歳である子どもの場合，IQは6/8×100＝75となる。

知能は正規分布すると考えられ，人々の大部分は平均の100前後の得点である。IQスコアが低い子どもは，**学習障害**があると考えられ，IQの水準によって，学習障害は4つのカテゴリーに分けられる。IQ20以下が最重度で，20-35は重度，35-50の範囲が中度，そして，50-70が軽度であるとされている。ウォルクとメイヤーの研究では，超早産児の子どもでは，半数近くが軽度から重度の範囲のIQスコアである（つまり，IQ70以下，Wolke & Meyer, 1999）。その結果は，定型発達の子どもの90%が70-130の間にあることと比較してかなり高いものである。

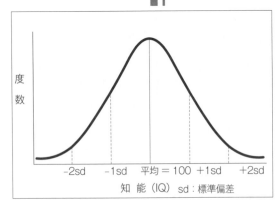

図3-1　知能は正規分布すると考えられている。

新生児は，誕生後すぐに歩行ができる他の動物に比較して，無力のように思われる。

3.2 新生児

　最初に新生児を見た時，自分では全く何もできないように見える。独力で移動できないことや環境を操作できないことは，誕生後数分で立ち歩行し始める多くの動物とはとても対照的である。野生生物の映画は際立った早期の能力を持つ動物や鳥類の誕生を記録している。

　人間の赤ちゃんは彼らの世話をする成人に非常に長い期間依存する。一人で移動できるには数か月かかり，歩けるようになるにはもっと長くかかる。十分な身体的，精神的成熟には何年もかかるのである。

　現代の人が非常に成功している種であることからもそのような長期に至る未成熟と家族への依存に進化のメリットがあることを仮定しなければならない。そのメリットとは何であろうか。答えは，長い期間の未熟さによって長期に至る学習と発達の期間を与えられたということで，それによって人間が正に柔軟になったのである。赤ちゃんと幼児は，彼らが成長する環境に最適なように技能を磨く。伝統的な農耕社会，あるいは狩猟採集社会で育つ子どもは，農耕

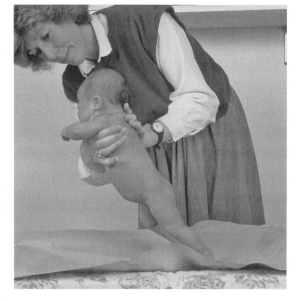

写真は，支えられ立位を取らされ，足が台の面に接するようにされた時の新生児の歩行反射を示すものである。

> **KEY TERMS**
>
> **歩行反射**
> 支えられ立位を取らされ，足がテーブルや床の面に接するようにされた時に足は歩くように歩行の動きをする。

民あるいは狩猟採集民のエキスパートとなるために必要なスキルを学習できる。技術が進んだ社会で育つ子どもはコンピューターやスマートフォン，インターネットを習得する学習ができる。

　人間の乳児の運動スキルが他の霊長類に比較して発達していないのには，より特別な他の2つの理由がある。1つの理由は，乳児は，全身長の25%にあたる大きな頭を持って生まれてくることである。乳児の平均的な脳の重さは450gで，大人のチンパンジーの脳の75%に相当する。新生児の脳は非常に割合として大きいので，抱かれる時は支えられなければならない。このことは，親となったばかりの人へのまず初めの指導となる。十分に移動できるまで時間がかかるもう1つの理由は，人間の移動の複雑さである。二足で歩けるようになるには，高度なバランスと，筋肉の協調と強さを必要とする。

　大きな脳と二足歩行は進化的にはメリットであったが，それに対する代償は運動スキルが発達するまでの長い期間であった。しかし，いくつかの身体的能力は生きていくために必要で，それは誕生直後から存在している。最も重要なのは，吸啜反射で，哺乳に必要である。新生児は把握反射も持っていて，手掌に対象が置かれると彼らの指はその物にそってしっかりと閉じる。これは，霊長類にとって必要な，連れて歩かれる時に母親の毛にしがみつく反射の形跡と考えられる。他の興味深い反射は歩行である。**歩行反射**は，赤ちゃんが立った位置で支えられ，足がテーブルや床の表面に触れた時に誘発されるものである。赤ちゃんは歩いているようにステップを踏む動きをする。

3.3　座位，立つこと，歩行

　誕生から数週間，数か月の間に乳児は次第に動きのコントロールができるようになる。このコントロールは，頭部から始まり，次第に身体全体に広がっていくと考えてよい。運動発達の主なマイルストーンは60年前に記述されている（McGraw, 1943）。赤ちゃんは最初，頭を上げ，その後頭と胸とを上げることができるようになる。そして，頭と上半身を独力で腕と手をついて上げられるようになり，ついに四つ這いで上げられるようになる。生後9か月までにいざり這

いをする子どももいるが，大抵は這うことができるようになる。そして，間もなくつかまり立ちをして，生後12か月頃までには最初の一歩を踏み出すようになる。

世界保健機関による資料では，これらの主なマイルストーンに乳児が至る時期にはかなりのバリエーションがあることを示している。生後18か月まで歩かない子どももいれば，生後1年になる前に独り歩きが可能になる子どももいる。また全ての子どもが一連の順序でマイルストーンを越えていくというわけでもない。這う期間が短く，いざり這いからつかまり立ちする子どもも見られる。

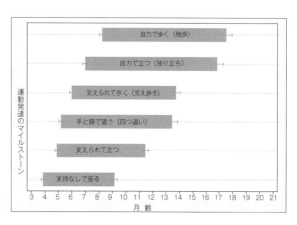

図3-2　粗大運動における6つのマイルストーン。WHO多施設共同成長規準研究（MG-RS）グループより。著作権：*Taylor & Francis*, 2006年。

運動発達は生後2年間の成熟的な要因に強く促されているが，子どもの養育実践もまた影響している。初期の研究は，ニューメキシコのホピインディアンの子どもについてのもので，そこでは乳児を揺りかごに安全にくくりつけて母親がそれを背負って連れ歩くという伝統が見られた（Dennis & Dennis, 1940）。揺りかご板の使用は，乳児の母親が動き回る時や仕事の時に乳児を近くに置いておくということだが，乳児の運動的活動の機会は制限されていた。驚くことに，伝統的に育てられたホピの乳児は，西洋の実践を取り入れ，揺りかご板を使っていないホピの母親の赤ちゃんと同じ月齢で歩行し始めた。しかしながら，重要な点は，一日に数時間だけ揺りかご板にくくりつけられ，残りの時間は動きが制限されていなかったということである。

厳しい運動の機会の制限は非常に深刻な結果をもたらす。テヘランの孤児院での乳児の研究は，2歳まで子どもは座ったり立ったりすることができないことを発見した（Dennis & Najarian, 1957）。この研究の著者は，遅れのほとんどの原因は孤児

乳児の動きを制限するアメリカインディアンの揺りかご。

デニスとナジャリアン（1957）は，孤児院の2歳の子どもがしっかりとお座りや立つことができないことを発見した。これは他者との相互交渉や探索する機会が少ない環境のためであるとデニスらは考えた。

院における社会的刺激の全体的な欠如であるとした。多くの時間，乳児はベビーベッドに独りにされ，彼らの環境を探索することや，他の人と関わることも促されなかった。大部分の乳児は，運動スキルの発達が見られ始めた時に，そばに居合わせる年長の子どもや大人が彼らを援助する。例えば，支持されないと座位が取れないで不安定な赤ちゃんは，人またはクッションのような物で支えられ，歩き始めた子どもには補助する手が差し出される。

特定の介入が運動発達に直接影響を与える。ゼラゾらは，生後10週間にわたって座位とステップの訓練を行った（Zelaso, Zelaso, Cohen, & Zelaso, 1993）。座位の訓練のために，乳児の背中を大人が支え，乳児が背中を短い時間まっすぐするように，短い時間だけ支えをはずした。ステップの訓練では，床に足をつける機会を与え，歩行反射を起こすようにした。座位の訓練を受けた赤ちゃんは座位のコントロールに進展が見られたが，ステップには見られなかった。ステップの訓練を受けた赤ちゃんは，ステップに進展が見られたが，座位には見られなかった。週ごとに観察された統制群の赤ちゃんは座位の訓練もステップの訓練も受けていないが，生後10週間では座位にもステップにも進展は見られなかった。

早期の養育実践がもたらす運動発達への影響については，近年，乳児の睡眠の姿勢に関する助言の変化からわかった事実がある。多くの国々では，ベビーベッドでの死亡への心配から，乳児は伏臥位よりも仰臥位あるいは側位で寝かせるというキャンペーンが広がっている。この変化はベビーベッドでの死亡を減少させたが，初期の睡眠の姿勢の変化は，乳児を伏臥位にした時に腕で押し上げ支えることができる時期を遅れさせた（Davis, Moon, Sachs, & Ottolini, 1998）。睡眠時に伏臥位を取らせた乳児はマットレスに対して腕を押し付け，頭を挙上する機会を多く持つ。しかし，仰臥位で寝かされる赤ちゃんはこの動きを実践する機会が少ない。とはいえ，仰臥位や側位で寝かされる赤ちゃんも正常範囲での発達パターンを持っていることは注意すべきである。

3.4 手のコントロールの発達

KEY TERMS

握りしめ
対象に指を巻きつけるように、手全体で物を掴むこと。

乳児期の運動発達のもう1つの重要な側面は手に関わるものである。人間は物を拾い，操作するために手を進化させてきた。そして，人間の手とチンパンジーの手を比較すると，際立った解剖学的な特徴を正確に記述することができる。これらの特徴によって，人は非常に特別な方法で物を掴むことができる。発達的な観点からは，これらの特別な掴み方が乳児のレパートリーに見られるのに数か月要する。

チンパンジーの手は第一に木にぶら下がったり，登ったりするためにできている。チンパンジーはこれらの活動の目的のために，親指以外の4指を固定し巻き込むよ

大人の雄のチンパンジー（左）と3歳の女児（右）の手形の比較。

うにした「フックグリップ」（hook grip）を用いる（Marzke, 1992）。シロアリ塚に押し込むための棒のような物を拾うとき，彼らは物を指で包み込むように**握りしめ**（power grip）を用いる。チンパンジーの親指は人間の親指と比較して短く，ほとんど力を及ぼさない。このことはチンパンジーが指に対向して親指を押し付けることができず，物を拾ったり，上手く扱ったりするための微細な握りができ

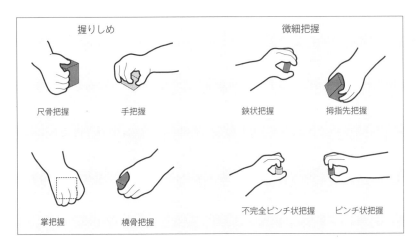

図3-3　生後1年間の握りしめと微細把握。

ないことを意味する。小さな物を拾おうとする時，親指を使わずに，他の指だけだとそれは非常に難しい。

　チンパンジーの行為と人間の赤ちゃんの発達を比較すると，チンパンジーのように，赤ちゃんも最初は手掌にある対象を指全体で包むように掴む。このような手掌把握は微細な把握につながり，生後1年目の終わりには，人差し指が親指の先端に触れそうな「ピンチ状把握」によって小さな物を拾えるようになる。この**微細把握**は人間にだけ見られ，親指と他の指が対向している。

　生後6か月から12か月に，握りしめは少なくなり，微細な把握がよく見られるようになる。生後1年目の終わりに，握りしめよりもかなりコントロールできる微細把握が優勢になる。その1つがピンチ状把握である。他に拇指先把握があり，人差し指の関節側と親指とが対向するもので，これらの把握のうち，ピンチ状把握は微細な動作において非常にコントロールできるものである。

　人間の乳児とチンパンジーの把握を直接的に比較すると，能力の違いがはっきりとする（Butterworth & Itakura, 1998）。さまざまな年齢のチンパンジーは，大きさが段階的に変わる立方体状のりんごを与えられた。年齢によって調べられたが，チンパンジーは握りしめが優勢である段階から人間の赤ちゃんに見られるように，人差し指と親指が関わる微細な把握への移行を示した。しかし，そこには2つの重要な違いが見られた。第一に，微細な把握はチンパンジーが成熟に近づく8歳になるまで現れなかった。人間の赤ちゃんでは，

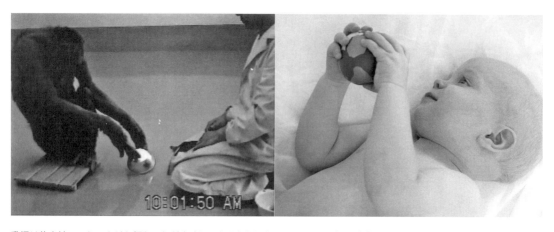

乳児は物を拾い，しっかりと掴むことがすぐにできるようになる。チンパンジーの把握のレパートリーは限られたものである。

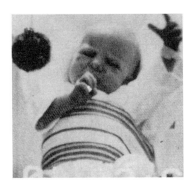 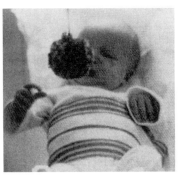 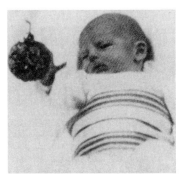

対象物に手を伸ばす前段階の生後2か月の乳児。

生後1年になる前に見られる。第二に，チンパンジーは，親指の先端と人差し指との間で最も小さいりんごの積み木を拾う際に人間の赤ちゃんほど正確ではなかった。りんごの小さな積み木が提示された時，チンパンジーはピンチ状把握よりも拇指先把握を用いていた。

物を拾い，操作するためには，乳児は関心のある対象に手伸ばしし，両方の手を協調させる能力を発達させなければならない。これらの能力も生後1年目に発達する。

新生児は，手の届く範囲につるされた興味を引く対象に手と腕で「払う」ような動きをする。新生児の頭部と体幹の重さが支えられたなら，手と腕を興味ある対象に伸ばすであろう（Amiel-Tison & Grenier, 1985）。この早期の対象への腕と手の動きは**前到達行為**（pre-reaching）として知られている。

目的に向けられた到達行為は，手に入れたい対象を上手く獲得する能力であるが，生後3，4か月頃に出現し，生後1年間に次第により正確になる。生後12か月までに，スプーンのような対象を用いて距離のある到達行為を行う。そして，生後15か月までに彼らは正確な到達行為ができるようになる。

生後1年目に，乳児は両手で手伸ばしができるようになり，生後1年目の終わりには，互いの手を別々に使うことができるようになる。異なる行為を実行するには手の多くの活動が必要となるので，これは重要な発達である。例えば，一方の手は対象を保持し，他方の手で対象に行為するといったものである。このよい例が，蓋を持ち上げて，容器の中の物を取り出すことである。両手での課題を達成す

KEY TERMS

微細把握
親指と他の指が完全に対向した把握。これは人間だけに見られる。

前到達行為
注意を引く対象に対して新生児が行う腕と手の動き。

目的に向けられた到達行為
手に入れたい対象を確かに獲得する能力であるが，生後3，4か月頃に出現し，生後1年間に次第により正確になる。

るための両手の協応は，生後11から12か月頃に出現する。微細な把握を使用する能力のように，両手による相補的な機能を遂行する能力は，人の乳児に与えられた環境にある物への際立った操作能力を与える。

3.5 聴覚，嗅覚，味覚，視覚

100年以上も前に，ウィリアム・ジェームズは，重要で影響力のある彼の著書『心理学の原理』（*The Principles of Psychology*, 1890）を刊行した。その中で外界についての新生児の最初の印象に関して「ざわついた大変な混乱の状態である」(462頁) という有名な記述がある。ジェームズの記述は，新生児は馴染みのない混乱した世界に直面しているという見方で，比較的近年までその見方が支配していた。そのような見方がなぜ一般的であるのかは簡単にわかる。新生児は吸

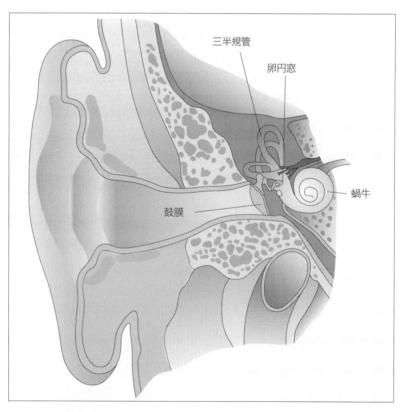

図3-4　耳の構造（主要部分を示す）。

啜以外の能力はほとんど見られない。しかし，早期の乳児の能力に関する実験的研究は，新生児の世界はざわつきや混乱にあるというところではなく，外界の特徴に既に馴染みがあることを示してきた。

視覚能力は誕生後も発達する（以下，視覚の項を参照のこと）。それに対して，聴覚的システムは誕生時から既に完全な状態で働いており，胎児期に発達する最初のシステムの1つでもある（Burnham & Mattock, 2010）。耳は内部から外へ発達する。最初に発達する部分は内耳でそこには蝸牛がある。蝸牛は，聞こえに重要な有毛細胞がある螺旋状に形成された器官である。在胎10週までに，最終的な成人の形に近くなっており，在胎20週には，成人の大きさまでになっている。有毛細胞は22週までに成熟するが，最初に蝸牛の真ん中に近い有毛細胞が成熟し，最後に外側の有毛細胞が成熟する。中耳は15週までに成人の形や大きさに近くなり，外耳は耳介と外耳道は誕生後も成長するけれども，18週までに成人の形態に近くなる。

音に対する胎児の反応を見た研究は，在胎24週頃には聞くことが可能なことを示唆している。このような事実は，母親の腹部に近いところでブザーを鳴らして，胎児の反応を超音波によってモニターするような実験から得られている。赤ちゃんは出生すると，大きな音を聞くと瞬きをする。誕生前の赤ちゃんも同様で，超音波を用いて，実験者は，在胎24週から25週で大部分の赤ちゃんにおいてブザーの音に対する反応として瞬きをすることを示した（Birnholtz & Benacerraf, 1983）。

誕生前に，赤ちゃんはよく聞こえているのであれば，当然，何を聴いているのかを知りたい。かなり近年まで，誕生前に赤ちゃんが聴いていることは，大部分の外の音を消している母親の心音や他の内臓の強い音であると考えられてきた。しかし，母親の声も含めて外部の話しことばの音は，内部の音が外的な音を消すほど大きくないので，子宮の中においてもはっきりと聞くことができるということが立証された（Burnham & Mattock, 2010）。さらに，妊娠後期には，現実に赤ちゃんは馴染みのある音を認識できるようになっている。この驚くべき発見は，誕生前に母親が読み聞かせていた話を赤ちゃんが再認できるという研究によってまず示された。その詳細については，第5章のデカスパーとスペンス（DeCasper & Spence, 1986）

KEY TERMS

蝸牛
内耳の螺旋状に形成された器官で，聴覚に重要である。

によって行われた研究からわかる（5-1参照）。

匂 い

匂いは新生児にとって非常に重要である。乳児は，母親の母乳の匂いを通して母親を認識し，匂いを弁別する能力を用いることができる。ある研究では，生後6日の新生児に対して，彼らの母親の母乳が染み込んだパッドを頭部の一方において，他の母親のパッドを別の方に置いた。赤ちゃんは自分の母親のパッドに顔を向け，馴染みのある匂いを選好した（MacFarlane, 1975）。

興味深いのは，匂いは成人の乳児の認識にも重要であるということである。母親は，自分の赤ちゃんの匂いを非常に早く学習し，他の新生児が着用していたものと同一の衣服から自分の子どもが着ていたものを選択するように言われた時，彼女らは正しく選択できる。この匂いを用いて区別する能力は以前に考えられていたよりも一般的である。ある工夫に富んだ研究では，子どもを持ったことがない女性に45分間，新生児を抱っこするように言われた。これを自然な要求とするために，協力者は研究目的が母親以外の人に赤ちゃんが抱かれた時にいかに反応するかを見ることであると伝えられた。しばらくして，母親でない女性は赤ちゃんが着ていたベスト（下着）を取って，それがわかるかどうか調べられた。彼女らの反応は母親の反応と比較された（Kaitz & Eidelman, 1992）。前述の研究のように，母親は自分の子どもの匂いを認識でき，82%が正しかった。母親でない女性は，1時間弱しか赤ちゃんを抱かなかったが，13ケースのうち10ケースが正かった（77%）。

味 覚

新生児は甘い味を選好し，大人と同じように酸っぱい味には，唇をすぼめて嫌な表情をして「嫌悪」を示す。甘い液体を吸っている時には，満足な表情を示す（Steiner, 1979）。新生児は，甘い液体の方を何も入っていない水よりも吸おうとし，塩の味がする水はあまり吸おうとしない（Crook, 1978）。塩への耐性は誕生後，数か月で発達し，塩の味がする水よりも何も入っていない水への選好は生後4か月までに消失する（Beauchamp, Cowart, Mennella, & Marsh,

1994)。母乳は少し甘いので甘い味への好みは生きていく上での重要な価値がある。

視　覚

　成人に比して，新生児は細部までよく知覚できない。彼らは動かない3㎜幅の白と黒の縞模様と均一なグレーとの区別ができる。視覚的能力は生後3か月までの数か月で発達し，0.5㎜の幅よりも狭い縞が知覚できるようになる。

　新生児は，誕生時には細かく詳細に見ることができないけれども，日常生活に不自由であることを意味しない。細かな空間的詳細を知覚する能力は，読みや裁縫に必要だが，それらは数年経ってから重要になる。乳児の能力のレベルではよく出会う顔のような大きな社会的な対象でまったく十分である。

乳児は口唇をすぼめて酸っぱい味に対して嫌な表情で嫌悪感を示している。

　誕生時に，眼球のレンズは，その形状を変化させる筋肉によって網膜に焦点の合った視覚的像を運ぶ役割があるが，まだ十分に機能していない。これは，新生児の眼球は最適な焦点に固定されていることを意味する。新生児の目から21㎝の対象だけが焦点が合って知覚される。それは，生後3か月あたりまで，焦点に異なる距離の対象を運ぶためにその表面の曲率半径を変化させることによってレンズが調節できないからである。

　赤ちゃんが抱っこされた時に大人の顔と赤ちゃんの顔との平均距離が21㎝であることと一致することは偶然とは言えない。離れた対象はぼやけているけれども，重要な社会的対象に対しては，誕生時からまさに焦点が合っている。

3.6　まとめ

　本章では，誕生までの数か月の発達は多くの外的な要因によって

影響を受けていることについて見てきた。母親の身体的，精神的健康は胎児の最適な発達には重要である。早産で生まれた赤ちゃんは認知の遅れや学習障害といった重大なリスクがある。

　生後数週間と数か月において，乳児は運動技能を発達させる。自分の身体のコントロールが次第にできるようになり，座位や立位，そして，歩行ができるようになる。手の微細なコントロールも可能になり，対象の洗練された操作ができるようになる。生後数か月の間に視覚的な鋭さは乳児がますますよく詳しく見えるように発達する。味覚も発達するが，嗅覚と聴覚は誕生時には十分に発達している。異なる感覚によって，乳児は生まれた世界について非常に急速に学習し始める。

　生後1年間に発達するのは，感覚や運動技能だけではない。社会的，認知的スキルも発達する。私たちは，次章で，乳児が社会的，認知的発達に向けて多くの大切な能力を持って生まれてくることを見る。過去には，新生児の身体的な無力さが，環境の重要な側面から知覚したり学習したりする洗練されたいくつかの能力と矛盾するので，これらのスキルは過少評価されていた。次章ではこれらのスキルについて見ていく。

参考文献

Karp, R. J. (2010). Health. In J. G. Bremner & T. D. Wachs (Eds), *The Wiley-Blackwell handbook of infant development* (Vol. 2, pp. 62–86). Chichester: Wiley-Blackwell.

Wolke, D., & Meyer, R. (1999). Cognitive status, language attainment, and pre-reading skills of 6-year-old very preterm children and their peers: The Bavarian longitudinal study. *Developmental Medicine and Child Neurology, 41*, 94–109.

質問に答えてみよう

1. 母親の健康は胎児の発達にどのように影響するか。
2. 未熟な時期が長いことの進化的な利点は何であろうか。
3. 生後1年間に運動スキルはどのように発達するのであろうか。
4. 生後数か月の聞こえと視覚の発達について比較してみよう。

CONTENTS

4.1 カテゴリー化の発達
4.2 対象の処理
4.3 数量の理解
4.4 コア認識
4.5 まとめ

第4章

乳児期の認知発達

この章によって読者は以下の点がわかり，説明できるようになる。
- 乳児の認知発達の主な側面について特徴づけることができる。
- A-not-B課題について述べ，この課題における乳児の行動のさまざまな説明について議論できる。
- 乳児の対象のカテゴリー化の発達について説明できる。
- 初期の認知発達における論争について議論できる。
- 乳児で得られた注視時間のさまざまな解釈について批判的に評価できる。

誕生から24か月の期間は，乳児に劇的な変化が見られる。わずかな自発的運動だけで相対的に何もできない新生児は，生後24か月までに走ったり，椅子や滑り台に登ったり，絵本を読んだり，コンピューターを見たり，歌ったり，踊ったりとできるしっかりとした幼児に発達する。そして聴く音楽や食べ物，着るものについての意見も持つようになる。また，語彙は200語を超える。このような重大な変化と発達が起こる期間については，特に第1章で見たように，この時期の子どもの認識と能力について研究する方法が発展したので，心理学者が関心を向けてきた。

伝統的に「認知」という用語は，推理や問題解決，知識の表象と獲得に言及するものとして用いられてきた。この用語の使用は，精神生活は感じること，思考すること，行為することに分けられるという考えからきている。外界からの情報は知覚され，これらの知覚は処理され，そして，行為がなされる。認知は，処理段階に焦点を当てた思考である。多くの研究者がこのような考えを持っている一方で，認知から知覚と行為とを分けることは難しく，認知は感覚と行為をしっかりと基盤にしているという結論に至る研究者もいる（Smith & Sheya, 2010）。例えば，友達の顔をいかに私たちは認識するかということを考える時，顔の知覚と認識（記憶で全ての知って

いる顔とそれとを比較する）の境界は非常に不明確である。

　第3章では，乳児期の運動発達について述べた。乳児の運動コントロールがより細かくなるにつれて，座位を学習し，移動する。これらの新たな能力は，認知処理に重要な影響を与える広い範囲にわたる数々の経験を増加させる。神経構成主義と同様にダイナミックシステムズの見方では，明らかに行為，知覚，そして認知の密接な関係をその理論的枠組みに統合している。この統合された見方は，ピアジェがいかに認識は単純な感覚運動的プリミティブ（sensori-motor primitives）を基礎に構成されるかに関心があったので，ピアジェの構成主義の考え方に近い。

　この章では，乳児期の研究者が関心を向けてきたいくつかの主な領域についての概観を行う。カテゴリー化の発達，外界にある対象についての認識，そして，数の認識である。知覚発達についてはさらに第6章で述べる。

4.1　カテゴリー化の発達

　最も基礎的な認知能力の1つは対象をカテゴリーに分類することである。ここでのカテゴリー化とは，区別できる一連の対象を同等のものとして弁別することである。例えば，異なる犬を見れば，ある犬と別の犬とをあなたは区別する。そして，また，あなたはそれら全てを「犬」という単一のカテゴリーに属するように考える。これは確かに重要な能力である。カテゴリーが形成できなくて，新たに犬に出会うことを想像してみると，直接に経験していることは別にして，この新しい動物について何もわからないだろう。一匹の動物について，4本の脚があり，尻尾や体毛もあり，それは吠えて，ボールを追いかけることが好きであるとか，全ての特徴を記憶しなければならないとすると，記憶に非常に負担をかけることになる。より重要なことは，この動物から何が期待されるかがわからないということである。尻尾を振った時は何を意味しているのか。何を食べるのが好きか。唸る音は何かなど。

　カテゴリーを形成する能力は，あるカテゴリーの全てのメンバーに共通の表象を貯蔵することにより，記憶の負荷を減少させること

> **KEY TERMS**
>
> **熟知・新奇性選好法**
> 乳児の認識を測るために乳児の注視時間を用いる方法。

ができる（その動物が犬であるとわかっていたならば，足が何本あるか，尻尾があるかといったことを覚えなくてよい）。また，カテゴリーを形成する能力によって，まだ見ていない特徴について，予測したり，期待したりすることが可能である（もし尻尾を振っていれば，多分，近寄ってきて手をなめるだろう）。したがって，カテゴリー化能力は，私たちの全ての思考や認知的処理の基盤を形成する基本的なものだと言われている。その重要性から，この能力が乳児の時期からどのように発達するのか，研究者が非常に関心を寄せてきたのは少しも不思議ではない。

知覚的カテゴリー化

乳児のカテゴリー化に関する大部分の研究は，第１章で述べた**熟知・新奇性選好法**（familiarisation-novelty preference method）を用いている。この方法は，乳児は新しい，いつもと違う刺激に対して馴染みのある刺激よりも注視時間が長いことを利用した方法である。典型的なカテゴリー化の研究では，１つのカテゴリー（例えば，猫）からの一連の絵を提示される。それぞれの刺激への注視時間が測定され，より多くの対象が示されるにつれて，注視時間が減少することが考えられている。注視時間の減少が起これば，乳児はこのカテゴリーからの対象に熟知化したと考える。この熟知化の段階に続いて，テスト段階に入り，２つの対象が並べて提示される。１つは馴染みのあるカテゴリーからの新たな対象（例えば，新たな猫）であり，もう１つは異なるカテゴリーからの新たな対象である（例えば，犬）。２つのテスト図版のどちらも見たことがなかったとしても，もしも，猫のカテゴリーを乳児が形成していれば，新たな猫よりも犬の方に関心を示すであろう。そのため，全注視時間の50％以上，犬を注視すれば，乳児は新たな猫を含み，犬を除外するような猫のカテゴリーを形成していると考えられる。

熟知・新奇性選好法を用いることにより，生後数か月の乳児においても異なる物や動物のカテゴリーを形成できることが示されてきた。その最も単純な例として，スレイターは，新生児，生後３か月児，そして生後５か月児に異なる形（円，四角，三角，十字）のカテゴリーを示した研究を報告している（Slater, 1989）。この研究でそれ

ぞれのカテゴリーに用いられた例は，厚さや線のパターンや正確な形が異なっていた。乳児にこれらの形への熟知化をし，見せられたカテゴリーからのある1つの形と，訓練段階では見ていなかった新しい形を提示された。生後3か月児と5か月児は，新奇な形の方を選好した(それは彼らが形のカテゴリーを形成していることを意味する)が，新生児はそうではなかった。他の研究においては，多くの実際の物や動物についてのカテゴリーを生後3か月，4か月児が形成できることを示している。例えば，異なる動物の現実的なカラー写真を用いて，乳児は猫のカテゴリーを形成し，犬，鳥，馬，トラとそれとを区別することが報告されている（Eimas & Quinn, 1994; Quinn, Eimas, & Rosenkrantz, 1993)。他の乳児は，馬に熟知化をして馬のカテゴリーを形成し，そこに新たな馬は含まれていたが，キリン，シマウマ，猫は入っていなかった（Eimas & Quinn, 1994)。

　クインらは興味をそそる結果を得ている（Quinn, Eimas, & Rosenkrantz, 1993)。生後4か月児に猫についての熟知化の後，新奇な猫と犬を提示した。乳児は犬を選好し，犬を除外する猫のカテゴリーを形成していることを示した。しかし，犬に熟知化された別の群の乳児は，新奇な犬と猫を提示された時にどちらの動物にも選好を示さなかった。このような結果は，二番目の群の乳児は，犬のカテゴリーを形成したが，新奇な犬も猫もこのカテゴリーの成員と考えたと解釈できる。このことはどのように説明できるだろうか。

　1つのあり得る説明は，異なる血統の犬は全く違って見えるということであり（チワワとグレート・デーンのように），猫の場合は全体に類似しているということである。乳児に猫の熟知化が生じて，犬を見ると，これまで見た猫と異なり，注視時間も長くなるが，異なる外見の犬に熟知化が生じて，猫を見ると，他の種類の犬と思ってしまうのかもしれない。

　この説明は，たくさんの興味あることが含まれている。第一に，乳児は，環境から規則性を抽出することに優れているということを示唆している。彼らは異なる犬と猫の共通性に非常によく反応し，それらの共通性に基づいて効果的にカテゴリーの表象を形成している。第二に，このような実験では，乳児は急速に，実験室で見たもののみに基づいてカテゴリーを形成する。彼らのカテゴリーの構造

図4-1 クインとアイマス（1996）によって用いられた刺激の例。
クインら（1996）から作成。
Elsevier より許可，1996年。

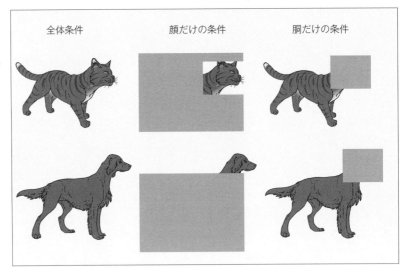

は，研究中に彼らが目にした刺激の正確な特徴に基づいている。第三に，これらの初期のカテゴリーは，知覚に基づくものである。互いに類似した対象を見た時，それらはグループ化される。テスト場面での動物への選好注視はこれらの類似性が働いたものである。最後に，乳児のカテゴリーは成人のものと異なっており，発達とともに成人のカテゴリーに一致するように形成される。

　同一のカテゴリーにどの動物が入るかを決める時，乳児はどのような情報を用いているのだろうか。クインらはこの疑問に対して，乳児を猫に熟知化させ，犬についてテストすることで調べた（Quinn & Eimas, 1996）。しかし，乳児の第一のグループは，（前出のように）それぞれの動物の全体を見て，第二のグループは動物の胴体を隠し顔だけが見えるようにし，第三のグループは頭部（顔）を隠し，胴体だけが見えるようにした（図4-1）。犬と猫についてテストされた時，動物全体，あるいは頭部を見た乳児は，犬を見たのに対し，胴体だけを見た乳児は，新奇な猫と犬を等しく見て，選好は見られなかった。この結果から，乳児は動物の顔をカテゴリー化する際に主な手がかりとしているように思われる。

　顔がとても重要だと赤ちゃんは既に知っていて，赤ちゃんが見ている全ての動物の顔を選好して注視するように思われる。たくさんの猫を見ていると，頭部は最も見極めとなる特徴であることを学習し，その学習が進展するにつれて，より注視するようになるともいえる。

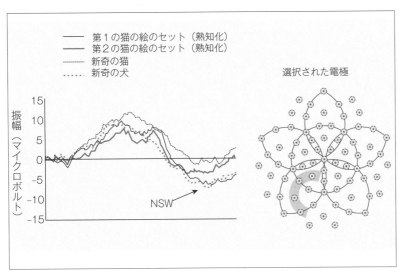

図4-2 クイン，ウエスターランドとネルソンの研究における波形のプロット。熟知化において示された最初の一組の猫への反応（──），熟知化における二組目の猫への反応（──），新奇な猫への反応（‐‐‐），新奇な犬への反応（‥‥）での事象関連電位（ERP）が示されている。右のプロットは，センサーネット電極（GSN電極）の二次元的な電極を，そこからプロットされたシグナルが記録された電極で示したものである。クインら（2006）から作成。
著作権：Association for Psychological Science

　この問題は，第6章において述べるように，新生児でさえ，人の顔のような刺激を選好し，このことは生得的に顔を志向するメカニズムの証拠として考えられる。
　クインらは，同様に乳児に対して動物の顔は特別であるのかどうかを見出したいと考えた（Quinn, Doran, Reiss & Hoffman, 2010）。そのために，生後6か月から7か月の乳児に猫または犬に熟知化した。彼らはアイ・トラッキングを用い，最も乳児が見ている部分を測定した。彼らは，実験の初めから頭部への偏重が明らかに示されたことを発見した。頭部は全体の領域の17％であるにもかかわらず，乳児の凝視の約45％は動物の頭部であった。これは最初に示されたいくつかの動物の場合でも見られた。そのことから，実験に参加する以前から動物の顔は乳児にとって特別であったように思われる。
　私たちは，乳児のカテゴリー形成の神経関係を測ることができるだろうか。クインら（Quinn, Westerlund & Nelson, 2006）は，この問題に答えるためERP（第1章参照）を用いた研究を行っている。ここでも犬と猫を用いて，生後6か月の子どもに36枚の猫の絵に熟知化させ，20枚の新たな猫の絵を用いて，その間に20枚の犬の絵を散りばめて調べた。彼らは，猫の1-18，猫19-36，新奇な猫，新奇な犬の4条件について，それらが提示された時の神経活性化パターンを頭頂の異なる位置で測定した。1-18の猫と犬の組はどちらも1つの刺激のクラスでの新しい経験であったので，カテゴリー学習の神

図4-3 ヤンガーとコーエンらの刺激例。コーエン (2001) より。

経信号は同じはずであった。それに対して、猫の19-36とテスト図版の猫は馴染みのある刺激であったので、異なる新しい神経活性化パターンにつながるはずであった。このことは正に彼らが発見したことで、1-18の猫と犬では、負の徐波（NSW）が左後頭部頭頂頭皮において発見された（図4-2）。この活性パターンは、以前から新奇性の発見に関係しているとされていたものである。猫の19-36とテスト図版の猫では、徐波がベースラインに戻っていることがわかった。この要素は、熟知性の再認に伴っていると既に確認されたものである。このようにERPのパターンは、新たな猫が猫として認識されるように、あたかもそれに熟知性があるかのように、新たな何かに反応して、カテゴリー化の重要な特徴の神経上のマーカーを提示している。

　私たちは、乳児が対象の特徴を基にカテゴリーを形成していることを見てきた。しかし現実には、異なる特徴が一緒に起こりがちである。4本の脚を持っている多くの動物には、尻尾と体毛があり、羽のある動物は、それらが相対的に大きければ2本の脚を持っている（鳥のように）。もしもそれらが非常に小さければ6本の脚である（虫のように）。外界について学習する時、これらの*属性相関*（feature correlations）を利用するために、乳児はそれらをまず発見できなければならない。しかし、乳児は属性相関を発見する能力をいつ発達させるのだろうか。

　ヤンガーとコーエンはこの問題について、注視時間研究法で検討している（Younger & Cohen, 1986）。彼らは、乳児に、体、脚、尻尾の形にそれぞれ特徴がある2つの動物の描画に熟知化させた。テスト場面では、3つの動物を乳児に提示した（図4-3）。1つは熟知化の時に用いたもので、もう1つは異なる胴体、脚、尻尾を持ち、完全に新奇なものである。3つめの動物は、訓練場面で用いた2つの動物を合わせたもので、身体が動物1で尻尾が動物2といった具合である。もしも乳児が個別の特徴に注意を払っているだけならば、その特徴については既に目にしているので、第三の動物には興味を

示さないだろうとここでは考えられた。しかしながら，特徴が結合した動物を以前に決して見たことはなかったので，特徴が同時に見られることに反応すれば，それに乳児は関心を持つだろう。結果は，生後4か月の乳児はこの動物に関心を示さなかった。彼らがその動物を見た時間は以前のテスト場面で見た動物と同じくらいで，完全に新奇な動物よりは少なかった。しかし，生後10か月児では，完全に新奇な動物と同じ長さで「新奇な結合」の動物を注視した。10か月児では，以前の特徴の新たな結合は，完全に新奇な動物と同様に興味深いのである。この研究は，特徴の組み合わせの処理能力は生後4か月から10か月に発達することを示唆している。

　ヤンガーとコーエンの研究は，他の多くの研究と同様に，乳児が非常に早期から，対象の知覚的特徴に基づいてカテゴリーを形成していることを示している。また，視覚的特徴を処理する能力は生後1年間により洗練されていくことを示唆している。しかし，いくつかの点において，カテゴリーは何かのように見えるということを越えていかねばならない。成人ではわかっているように，視覚的特徴が全てではない。鳥とコウモリは似ているが，同一のカテゴリーに入らない。ねずみとクジラは互いに非常に異なるが，両方とも哺乳類である。発達の過程において，付加的な情報が関連性を持ち，子どもは視覚的特徴を越えたカテゴリー形成ができるようになる。言語は，早期の知覚的カテゴリーから，より洗練され，深い概念に移行することにおいて重要なものである。カテゴリー形成における言語の役割についてはまた研究の盛んな分野である。

高次のレベルでのカテゴリー化

　カテゴリー化における言語の役割を検討している研究では，これまでのように乳児に対象への熟知化を生じさせるが，対象は命名されて提示される。例えば，フルカーソンとワックスマン（2007）は，生後6か月児と12か月児に対して，恐竜の線画に熟知化させ，提示時に，「トマを見て。トマがわかる？」とスピーカーで流した。読者は「トマ」という語が造語で新奇語であるので，わかりにくいと思うが，研究者は，乳児の学習実験では，よく新奇語を使用する。それは，実験外で乳児が学習した語に乳児の反応が影響を受けない

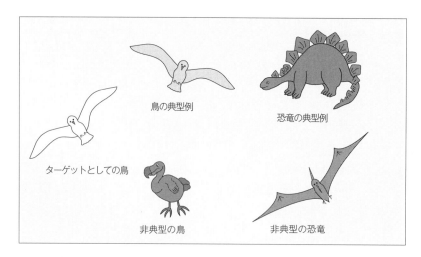

図4-4　ゲルマンら（1990）による「鳥」カテゴリーのテストに用いられた刺激例。
著作権：*American Psychological Association* より許可を得て掲載。

ようにするためである。新奇ラベルを提示の影響を見るために，統制条件として，対象の名称の代わりに音が流された。研究のテスト場面では，他のカテゴリー化の研究と正確に同一にされ，恐竜と異なる動物（魚）が並べて提示された。

　この研究の結果は，乳児は動物のラベルが提示された時にカテゴリーを形成し，音が流された時にはそうではないということであった。この研究や類似した研究は，言語がカテゴリー化を促進するというエビデンスとして取り上げられてきた。異なる対象が同一の名称を共有する時，これらの対象の共通性が注目され，乳児は動物や対象のどの部分がその対象の認識に重要であるかを学習する。例えば，水槽の中の異なる色や形の動物が全て「魚」と呼ばれる時，私たちは，それらは全て鱗やひれを持っていて水の中で泳ぐということよりも形や色は重要でないことを認める。

　カテゴリー形成におけるこの言語の役割について指摘する多くの研究が非常に批判を受けてきていることは注目すべきことである。このことは，主に，黙って対象を見せることに加えて，言語が何を提示しているかを測ることが難しいということによる。既に見てきたように，生後3か月児においても言語的ラベルが伴わない時でさえもカテゴリー化ができているので，ラベリングをすることによって正確に何が加わっているのかということである。この点に関しては研究的に盛んで，ラベルは生後10か月までのカテゴリー形成に影

響を与えることができるということは現在はっきりとしている。

　鳥とコウモリは見た目にはよく似ているが，異なる動物であると学習することを可能にするように，言語は知覚的特徴の類似性を越えることに役立つのだろうか。この疑問に対して，ゲルマンらによって一連の研究がなされている。

　彼らの1つの研究では（Gelman and Coley, 1990），2歳児に鳥と恐竜の絵を示してこれらの動物についての質問を行った（図4-4）。いくつかの成員はそのカテゴリーの典型で（例えば，ルリツグミとステゴザウルス），他の成員は非典型的で，もう1つのカテゴリーの成員のように思われるものであった（ドードーのように恐竜のような鳥，そして，プテロダクティルのように鳥のような恐竜）。子どもたちはそれぞれの動物について，質問をされた。例えば，「それは巣に住んでいる？」そして「大きな歯がある？」といったように。ここでは，動物の視覚的特徴に子どもが頼っているなら，非典型的な成員については間違って，例えば，鳥のような恐竜も巣に住むと答え（そうではない），恐竜のような鳥は大きな歯を持っていると答える（そうではない）であろうと考えられた。もしもより深い特徴に敏感であったなら，視覚的外見を無視して，正しく質問に答えるであろう。ゲルマンらは，2歳児は，動物の視覚的外見に確かに影響を受け，典型的なカテゴリーの成員についての質問には76%の正答である一方，非典型的な成員についての質問には42%だけの正答であることを見出した。しかし，この結果は，子どもたちに動物の名前が提示された時（「これは鳥です。巣に住んでいますか」）には変化した。この場合，非典型的なカテゴリーの成員についても同様に質問の69%を正しく答えた。ラベルを与えることで，子どもは知覚的類似性を覆すことができ，その外見に関係なく，その動物がカテゴリーの成員であるかどうかに基づいて答えることができる。この研究や他の類似した研究は，言語が概念形成に働き，知覚的類似性を越えさせていくことの有力なエビデンスを示している。ボックス4-1にいかに乳児が知覚に基づいたカテゴリーから変化していくかについて述べている。

ボックス4-1　カテゴリーの発達に関する論争

　乳幼児のカテゴリー化に関する多くの文献において，早期の知覚に基づくカテゴリーからより成熟したカテゴリーへといかに進むのかという点について議論されてきた。1つの見解は，この過程には連続性があるというものである。外界との経験が増すにつれて，乳児はより洗練された知識として早期のカテゴリーを漸進的に豊かにする（Quinn & Eimas, 2000）。例えば，早期の「犬」のカテゴリーは，犬はいかに動き，匂いを嗅ぐのか，どのような音を出すのか，何を食べるのか，そしてどこで生活しているのかといった知識で豊かになっていく。これらの知識は，犬とのより直接的な経験から生じるものもあるが，直接観察できない特性について特に他者から伝えられることから生じるものも多い。犬はいかに進化し，古代エジプト時代ではどのような存在であったかとか，全ての犬が毛深いわけではないという事実など，さまざまな情報が犬の特性の詳細な知識には含まれるだろう。したがって，言語はより深い概念を発達させるために早期のカテゴリーを豊かにする重要な手段である。

　対立する見解は，乳児のカテゴリー化に2つの認知システムがあるというものである（Mandler, 2000）。知覚的システムは誕生後から機能している。そして，それは早期の知覚に基づいたカテゴリーの学習に用いられる。次に概念的システムは，より深い分析と概念的認識に関わり，生後6か月以降，働き始める。概念的システムは観察されたカテゴリーについてより深い知識を提供する。例えば，異なる対象の動きのパターンの分析によって，乳児は生命があるものとないものとの全体的な区別を学習することができる。この概念的な違いに基づいて，生命を持つ対象は四肢を持つといったような期待を形成する。このような考え方では，早期のカテゴリーと後の概念とは質的に異なる。

　これら2つの理論をはっきりと区別するためにかなり多くの研究がなされてきた。近年では，次第に豊かになる理論が

より深い概念になっていくという初めの見解を支持するようなエビデンスが示されている。どちらかといえば，2つのシステムよりも1つのメカニズムを前提とする方が，単純である。同一の結果を説明する2つの理論の選択においては，科学は単純な方を選択する原理がある（「オッカムの剃刀」という　訳者註：ある事柄を説明するために必要以上に多くを仮定するべきではないということ）。

> **KEY TERMS**
>
> **物の永続性**
> 対象は実在するという理解。位置が変わっても対象の同一性を維持する。通常，視覚的に見えなくなっても対象は存在し続けていることの理解。

4.2　対象の処理

　ジャン・ピアジェは，乳児は生物学的ないくつかの反射を基に認識を構成し，経験を通して外界の諸側面について学習しなければならないと述べている。この主張について最もよく知られている点の1つが，見えなくなった対象が存在し続けることが予期できない，いわゆる**物の永続性**を彼らは持っていないとするものである。ピアジェは彼の理論を非常に独創的に示した。まず，彼は生後8か月以下の乳児は目の前でそれが（布で覆われるなど）隠されても遮蔽された対象を探さないことを発見した。この月齢では，部分的に対象が隠された時にだけ，対象に手を伸ばし，取り戻す。全体が隠された対象を取り出すには，もう1か月ほどを要する。乳児は生後12か月までに，A-not-Bエラー（図4-5）を起こす。対象が繰り返し1つの位置（A）に隠される。生後9か月から12か月の乳児は取り出すことができる。しかし，乳児が見ているところで，対象が別の位置（B）に隠されると，乳児はAの位置を探し続ける。対象が最初に隠された位置とその位置への手伸ばしの反応が，あたかも乳児にとっては対象の同一性の一部のようになっている。これはピアジェが考えたことである。彼の見解では，感覚と運動的行為から切り離して対象の表象を持つことができるのは生後12か月頃からである。

　ピアジェの研究の実験結果は，強健で議論の余地がないが，私たちはこのセクションで，その後の研究が乳児に物の永続性が確立する月齢やこの現象に対するピアジェの説明に疑問を投げかけてきたことを見ていく。ピアジェの他の研究とともに，物の永続性や

> **KEY TERMS**
>
> **期待違反法**
> 乳児の認識を測定する方法。期待しないものを見る時，乳児の注視時間が長くなるという仮説。例えば，物理的に起こりえない事象を乳児が見た時，起こり得る事象よりも長く注視するならば，乳児は物理的に不可能なことを理解していると考えられる。

A-not-Bエラーの結果への批判は，手伸ばしによる反応と隠された対象を能動的に取り戻すということを通して，乳児の認識を見ていることである。手伸ばし行動は非常に複雑で，反応を求めることが，乳児の認識能力を低く評価することにつながることもあり得る。複雑な反応を必要としないパラダイムを用いることにより，全く異なる結果が得られるかもしれない。このことが，ベイラージョンやスペルキ，そして，ワサーマンらの有名な研究で実現した（Baillargeon, Spelke, & Wasserman, 1985）。

ベイラージョンらの「つり上げ橋」実験（1985）では，**期待違反**（violation-of-expectation）注視時間法を用いて，生後5か月半の乳児に既に物の永続性があることのエビデンスを発見することができるかどうかが検証された。この研究では，まず乳児が，つり上げ橋のように硬いスクリーンが前後に180度回転するという出来事に熟知化される（図4-6）。テスト場面は2つの新しい出来事からなる。*可能*な出来事では，色のついた木のブロックがつり上げ橋の経路に置かれる。そして，橋がブロックに接触するまで120度回転する。起こりえない*不可能*な出来事では，ブロックが橋の経路に置かれるが，橋は180度回転できてしまい，まるでブロックを通過したかのように見える。この研究の結果では，乳児は起こり得る出来事よりも起こり得ない出来事を長く注視した。180度の回転という不可能な出来事は，熟知化の時に見たものと全く同じ出来事であり，テスト場面で最初に乳児が見た120度の回転よりも知覚的には興味をそそらないはずのものである。不可能な出来事をより長く注視するのは，同時に同じ空間で2つの固体があることはできないと推理しながら，つり上げ橋で隠れてもブロックは存在し続けていることを乳児は知っていることを示していると解釈される。その後の研究においても生後4か月半と3か月半の乳児を対象として類似の結果が得られている（Baillargeon, 1987）。

その後，期待違反法を用いた多くの研究がなされ，ベイラージョンらは乳児の認識は生後3か月半から12か月の期間に目覚ましく洗練されて発達することを示す結果を見出した（Mareschal & Kaufman, 2012）。乳児は隠された対象の高さ，位置，固体性を表象することを学習し，互いに隣に置かれた対象や上に置かれた対象の

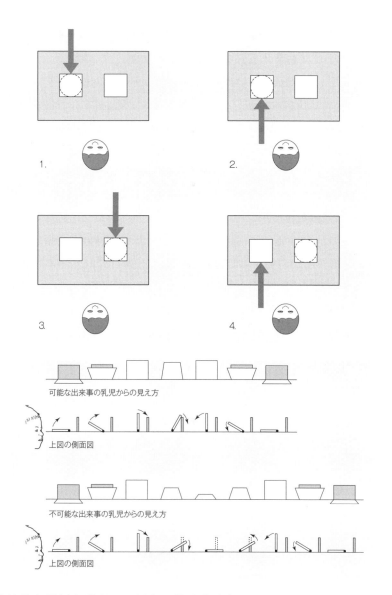

図4-5 A-not Bエラー 実験の一連の出来事。実験者は，位置Aに対象を隠す（1）。乳児は続いて正しく手を伸ばす（2）。次に，対象が位置Bに隠される（3）。そこで，乳児は再び位置Aに手を伸ばす（4）。ブレムナー（1988）から作成。*Wiley-Blackwell* より許可。

図4-6 ベイラージョンらのつり上げ橋研究。ベイラージョン，スペルキ，ワサーマン（1985）より。

支持的な関係も学習し，対象の軌跡を表象できる。そして基本的な計算もできる（この研究については以下に述べる）。

　乳児はこのような洗練された早期の能力を持っているという指摘にも反論がないままではない。期待違反法による研究における乳児の注視行動に対して，豊かな認識があるという仮定が保証されなくても，光景の知覚的側面に基づいて，より簡単な説明をすることは可能だろうか？（ボックス4-2参照）。何人かの研究者がつり上げ橋研究の「より簡単な」説明を試みている。しかし，この注視行動が，

ボックス4-2　豊かな解釈とスリム化した解釈

　乳児の認知発達を探究する研究者の大きな挑戦の1つは，実験における特定のパターンの正しい解釈である。結果は，無意識だけれども，乳児の出来事を洗練されたものと分析するエビデンスか，あるいは知覚によって起こった反応で洗練されたものではないと分析するか，いずれかに解釈されることが多い。

　ある討論論文において，ヘイス（1998）は，乳児のテストの特定の結果は，いかに豊かに，そして，知覚的説明から解釈できるかの例を示している。生後3か月児がビデオスクリーンの前に座って，交互にスクリーンの右側と左側に小さな魅力的な絵を見せられる。それぞれの絵は1000ミリ秒の間隔で700ミリ秒示される。この一連の1分間の訓練で，研究者は，乳児はスクリーンの右側と左側の次の対象の出現を予期するように，彼らの眼を動かすことを発見した。継続研究において，左側の2つの絵に続いて右側の1つの絵が現れるような複雑な手続きにおいても同じように乳児は反応することを示した。他の研究において，乳児の注視行動は左-右から左-左-右の順序に変える時に混乱を示した。

　これらの結果を「豊かに」解釈すれば，洗練された認知能力が乳児にあると考えるかもしれないとヘイスは述べている。乳児は刺激の合間に対象の次の位置を予想できるということと，心の中で出現する側（左-右，あるいは左-左-右）を決める規則と対象の両者を*表象*しているに違いないという説明になる。さらに，左-左-右の順序では，乳児は左側に対象が現れた回数（一度あるいは二度）を計算していて，彼らは*象徴的な表象*を持っていることを意味している。順序が変わった時の注視の中断は，学習した順序を基にした一連の出来事は継続するといった*信念*が形成されて，次の対象は反対の側に見られることを*推測*していた乳児の「驚き」を示している。これらのスキルは*生得的*で非常に早期から見られている。そして，捕食動物から逃れる時や獲物を得る時に利点となる先の

空間的位置を予測することができるといった*適応的な進化*によっても説明できよう。

　ヘイスは，この豊かな解釈を，限られた資料であることと，乳児の認知的体制化と成人のそれとを一致させての仮定に基づいていることから批判している。それに対して，ヘイスは，注視の資料は，位置のパターンの探索と，期待が形成されること，そして，学習されたパターンが変化した時に注視が中断されることを単に示しているだけであると述べている。この中断は，推理，推論，信念，驚きといった概念を用いなくても，乳児が注視行動をプログラミングしたが，期待した結果を得られなかったという説明ができる。成人の認知における明確な意味がある用語を乳児に用いることは，乳児と成人との間の類似性を示唆するが，その類似性はないかもしれない。さらに，ここで述べたような豊かな解釈は，推理や推論能力がいかに発達し，変化するかの説明を示していない。最後に，これらのスキルが生得的で，進化的な適応から生じるという仮定は，それらがいかに機能するかについての理解をそれ以上，深めない。同時にそのような主張は，反証することが難しい。ヘイスは，早期の能力について問うべき核心的問題は，それらがいかに展開し，環境での経験に依存しているかであると述べている。

物理的に不可能な出来事に対しての驚きではないとするなら，なぜ乳児は熟知化の段階で既に見たことのある180度の回転をずっと長く注視するのだろうか。

　乳児が180度の回転を選好するのは，1つの可能性は，180度の回転は単に120度の回転よりも長く続くからである。また，乳児は動いている物を見るのが好きである。リヴェラらは，テスト場面でブロックを経路に置くことなしに，つり上げ橋研究の反復によって，この仮説を検証した（Rivera, Wakely, & Langer, 1999）。リヴェラらの研究においては，120度の回転も180度の回転も起こり得る事象である。彼らは，ベイラージョンらの元々の研究と同じように，乳児

が180度の回転を選好して注視することを発見した。リヴェラらはこの出来事への乳児の選好は物理的に不可能な出来事に驚いたというエビデンスとできないと結論づけ，むしろ動きがより長く続く出来事を単に選好したのではないかとしている。そのようなことからも，元々のつり上げ橋研究での反応パターンは乳児における物の永続性のエビデンスとはならない。

　つり上げ橋研究に対するまた別の批判は，ボガーツらによって進められた (Bogartz, Shinskey, & Schilling, 2000)。第1章で見たように，乳児は新奇な対象や光景を好む。このことは本章で紹介する全ての注視時間による研究の基本になっている。しかしながら，ある状況下では，乳児は新奇なものに代わって熟知しているものを好んで見るのである。この熟知性への選好は，乳児が刺激に対して十分に熟知していない時，研究の最初の試行で生じる。特に知覚的に豊かで複雑な刺激の時に生じる。ボガーツらは，つり橋研究において，乳児が180度の回転を選好するのは十分に熟知化の試行を見ていなかったからであり，そのせいで熟知の選好を示したと述べている。

　元々の説明に対するこれらの批判もまた，批判を受けてきた (Mareschal & Kaufman, 2012, 参照)。そして，注視時間の測定だけでは乳児が物の永続性を示すのはいつ頃かという重要な疑問に答えることはできないことが明らかになってきた。それで，研究者は物の永続性の基礎にある神経過程を調べるためにEEG（第1章参照）を用い始めた (Kaufman et al., 2003)。

　これらのEEG研究の基礎は，成人の場合，隠された対象のイメージが保持される時，側頭皮質に特徴的に神経活性化のパターンが示される。これらの研究での研究者の問いは，第一に，乳児の場合に，視覚的に見えなくなった対象を心に留めておくことに伴って，特定の脳の活動が見られるのかであり，第二に，対象が隠された時に，存在しなくなるのではなく，対象が存在し続けるかどうかに脳の活動が依存するのかということである。

　カフマンらは，生後6か月児に，正面に移動してくる遮蔽物によって次第に隠されるボールの写真と，次第に分解するボールの写真を示すことにより，これらの疑問に答えようとした。前者の例では，遮蔽物の背後に対象は存在し続けると考えられ，一方，後者で

は，存在しなくなる。カフマンらは，対象が分解する条件ではなく，遮蔽条件のみにおいて，乳児が対象の表象を維持している時に特徴的な側頭葉皮質の活性化パターンを示すことを発見した。そのため，カフマンらは，生後6か月の乳児は隠されても存在し続ける対象への表象を維持していると結論づけた。

A-not-Bエラー再考

ピアジェが考えていたよりも早期に乳児は物の永続性を確立していることを見てきた。しかし，もしも対象は存在し続けていることに彼らが気づいていたならば，どうして隠された対象を取り戻すことが難しいのだろうか。A-not-Bエラーに関する研究はこの疑問に答えている。この誤りは，繰り返しAの位置に対象が隠され，乳児が見ているところで，別のBの位置に隠されても，生後9か月から12か月の乳児がAの位置を探し続けることを思い出してもらいたい。対象への乳児自身の活動から独立して対象が存在していることを乳児は学習する必要があり，また，認知発達の中心的な面は，自己と環境を分離することであるとピアジェは述べている。

さらに，A-not-Bエラーに関する研究は，いくつかの可能な説明を退ける。乳児が1つの位置に繰り返し，手伸ばし（リーチング）するという事実が重要であるかどうかを見るために，乳児は自身ではその物に手伸ばしすることなしに，Aの位置に対象が隠され，そこから取り出されるのを見せられた。しかしながら，Bの位置に対象が隠されると，乳児はAの位置に手を伸ばした。この結果により，乳児が実際に行った行為に単に固執しているだけであるという説明は除外される。また，ピアジェのA位置への手伸ばしは，対象の同一性（その対象であること）の一部になっているという説明も除外される。

他の可能な説明は乳児の位置の記憶に関わるものである。しかしながら，明らかに，対象がBの位置で全く隠されていない時に，Aの位置を乳児が探し続けることは既にピアジェが記述していたことである。このことは，Aの位置で覆いがある間生じる（Bremner & Knowles, 1984）。それゆえに，このような誤りは，今，Bの位置に対象が隠されていることを忘れているという乳児の記憶の制限によ

> **KEY TERMS**
>
> **実行機能**
> プランニング（計画性）や行為の実行といった認知機能を統制するシステム。実行機能は，脳の前頭領域に関係づけられている。

るはずはない。

　脳の発達に基づく1つの説明がダイアモンドによってなされた（Diamond, 1988）。前頭皮質は行為のプランニングやそれを導くこと（いわゆる**実行機能**）に関わっている。脳のこの部分の成熟はゆっくりと進み，十分に発達するには青年期あたりまでかかる。ダイアモンドは，A-not-Bエラーが生じるのはこの前頭皮質の未成熟さによると述べている。彼女の見解によれば，前頭皮質は，対象の表象の維持と誤った反応の抑制との両者に寄与している。A-not-B課題を通過するには，両者が必要である。乳児の未熟な皮質では，これらの機能は十分に発達していなくて，どちらか一方はできるが，両者を一緒にはできない。したがって乳児は，Aの位置を探す反応を抑制するために，隠された対象の記憶を用いることができないのである。この説明は記憶や固執性を結びつける他の理論を進めたもので，乳児の脳の発達についてわかっていることを基本にしている。しかしながら，私たちが見てきたように，対象に手伸ばしすることなしに，Aの位置にある対象を見ただけの時には，Bの位置にも手伸ばしする。ダイアモンドの説明では，この点について説明できていない。これは，彼女の説明が，乳児は以前に学習した反応を抑制することができないということに依拠しているからである。

　A-not-Bエラーについて，より確かな説明は，スミスとゼーレンによってなされてきたものである（Smith & Thelen, 2003）。彼女らは，外的要因と乳児の内的状態との即時的な交渉がいかに探し出すことの誤りにつながっているかの説明を，ダイナミックシステムズの枠組みを用いて説明している。彼女らの理論によれば，対象が隠される2つの場所は互いに競合する。実験者が繰り返しAの位置に対象を隠すと，乳児がそこに手伸ばしした記憶によって，視覚的手がかりが強められ，Aの位置はより注目される。Aの位置への試行がより多くなされるほど，この位置への選好が強められる。Bの位置に対象が隠された時，新たな視覚的手がかりが以前に確立された記憶の手がかりと競合するようになる。重要なのは，Bの位置に対象が隠れるという視覚的手がかりは，対象が隠れると衰える一方で，記憶の手がかりはその強さが保持されており，その結果，視覚的手がかりに勝り，Aの位置に乳児は手伸ばしする。

この理論は，Bの位置に対象が隠されてすぐに，時間差がなく，乳児が探すことができれば，強い視覚的手がかりが記憶的手がかりよりも優勢になるので，Bの位置を探すことが正しくできるであろうと予測する。これがまさに起こっていることである (Wellman, Cross, Bartsch, & Harris, 1986)。この理論は，課題のいくつかの側面が相互に関係して誤りが生じることを予測している。例えば，対象を隠す覆いの注意を引く特徴や，隠すことと探すことの時間差，Aの位置に隠される試行数といった点である。これらの予測は，多くの実験によって正しいと裏付けられている (Smith & Thelen, 2003)。Aの位置を探すことが，Bの位置を探すことと異なるならば，新たなBの位置の出来事にAの位置の出来事の記憶が働く影響が少ないので，正しく探すことができるというまた別の予測ができる。ある研究では，Aの位置の試行時には，乳児は座位で，Bの位置での試行では立位であった（写真参照）(Smith, Thelen, Titzer, & McLin, 1999)。この場合，生後8か月と10か月の子どもにおいても，あたかも彼らが4か月も月齢が上であるかのように，正しくBの位置を探し出せた。同様の結果は，Aの位置での試行，あるいはBの位置での試行において腕に重さのあるバンドを付けても得られた。腕が重い，軽いといった体を使った経験の違いで，Aの位置とBの位置に手を伸ばす試行を十分に違うものにすることにより，生後10か月の乳児においても正しくBの位置が探し出せた。

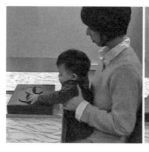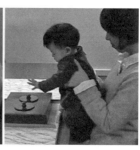

スミスら（1999）の研究における乳児。A試行では座位で（左），B試行では立位である（右）。このような姿勢の変化は，年少の赤ちゃんに生後12か月児が行うような探索をさせる。

　ダイナミックシステムズからの見方は，対象への行為と分離して対象が表象できていないというピアジェの説明と基本的に異なる。ダイナミックシステムズからの見方では，乳児の行為は知覚的な手がかり（覆いがどのように見えるか，どのように隠す行為がなされたか等），乳児の過去の行為，過去と現在の身体的経験の類似性，対象が隠されることと，それに手伸ばしすることとの間の遅れが結合した結果である。このような見方における発達的変化は，手がかりの重要性の再ウエイト付けから生じる。12か月児は，Bの位置に隠された対

象の知覚的手がかりをより維持できるかもしれない。その結果，以前の身体化されたAの位置への記憶は簡単には優先されない。また，この能力はその光景の手がかりに依存する。A-not-B課題を隠される2つの場所のふたが見えない砂場で行うと，2歳の子どもでもまだ誤りを起こす（Butler, Berthier, & Clifton, 2002）。

A-not-Bエラーについて，ダイナミックシステムズの見方は，その起源を説明するだけでなく，環境と乳児のそれまでの経験における多くの相互交渉する要因の1つまたはいくつかを変えることによって，乳児のこの課題の成功や失敗をいかに操作できるかを上手く予測するように思われる。

4.3 数量の理解

ベイラージョンらが行ったつり上げ橋の研究以降，多くの期待違反法を用いた研究は，乳児の対象や出来事についての比較的洗練された認識を探究してきた。もう1つのよく知られた研究は，小さい数を正確に表象することと，加算，減算の能力を検討したものである。

この研究では（Wynn, 1992），最初，乳児は空のステージを見る。次に手が現れて，ミッキーマウスの人形をステージに置く。さらにスクリーンが回転して，人形を隠す。また，手が現れて，二番目の人形をスクリーンの背後に置く。そして，スクリーンが落ちて，一体または二体のミッキーマウスが示される（図4-7）。乳児はあり得ない出来事（一体の人形）を有意に長く注視することをウィンは発見した。類似した「減算」の条件では，二体の人形はスクリーンが来るまでにステージに置かれ，1つの手によって人形の一体が取り除かれる。そして，スクリーンが下りて，一体あるいは二体の人形が示される。ここでも乳児はあり得ない事象（二体の人形）を有意に長く注視した。ウィンは，彼女の結果から，生後5か月児が簡単な1＋1＝2や2－1＝1のような数の操作が計算できると結論づけた。

乳児の数の感覚は大まかで，小さいと大きいの間を区別しているであろうという可能性を排除するために，彼女は1＋1の事象を見た生後4か月の乳児がテスト段階で二体あるいは三体の人形を見る

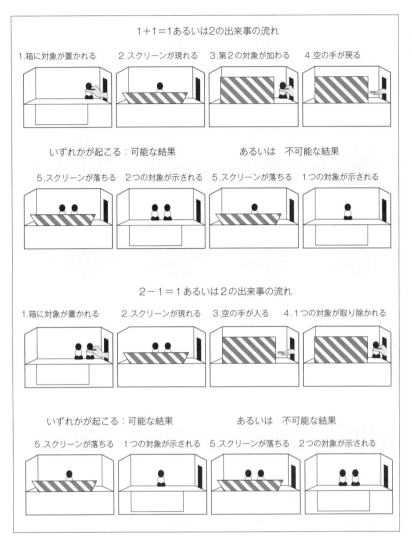

図4-7 ウィン (1992) の研究で用いられた加算と減算事象。ウィン (1992) から作成許可。著作権：*Nature Publishing*, 1992年。

追跡研究を行った。ウィンは，三体の人形のディスプレイを長く注視することを発見し，彼女は，数の表象は確かに正確で，乳児は1＋1は3ではなく，正確に2であると期待していると結論づけた。

つり上げ橋研究のように，この「計算」の研究は，結果の解釈について多くの議論がなされてきた。主たる疑問は，この問題についても，このような月齢の低い乳児に計算的知識を仮定する必要がなくなるような，これらの結果の純粋な知覚的説明があるかどうかである。二体の人形は，一体の人形よりも大きな表面領域を取り，より大きな輪郭線になる。これらの知覚的特徴によって注視時間が長

KEY TERMS

コア認識
認識のある側面は生得的であるという考え方。

くなると言う研究者もいる。確かにそのような視覚的な差が加算，減算の研究において統制された時，乳児の注視行動は数に対して感受性を示さなかった（Clearfield & Mix, 2001; Feigenson, Carey & Spelke, 2002）。これらの場合，生後6か月の子どもが16から8，32から16の区別が可能であったが，2と1，12と8さえの区別はできなかった（Xu & Spelke, 2000; Xu, Spelke, & Goddard, 2005）。ウィンの元々の研究が再現できないことからも，原因となる他の要因のエビデンスが得られてきている（Wakeley, Rivera, & Langer, 2000）。

> **ボックス 4-3 追試**
>
> 科学的論文において研究者が報告する時，いかにその研究がなされたのかを正確に記述する必要がある。人数，年齢，そして協力者に関連する詳細，用いられた刺激，実験の手順などである。この記述は他の研究者が，同一の結果を見出せるかどうかの検証を可能にする。そのような追試は科学的結果の証明において重要事項である。

4.4 コア認識

非常に小さい乳児が外界について洗練された認識を持っていることを示唆するこれまでの結果は，認識のいくつかの側面は**コア認識**（core knowledge）の形で生得的であるとする研究者の議論につながっている（Spelke & Kinzler, 2007）。コア認識というのは，大部分が人間に固有の認識のある領域に対する課題に特殊化され進化してきた認知的システムを記述するものである。コア認識に含まれると議論されてきた領域は，対象，行為，数，そして空間の物理的特徴である。このコア認識は，言語の獲得が領域間の統合を最終的に行う以前に，これらの領域にわたるより進んだ学習の基礎を形成すると考えられている（Spelke, 2003）。この考え方では，認識の発達は，経験よりも成熟に関係づけられ，環境からは相対的に独立している（Spelke, 1998）。

このような生得的な早期の認識は，単純な反射を基に全ての認識

が形成されるとするピアジェの考えに全く対立するものである。そして，確かにこのアプローチには多くの批判がなされてきた。その1つの批判がこれまで述べてきた議論から生じている。注視時間の実験を，乳児の所有している洗練された認識と推理の能力を示していると解釈することは妥当と見なされていない（Haith, 1998）。また別の批判は，環境的な入力は認知発達に必要でないという主張に対するものである（Newcombe, 2002）。第2章で述べた神経構成主義やダイナミックシステムズ理論はこの点を力強く主張する。また，この立場を支持する多くの実験的なエビデンスがある（Newcombe, 2002）。事実，第2章で述べたように，脳そのものは環境との特定の経験によって形成される。そして，脳のこれらの変化は認知発達の進展を可能にする。

4.5 まとめ

　乳幼児の認知発達は，注視時間の測定やアイトラッカー，EEGなどの新たな方法の開発に伴って，非常に盛んな研究分野であることを見てきた。そしてまた，ピアジェの遺産が，彼の死後，30年以上に至り，広く認知発達研究に見えてくることも述べてきた。このことは，2つの点で明らかである。1つは，ピアジェが考えていたよりも乳児はある能力についてはかなり早期に持っている。しかも，それらのいくつかは洗練されているということである。このことは，ピアジェの理論を否定し，極端に反対の立場を取ることにつながった。これらの研究者は，全ての認識は単純な反射を基礎に構成されるということを信じるのではなく，ある範囲の領域における洗練された認識はコア認識という形で生得的であると主張する。一方，ピアジェの基本的な仮説を精緻化し，理論的枠組みを新構成主義（neo-constructivist）とダイナミックシステムズの見方から改善することによってピアジェの研究をさらに積み上げる研究者もいる（Newcombe, 2011, 参照）。このような研究は，漸進的な認識の構成における異なる環境と内的要因との相互作用をより詳細に特徴づけることを試みてきた。

　早期の認知発達の分野におけるこのような分かれ方に失望する人

もいるかもしれない。数十年間に至る多くの乳児の認知発達に関する研究の結果，いかに発達が進展し，それはどこから始まるのかについて共通認識が得られていないということはどういうことなのか。しかし，少なくとも2つの理由から，私たちは楽天的であり，この状態に悲観的でない。第一に，理論的な討論は，広く共通認識されている場合よりも科学をかなり進展させる。発達についての異なる理論は，乳児が知っていることと，それらがいかに変化するかについて異なる予測を行えば，それは，調査して明らかにしようという強い動機となる。これによって，乳児の認識と能力について一致しているよりも，さらに乳児についての私たちの認識と研究が進められるのである。第二に，これらの議論は科学的手法を改良するのに非常に有益である。実験で得られたデータとこれらのデータの解釈との間には，大きな違いがあることは明らかになってきた。異なる理論的見解の二人の研究者が特定の研究で得られたデータが妥当であると一致するような時でも，これらのデータの意味することについては強く対立するであろう。私たちは，このことをヘイス (Haith, 1998) の「豊かな」解釈と「知覚的」な解釈の違い，そして「つり上げ橋」課題に関わる精力的な議論に明らかに見て取れる。「つり上げ橋が180度回転することに熟知化した生後5か月児が，経路にブロックが置かれた時に120度よりも180度の回転を長く注視する」ということと，「生後5か月児が隠された対象を推理でき，2つの対象が同時に1つの空間を占めることができないと知っていて，彼らの期待が妨げられた時に驚く」ということとの間には大きな違いがある。両方とも正しいかもしれないが，後者は前者から直接続くものではない。他の説明を除外し，理論的主張のためのまとまったエビデンスを提供するために，さまざまな追試とともに，理想的には，他の異なる方法（EEGのような）による研究が必要であろう。

　この章では，乳児のカテゴリー化，対象の認識，そして，数の認識について明らかになっていることをまとめたが，乳児の研究方法と，研究において得られたデータからどのような洞察を引き出すことができるか，より全体的なポイントを明確にできたと思う。

参考文献

Gelman, S. A., & Meyer, M. (2010). Child categorization. *Wiley Interdisciplinary Reviews: Cognitive Science*, *2*(1), 95–105.

Newcombe, N. S. (2002). The nativist-empiricist controversy in the context of recent research on spatial and quantitative development. *Psychological Science*, *13*(5), 395–401.

Quinn, P. C. (2011). Born to categorize. In U. Goswami (Ed.), *Wiley-Blackwell handbook of childhood cognitive development,* 2nd edition (pp. 129–152). Oxford: Wiley-Blackwell.

質問に答えてみよう

1. 乳幼児のカテゴリー形成における言語の役割はどのようなものであろうか。
2. 月齢の低い乳児の認知能力の測定に注視時間の測定を用いることについて批判的に述べてみよう。
3. A-not-Bエラーとは。なぜそれが乳児の発達上に見られるのだろうか。
4. 乳児の早期の計算能力のエビデンスと対立するエビデンスについて述べてみよう。

CONTENTS

5.1 話しことばの知覚の発達
5.2 喃語の発達
5.3 初期言語発達における社会的文脈
5.4 初期の語彙:単語の理解
5.5 語を話すことの学習
5.6 まとめ

第5章

初期の言語発達

> この章によって読者は以下の点がわかり，説明できるようになる。
> - 言語発達は乳児の誕生前からなぜ始まっているかを説明できる。
> - いかに乳児が彼らの共同体の言語の音素を区別できるかについて述べる。
> - 乳児の主な喃語の段階となぜ乳児は成人のように音が出せないかについて述べる。
> - 初期の言語発達の社会的文脈は何を意味し，なぜ社会的文脈は初語の意味の学習において重要なのか説明できる。
> - 乳児は，どのようにして話しことばの流れから語を拾うことを学習するのかを述べる。
> - 乳児の語彙の増大の測定法を説明できる。
> - 実験的研究は新しい語彙の学習能力について何を示してきたか説明できる。

　第3章で見てきたように，乳児は誕生以前から聴くことができ，馴染みの音について学習することを既に始めている。この能力は初めにデカスパーとスペンスらによって行われた先駆的な研究において示されている（DeCasper & Spence, 1986）。

5.1　話しことばの知覚の発達

　デカスパーとスペンスらの研究において，12名の妊娠している女性がさまざまなお話からの特定の節を読むように言われた。最もよく知られているのは，『帽子の中の猫』(*The Cat in the Hat*) であった。選択された話の全ては強い韻を踏んだ構造があり，母親たちは赤ちゃんが生まれる6週前から日に2回読むように言われた。誕生後，2，3日して，赤ちゃんの吸啜の強さを記録できるように配線された特

別なおしゃぶりを用いて調べられた。赤ちゃんの吸うことにはバリエーションがあるので，それぞれの赤ちゃんのベースラインを得るために，2分間，赤ちゃんは吸い，それから，『帽子の中の猫』(*The Cat in the Hat*)の中の一節と，赤ちゃんがこれまで聴いたことのないまた別の節のどちらかを再生した。吸う割合における変化によって，テープレコーダーのスイッチが入ったり，切れたりするので，乳児が吸えば吸うほど特定の節を多く聴くことになる。馴染みの節を聴いた乳児は，馴染みのない節を聴いた乳児がそうではないのに対して，吸うことが増加した。注目すべき点は，彼らの母親ではなく他の女性が読んだ節を乳児が聴いた時にもこの2つの節への反応の違いが見られたことである。このことは，母親の声についての何かよりも，節そのものの何かを認識していることを意味する。

　誕生前に聴いた話された一節を新生児が認識できたことを示した上で，次のステップは誕生前に調べることである。妊娠35週のフランス語を話す女性についての精巧な研究においてこのことが見られている（DeCasper, Lecanuet, Busnel, Granier-Deferre, & Maugeais, 1994）。彼女らは，4週間毎日3回，詩を朗読するように言われた。半数の女性は，*La Poulette*（『ひよこ』/ *The Chick*）からの詩を朗読し，もう半数の女性は，*Le Petit Crapaud*（『小さなヒキガエル』/ *The Little Toad*）からの詩を朗読した。4週間後，他の女性によって話された2つの詩が，母親の腹部の上20cmで，赤ちゃんの頭部と同じ高さに置かれたスピーカーから流された。2つの詩に対する母親自身の反応が赤ちゃんに影響を与えるかもしれないので，テストが行われている間は，母親はヘッドフォンから音楽を聴いた。

　胎児の2つの節に対する反応は，心臓の鼓動を見ることによって測定された。それぞれの赤ちゃんについて，節が流されている間の心拍数がベースラインの心拍数と比較された。節に赤ちゃんが反応すると，心拍数に変化が見られると考えられた。馴染みのある節とそうでない節とでは，はっきりと違いが見られ，馴染みのある節の時には有意に心拍数に大きな変化が生じた。馴染みのない節が流された時には心拍数に有意な変化は見られなかったが，馴染みのある節の時には心拍数が有意に減少した。このような結果から，胎児が誕生前に話しことばのある面を認識することを学習しているという

> **KEY TERMS**
>
> **プロソディのパターン**
> 言語の律動的，リズミカルな特徴。
>
> **音素**
> 話しことばにおけるある語と別の語を区別する最小の音のカテゴリー。

見解が確認できる。

プロソディのパターンの学習

乳児は誕生すると急激に彼の周りで人々が話す言語についてより多くのことを学習し始める。新生児は，他の音よりも人の声を好み，誕生後数日で，人の声の録音を聴くために人工的なおしゃぶりを吸うが，音楽や韻律のある非言語音を聴くためにはそのようにしないということは以前から知られてきたことである（DeCasper & Fifer, 1980）。より近年では，彼らの周囲で話される言語（複数の言語の場合もある）への特別な選好が乳児に急激に発達することが明らかになってきた。例えば，生後4日のフランスの赤ちゃんは，フランス語とロシア語との区別ができ，フランス語への選好を示した（Mehler, Jusczyk, Dehaene-Lambertz, Dupoux, & Nazzi, 1994）。

早期の数週間に，乳児は特定の言語のプロソディ（例えば，リズム）の特徴に調子を合わせていて，それはある言語と別の言語を区別できることの基盤となっている（Christophe & Morton, 1998）。フランス語とロシア語は，英語と日本語のように**プロソディのパターン**がかなり異なる。乳児がフランス語とロシア語とを区別できることは既に見てきた。クリストフとモートンは，生後2か月の英語圏の赤ちゃんは英語と日本語とが区別できることを示した。しかしながら，重要なのは，同一月齢の乳児が英語とドイツ語との区別ができないことである。それは両者のプロソディのパターンが似ているからである。特定の言語の特徴的なプロソディのパターンは，赤ちゃんが彼らの母語のパターンに非常に馴染んでくるので，話しことばの知覚の点でずっと重要である。生後9か月の英語圏の赤ちゃんは，英語でしばしば見られる強勢のパターンが見られる語を聴く傾向がある（Jusczyk, Cutler, & Redanz, 1993）。

音素の区別

話しことばの知覚においてもう1つ重要な側面は，話しことばの音あるいは**音素**を区別する能力である。さまざまな言語は異なる音素を持っているので，乳児は彼らの言語的コミュニティにおいて用いられる音素をすぐに学習しなければならない。先駆的な研究

で，先に紹介した吸啜の実験パラダイムを用いたものがある。アイマスらは，生後1か月から4か月の赤ちゃんに単一の /pa/ の音を提示した。/pa/ の音を最初に聴いた赤ちゃんでは，吸啜の割合がこの新たな音を聴くために増加した。そして，その音に馴染み始めると，彼らの吸啜の割合は減少した。/pa/ に馴染んだ後，新たなよく似た音が流された。半数の乳児には新たな音は異なる英語の音素 /ba/ であった。他の乳児は，元々のものと音響的には異なるが，音素境界を越えない等しい量の音を聴いた（言い換えれば，その語は英語を話す成人には /pa/ に聞こえる）。/ba/ を聴いた第一の群の赤ちゃんは，新しい音を聴くために再び速く吸啜し始めたが，もう1つの群の赤ちゃんは，吸啜の割合は増加せず，成人のように，彼らは「新たな」音を元々の音と類似したものとして聴いたことを示唆している（Eimas, Siqueland, Jusczyk, & Vogorito, 1971）。

多くのその後の研究は，生後1か月あるいはそれ未満の赤ちゃんが，構音の場所（/p/, /t/, /k/）や構音の方法（/d/, /n/, /l/, /a/ と /i/ あるいは /i/ と /u/ のような母音のペア）を含めて，異なる多くの種類の音素の対立を基礎に音素を区別できていることを示している。事実，新生児はいかなる音素の弁別能力も持っている。この能力はそれぞれのコミュニティで話される言語の音素について学習できることを意味し，明らかに重要である。

特定の言語の音素についての学習過程は，生後2, 3か月に起こっている。皮肉にも，この学習過程の影響は，そのコミュニティで話される1つの，あるいは複数の言語には現れない音素を区別できる能力を次第に乳児は失っていくということである。乳児は母語（複数の場合もある）において，音素を区別する能力は優れて維持しているが，他の言語で見られる音素の違いは聴くことができないことが多い。新たな言語の音素境界が母語の音素境界の音素と互換性がなければ，特にそうである。例えば，英語の /r/ と /l/ は2つの異なる音素である。しかし，日本語では，両者は単一の音素の変形である。成人の日本人がこれらの2つの音素の聞き取りに非常に苦労するのはそのためである。

特定の言語の話し手がなぜ特定の音素境界にある音素の対立に気づかないのかには，脳が類似の音をグループ化するからであるとい

うとてもはっきりした理由がある。異なる話し手が特定の音素を発音する方法には非常に大きい音響的バリエーションがあるためであり，また話し手個人においても，ある発話と別の発話との間にバリエーションがあるためである。それで，音素を正しく同定するために，乳児は単一の音素の全ての異形をグループ化し，彼らのコミュニティのことばにおいて音素的に重要でない話しことばの音のバリエーションを無視することを学習しなければならない。ことばを変えていえば，「忘れることで学習する」プロセスに取り組まねばならない（Mehler & Dupoux, 1994）。

　ある言語の特定の音素に対する感受性，そして区別できない音素の対立への感受性を失うことは，生後1年間に見られる。重要で影響力のある研究では，単一言語が話されている3つのコミュニティにおける乳児の音素の区別が比較された（Werker & Tees, 1984）。これらの3つのコミュニティで話されている言語は，英語とヒンディー語，それに北部アメリカインディアンのセイリッシュ語であった。ウェルカーらは，英語のみを聴いていた生後6か月児は，3つの言語の音素のペアを等しく上手く区別できた。しかし，生後8か月の子どもは，ヒンディー語あるいはセイリッシュ語とのどちらかにある音素対立を区別する能力が低いことを示した。1歳の時には，英語だけを聞いていた子どもは英語の音素間の区別は完全に正確であったが，他の2つの言語に固有の音素の区別はチャンスレベルであった。それに対して，セイリッシュ語のみを聞いていた子どもは，セイリッシュ語の音素には正確で，ヒンディー語だけを聞いていた子どもはヒンディー語の音素に正確であった。

　このような結果は，英語だけの単一言語の赤ちゃんの縦断的な研究で反復され，英語でない音素の区別ができる能力は，生後12か月までに成人レベルまで衰えたことが，検証されている（Werker, Gilbert, Humphreys, & Tees, 1981）。興味深いことに，母国語と重ならない対立を区別する能力は乳児においても成人においても保持されている。例えば，ズールー語の'clicks'は，英語と同じ音素対立に関係しないので，clicksの知覚と英語の音素的境界の知覚との間に干渉の可能な材料がない。したがって，それらは全ての年齢の英語の単一言語話者に区別される（Best, McRoberts, & Sithole, 1988）。

5.2 喃語の発達

　乳児は急速に彼らの言語コミュニティの音素に馴染み始めるけれども，これらの異なる音素全てを正確に産出できるようになるには数年を要する。生後1年目を過ぎて，乳児が産出できる音をますますコントロールすることができてきて，重要な発達が見られてくる。

　乳児の音声の産出，つまり喃語の発達は段階に分けられている（Oller, 1980）。段階Ⅰは，生後0か月から2か月で，反射的な音声である。この非常に早期の段階で，乳児は生理的活動や必要な身体機能に関係する植物的音声と同様に，不快や苦痛を表現するために音を出す。段階Ⅱまでに（生後2か月から4か月），乳児はより直接的に伝達的な目的で音声を用いる。人が話しかけたり，微笑んだりすると，彼らはクーイングしたり笑ったりする。これらのクーイングや笑いの音は，初めは個々に産出されるが，つながってくるかもしれない。持続した笑いは生後4か月頃に生じる。この段階Ⅱに進むと，原初的な植物的音声は次第に消失し，泣く頻度も下がる。母音も多様なものになってくる。

　この早期の段階においてさえも，赤ちゃんは成人の音声の側面を模倣できる（Papousek & Papousek, 1989）。生後2か月から5か月の間に先行する母親の発声に即時に一致させた発声の割合が，生後2か月の27%から5か月の43%までの範囲に至って増加する。母親の発声と一致する最も共通の基準は，ピッチであるか，乳児は母親の音声の下降あるいは上昇─下降のパターン（ピッチ輪郭）を一致させるようになる。

　音声遊びは，生後4か月から7か月にあたる段階Ⅲで生じる。この時期に乳児は喉頭と口の構音のコントロールがますますできるようになる。乳児は音声の大きさとピッチ，そして舌の位置について試行している。これによって，成人のような母音と子音の特徴のいくつかが産出できるようになる。

　乳児の音声がどうして成人のものと著しく異なっているかを理解するには，声道の違いを見る必要がある。赤ちゃんの声道は単に成人のミニチュアではない。確かに，生後3か月までは，乳児の声道

KEY TERMS

喉頭
声道の一部。呼吸と音声産出に関わっている。

規準喃語
生後6か月頃から始まる喃語。1つの子音と1つの母音の組み合わせではっきりとわかる音節からなる。

反復喃語
生後8か月頃から始まる喃語で，同一の音の繰り返しからなる。

は，成人のものよりは霊長類のものに非常に似ている（図5-1参照）。**喉頭**（larynx; voice box）は，上のほうにあり，その結果，喉頭蓋は口の後ろの軟口蓋にほぼ接する。赤ちゃんの舌は，ほとんど口腔を占めるほど，相対的に大きいので，咽頭腔は成人に比べて非常に小さい。その結果，奥舌が扱える余裕がない。これによって，赤ちゃんは話しことばに必要な複雑な舌の動きの範囲よりも，吸うことに必要な強いピストンのような動きを行うことが可能となる。

生後4か月から声道の構造は次第に成人の形態へと変化していく。同時に脳では重要な神経的成熟が生後3か月から9か月に起こり，それによって話しことばの全範囲の音の産出に必要な微細運動がますますコントロールできるようになる。このことは，音声遊びが始まる生後4か月から産出される音の範囲の増加から明らかである。

段階Ⅳは生後6か月頃から始まり，子音と母音との組み合わせである認識できる音節を最初に産出し始める時期である。非常に早期の音には，/da/や/ba/が含まれる。オラーは，この段階を**規準喃語**（canonical babbling）として記述し，全く突然現れるとしている（Oller, 1980）。少し経って，生後8か月頃に**反復喃語**（reduplicated

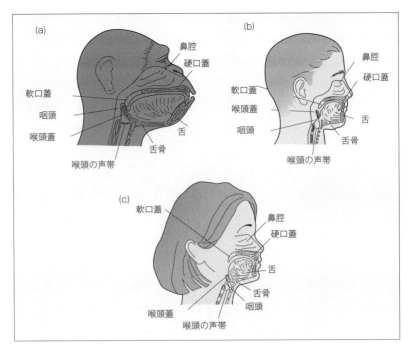

図5-1 頭部の断面図。(a)成体のチンパンジー，(b)人の乳児，(c)人の成人。リバーマン（1992）より。*Cambridge University Press*の許可により作成。

babbling）が見られ，'da-da' 'ba-ba' のように同一の音が繰り返される。生後11か月頃には，オラーが非重複性の喃語（variegated babbling）と呼んでいるものが可能となり，また別の変化が見られるようになる。名称が示唆するように，この喃語の最終段階では1つの音の後に，何らかの点でそれと異なる音が続く。例えば，'ba-da' あるいは 'da-de' のような組み合わせを産出する。

　1つの疑問は，赤ちゃんの早期の話しことばの音は，彼らが耳にする言語コミュニティの話しことばの音と一致しているのかどうかである。生後1年間において，乳児は彼らの言語コミュニティでの音素に感受性を示すことは既に述べてきた。そのため，彼らの話しことばの音の産出は，彼らが耳にしてきた1つまたは複数の言語に影響を受けていると考えるのである。異なる言語コミュニティで育つ喃語期後半の子どもが産出する音節のタイプに関する研究では，最もよく見られる6つの音節は（頻度順に），'da' 'ba' 'wa' 'de' 'ha'，そして，'he' であることがわかっている（Vihman, 1992）。これらの音節は，両親によって話される言語の音声とはかなり独立したものである。例えば，フランスの乳児は，フランス語には /h/ の音素がないにもかかわらず，'ha' 音節を産出した。これは音声発達における強い生物学的影響を示している。

　しかし，喃語期に産出される音の形成には子どもの経験もまた役割を果たしている。カナダの研究では，英語を話すコミュニティとフランス語を話すコミュニティにおける生後8か月から18か月の乳児の特定の母音の出現を比較した（Rvachew, Abdulsalam, Mattock, & Polka, 2008）。[a]，[i] と [u] のような母音はフランス語と英語とでは異なって発音される。英語が母語でない話し手には，フランス語が母語である話し手のような発音を真似ることが難しく，また逆もそうであるのはそのためである。主たる母音の乳児の産出の音響的な変数が分析され，その語を母語とする成人もまた音について判断した。2つの結果が注目される。1つは，研究された乳児の月齢範囲において，月齢とともにより母音様になる母音を伴って産出される音の質に見られる著しい変化である。もう1つは，家庭で聞いている言語に従って，乳児が産出する母音の特徴に差が見られたことである。言い換えれば，フランス語のコミュニティで育っている子

> **KEY TERMS**
>
> **言語生得説**
> 子どもの言語の能力は大部分が生得的要因によるという考え方である。
>
> **形態論**
> 言語における語の形式と構造をいう。特に観察、分類可能な一貫したパターン。
>
> **共同注意**
> 初期のコミュニケーションの一面。母親とその子どもが一緒に同じものを見る。

どもは典型的なフランス語の母音を産出し，英語のコミュニティで育っている子どもはより典型的な英語の母音を産出した。興味深いことに最も月齢の低い乳児でもいくらかの違いが見られた。

早期の喃語の正常でないパターンは特別な問題を示している。重度の聞こえの障害を持って生まれてくる子どもは生後1年間において規準喃語の発達が見られない。正常な聴力のある子どもで生後10か月以降の規準喃語の出現は，後の言語障害の強力な予測因子である（Oller & Eilers, 1988）。

5.3　初期言語発達における社会的文脈

小さな子どもが最初に言語を理解したり使用したりすることに，人々が話すことを聴く社会的文脈が重要な役割を果たしている。乳児は養育者と「イナイナイバー」や「やりとり」といった遊びを規則的に行い，食事，入浴，あるいはおむつ交換といった養育行動のルーティンの規則的なパターンに参加する。それぞれの行為は，時間とともに何回も繰り返され，成人によって用いられるフレーズや語はこれらの遊びやルーティンの一貫した部分となっていく。

30年以上も前に，ジェローム・ブルーナー（Jerome Bruner）は，初期の言語発達における，遊びやルーティンの重要性に最初に注目した（Bruner, 1975）。人々は乳児に馴染みのある出来事や対象について話すので，乳児はかなり馴染みのある社会的文脈において言語に出会うと彼は指摘した。乳児の社会的有能性の発達によって，おむつの交換，入浴，イナイナイバー遊びなどの毎日起こる馴染みのある出来事やルーティンを覚え，予測できるようになる。ブルーナーによれば，社会的レパートリーの認識の発達は，これらのルーティンで，成人が使用する言語の意味の洞察を乳児が強めていくことに役立つ。

今ではこの見方は心理学において広く受け入れられているが，ブルーナーが提示した時には，その当時広く行きわたっていた言語の獲得は生得的な能力によるユニークな能力であるという見方に正反対のものであった。この後者の見方は，**言語生得説**（linguistic nativism）であり，非常に影響力のある言語学者ノーム・チョムス

キー（Noam Chomsky）が主張したものである。一連の著作や論文において，子どもの言語能力はかなり生得的能力に動かされるものであるという考えをチョムスキーは発表した。私たちは第9章において，言語生得説と他の理論との論争についてさらに述べるつもりである（9-1参照）。

浸透している言語生得説の強い影響がブルーナーの理論の発展にも見られ，ブルーナーの理論には，かなり異なる2つのバージョンがある。初期のブルーナーの理論では（Bruner, 1975），社会的ルーティンの形式と言語の形式を非常に強く関係づけている。しかし，後の理論では，言語の構造と社会的ルーティンの構造との間に直接的な対応はないと主張した（Bruner, 1983）。それは，言語発達の2つの側面には重要な違いがあるということが認識されたからである。社会的ルーティンは，語の意味の学習のための文脈を子どもに与えるという点において重要である。しかし，言語の形態や統語の側面は社会的ルーティンには映し出されないので，これらの側面の学習のための文脈を社会的ルーティンは与えていない。

形態論（morphology）は，個々の語の語形変化に関係する言語学の一分野である。例えば，形態的な規則によって，単数名詞がどのように複数形になるか（shipがships, manがmenなど），また，動詞の時制がいかに変更されるか（I run, I am running, I ran）が決まる。**統語**（syntax）は個々の語が句や節に結合される方法に関するものである。ブルーナーが，言語に働くこの形態論や統語の規則が社会的相互交渉や，あるいは，他の非言語的情報に全く関係しないと述べたことは正しい。例えば，shoe − shoesのような規則複数形を持つか，mouse − miceのように不規則複数形になるかを決定するのは言語の意味ではない。そのため，外界の非言語的規則性を探しても，子どもが名詞の複数形を正しく形成する学習には全く助けとならない。しかしながら，初期の言語学習における社会的認識の重要性については，特に子どもが語の意味を発見し始めることについては強力なエビデンスがある。その例をボックス5-1に示す。

共同注意の発達

初期の言語発達を支える社会的相互交渉の鍵となる側面が，**共同**

ボックス5-1　早期の言語学習における社会的認識の重要性を示す一例

　乳児が社会的ルーティンによく馴染むことが早期の言語学習にとって重要であることを示す一例は，次のような日誌的資料から得られる（Harris. 1996）。

　フランチェスカはいつも，部屋のおむつ替え用の台に寝て，おむつを替えてもらっていた。生後3か月頃，新しいおむつが着けられ，衣類が整えられた時に，母親が彼女の手を取って，「用意はできた？」とよく尋ねていた。そして，優しく手を引っ張ってお座りの姿勢を取らせた。生後4か月の時，「用意はいい？」と聞いた時，彼女がおむつ交換台から頭を上げようとすることに母親は気づいた。母親が彼女の手を取った時に，すぐに頭を挙げようとするのではなく，大事な質問を実際に待っているように見えたということは注目すべきことであった。最初は，彼女はおむつを交換されるという特定の文脈において質問された時にだけ，頭を挙げようとした。しかし，1か月もすると，父親がその質問をしても，そのほかの場面でも反応するようになり，彼女の理解は増していた。そして，彼女の両親が，仰臥位の時に，彼女の手を取って行う全体的なルーティンが遊びに発展していった。フランチェスカは夢中で両親の顔を見上げて，「用意はできた？」と聴くと，すぐに起き上がろうとした。この遊びは彼女と両親が相互に楽しみ，一回に何度も繰り返された。

　このような例から，「用意はできた？」ということばの彼女の理解は，おむつを交換し終わった時に母親との間で生まれたルーティンから発展してきたものである。生後4か月までに，フランチェスカは次に起こることを予測できるようになるほど，ルーティンを熟知していた。そして，彼女は「用意はできた？」という質問と座位を取るように起こされることを結びつけられるようになっていて，母親から馴染みのあることばを聴いた時に，おむつ交換台から頭を挙げることによって，出来事を予期するようになっていた。

注意（joint attention）である。生後数か月において，乳児と親との注視は，主に顔を見合わせた二者の相互交渉において生じる。生後6か月頃に，乳児は外界の対象や出来事への関心を増加させ，顔を見合わせた状況での相互交渉は減少し始める。このことは，子ども，親，そして，環境の三項関係の形成の始まりの特徴で，外界への共同注意の機会を提供する。バターワースは，共同注意の発達を「言語の獲得と使用の前駆体」と見た（Butterworth, 2001）。

共同注意は，親と子どもが同一の対象や活動に焦点を向けることを可能にする。そしてこれは新たな語の学習を支える。

乳児がコミュニケーションの相手と環境との視覚的注意の協調を学習するには数か月を要する。生後18か月になって初めて，大部分の健聴の乳児はそのような協調された共同注意のエビデンスを示す（Bakeman & Adamson, 1984）。共同注意は，月齢の低い子どもでもなされるが，成人が子どもの注意の焦点に追随することから始まるものである（Bakeman & Adamson, 1984; Harris, 1992）。

話すことを学習し始めた初期段階にある乳児との会話は，共同注意の焦点に関係して進んでいく。多くの研究において，母親が自分の子どもと関わっている時に，子どもの興味の焦点の物の名称を言う（ラベリング）ことが示されている。したがって，この「ラベル」には，子どもにとって顕著な非言語的文脈がある。このような「付随する命名」は子どもに対象とそのラベルとの関係を作る機会を与える（Baldwin & Markman, 1989; Harris, Jones, Brookes, & Grant, 1986）。

指さしは，共同注意を共有する身振りで，理解の共有の発達の重要なマーカーの1つである。あるグループの子どもの指さしの出現と語の初期の理解について縦断的に追跡した研究がある（Harris, Barlow-Brown, & Chasin, 1995）。最初に指さしをした月齢は，最初に対象の名称理解の徴候を示し始めた時期と相関していた。例えば，フラン

フランチェスカの指さし。

チェスカが最初に理解した対象の名称は「鼻」であった。彼女は尋ねられた時，おもちゃのコアラの鼻を触り始め，そして，「お母さんの鼻はどこ」「お父さんの鼻はどこ」と尋ねられた。フランチェスカは手を伸ばして，両親の鼻に触れた。これが最初に見られたのは，ちょうど彼女が生後9か月を越えた時である。同じ日に彼女は温室の植物を指さした。これが彼女の最初の指さしである。このことは，指さしによる外界の対象への言及と，それらには名前があるという理解は密接に関係し，共通の起源を持っていることを示唆している。

　成人が指さすこともまた重要である。生後10か月頃の子どもでは，指さすことなしに提示された時よりも，指さして提示されたほうが新奇な対象への注視時間は長くなる。対象にラベルが付けられると，指さしと同様に注視の量は大きくなる。これは指さしや随伴する言語的ラベルによって，選び出される対象を注視するような傾向を小さな子どもは持っていることを示唆している（Baldwin & Markman, 1989）。

5.4　初期の語彙：単語の理解

語の境界を認識すること

　親は子どもが最初に話し始める時期に非常に注意を払うけれども，語についての学習の過程はその数か月前に始まっており，子どもは語の意味に関する何かを理解し始めている。理解の最初の徴候は，大抵，生後7か月，8か月頃で最初に理解される語は，子ども自身の名前であったり，家族の名前であったりする。代表的には，'mummy'，'daddy'，そして，ペットの名前や「時計」，「飲み物」，'teddy' といった馴染みのある対象の名前である（Harris, Yeeles, Chasin, & Oakley, 1995）。

　語について学習し始めるためには，多くのスキルが必要である。これまでに見たように，1つ重要なのは，話しことばの音を認識する能力である。同じように重要なのは，語の境界（単語間の切れ目）を認識する能力と，様相間の情報を結合する能力，そして社会的理解の発達である。

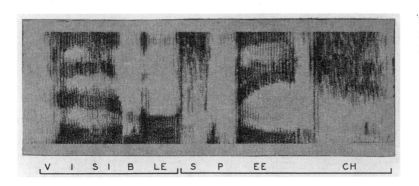

'visible speech' と発話した時の, ことばのスペクトログラム。

語の境界を探すこと

　言語を堪能に使っていると，人が話す時，1つの語は次の語とはっきりと分離していないことを簡単過ぎて忘れている。むしろ人は，語の境界が直に明らかでない音の流れを産出する。もしもあなたが馴染みのない言語を聴くと，この問題は即座に明らかになる。あなたが聴いていることは，それらに明確な切れ目がない長い音の流れである。

　最初に，いかにして乳児が話しことばの流れを区分し，語の境界を探すことを学習するのかを研究したのがジュシック（Jusczyk, P. W.）であった。彼は，音源に振り向く時間の量を記録することにより，乳児の聴覚的刺激への反応が測定できる振り向き選好法（head-turning procedure）を利用した（Jusczyk & Aslin, 1995）。最初の研究において音は語であった。'feet'，'bike'，'cup'，'dog' の異なる4つの語が使用され，半数の乳児は前の2語を，もう半数の乳児は後の2語を聴いた。ジュシックらは，初めは，生後7か月半の子どもを対象として調べ，熟知化の段階では，熟知化が起こるまで，それぞれの2語が交互に提示された（熟知化は，第1章で述べた馴化を変化させた技法を用いて測定された）。そして，テスト場面では，4つの短い節が流された。それらはできるだけ類似するように同一の女性によって録音された。それぞれの節にはターゲット語がいくつか含まれていた。例えば，'cup' の節は以下のようである。

　　The cup was bright and shiny
　　A clown drank from the red cup

KEY TERMS	
統計的学習	環境において規則的に生じるパターンを探出する能力をいう。

His cup was filled with milk
Meg put her cup back on the table
Some milk from your cup spilled on the table

　乳児は，4つの節を全て聴くが，熟知化の段階で聴くのは2つのターゲット語のみであり，2つの節では馴染みのある語を聴くが，他の二節には馴染みのある語は含まれていない。乳児は馴染みのある語が含まれた節をより長く聴くであろうと予測され，その通り，節の中のターゲット語を乳児は認識していることが示された。

　ジュシックらの第二の実験では，同一の手続きと刺激を用い，生後6か月児の能力を調べた。少し月齢が低い乳児が節の聴き慣れた語を認識する同一の能力を持っているかどうかを検証するためにこの実験は行われた。興味深いことに，より月齢の低い乳児では，ターゲット語を含む節を有意により聴こうとする結果は得られず，この結果は，生後6か月から7か月半の時期にこの重要なスキルは発達することを示している。この月齢は，乳児が最初の語の理解を示すという事実からも重要であるとわかる。

　ジュシックが続けて実施した研究は，語の境界を見つけることに子どもがどのような情報を用いているかを示すことであった(Johnson & Jusczyk, 2001)。この研究では，音節の強勢と推移確率の特定という2つの手がかりに焦点を当てた。英語では，強勢のパターンは語によって変化する。例えば，'cushion' と 'belong' とを比較すると，**cu**shion と言う時には，第一音節を強める。be**long** では，第二音節を強勢する。英語の会話においては，内容語（content words: 名詞，形容詞，動詞，そして，副詞）の90％は，cushion のように第一音節が強勢されるので，強勢のパターンによって，語の境界はよくわかるようになる。乳児は特定の言語の強勢パターンに非常に感受性が高いので，その言語の韻律構造によって，ある言語と他の言語とを区別できることは5-2で述べた。したがって，話しことばの流れから語を見つけることに同じ情報のいくつかが役立つものと考えられる。

　もう1つの推移確率の手がかりは，乳児が規則的に生じるパターンを探すことができるということによる。この学習は，**統計的**

学習（statistical learning）と呼ばれる。ジュシックら（Johnson & Jusczyk, 2001）の研究では，造語と，彼ら（Jusczyk & Aslin, 1995）の研究と同様に2つの場面を用いている。造語は，'pakibu'，'tibodu'，'golatu'，'daropi'の4つの語の流れが続いた12音節からなる。熟知化の段階では，生後8か月児が，それらの「語」を3分間，何度もランダムの順序で，語の間にポーズを入れずに聴く。「語」の順序はランダムなので，乳児は多くの異なる音節のつながりを聴いた。しかし，語をなしている三音節のつながりは他のものよりもよく聴いた。例えば，bu-go-la は，*golatu* の直前に *pakibu* がきた時にだけ聴かれた。

　テスト段階では，既に耳にしたことがある全ての語が乳児に提示された。また，異なる二語の音節が再結合されて形成された *bugalo* のように，語の部分からなる語も提示された。語の部分からなる語と語の唯一の違いは，語の音節のつながりは，より多く頻繁に起こるということだけである。もしも，乳児が統計的学習を進めることができていれば，彼らの反応は，語と部分からなる語とでは異なるであろう。この点についてはそうであることが示されたが，馴染みのない部分からなる語に対して乳児はより長く聴いた。

　ジョンソンらの第二の実験では，彼らは，乳児の推移確率への感受性と強勢パターンへの感受性とを比較した（Johnson & Jusczyk, 2001）。強勢パターンへの感受性は，統計的学習のまた別の場合と考えられるであろう。乳児は，そのような学習が明らかに可能であるとすれば，乳児は推移的確率と同様に強勢パターンにも反応するように思われる。

　第二の研究における方法は，第一の研究と同じであるが，部分からなる語が提示される時はいつでも第一音節が強勢された。部分からなる語への付加的な強勢は乳児の行動に重要な変化を引き起こした。テスト段階において，乳児は部分からなる語を長く聴き，それは第一の実験で発見されたパターンと異なるものであった。乳児は聞き覚えのない刺激をより聴く傾向があることを思い出してほしい。すなわち，この時乳児は，部分からなる語をより馴染みがあると認識したということである。ジョンソンらは，強勢のような話しことばのプロソディの情報は，語の境界を探すことにおいて推移確率よ

りも重要であると結論づけている。

発達する理解

既に述べたように，大部分の子どもは初語を話し始める数か月前に語を理解することが発達し始める。語彙の理解を記録することは不確実である。なぜならば何について子どもがわかっているかを見出すことは，彼らが話すことを記録するよりも難しいからである。

語の理解の発達がいかに始まるかについては，2つの異なる情報源がある。歴史的には，子どもが理解できる語数の発達に関するエビデンスはまず親の記録によるものである。これらは研究者にとって，重要な情報源となっているが，近年では，実験的研究が子どもの語の学習についてのより多くの発見に非常に重要になってきている。

初期の語彙発達についての親の報告

驚くにあたらず，子どもの成長している語彙の知識の観察と報告において，親によってかなりその正確さには差がある。親の報告の信頼性は，幼児が理解していると考えられる語のチェックリストによる構造化された質問紙の使用によってかなり改善されてきた。よく知られているように2つのチェックリストからなるマッカーサーコミュニケーション発達尺度（*MacArthur Communicative Development Inventories*（CDI），Fenson et al., 1990）が広く用いられている。このチェックリストは，生後8か月から28か月までの早期の言語発達について，当初は英語で，今日では他の多くの言語資料を収集するために広範囲に使用されてきた。

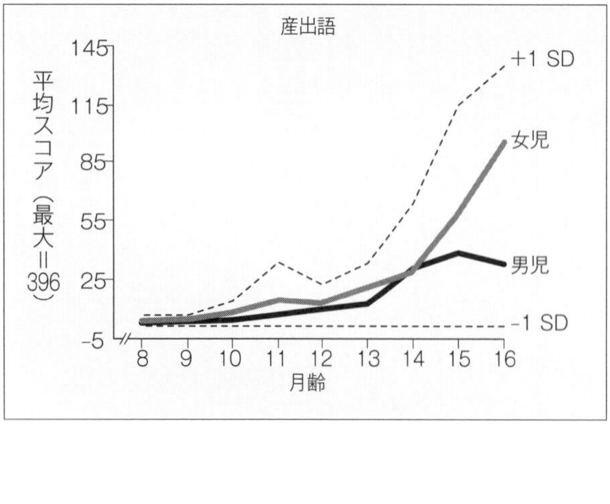

CDIは2つの尺度からなる。乳児版は，生後8か月から16か月の期間に適用され，タドラー版は，生後16か月から28か月が適用範囲である。CDIの基準は，アメリカ合衆国の三か所に住む1,700人を超える子どものサンプルから生まれたものである。したがって，標準的な言語発達についての十分なエビデンスを示してい

図5-2 各月齢の男児と女児に産出できているとされた幼児語の平均数。点線は男女合わせた各月の平均；±1標準偏差の範囲。
フェンソンら（1994）より。The Society for Research in Child development, Wiley-Blackwellから掲載許可。

る。図5-2は，生後8か月から16か月の男児と女児の平均産出語数を示したものである（訳注：原著では図5-2と図5-4が同一のものである）。生後8か月から10か月では，乳児が本当に語を理解しているのか，あるいは単に全体的な状況に反応しているだけなのかどうかを判断することは難しいので，過大評価になるかもしれない。しかしながら，初期の語理解の発達において2つのパターンが明らかである。1つは，女児は全体に理解語数において男児よりも多く，少しではあるが統計的に有意に男児を少し超える。第二に，男児も女児も理解語数について同じような発達パターンを示し，生後12か月頃まではかなりゆっくりとした増加だが，ある時点で語彙量において突然の増加が見られる。この語彙量における突然の増加は，他の多くの研究においても気づかれており，発達の速度における同様の増加が語の産出においても現れる。このような増加は**ボキャブラリースパート**（vocabulary spurt）としてよく記述されている。

KEY TERMS

ボキャブラリースパート
生後12か月頃に生じる語彙量における突然の増加。

実験的研究

　私たちは，ジュシックのような研究者が，話しことばの流れを形成する語を乳児が区切るために使用する手がかりを，慎重に統制された実験によっていかに探ってきたかについて見てきた。同様の実験的方法が，乳児の早期の語の理解の研究に適用され，語の意味の学習に関わるいくつかの過程についての理解がかなり深まってきた。

　子どもの言語の研究者にとっての大きな理論的課題は，いかに子どもが語とその全ての可能な指示物との適切な組み合わせを認識するのかを説明することであった。この問題は，元々，哲学者のクワインによって，非常に影響を与えた1960年に刊行された書，『ことばと対象』（勁草書房，1984）（Word and Object）の中ではっきりと述べられている。クワインは，'gavagai' という新しい語を聴き，うさぎが田園地帯を走り回るのを見た時，人はその新たな語は何を指示しているのかをどのように正確に知るのかという問題を提示した。それは，うさぎかもしれないし，耳や尻尾といったような，うさぎの重要な特徴か，あるいは，その光景の他の側面かもしれない。

　私たちは，子どもが，語と正しい意味を関係づけるために社会的状況と一緒に起こる指さしの協約性を熟知することを用いているこ

> **KEY TERMS**
>
> **選好注視法**
> 選好注視実験法では，乳児は新奇な刺激に対して訓練試行において熟知した後，新たな異なる刺激が提示される。乳児が新しい刺激を長く見ていれば，両方の刺激を区別できていることを示している。

とを見てきた。実験的研究はさらなるエビデンスを示してきた。例えば，近年の研究は，新しい語とある文脈とのさまざまな組み合わせから乳児が共通性を抽出する能力を探ってきた（Smith & Yu, 2008）。それぞれの語の乳児の経験が慎重に統制されるように，研究では造語が用いられた。例えば，'gasser' 'colat' のような語は英語の語の構造に一貫しているので，生後12か月と14か月の子どもでは，既に馴染みのある他の本当の語と類似している。

スミスらの実験は複雑だが，その背景にある考えは非常に単純なものである。彼らは次のように主張した。馴染みのない語，BATやBALLを聴くと同時にバットとボールを見ると，どの対象がどの語と対応しているか人はわからないであろう。しかし，次にBALLと聞き，犬がボールを追いかけているの見る時，2つの経験に共通なものは何か明らかである。これはBALLの考えられる意味のよい手がかりになるであろう。実験の目的は，語が伴ういくつかの文脈において，共通性を抽出することによって，馴染みのない語をその意味にマッピングする類似の機会を乳児に提示するものである。

実験は**選好注視法**(preferential looking paradigm)を用いた。実験は，まず30の訓練試行から始められた。それぞれの試行において，乳児は新奇な2つの対象を見て（図5-3参照），二語の造語を聴いた。それぞれの正しい語と対象のペアが10回提示されるが，多くの他の語と対象のペアも，回数は少ないが提示される。試行中の乳児の注意を維持するためにセサミストリートのキャラクターの絵が挿入された。訓練試行の後，12のテスト試行があった。それぞれの試行では，2つの対象の絵が提示されて，語の1つが4回繰り返された。全実験時間は4分間弱であった。

他の偶発的なペアよりも頻繁に生じたペアを基に乳児が語と対象との連合を学習することができると，語を彼らが聴いた時に正しい指示対象の絵のほうを多く見るだろう。全体に，生後12か月児と14か月児はどちらも正しい指示対象をおり

図5-3 スミスら（2008）の実験で用いられた新奇な対象。著作権：*Elsevier* の許可による。2008年。

長く注視し，月齢の高い乳児は低い乳児よりも正しい対象を強く選好した。この結果は，乳児が，新しい語の意味を正しく認識することに役立つエビデンスを時間とともに積み上げていくことができることを示している。これは統計的学習のまた別の例である。

　早期の語学習の実験的研究において検討されてきた他の問題は，乳児の語の意味の般化の学習がどの程度まで可能かということである。語が意味することの学習には，語と対象や行動の一貫した出現との関係の形成を越えて，新たな事例への語の般化の行為を行う必要がある。そのような般化は早期の語理解の観察的研究において着目されてきたので，その影響は実験的にも見ることができるだろう。シェイファー（Shafer, 2005）の研究は，生後8か月から9か月の乳児に対して，キーワードが描かれた絵カードと絵本を中心に行う日常的な活動の範囲で実行された。実験では，二組の語が使われ，全ては 'apple', 'ball', 'bird', 'car' のような早期の語彙に現れるものであった。そして，半数の乳児にはセットAが提示され，残りの半数にはセットBが提示された。絵本とカードでの活動は3か月間続き，乳児と親が関わり，大人の絵の命名や，絵に関係するお話，絵をカテゴリーに分けること，1つの絵を他の絵の中から見つけ出すことを行った。3か月の終わりに，乳児は選好注視法の実験に参加し，一組の絵が提示され，一方が命名されることによってテストされた。乳児が語の意味することを理解しているなら，正しい絵を確かに見るであろうと考えられた。この研究の重要な点は，乳児が見た絵は全て新奇なものであった。この実験は，例えば，彼らが既に見たボールの絵にBALLを正しく関係づけることができるかどうかを見ているのではなく，新しい絵（新奇な例）にBALLを関係づけることができるかどうかを見るのである。

　シェイファーは，乳児は訓練を受けてきた語に対する命名された絵を確かに長く見ることを発見した。家庭でセットAの語を訓練された乳児は，これらの語に対する正しい絵を確かに長く注視した。しかし，セットBについてはそうではなかった。また，セットBにおいて訓練された乳児はその逆であった。興味深いのは，乳児が聴いた全ての語は聞き覚えのない声で話されたものであり，語学習を新奇な項目に般化できただけでなく，新奇な話し手にも般化できた

ことである。

5.5 語を話すことの学習

生後1年目の終わりにかけて，'ba' や 'da' といったような子どもが産出する音は初語に見られる特徴でもある。必然的に，語への子どもの試みは，彼らが産出できる音に制限があるので，話し始めの時は成人の形式を音声的簡素化したもの (phonetic simplifications) である。簡素化の過程は，正に就学前期を通して見られ，5歳まででもいくつかの音素は難しく，特にある音素の結合は難しい。

最もよく見られる音声の簡素化の種類は，摩擦音の閉鎖子音への置換（seeがti），語頭の無声閉鎖子音の有声化（toeがdoe），子音連結の単一子音へのリダクション（弱化）(shoeがsoo, shipがsip)，語頭 'h' の省略と語中の強勢されない音節の省略（bananaに対してnaあるいはnana）である。もう1つの音声的簡素化は子音調和と呼ばれるもので，子どもは1つの音の産出を変化させ，それが同じ語の中にある別の音により類似するように産出される。子音調和の例として，sockに対して 'gock' があり，sが語尾の 'ck' に口の似た部分で産出される 'g' に置き換わっている。そして，beansに対して 'means' の例では，'b' が通鼻音である語尾の 'ns' のような通鼻音である 'm' に置換されている。

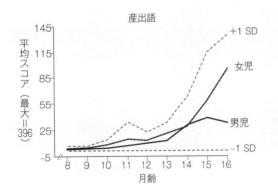

図5-4 それぞれの月齢において，産出できていると報告された平均語数を男女別に示したものである。点線は男女合わせて±1SDの範囲を示す。フェンソンら(1994)より。The Society for Research in Child development, Wiley-Blackwell から掲載許可。

親の報告

図5-4は，CDIを用いた報告から生後16か月までに産出語彙がいかに発達するかを示したものである。何を語とみなすかについてはっきりとした教示を与えられれば，子どもが産出しつつある新しい語についての非常に信頼のおける情報を親は大抵提供できる。例えば，先に述べたように，子どもは，よく語を簡素化したり長い語を短くしたりする（'banana' に対して 'nana' と言う）。CDIの資料は，

多くの子どもは初語を生後10か月頃に話し，その後の数か月で徐々により多くの語を話すことを示している。そして，生後13か月頃に新しい語の学習速度が急激に増加する傾向がある。語の理解に関しては，差は小さいが，産出できる語数において男児よりも女児が先行していた。

理解と産出とのグラフの比較では，平均において，産出語数は理解語数よりも下回る傾向にある。大部分の子どもでは，かなり一貫して産出が遅れて理解が進む傾向があるけれども，CDIの資料では，理解語彙が150語以上で産出語彙が非常に少ない下位グループがあることがわかる。また，あまり見られないが三番目のパターンもあるようである。6例の子どもの縦断的研究から，初語の発語以前に理解語が1語あるいは2語しかなかった2例を，ハリスら（Harris et al., 1995）は報告している。彼女らは最初に語を理解してから話すときまで1か月に満たない時間差を示した。このことは，3か月前後の通常の時間差と比較される。

観察的研究

子どもが産出する初語について，最後に1つ指摘しておかねばならないことは，それらは子どもの早期の言語経験と密接に関係していることである。子どもの産出語の最初の10語の研究では，彼らの母親が使用した同じ語を聴く経験が非常に密接に反映されていることが示されている（Harris, Barrett, Jones, & Brookes, 1988）。40語についての研究では，先行する月での母親の語の使用と子どもの使用との間に明らかな関係が見られなかったのはたった3語であった。33事例についての研究では，子どもの使用は母親がよく使用するものと同一であった。例えば，ジェームズの初語は，'mummy'であったが，不可解なことに，彼はその使用は，おもちゃを母親が取るように，差し出す時に限られていた。この通常でない使用については，母親のことばを調べると，母親はこの語を「これはおかあさんのかな」と言って，手を伸ばしておもちゃを取る時に大抵使用していたことから説明できた。

5.6　まとめ

　本章では，乳児は誕生以前からいかに言語学習を始めているかについて見てきた。特定の言語の特徴的なプロソディのパターンの認識は，新生児が言語を識別し，異なるプロソディのパターンを持つ言語を提示された場合に，子宮にいる時から聴いている言語を認識していることを意味している。

　生後数か月の間に彼らのコミュニティの話しことばで用いられる言語のより詳しい認識を発達させる。その言語に用いられる音素の認識を発達させ，その地域の言語に生じない音素の知覚能力は次第に減退していく。生後1年目の終わりには，乳児は成人の音素知覚の水準にまで達する。同時に，徐々に音素を産出する能力を発達させ，生後2か月頃からのクーイングや喉を鳴らす音から，生後1年目終わりまでには，見事に話しことばの音の産出ができるようになる。これらの音は次第に語になっていくけれども，大部分の乳児では，語を理解する能力は，語を産出する能力をかなり上回る。

　早期の言語発達は非常に社会的な過程であり，早期の語彙は日常的にしばしば繰り返される養育者との相互作用から生まれてくる。共同注意（ジョイント・アテンション）は，指さしの理解と使用のように，言語学習の重要なスキルである。語の境界を探索する能力のようなスキルは統計的学習の例に見られるけれども，より言語に特殊的である。

　乳児の語の理解や産出の速度にはかなりの多様性が見られる。乳児の語学習については，親の報告や選好注視法を用いた実験的方法を含めて多くの研究方法が用いられてきた。第4章で見たように，乳児の言語認識の発達は外界をカテゴリー化することに影響する。そのため，言語発達の遅れは，認知発達により広く意味を持ちそうである。

参考文献

Harris, M. (2004). First words. In J. Oates & A. Grayson (eds.), *Cognitive and language development in children* (pp. 61–112). Milton Keynes:

The Open University/Blackwell Publishing.

Johnson, E. K., & Jusczyk, P. W. (2001). Word segmentation by 8-month-olds: When speech cues count for more than statistics. *Journal of Memory and Language*, *44*, 548–567.

Saxton, M. (2010). *Child language*: *Acquisition and development*. London: Sage.

Shafer, G. (2005). Infants can learn decontextualised words before their first birthday. *Child Development*, *76*(1), 87–96.

質問に答えてみよう

> 1.「言語学習は誕生以前から始まっている」という点について説明してみよう。
> 2. 彼らの言語共同体にある音素を区別する乳児の学習について説明してみよう。
> 3. なぜ乳児が産出する初期の語の音は成人の形態と異なるのだろうか。
> 4. 早期の語学習における社会的文脈はなぜ重要なのだろうか。

CONTENTS

6.1 他者への気づき
6.2 他者の模倣
6.3 微笑みと社会的認識
6.4 愛着の発達
6.5 自己概念の発達
6.6 感情への反応
6.7 まとめ

第6章

乳児期における社会的,情動的発達

> この章によって読者は以下の点がわかり,説明できるようになる。
> - いかに乳児は顔を認識し,なぜこの能力が発達にとって重要なのか。
> - 早期の発達における模倣の役割について説明する。
> - ジョン・ボウルビィの愛着についての業績の重要性とハリー・ハーロウの仕事との関係が説明できる。
> - ストレインジ・シチュエーション法について述べ,それが乳児の愛着について何を示しているかを説明できる。
> - 乳児の研究者はいかにして乳児の自己認知を測定してきたかを理解する。
> - 乳児の「社会的参照」(social referencing) の重要性について説明できる。

　本書では,これまで主として乳児期に起こる身体的,知的変化について焦点を当ててきた。しかし,乳児期は他者との関係が発達する重要な時期であることを覚えておくのは大切である。人は社会的な生き物であり,他者との強い絆の発達は,認知や言語的発達への文脈を提供するとともに,良い社会的,情動的発達に必要である。私たちが述べるように,乳児期に起こっていることは,個々の生涯を通して起こることに影響を与える。

6.1　他者への気づき

　多くの親になった人が,「私の赤ちゃんは何を見ているのかしら」という質問をする。しばしば,彼女らが本当に尋ねていることは,自分の赤ちゃんが親を認識できているのかどうかということである。

事実，次に述べるように，顔の認識は，時間をかけて発達する。しかし，誕生時に聞き覚えのある声や匂いを認識する能力はかなり発達している。馴染みのある人の早期の認識において，声と匂いは重要である。それは，大抵は，赤ちゃんの母親や家族の他のメンバーである。それで，実際の生活では，通常，乳児は彼らの全ての感覚から情報を持ち，彼らの生活において重要な人を認識することに役立っている。しかしながら，乳児が人を認識する学習の1つの重要な方法が人の顔を通してである。

図6-1　新生児の顔の選好研究に用いられた図式的な形（左は顔のような刺激，右は顔のようでない刺激）。チュラティ（2004）より。Association for Psychological Science, SAGE より許可。

顔の認識

　人間の顔は多くの異なる変数とともに変化し，人の顔を見た時に人を認識できることは重要な人間のスキルである。心理学者は，赤ちゃんはいかに顔を認識できるのか，何年も探究してきた。最初の研究が，ファンツによる視覚的選好法を用いた研究で，顔のような刺激も含めて，乳児が異なる種類の刺激を注視する時間を記録した（Fantz, 1965）。ファンツの初期の研究と，サイモンとその共同研究者の研究（Valenza, Simon, Macchi Cassia, & Umiltà, 2002）やジョンソンら（Johnson & Morton, 1991）を含む多くのより洗練された研究によって，乳児は誕生時から顔を非常に特別に好むと研究者は考えるようになった。興味深いことは，これらの実験で用いられた刺激は現実の顔ではなくて，非常に簡単な図式的な顔であった（図6-1参照）。顔そのものよりも非常に顔らしき特徴のあるものを乳児が好んでいるという可能性を示したのである。

　最近の研究では，この考えを支持して，新生児はある種の視覚的刺激をより普遍的に好むということを示している。特に，新生児は上下非対称と（Simon, Valenza, Macchi Cassia, Turati, & Umiltà, 2002; Turati, 2004），そして調和した刺激を好む。上下非対称は，上部のほうに下部よりもパターンが見られる刺激である。顔はその下半分より上半分に目や眉，鼻梁などのより重要な特徴があるので上下非対称である。顔はまた調和性を持っている。顔の形を考えると，

下よりも上の方が広い。広い部分により特徴があり，狭い部分には少ない。これが調和性である。

チュラティ（Turati, 2004）の研究では，新生児は，顔の下部半分よりも顔の上部の要素をより好んで注視すると報告されている。新生児はまた，調和的でないよりも調和的な刺激をより好んで注視する。しかし，これらの選好は，四角形からなる刺激と，顔の形の刺激に対して等しく見られる。これらの刺激のいくつかの例を図6-2に示す。

新生児は顔を好んで見るということはないかもしれないが，顔の持つ特性から注意を引きつけられることもまだ考えられる。このことは，彼らが人の顔を見ることと，見ている顔について学習することに時間をかけていることを意味している。特定の顔の学習は，非常に急速に最初の数日で行われ，新生児は彼らの母親の顔を他の人の顔よりもよく見るようになる（Bushnell, 2003）。

経験によって，新生児は次第に新しい顔を認識する能力が発達する。成人は，動物の顔よりも人の顔の違いをよりよく見分け，見覚えのない人種よりも，（自分たちの人種を含む）見覚えのある人種の顔のほうをよりよく識別する。このような経験の効果はすぐに乳児に現れる。生後6か月には，マカクザルの顔も区別できるように，人の顔を区別できるようになる。生後9か月までに，乳児はマカクザルの顔の区別はできなくなり，人の顔だけ成人のように確かに弁別できる（Pascails, de Haan, & Nelson, 2002）。トレード・オフは，この期間により精緻な人の顔を区別することを学習していることである。

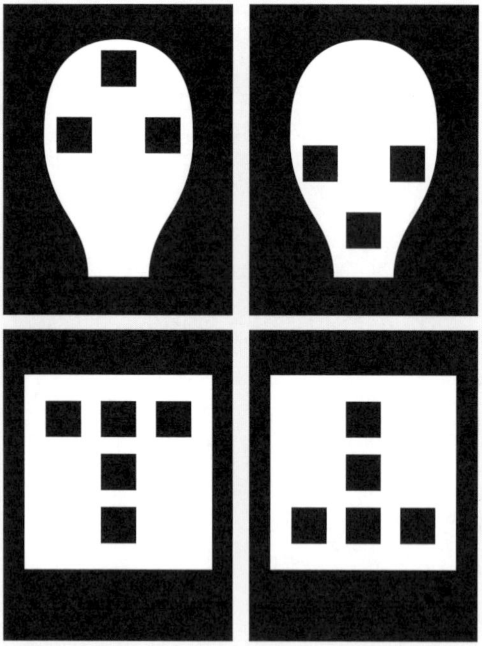

顔の知覚の人種による影響は同様の発達的変化を示している。生後3か月において，白色人種の乳児は自分の人種の顔の区別も，アフリカ人，中東人，中国人など，他の人種の顔の区別もどちらも可能である。しかし，生後9か月までには，この能力は同じ人種の顔に対してのみ見られる（Kelly et al., 2007）。

図6-2 チュラティ（2004）に用いられた刺激。Turati（2004）より。*Association for Psychological Science, SAGE* より許可。

顔と音声との関係づけ

　他者の認識の学習において重要なもう1つの早期の能力は，顔と音声とを関係づけることである。これは，感覚間の統合の1つの例で，2つないしそれ以上のモダリティからの情報を関係づけることである。乳児期の聴覚と視覚との協応を示した最初の研究の1つとして，カールらの研究では（Kuhl & Meltzoff, 1982），生後4か月の赤ちゃんに，正中線の左右にビデオ録画された顔が提示された。1つの顔は母音の'i'を繰り返しており，一方では母音の'a'を繰り返している。同時に乳児はこれらの繰り返し構音される母音のどちらかを聴かされた。想定されるように，彼らは母音の聴覚的情報と視覚的情報との関係を探索して，音と一致する顔の方を乳児は好んで注視した。

　音と声との関係づけができるということやそれらが協応されることを好むという事実は，話す人の顔が特に魅力的な刺激となり，それは乳児が養育者の顔を長く見る理由を説明する。しかし，彼らは見ているだけではない。彼らの反応と養育者の反応とが関係づけられることについてもまた学習している。この能力の発達についてはボックス6-1にいくつかのエビデンスを示している。

6.2　他者の模倣

　早期の学習でまた重要なことは，他者が行っていることを真似る模倣に関わることである。どの程度まで低月齢の赤ちゃんが模倣できるかについてはかなりの議論がなされてきた。それは，小さな赤ちゃんの模倣を観察，記録することが難しく，出来事のランダムな並列と模倣が間違われやすいことによる。親がある行為を行い，赤ちゃんが非常に類似した行為を行った時，それらは因果的に関係づけられていないかもしれない。

　乳児の学習における模倣の役割を明確にするには，厳密に統制された実験が必要であった。模倣の存在とその重要性を先導してきた代表的な研究者がメルツォフである。彼の研究は，『社会的認知発達理論における模倣の重要性』と題して近年まとめられている

KEY TERMS

スティルフェイス実験
母親と乳児の相互交渉を三段階に分ける。1. 母親が通常のように乳児に関わる。2. 母親は通常のように反応しないように言われ，無表情なスティルフェイスになる。3. 母親は再び反応的な通常のやりとりのパターンをとる。

ボックス6-1　乳児はスティルフェイスによって苦痛になる

　月齢の低い乳児と養育者との相互交渉の分析によると，成人は，微笑み，笑い，そして乳児の発声や行動に適切なコメントを行うなど，非常に反応的であることを示している。相互交渉には，触れることや身体的接触もよく含まれている。1970年代後半の研究者は，乳児に対して養育者の細かな調整がいかになされているか，そして，大人の反応が変化した時，乳児はどのように反応するかを示すために**スティルフェイス実験**（still-face procedure）を開発した（Tronic, Als, Adamson, Wise, & Brazelton, 1978）。

　標準的な方法は，母親と乳児が関わり，90秒から120秒ずつの3つの短い相互交渉に分けられる。最初の段階は，母親は乳児に対して通常のように反応するように言われる。そして，次の段階には，通常のように反応するのではなく，無表情なスティルフェイスにする。最後に三番目の段階は，母親は通常の反応を再開する。

　母親の反応がない期間の乳児への影響は，劇的である。母親への注視量と微笑みが減少し，発声は増加する。無表情を母親が止めるやいなや，通常の注視や微笑みのパターンに急速に戻る。

　スティルフェイスの影響は，スティルフェイスの時に母親が乳児に接触し続ければ，改善される（Stack & Muir, 1990）。母親が乳児（生後3か月から9か月）に触れることができると，表情を変えたり，声をかけたりすることはできなくとも，乳児は微笑み，母親を見続ける。このことは，触れることや身体的接触が乳児期早期の養育者との相互交渉において，重要な役割を果たしていることを強調している（Stack, 2010）。

（Meltzoff & Williamson, 2010）。メルツォフは，模倣能力は認知発達や社会的コミュニケーションの発達を支持し，他者の心を理解する

基盤として働くと述べている。この指摘は，非常に早期の発達の中心として模倣を位置づけているので，大胆な主張である。

早期の模倣のエビデンスは何であり，なぜ模倣する能力が重要なのであろうか。先駆的な研究として，舌の突出，口唇をすぼめること，口の開閉の模倣が生後12日から21日の子どもで研究された（Meltzoff & Moore, 1977）。乳児はこれらの行為を模倣でき，成人の行為に反応して，舌を突き出し，口唇をすぼめ，口の開閉を行った。続く研究では，生後１時間以内の赤ちゃんでも模倣が示された（Meltzoff & Moore, 1989）。そして，乳児の模倣は特殊的で，口唇の２つの動き（口の開閉と口唇をすぼめること）を区別していることが示された。また，舌を真っ直ぐに出すことと横に出すこと区別していることも示された（Meltzoff & Williamson, 2010）。

乳児は，成人のモデルとは別に模倣的な行為を再生できる。この模倣の側面は元々のメルツォフらの実験（Meltzoff & Moore, 1977）においても示されていたにもかかわらず，見逃されてきた。メルツォフらの研究では，大人が目的の行為を行っている時，乳児はおしゃぶりを吸っており，後に行為をしていない顔を見た時，模倣を行った。より最近の研究において，乳児が目的の行動を観察することと，模倣との遅れは典型的には１日であった（Meltzoff & Williamson, 2010）。

乳児の模倣の重要な機能の１つは社会的に他者と関わることであると多くの研究者は指摘してきた（Carpenter, 2006; Meltzoff, Kuhl, Movellan, & Sejnowski, 2009）。模倣と個人の識別との関係を探る他のメルツォフらの研究から，この考えを支持する明確なエビデンス

三人の乳児は舌を大きく横へ出すことを模倣している。

が得られている（Meltzoff & Moore, 1992）。この研究では，二人の成人のモデルがいる。一人は舌の突出を続けて示し，もう一方の人が口の開閉を見せる。生後6週の乳児は，二人のモデルに別々に反応する。第一のモデルを見た時，舌の突出を行い，第二のモデルを見た時，口を開く。しかし，乳児が見ていないところで，一人の大人が他の大人と場所を変えると，乳児は「新たな」大人をじっと見つめ，驚くような誤りをする。乳児は先に見た大人に一致する行為を模倣するのである。メルツォフは，これは大人の同一性を調べるのに役立つと述べている。乳児は，これは異なる人であるとはわかるけれども，人が去るところと新たな人が入ってくるところを見ていないので，これは誰であるのかといった葛藤する2つの情報源を持つことになる。

　なぜ特定の人に随伴する行為を再生することが同一性の確立に有用なのであろうか。この点について理解するために，乳児の模倣の他の側面を認識する必要がある。乳児がある行為を産出する時，大人はそれを模倣することが非常に多い。このように，模倣は乳児と大人との相互模倣の複雑なつながりを発達させる双方向の過程として捉えることができる。第5章で見てきたように，社会的ルーティンの発達は，乳児の言語学習の場を用意する。乳児は模倣されることにも反応する。

　一連の研究において，メルツォフらは，別の人の行為を「私のようだ（like me）」と認識するかどうかについて検討した（Meltzoff & Decety, 2003）。ある実験では，生後14か月児が二人の成人と関わった。一人の大人は乳児がそれ以前に行ったことを模倣し，もう一人の大人は乳児が行うあらゆることを模倣した。二人の大人の行為は「赤ちゃんのよう」であり，ただ1つの違いは，模倣の一方は，その乳児にとって特有のものであることである。行為の範囲が非常に異なるとは思わないだろうが，それぞれの赤ちゃんの行為には固有の組み合わせと順序がある。重要な問題は，「私と同じ」行為をしている大人と，他の赤ちゃんのように行為している大人とを区別できるかどうかである。

　答えは，乳児は違いがわかるということである。彼らは自分を模倣している大人をより長く注視し，かつより微笑む。重要なのは，

乳児はまた「私のような」大人を試したことである。これは，乳児がしていることに大人が追随しているかどうかを確認するために，突然で予期せぬ動きをすることに見られる。期待される順序の意図的な中断は，馴染みのルーティンを変化させることによって，大人を「からかう」ことを乳児はいかに好むかについて述べたレディによっても観察されている。

レディは，乳児と馴染みのある大人とが相互交渉している時，生後6か月頃に現れる多くの行動を特定した（Reddy, 2003）。これらは，ショウイング・オフ（showing-off）（注意を引くため，または注意の中心を維持するために，いつもと違う行為や大げさな行為をする），かしこい行為（再度褒めてもらうことを誘発する，あるいは難しい行為を行った後に他者が喜んで注目することを確認する），おどけ（笑いを引き起こした変わったことを繰り返して，再度，笑いを起こす），そして，からかい（期待されていることやルーティンに対立する行為を行うことによって，意図的に挑発する）がある。レディが観察した実生活でのこれらのやりとりの中で増していく乳児の役割の複雑さは，メルツォフらが発見した模倣の順序を変化させる能力が生後1年目に発達するということでも示されている。月齢の低い乳児は，模倣される身振りを行う頻度が増す傾向があるが，それらが真似られるかを見るために，身振りを不適当な組み合わせに切り替えるようなことはしない。月齢が高くなると，共有する一致した遊びとしてやりとりを扱う（Meltzoff & Decety, 2003）。

6.3 微笑みと社会的認識

既に見てきたように，乳児の微笑みは，乳児と成人との共有された社会的相互交渉における重要な構成要素である。非常に早期の微笑みは内的に生じたように見える。すなわち，外的な刺激に対しての反応では

生後3か月頃から，微笑みは真に社会的，相補的になり，乳児の微笑みは馴染みのある成人の微笑みと同調するようになる。

KEY TERMS

愛着（アタッチメント）
緊密な情動的絆を特に母親と乳児の間で形成すること。

ない。通常はそのような微笑みはつかの間のものである。生後6週で，最初の社会的微笑みが生じる。この週齢で，赤ちゃんは馴染みのある社会的刺激，大部分は最もよく知っている人に対して，微笑むようになる。微笑みは視覚的刺激に限定して生じるわけではない。生後6週までに赤ちゃんは声に対して微笑むようになり，特に彼らの母親の声に対して微笑む。先天的視覚障害の赤ちゃんでは，微笑みの発達はしばしば遅れるけれども，彼らの母親の声の音，あるいは触れられた時に微笑むだろう（Fraiberg, 1974）。顔を見ることは，微笑みの強力な刺激となる。この章の初めに，乳児は早期から人の顔のような刺激を好んで見ることについて述べた。非常に初期の研究が示しているように，顔と同じように，顔のような刺激に対しても赤ちゃんが微笑むことは驚くことではない（Ahrens, 1954）。アーレンスは，白色の卵型の背景の赤い2つの点に対して赤ちゃんが微笑むことを発見している。

生後3か月頃から，微笑みは本当に社会的かつ相補的になり，赤ちゃんの微笑みは馴染みの大人の微笑みに一致して起こる。赤ちゃんは馴染みのある人とそうでない人との区別がつき，よく知っている人にすぐに微笑む。しかし，見知らぬ人への恐れはこの月齢ではない。模倣と同様に，微笑みは，成人に対して強力な社会的シグナルとなり，両者は，乳児と大人との持続的な社会的相互交渉の発達を確実にする重要な役割を担っている。

6.4　愛着の発達

これまで，乳幼児期の社会的関係の出現を支える多くの重要な能力の発達について考えてきた。ここでは，既に見た多くの考えを1つにする非常に重要な話題に目を向ける。すなわち，**愛着**（attachment）である。

心理学以外の領域では，さまざまな関係について述べるために愛着という語は広く用いられている。発達心理学では，愛着ということばは，ジョン・ボウルビィ（1958）によって，母親と子どもの間にある特別な関係を記述するために最初に作り出された語で，非常に特別な意味を持つ。ボウルビィが執筆した当時に西欧社会におい

て優勢であった伝統は，多くの母親は家庭にいて，全日，子どもの世話をし，母親が子どもの育児に大きな責任を持つというものであった。特に子どもが小さい時には，父親は毎日の子どもの世話をほとんどしない。子どもの世話の形の変化によって，子どもの経験の結果として形成する愛着関係の種類について疑問が生じていた。この問題についてはこの章の後半と後の章でふれる（17-2参照）。

　愛着についての考えの発展における他の重要な人物は，メアリー・エインズワース（Mary Ainsworth）である。彼女は愛着に関してのいくつかの重要な実験的研究を行った。彼女の考えは，ウガンダとボルティモアの母子の愛着の質における文化差を観察した経験に非常に影響を受けた。愛着理論は，母親からの分離の乳児や幼児への心理的な影響を説明するボウルビィの試みと，愛着における個人差というエインズワースの関心との共同的な成果として見ることができよう（Posada & Kaloustian, 2010）。

　他に愛着理論に重要な貢献をしたのがハリー・ハーロウ（Harry Harlow）である。まず，彼の研究の簡単な説明から始めよう。

ハリー・ハーロウ

　ハーロウは，1960年代に愛着の起源と，長期にわたる愛着の結果についての主要な研究を行った（Harlow, McGaugh, & Thompson, 1971）。興味深いのは，ボウルビィ，ハーロウともに，フロイト理論，特に母子の関係はパーソナリティの発達に重要な役割があるという考えに影響を受けたことである。フロイトは，愛着関係は母親の乳児の身体的ニーズ，特に空腹を満足させることから発達すると論じた。しかし，ハーロウは，空腹は愛着の第一動因ではないかもしれないと述べ，このことを示すために，今日では有名な赤毛ザルでの一連の研究を始めた（Harlow et al., 1971）。ハーロウがサルを研究したのは，人間の赤ちゃんのように，サルの赤ちゃんは早期の数年かなりの時間を母親といるからである。ハーロウとその共同研究者がこれらの実験を行った時には，動物を対象とした研

赤毛ザルに見られる接触による慰め。

究倫理がほとんど考えられていなかった。このような研究は多くの国々ではもはや許されないだろう。

今日，彼の最も有名な研究となったこの研究において，ハーロウは赤ちゃんの赤毛ザルを母親から分離して，ミルクが出るが心地の悪い針金でできた支え（代理母）と，食べ物は出ないが布で覆われた心地よい支え（代理母）を彼らに選択させた。その考えは，空腹の満足が愛着を説明するならば，赤毛ザルの赤ちゃんは，針金の支えに愛着するであろうというものだった。ハーロウは，赤毛ザルの赤ちゃんは，初めは針金の支えでミルクを飲むが，すぐに布で覆われた支えにしがみつき，それを好むことを発見した。このことは接触の心地よさはただ食べ物が与えられることよりも愛着の発達にとって重要であることを示唆している。

ハーロウは，心地よい布製の支えでミルクを与えるものと，同一の支えでミルクを与えないものでさらに検討した。その結果，赤毛ザルの赤ちゃんは，ミルクを与える方を好んだ。しかし，初期の20日間は布製で冷たい支えよりも温められている針金製の支えを好み，温かさが要因であると考えられた。これらの結果から，フロイト流の愛着の「欲得ずくの愛情」理論は不十分であると，ハーロウは主張した。それに対して，赤毛ザルに見られた多要因からの愛着理論が必要で，それには，接触の心地よさや母親の温かさという一般的な要因とともに，しがみつきたいようなサルの欲求といった種特有の要因があるとハーロウは述べている。

ジョン・ボウルビィ

ボウルビィはハーロウの考えを人間発達に適用した。彼は，最初の愛着関係は，学習されたものでない種特有の行動に基づくと主張した。ボウルビィの理論では，愛着を感じることは，特定の関係における安心と安全を感じることである。不安定な愛着には依存の感情と拒否への不安といった混ざり合った感情が含まれている。

サルにおいては，しがみついたり，後を追ったりすることは，乳児が母親の近くにずっといるため早期に発達させる反応のシステムである。人間では，他の霊長類よりもかなり運動発達が遅れるので，泣きや微笑みが母親からの世話を誘発するために特に重要になる。

ボックス6-2　入院している子どもについてのボウルビィの研究

『一人の2歳の子どもが病院に行く』という映画（1952）のジェームズ・ロバートソンとの共同制作によって、ボウルビィの仕事は広く認識されるようになった。映画は2歳半の少女、ローラについてで、彼女は8日間病院に入院した。この期間、彼女は両親と離れていた。映画は主たる養育者から分離された子どもへの母性的養育の剥奪の影響を鮮烈に描いていた。映画の最も心を動かす部分は、親がいない病室で心的な外傷を受けたローラが撮影されたところである。窓から撮影され、子どもの叫びは聞こえないが、苦痛は明らかである。この映画は、病院の親の面会の制限を変えさせる運動に役立った。今日では子どもの入院に親が付き添うことが基準になっている。このことはボウルビィの愛着に関する研究によるものである。

入院することは子どもにとって心的外傷（トラウマ）になることもある。1950年代のボウルビィの研究のおかげで、子どもの入院時は両親が付き添うことが当たり前になっている。

母親と乳児との間に情動的な愛着を発達させるのは、これらの早期の相互交渉であり、多くは世話や密接な身体的接触に絞られる。

ボウルビィの理論における1つの重要な考えは、乳児が外界を探索し、そして、定期的に戻ってくる安全基地に母親がなるという、ハーロウの赤毛ザルについての理論と非常に似ているものである。母親への乳児の情動的な愛着は、通常は乳児に安心感と安全感を提供する。そのような愛着行動の進化的な機能は、短期的には、捕食動物から子どもを守り、長期的には、全ての他の関係の基礎となるモデルを提供すると考えられる。そのため、乳児期の不安のない愛着は、長期の種の生殖的な成功につながる成人期の不安がない上手くいっている愛着への道を開く。

ボウルビィがハーロウと異なるところは、要求の満足から愛着を

分離し，愛着を心理的に健康な発達にとって生物学的に必要なものであるとしたことである。ボウルビィは，不安定な愛着の形は，子どもをパーソナリティの問題や精神的な体調不良が生じる健康でない発達の経路に置くので，神経症的なパーソナリティの形成につながると主張した。

ボウルビィは，彼の三巻の著書,『愛着』『分離』『喪失』で愛着理論を展開した。第一巻は1969年に公刊された（Bowlby, 1969）。これらの著書は，乳児の母親への愛着を形成することの心理的必要性と，長期間に至る，最悪の場合は永遠の，親からの分離によって破壊される愛着関係の心理的影響の結果について，ボウルビィの考えを述べたものである。ボウルビィの著書では，愛着の対象となる人物の喪失の結果に関する多くの観察がある。例えば，彼は，病院に入ることによって母親から分離された乳児について記述している（ボックス6-2参照）。

その後の研究では，愛着対象の人から永遠に分離されることの重大な長期的結果についてボウルビィの考えが立証された。12歳になるまでに母親が亡くなった少女は成人期に重い鬱を患うリスクが非常に増加する（Brown & Harris, 1980）。注意しなければならない重要なことは，そのような愛着の崩壊の結果は避けがたいということである。後の不安障害や鬱の先行事象としての家族経験について探った大規模な疫学的研究は，親の死による重い混乱においても長期の影響を改善する多くの要因を示している。これらは，残っている親や家族，友人との良い関係や，学校で上手くいくこと，良い支持的な結婚，そして立ち直りの早い（resilient）パーソナリティである（Holmes, 1993）。

メアリー・エインズワース

メアリー・エインズワースは，研究者としての早い時期に，ボウルビィとロンドンで3年間一緒に仕事をした。そして，愛着の考えを発展させた。彼女のインタビューの中で，エインズワースは，彼女へのさまざまな影響を詳細に説明し，自身の愛着についての考えとボウルビィのものとは，その当時行われていた動物行動の研究にいかに影響を受けているかについて説明している（Ainsworth &

Marvin, 1994)。

　乳児期の愛着の重要な指標が3つあり，それらは，乳幼児が独立した動作ができるようになり，這い這いや独り歩きが自力で可能になると明らかになる。その1つは，*近接追求行動*（proximity seeking）である。もし，誰かが，他の人に愛着を向けていると，彼らはその人を探し求め，その人と長く一緒にいる。このことは，生涯続くが，愛着を向ける人に近くにいて欲しいと思う乳幼児に特に顕著である。2つ目は，愛着を向ける人物は，外界を探索するための*安全基地*（a secure base）になることである。乳幼児は，見えない糸によって母親と結ばれているかのように，母親と特定の距離の範囲においてのみ探索できる。第三番目の愛着の特徴は，愛着対象から離れると，泣いたり，叫んだりする分離への抵抗（separation protest）である。

　これらの愛着の重要な側面は，エインズワースによって初めて実験的に研究された（Ainsworth & Bell, 1970）。エインズワースらの実験パラダイムは，**ストレインジ・シチュエーション**（strange situation）として知られており，元々の手続きから修正されている面はあるが，今日も使用され，愛着行動をうまく誘発できる（Ainsworth & Wittig, 1969）。ストレインジ・シチュエーションについては，ボックス6-3により詳しく述べている。

　生後8か月頃に，見知らぬ人への不安が発達し，馴染みの母親の姿や他の愛着を向ける人の存在がない限り，見知らぬ人の存在があると，乳児は苦痛の色を見せる。生後12か月までに，この時期がストレインジ・シチュエーションの手続きがよく使用されているが，母親が離れて見知らぬ人と乳児だけになるとすぐに，強い反応を引き起こしやすくなる。元々のエインズワースらの研究では，3つのパターンが観察された。大部分（66%）の乳児は，「安定した愛着」（タイプB）を持っていると分類された。この子どもたちはストレインジ・シチュエーションにおいて非常に一貫した行動を示した。テスト室にすぐに落ち着き，部屋を探索したり遊んだりして普通に振る舞う。彼らは分離によって，しばしば泣いて苦痛を示すが，母親が戻ると，挨拶をし，抱擁され楽しそうに遊びに戻った。

　残りの3分の1の子どもは，不安定な愛着のさまざまなパターン

KEY TERMS

ストレインジ・シチュエーション
愛着研究で用いられる。初めは母親と共に観察され，次に見知らぬ人，そして一人，最終的には見知らぬ人と母親との再会場面が観察される。

上：実験者と乳児は母親が見ているところで楽しく遊ぶ。
中：母親が退室し、乳児は実験者と遊びを続ける。
下：母親が観察室に再入室し、乳児は遊びに戻る。

ボックス6-3　ストレインジ・シチュエーションによる研究

　ストレインジ・シチュエーションを用いる研究手続きは、約22分間の標準化されたもので、研究室で行われる。母親と乳児の行動はマジックミラーから観察される。観察室で初めは遊び、その後、母親は部屋を出て、乳児は見知らぬ人と残される。母親が部屋に戻り、乳児は母親と再会する。それぞれの段階の子どもの行動が観察される。この手続きは、生後12か月から18か月の乳児に適しており、それぞれの場面での行動からは、特に母親からの分離と乳児が母親と再会した時の場面において、子どもと母親との関係を見ることができる。母親からの分離は多くの乳児にとってはストレスなので、慰めることができない時や、あまりにも機嫌が悪くなる時には短くする。
　標準的な手続きの主な段階は以下のようである。
- 実験者は母子を観察室に誘導する。
- 2～3分：実験者が退室。乳児は部屋を見回し、母親と関わる。
- 3分：見知らぬ人が入室。母親に話しかけ、乳児と関わる。
- 3分（最大）：母親は退室。見知らぬ人は残る（この部分は乳児が見知らぬ人になだめられないときは短くする）。
- 3分：母親が戻り、乳児に出会う。見知らぬ人はそっと退室する。
- 3分（最大）：母親が退室（乳児があまりにも機嫌悪くなれば、この部分は短くする）。
- 3分：見知らぬ人が戻ってくる（見知らぬ人が乳児をなだめることができなければ、この場面は短くし、母親が戻る）。
- 3分：母親が戻り、母親と乳児が対面する。見知らぬ人はそっと退室。

を示した。20%の子どもは，「不安・回避型」（タイプA）として分類された。この子どもたちは分離の際に苦痛をほとんど示さず，母親が戻ってくると無視をした。少数ではあるが(12%),「不安・抵抗型」（タイプC）に分類される子どもが見られた。彼らは分離によってかなり苦痛を示すが，安定した愛着を示す子どもとは異なり，母親が戻ってきても容易に静まらない。彼らは接触を求めるが，反抗し，怒りを示す。

　近年では，それほど見られないが，タイプDとされる第四のタイプが特定されてきた。このタイプの子どもは，母親との再会時に固まったり，固執的な行動をしたり，混乱した行動を示す。そのような行動は，「無秩序・無方向」のものとして記述されている（Main & Solomon, 1986）。

　ボウルビィとエインズワースは，母親の乳児への交渉の仕方が彼女らの子どもの愛着関係の発達に重要な役割を担っていると主張した。ボルティモアでの母子の縦断的研究からのエビデンスは，母親の関わり方に見られる個人差の特徴をあげることにつながった（Ainsworth, 1969）。彼女は23組の母子を生後3週に初めて家庭訪問し，その後，3週ごとに生後1年間観察した。一回の観察は4時間行われ，研究の終わりには膨大な情報がそれぞれの母子について集積された。そして，研究の終わりに母子はストレインジ・シチュエーションに参加した。

　エインズワースは，乳児の泣きへの反応，緊密な身体的接触，顔を見合わせた交渉と従わせるための身体的な介入の頻度などの多くの次元における母親の行動についての詳細な資料を集積した。これらの次元を用いて，母親は4つの次元から評価された。すなわち，感受性があるかないか，協同的か干渉的か，受容的か拒否的か，親しみやすいか知らないふりをするかの4点である。それぞれの次元は，ストレインジ・シチュエーション場面での愛着行動の体制化に有意に関係していることが明らかになった。エインズワースの全体的な結論は，安定した愛着の1歳児の母親は，乳児に反応的で，注意を向ける傾向が生後3か月から見られ，特に重要なことは，反応において感受性が高かった。感受性の高い母親は，乳児に合うように活動のリズムを変え，乳児の行為に一致し，乳児と相互に注意を

向け合った．1歳で不安定な愛着の子どもの母親は，生後3か月において，反応に一貫性がなく，乳児に合わせることが少ない傾向が見られた．これらの重要な結果は，24の研究のその後のメタ分析によって確認されている（de Wolff & van Ijzendoorn, 1997）．

愛着行動の文化による違い

エインズワースとベルによる観察はアメリカ合衆国で行われた（Ainsworth & Bell, 1970）．より最近の研究は，母親からの分離に対する乳児の反応の仕方には経験に依存する部分があることを示している．このことは文化によって異なる．三宅らの重要な研究は，日本の赤ちゃんは，アメリカでの分類と比較して不安定と分類される比率が高かったことを示している（Miyake, Chen, & Campos, 1985）．この点について，日本では，母親は乳児をめったに独りにはしないので，ストレインジ・シチュエーション場面は非常に分離の影響が大きいと説明される．それに対して，ドイツの赤ちゃんでは，安定型とされる子どもがアメリカに比較して多い．ドイツでは，乳児を独立のために社会化させるという考えがあるからといえる（Grossman et al., 1985）．

しかし，これらは小さな差で，愛着理論が主張しているのは，生物学的に乳児は愛着を形成することを求め，外界探索のための安全基地を求めていることである．

育児のパターンの変化と愛着へのその影響

初期の愛着研究は，母親への愛着を強調したけれども，乳児はさまざまな人に対して安定した愛着を発達させることが明らかになってきた．今日では，父親は，ボウルビィやエインズワースが愛着についての考えを発展させた時期よりは，乳児の生活の中で，より多くの役割を果たしている．また，兄や姉などの家族の他のメンバーも，乳児の生活の中で重要な役割を担っている．より近年の愛着理論の発展は，乳幼児期における複数の愛着の可能性を強調し，母親が仕事に出かけることの影響と彼女らの子どもの主たる育児に他者が関わることについて考えてきた（Vaughn, Deane, & Waters, 1985）．子どもの年齢，デイケアの質，使用される愛着の測定の種類など

のさまざまな要因が関わっているために，愛着形成への育児の起こり得る影響を特定することは簡単ではない（Vaughn et al., 1985）。最も包括的な研究の1つがベルスキーらによってアメリカで行われた（Belsky, 2001）。彼の研究では，母性のスタイルと育児の影響との相互作用のエビデンスが示されている。ボルティモアでのエインズワースの元々の研究のように（Ainsworth, 1969），生後15か月での不安定な愛着について最も強力な予測因子は，感受性の低い母性的養育であった（ベルスキーは生後6か月と15か月で観察した）。しかし，この影響は，生後15か月の生活で生じる3つの際立った育児条件によって増幅された。それらは，(a) 質に関係なく，ケアのいかなるタイプにおいても週に平均10時間以上のケアの利用，(b) 1つの保育方法だけでなく，いくつかの保育方法を用いている，(c) 質の低い世話，である（Belsky, 2001）。まず，これらのいろいろな養育の中で，生後36か月の不安定な愛着を予測するのは，やはり，感受性の低い母性的養育による相互交渉においてである。

　これらの結果は，イスラエル（Sagi, Koren-Karie, Gini, Ziv, & Joels, 2002）やオーストラリア（Harrison & Ungerer, 2002）での類似した研究結果とともに，質のよいデイケアは，愛着の安定した発達には影響しないことを示唆している。しかし，質の悪いケア，特に世話をする人に対する子どもの割合が高いことと，長期のデイケアは，感受性の低い母性的養育の影響を悪化させる。オーストラリアでの研究もまた，生後5か月以前に子どもをデイケアに入れることは危険因子であったという事実に注目している。

6.5　自己概念の発達

　乳児が次第に他者との交渉の中で洗練され，個性化していくことをこれまで見てきた。ここでは，自己感（a sense of self）がどのように発達するかという問題について述べる。自己感は複雑で多面的なものであるので，この問題に関するエビデンスには多くの系譜がある。また，自己感がいかに発達するかに関しては多くの異なる考え方がある。

　ロシャは，この問題について優れた展望を行っている（Rochat,

2010)。乳幼児期における自己感は他者との関係を通してまず発達するという見方にロシャは注目している。この考えでは，早期の自己感は他者との相互交渉を通して成人の自己感へと形成される。模倣の重要性についてのメルツォフの考え方はフォーゲルとルイズの見方と同様である（Fogel, 1993; Lewis, 1999）。特にスターンのような他の理論家は，自己概念の出現について，社会的環境の重要性に反対してきた。スターンは，生後2か月の間に，さまざまな感覚的経験の相互関係を学習して，自己の出現する感覚が発達するとしている。この考え方では，自己感は知覚的能力の発達から生まれる（Stern, 1985）。

　第三の考え方は，エレノア・ギブソンによって詳細に説明されたもので，自己感の発達に重要であるのは，社会的環境に限ってではなく，むしろ全体的な環境であるというものである。彼女の考え方では，自己認識の発達とは，彼らがアフォーダンスと呼ぶ物理的，社会的対象によって始められる行為についてのより広い学習過程の一部である（Gibson, 1988）。ギブソンは，乳児は人や対象のアフォーダンスに反応することと，それらと効果的に関わることによって，外界を知覚する自分自身の能力について学習し，外界に行為すると主張している。

　ロシャは，自己感の発達についての十分な説明には，私たちの自己感には，特に外界の人や物に影響を与えることができる方法への気づきや，私たち自身の身体の動きへの気づき，そして，私たち自身を認識する能力が関わっているという事実を考えて，知覚的要因と社会的要因の両者からの説明が必要であると主張している（Rochat, 2010）。

　私たちは既にいかに乳児が他者との相互交渉においてに洗練されてくるかを本章で見てきた。ここでは，自己概念の発達のある部分を形成する他の2つの重要な能力に焦点を当てる。

身体動作の知覚

　ロシャ（Rochat, 2010）が指摘しているように，乳児自身の身体は知覚的な探索の最初の対象である。外界の物や人を知覚し，行為する時，その対象や人に関係して私たち自身を知覚している。また，

私たちは，私たちが行う動作に関係して，私たち自身を知覚している。乳児にとっては彼ら自身の動作の中心に自分があるという気づきは数か月の発達を要するけれども，それは乳児にとっても同じである。この気づきの発達がはっきりとわかるのは，ハンド・リガード（自分の手をじっと見る）である。生後3か月ぐらいに，仰臥位の乳児が上方に上げている手を一定時間持続して見ていることが観察される（White, Castle, & Held, 1964）。その後の数週間で，よりしばしば正中線上に両手を持ってきて，彼らの前で手を動かして見る。このような経験によって，これらの動きを感じることとそれを見ることとを関係づける。

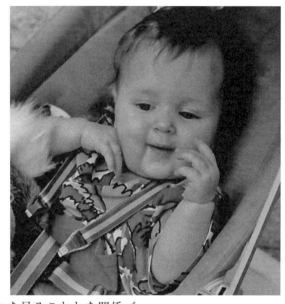

フランチェスカは生後5か月の時に自分の手を見ている。

　ロシャによる実験的研究は，よく似た発達傾向を示した。この研究では，生後3か月児と生後5か月児を対象として，彼らの身体の異なる2つの見え方のどちらを好んで見るか，選好注視法を用いて調べた（より詳しくはRochat, 2010を参照のこと）。1つの研究では，テレビモニターを用いて，乳児の下半身の異なる見え方がたくさん乳児に示された。全てライブの動画で，リアルタイムで乳児の身体が示され，乳児が脚を動かした時に全て見えるようになっていた。いくつかの違う見え方が比較され，1つは，乳児が普通に見ているもの，すなわち自身の見え方で，他はさまざまに修正された見え方である。例えば，右脚が左に現れるように反転されたものであったり，赤ちゃんを見ている観察者の視点から乳児の脚を見たものであったりした。

　ロシャは，乳児が自身の見え方と他の見え方との区別ができるか，もしそうならば，どちらを好むのかを調べたいと考えた。生後3か月までに，乳児が馴染みのない見え方をより長く見ることを彼は発見した。動きの方向が180度回転された見え方（観察者からの見え方）と，1つの脚が他方に関係して動く様子を逆にした見え方に彼らは特に引き付けられた。これらの彼らの脚の通常でない見え方をより

KEY TERMS

ルージュ課題
子どもの顔に少量の口紅が知らないうちに付けられ，鏡を見せられる。この課題は鏡を見てわかるかどうかテストする。

注視するばかりでなく，脚の動きの馴染みのある感じとこれらの動きの馴染みのない見え方との関係を試して見るように彼らの脚をより動かした。

自己認識

月齢の低い乳児は，全ての動物とほとんど同じように，鏡の中を見た時，自分自身を認識できない。自己概念の理解の証であるとして，鏡の中の自分を認識できることは重要な進展であると考えられてきた。月齢の低い乳児において，鏡での認識を評価することの1つの課題は，彼らが見ていることを彼らが説明できないことである。鏡での認識を調べる1つの方法として，**ルージュ課題**（rouge removal task）を用いることである。それは単純だが，自分自身の鏡に映されたものを認識できるかどうかを見る効果的な方法である。自分の映ったものとして見て，顔に見慣れぬ印を見るならば，それを手で取り除こうとするであろうという考えである。しかし，もしも鏡の中の顔を自分自身のものと認識しなければ，そのようにはしないであろう。

ルージュ課題において，少しの量の口紅が子どもの顔にこっそり付けられる。そして，子どもは鏡を見せられる。生後15か月でも，一部の乳児は映された像の顔に付いた見知らぬ印に気づき，手で取り除く。生後24か月までに，全ての定型発達の子どもは，このように反応するようになる。もちろん，ルージュ課題は，微妙なところがある課題で，口紅を取り除こうとしたことのない月齢の低い乳児においても，鏡の中の像に反応するかもしれない。例えば，生後10か月からの乳児は，口紅を取り除こうとしないけれども，鏡の中で帽子がかぶされようとしたのを見た時，帽子に手を伸ばして掴もうとするだろう（Bertenthal & Fischer, 1978）。

月齢の低い乳児は鏡に映った自分が自分であるとわからない。自己認識は1歳半ばまで見られない。鏡で自分がわかることは，自己の概念を持ったことの現れと考えられる。

軽く塗られた口紅を取り除く能力が乳児期の発達において遅れて見られるという事実は，鏡に映った自分の自己認識には実質的な認知的要素があるということを示唆している。学習障害があるダウン

症の子どもでは，3歳ないし4歳の年齢まで，ルージュ課題では遅れが見られることがわかっている（Mans, Cicchetti, & Sroufe, 1978）。8歳頃のチンパンジーと年齢はわからないオラウータンではルージュ課題が達成できることが示されているが，他の動物では見られない（Suarez & Gallup, 1981）。

ルージュ課題では，たぶん，自己認知とともに，口紅の印との関係で手と指の位置をモニターしながら偶発的な鏡像の特徴と乳児自身の行為をとらえるという，知覚的能力と認知能力の連動が必要とされている。しかし，ルージュ課題は最初に自己像を認識できる月齢を過大評価しているかもしれないが，写真での自己認知のエビデンスは，生後2年目の半ばまで確かに見られないと示唆している。興味深いのは，ビデオや写真で自分自身を認識できる以前に他の馴染みのある人（例えば，親やきょうだい）はしばしば認識できるということである。

KEY TERMS

社会的参照
自分の反応を決定する前に他者の情動的反応を評価すること。

6.6　感情への反応

他者との相互交渉の重要な側面の1つは，他者の情動への反応に関わるものである。新生児は情動的表出を模倣することができる（Field, Woodson, Greenberg, & Cohen, 1982）。そして，他児の長引く泣きに反応して泣く（Hay, Pedersen, & Nash, 1982）。生後1年目の終わりに向けて，彼ら自身の行為を導くものとして大人の表現を用い始める。**社会的参照**（social referencing）として知られている過程である（Campos & Stenberg, 1981）。乳児がどのようにしたらよいかわからない馴染みのない状況にある時に，社会的参照がよく観察される。行為を続ける前に母親の反応を確認するために彼らは母

ヘパッチらの研究での刺激の例

親を見るであろう．例えば，這い這いができる乳児が，険しく，落ちるように見える透き通った硬い丈夫なガラスの表面である「視覚的断崖」に置かれた時，母親の表現によって，異なって振る舞うであろう．落ちるように見えるところまで来た時，赤ちゃんは止まり，もし母親が嬉しそうに興味があるようであれば，這うことを続けるだろう．しかし，母親が悲しがって，または怒っているようであれば，ほとんどの乳児はあえてそこを通ろうとはしないだろう（Campos, Bertenthal, & Kermoian, 1981）．同様に，びっくり箱のような驚かせる可能性があるおもちゃへの乳児の反応は，非常に母親の反応の影響を受ける（Hornik, Risenhoover, & Gunnar, 1987）．

　社会的参照は，母親に対してだけではない．他の養育者と多くの時間を過ごしている乳児は，彼らの情動的反応も自分の行動の案内として用いるであろう（Camras & Sachs, 1991）．評価基準として，経験のある成人を用いることは，新たな状況に試行錯誤で対応する必要がないことを意味しているので，とても有効である．

　より近年の研究では，乳児の情動的理解を直接調べている．これらの研究では，特定の対象や活動と情動的なディスプレイとを乳児が関係づけることができるかどうかを調べている．最近の1つの研究では，演者が喜んでいる様子，あるいは怒っている様子の短いビデオクリップを乳児が見た（Hepach & Westerman, 2013）．そのビデオで演者は，おもちゃのトラをなでている（喜んでいる行為）か，あるいはげんこつでゴツンとおもちゃのトラを打っている（怒っている行為）かのどちらかを演じた．そこでは，演者，情動，行為を系統的に変え，異なる数種類のクリップが用意された（写真参照）．さまざまなビデオクリップへの乳児の反応が，瞳孔の拡張を見ることによって測定された．特定のビデオクリップにおける出来事によって乳児が驚くならば，瞳孔は拡張するであろうという考えである．ヘパッチらは，行為と情動が一致しないクリップは，行為と情動とが一致するクリップよりも大きく瞳孔の拡張を誘発するであろうと考えた．このことは，月齢の高い乳児，生後14か月において見られた．しかし，月齢が低い10か月では，このパターンは見られなかった．この結果が示唆していることは，生後14か月までに乳児は既に情動と行為との関係づけについて学習しているということである．

ボックス6-4　子どもの情動の知覚に及ぼす虐待の影響

　近年の研究は，情動的表出を正常に処理する能力は，日常の社会的相互交渉における正常な情動経験に大いに依存していることを示している。既に見たように，特定の表情は特定の行為に随伴することを乳児は学習する（Hepach & Westermann, 2013）。多くの乳児は，広範な情動経験をし，生後1年間において，彼らはかなりの範囲の情動について，次第に複雑な理解が発達し，他者の行動にいかに影響するかを理解するようになる。虐待を受けた乳幼児は非常に異なった経験をしている。幼児は大人の多くの否定的な情動に触れ，肯定的なものに触れることは少ない。彼らはすぐに否定的な情動は否定的な行動に伴うことを観察する。

　表情に対して，虐待を受けた子どもは，そうでない子どもと違う反応を示し，特に否定的なものに反応する。特に脅威となるものに伴う否定的な表情への感受性が促進される(Pine et al., 2005)。パインらの研究で用いられた方法では，コンピューターのスクリーンに対になった写真が示さる。それぞれのペアの一枚は無表情で，もう一方は楽しい表情か，あるいは怒り，脅威となる表情のどちらかである。顔のペアに続いてすぐにスクリーンに現れるプローブ（星印）への反応時間によって，顔への注意が測定された。身体的または情動的虐待を受けた7歳から13歳の子どもは，そうでない子どもに比べて，怒り，脅威となる表情から注意を逸らそうとしやすかった。また，脅威となる表情と同じ位置にプローブが現れた時にはゆっくりと反応した。回避が見られることは最も深刻な虐待を受けた子どもたちに強く見られた。

　他の研究において，虐待を受けた8歳から15歳の子どもがコネティカット州の最も大きな児童保護サービス機関（子ども家庭部：DCF）によって，抽出された（Masten et al., 2008）。これらの子どもは重大なネグレクトや身体的，性的虐待を受けていることから家庭から離されている。研究の時点では，虐待を受けた子どものおよそ4分の3はDCFの保護にあっ

た。里親に預けられている子どももいたし，その措置を待っている子どももいた。4分の1の子どもは生みの親元に戻っていた。統制群は，虐待を受けた子どもと同じ居住区から慎重に選ばれた子どもで，ネグレクトや虐待，DVなどを受けたことがない子どもである。

全ての子どもと親はサマーキャンプの折に面接を受け，子どもたちは更にいくつかの課題が課せられた。重要な課題の1つがコンピューターで提示される写真からの顔の表情の認識であった。表情は，徐々に形を変えて次の画像を表示するモーフィングテクニック（morphing technique）を用いて，100%楽しい表情から無表情を経過して，100%怖い表情までの範囲に変化した。非常に誇張された恐ろしい表情も含まれていた。

子どもたちは，それぞれの表情が提示されると，すぐに適切なボタンを押すことによって，それぞれの刺激を楽しい，無表情あるいは恐ろしいと特定するように言われた。結果は，顕著で，全体的に被虐待児は統制群の子どもよりも示された情動を素早く特定したが，最も明確な違いは恐ろしい顔の認識においてであった。

私たちが章の終わりに言及しておかねばならない研究の1つは，本章で見てきた多くの問題を集約するものであり，乳児が情動的表出に反応する仕方を導く上で，早期の経験が重要な役割を果たしていることを示している。この研究は，虐待を受けてきた子どもの脅かす表情への反応を見ている（Masten et al., 2008; Pine et al., 2005）。年長の子どもでこの研究は行われているけれども，子どもの情動の知覚に早期の虐待の影響がいかに長い間続くのかを示している（ボックス6-4参照）。

6.7　まとめ

本章では，乳児が日常的に相互交渉を持つ人と急速に馴染むよ

うになることを見てきた。乳児は他の人の見た目や匂い，あるいはどのように話すかだけでなく，人が自分たちにどのように反応してくれるかについて複雑にとらえている。スティルフェイス実験や模倣の実験で見られたように，彼らに誰かが通常のように交渉しない時，彼らはすぐに察知する。彼らはまた，大人が彼らの真似をしたりすると，さらに注意を向けて反応し，生後1年間に発達して，大人から反応を引き出すように，ますます自分の行動を変化させることができるようになる。他者への乳児自身の反応，特に微笑みや発声は大人に肯定的な影響を持ち，大人と乳児の交渉を確実に長くする。

乳児の社会的行動とそれらが大人から引き出す反応は，愛着の発達の重要な要素である。ジョン・ボウルビィとメアリー・エインズワースは，乳児期に極めて重要な愛着の役割の理解の枠組みと，そして，乳児の行動と母親の行動との関係における安定した愛着の外的な徴候と同様に長期に至る結果を提示した。乳児の安定した愛着を支える母親の行動の特徴，すなわち，感受性と応答性は今日十分に理解されている。そして，社会的パターンの変化の影響と文化的伝統の影響についてさらに研究されている。

乳児期における他者との関係は，自己についての認識の1つの重要な源泉でもある。もう1つの重要な源泉は，乳児の自身の身体への知覚的気づきの発達である。最初の数か月において，乳児は自己の身体的活動を統制できることに次第に気づくようになり，自分の手や腕や脚の動きを系統的に変化させて，長時間見つめるようになる。生後2年目の半ばには，鏡や写真の中の自分を認識し始める。

情動的理解も乳児期に発達する。生後1年目の終わりには，新たな状況にいかに反応すべきかの手がかりとして大人の情動を利用する。大人の情動と行動が不一致の場合，彼らはそれを察知できる。

全体に乳児は，他者が彼らにどのように関わるかについて洗練された認識を持っており，彼らはそれを馴染みの状況での行動の予測に使用できるように思われる。この社会的認識は，後の社会的発達だけでなく，乳児期に見られる多くの言語や認知の学習の豊かな文脈としても重要である。社会的，身体的，言語的，そして，認知的発達が乳児期には相互に関連していることを認識しておくことは重要である。

参考文献

Hepach, R., & Westermann, G. (2013). Infants' sensitivity to the congruence of others' emotions and actions. *Journal of Experimental Child Psychology, 115*(1), 16–29.

Posada, G., & Kaloustian, G. (2010). Attachment in infancy. In J. G. Bremner & T. D. Wachs (Eds), *The Wiley-Blackwell handbook of infant development*. Chichester: Wiley-Blackwell.

Turati, C. (2004). Why faces are not special to newborns: An alternative account of the face preference. *Current Directions in Psychological Science, 13*, 5–8.

質問に答えてみよう

1. なぜ乳児は顔に惹かれるのか。
2. 早期の発達における模倣の役割について論じてみよう。
3. 愛着とは何か。そして，それはどのようにして測られるのだろうか。
4. なぜ安定した愛着が発達にとって重要なのか。
5. 子どもの情動の知覚に経験はいかに影響するのだろうか。

CONTENTS

7.1 脳の発達
7.2 運動発達
7.3 描　画
7.4 まとめ

第7章

就学前期への導入

> この章によって読者は以下の点がわかり，説明できるようになる。
> ● なぜ2歳から6歳の時期が発達の1つの時期として扱われるのかについて説明できる。
> ● 就学前期における脳の発達と，そして子どもの身体的，精神的発達にどのような意味があるのかについて理解できる。
> ● 就学前期における運動能力の主な変化について述べることができる。
> ● 就学前期における描画能力の発達について述べ，なぜそのようなことが起こるかが説明できる。

　私たちが就学前期として記述する子どもの時期は，乳児期の終わり（2歳）をもって始まり，6歳頃に終わる。2歳から6歳の期間に及ぶ発達の時期に対する明白な理論的根拠があるのかどうか疑問に思うかもしれない。この疑問に対する答えは，第8章でも述べるように，6歳，7歳において多くの重要な変化があり，就学前期をまた別の発達の時期として扱うことには意味がある。しかし，英国では，5回目の誕生日を迎える年に公教育が始まるという事実から，発達的イメージは複雑である。これは英国の多くの子どもは実際には彼らがたった4歳の時に学校が始まることを意味する。

　そのような早い公教育開始年齢は通常ではない。ヨーロッパでは，半数近くの国々は学校が始まる公的な年齢を6歳と公示しているし，他の国々でも（スカンジナビアの三国を含めて）公教育は7歳までに始まらない。ヨーロッパと並んで，世界の多くの国々でも学校教育の開始は6歳としている。

　読者は英国ではどうしてそのように通常よりも早く学校教育が始まるのかと思うかもしれない。また，なぜ6歳がより一般的なのかと思われるであろう。5回目の誕生日の後の期間は1870年の教育法において学校が始まる義務的な年齢として始められた。その当時，

議会での議論はほとんどなく，早い開始年齢の適用を開始する理由は教育的レディネスと関係がなかった。それは，家庭での児童の搾取や街での不健康な状態をなくす善意のものであった。また，労働力になるためにできるだけ早く教育を終える（すなわち，それに応じて卒業年齢を早くする）という雇用者に譲歩する必要性があった（Woodhead, 1989）。それで，6歳での学校教育開始ということには，6歳が認知発達における重要な発達が起こる時期であるという強力な教育的，発達的基準があるが，英国での実践は，発達的，教育的基準には基づいていなかった。

7.1　脳の発達

　乳幼児期から青年期にかけて，知的能力の増加を説明するのに役立つ重要な脳の発達がある。

　しかし，それには個々の多様性があるので，脳の発達を描くことは簡単なことではない。脳の多くの領域における年齢に関連した変化は明らかである一方で，特定の脳領域の大きさが多様であるのも同様に明らかである（Evans, 2006）。そのため，横断研究は，時間的経過に見られる脳の発達の様子をはっきりと示すことには制限があり，縦断研究が，脳の定型発達と非定型発達のパターンを示すには最もよい方法である。

　第1章で述べたように，脳の発達に関して横断研究が多くあるのに対して，縦断研究は時間と費用を要するので少ない。しかし，ここ数年，同一の子どもの脳スキャンの反復実施による研究が見られてきた。磁気共鳴画像法（MRI）が最も一般的に用いられている方法である。第1章で述べたように（1.2参照），機能的磁気共鳴画像法（Functional Magnetic Resonance Imaging：fMRI）は脳の特定領域の血流を測定するために用いられる。構造的 MRI は特定の脳領域の詳細な解剖図（大きさや形）を提示するために用いられる

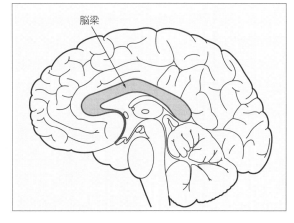

図7-1　脳梁を示す脳の構造図

KEY TERMS

脳梁
脳の中心にあり，左半球と右半球を繋ぐ神経線維の厚い束である。両半球の情報を伝える。

自閉症
幼児期自閉症は稀な発達障害で，生後2年目以前に現れる。社会的，言語的，想像的な発達が重度に損なわれる。

注意欠如多動症
よく見られる発達障害で，慢性の広範な不注意，衝動的行動と多動性が特徴である。

陽電子放出断層撮影法（PET）
脳画像法で，異なる脳の領域の血流を測定することにより，脳の活動量を示す。

ので，時間経過とともに見られる変化が，その時の画像と同じ子どもの後のものとの比較で測定できる。

4年間にわたって子どものMRIを反復して行った研究がある（Thompson et al., 2000）。この研究に参加した最年少は3歳で，研究の終わりの時点で最年長は15歳であった。最も顕著な結果は，3歳から6歳において，前部脳梁の前頭回路において急速な成長が発見されたことである。脳梁は，左半球と右半球に大脳皮質を分ける脳の中心にある神経線維の厚い束である。脳梁は，2つの半球を主に結合し，それらの情報を伝える2億以上の神経線維を含んでいる。

認知発達と社会的発達への脳梁の重要性は，脳梁の発達が不十分である子どもが経験する困難さを見ることによって，判断できる。そのような子どもでは，身体的発達や言語とリテラシー，問題解決と社会的相互交渉の発達において発達的マイルストーンに至るのが遅れる。脳梁の発達の不十分さは，**自閉症**（autism）（第8章参照）（Alexander et al., 2007）や，**注意欠如多動症**（Attention Deficit/Hyperactivity Disorder: ADHD, 11.3参照）（Catherine, 1994）などの多くの発達障害と関係がある。

2つの半球からの情報の協応は，多くの課題において重要で，1つの半球からもう1つの半球への情報の伝達能力の障害は，多くの領域での発達の遅れにつながる。同様に，脳梁の成長は，脳の両半球の最適な利用がより可能になり，子どもがさまざまな課題を遂行する能力が，就学前期に著しく進展することを意味する。

子どもの脳機能の研究に用いられてきた走査法は，PET（Positron Emission Tomography; **陽電子放出断層撮影法**）である。PETはグルコース代謝を示し，脳の特定領域に関わる活動量を示す，またもう1つの方法である。前頭大脳皮質のグルコース代謝量の割合は，2歳から4歳で2倍になる。第11章（11.2）と第15章（15.2）において説明するように，前頭皮質は青年期まで発達するが，重要な発達は乳幼児期に始まることは注目すべき点である。前頭皮質は認知の多くの側面と関わっており，乳児期から幼児期に移行するに伴い，活動が際立って増加することは，急速に新たな認知能力が発達することを示唆している。第8章で述べるように，このことは正にその通りである。

7.2 運動発達

就学前期に生じる最も顕著な発達的変化の1つが，身体能力である。図7-2は，誕生から成人期まで，頭部，体幹，脚の相対的な割合を示している。2歳から5歳にかけて，子どもの体型は大きく変化し，相対的に脚の割合が高くなり，頭部の割合が減少する。

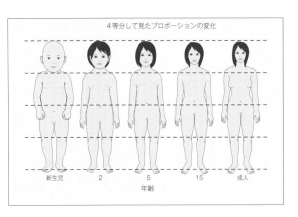

図7-2 年齢に伴って見られる身体の釣り合いの変化。サンクレール（1978）より引用。

体型の変化に伴い，運動スキルに重要な発達が見られてくる。乳幼児期の終わりまでに，子どもは簡単な運動と手先の能力を身につけるが，就学前期の終わりまでには，全ての基本的な移動能力をある程度まで学習する（Sugden & Wade, 2013）。2歳から6歳までの発達は，歩行，走ること，跳ぶこと，そして，投げることと捕ることなどの重要となる多くの運動発達を考えると最もよくわかる。

多くの子どもは，生後1年目の終わりに歩き始めるが，歩行の熟達には5, 6歳までかかる。その時期には，歩行の形は成人のものとほぼ区別がつきにくくなる。重要な1つの変化は，地面との足底接地から踵接地への移行で，続いてかかとを挙げ，つま先から離れることが見られる。歩行のコントロールができていくことは，かかとを挙げて線に沿ってまっすぐに歩くことを観察するとわかる。これは標準化された運動スキルの評価に用いられている「子どもの運動評価バッテリー 2（The Movement Assessment Battery for Children-2）」の1つである（Henderson, Sugden, & Barnett, 2007）。3歳から4歳では7歩だが，4歳から5歳までに14歩が可能となる。この時期に，歩行時の子どもの全体的な協応や姿勢がよくなり，前傾するよりも直立した姿勢が可能になる。バランスがよくなることは，習得する

2歳から5歳の間に，脚が相対的に長くなり，頭部の相対的な大きさが減少して子どもの身体のプロポーションは大きく変化する。

には最も難しい移動能力の1つである，楽に階段が下りられるようになることを見ても明らかである。走る能力に関しては，5歳までに発達する（Sugden & Wade, 2013）。効果的に歩いたり走ったりすることには，相互に関連づけられた多くの運動パターンと能力の発達が必要であり，これらはダイナミックシステムズ理論を用いてモデル化されてきた（第2章2.6参照）。

　跳ぶスキルも，「子どもの運動評価バッテリー2」の課題の1つにあるように，就学前の年齢において発達する。子どもは1つのフロアマットからもう1つのフロアマットに止まることなしに跳ぶように言われる。3歳から4歳の子どもは，平均，跳ぶ時に両足はばらつくけれども，3回跳べる。5歳までに，1つのます目から次のます目まで，足を揃えて着地しながら5回跳べるようになる。

　手の器用さは，就学前にかなり上達し，ますます自立し，身体を自分で洗ったり，着衣したり，歯を磨いたりできるようになるという実践的な利点となる。4歳までに，指導なしに独りでの衣服の着脱が大部分の子どもはできるようになり，歯磨きもできるようになる。「子どもの運動評価バッテリー2」には，多くの手の器用さに関する課題が含まれており，これらのスキルがどのように発達するかを示している。指針の範囲で，小さな穴にコインを入れたり，ひもにビーズを通したり，単純な形をなぞるなどの課題がある。全てのこれらの課題は，両手の協応を必要とする。例えば，片方の手で硬貨を穴に入れる一方で，もう一方の手は箱をしっかり固定する。これらの全ての課題での子どものスキルは，両手の協応性が高まるにつれて，3歳から6歳にかけて着実に進歩する。前節でふれたように，3歳から6歳にかけての脳梁における際立った発達があるという事実と合致する。

7.3　描　画

　就学前期の子どもの開花してくる能力を見るまた別の方法は，描画に見ることができる。『子どもにおける表象の方略』（*Strategies of Representation in Young Children*, Freeman, 1980）において，著者は，子どもの描画に用いられる計画された方略は，上手く描くこ

とに必要なさまざまな下位スキルの習得における発達的進展が現れていることを示した。これらは，系列化，体制化，そして，方向性である。

　子どもの描画の認知的重要性の見方は，発達心理学において，私たちも本書でふれている他の伝統的な行動マーカーに比較して，相対的に最近のものである。描画に関する最近の関心は，「あたかもそれらは心的状態やイメージの紙への直接的な変換であるかのように」(Thomas, 1995)，子どもの描画を扱う強い傾向が以前からあったからである。この（誤った）絵に対する見方では，それが表象している情景の単なるコピーであると考えられている。そのような見方は，それらが表象していることと非常に異なるばかりでなく，子どもの年齢によって異なるので，子どもの描画を説明するには明らかに不十分である。

　フリーマン (Freeman, 1980) の見方，それは後のトーマス (Thomas, 1995) のような研究者の見方でもあるが，それらは，子どもが観察していることの絵による構成として描画を考える，より厳密な方法である。トーマス (1985) は，絵による構成は記憶や他の絵からのコピーであることが多いので，発達の任意の時点において，子どもはより類似した方法で描く傾向があるだろうと述べている。

　子どもの描画能力は，就学前期に著しく発達し，それは人を描くことに最も明らかに見られる。子どもの早期の人を描くことに円は常に重要な役割を果たし，人の最も簡単な描画は，円が頭部になり，二本の垂直線が脚として描かれる「頭足人画」である（図7-3参照）。しばらく後に，分化した頭と胴が描かれ，腕が加えられる。次第に，子どもが大きくなるにつれて，より他の特徴が加えられ，人の絵はその釣り合いが正確になっていく。図7-4は，典型的な発達の順序を示している。先天性の視覚障害がある子どもにおいても，人の絵を描くように言われた時に，目が見える子どもと同じように円と直線の組み合わせを用いることは注目に値する (Millar, 1975)。

　トーマスが指摘しているように (Thomas, 1995)，子どもの人の身体の認識は彼らの描画と一致して発達するとは考えにくい。4歳児は，絵にはそのように描くとしても，実際に人の腕が頭から生えてくるとは信じていない。確かに実際の人間と子どもの描画に見ら

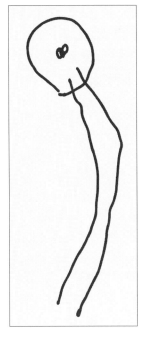

図7-3　頭足人画

図7-4 異なる年齢での人と犬の描画。シルクら（1986）より。*British Psychological Society, Wiley-Blackwell* より掲載許可。

れる相違が指摘される時は，それらは実際の正確な写しではないことを子どもはしばしば認めるであろう（Freeman, 1987）。たぶん，子どもの人の描画，また家や木といった馴染みの対象の絵を考える最も良い方法は，それらは「図式的」であるということである。子どもは描画を行う時はいつでも，同一の全体的な計画に従う。そのため，ある4歳児は，図7-5の例のように，同一の身体の線を用いるが，猫と人とを区別するために人に髪を加え，猫に尻尾を付ける。

図7-5 4歳児の自分の猫と彼女自身を描いたもの。猫も人も同一の身体，脚，腕で描かれているが，女児はヘアーバンドと髪が，猫は耳と尻尾が付けられている。

　トーマスは，子どもが利用できる図式は少しで，同じように重要なのは，それらを適用する能力に制限があることだと主張した（Thomas, 1995）。人と犬を描くように言われると，3歳の子どもは，同一の基本的な決まった仕方で（図7-4の一段目を参照），両者を描く。しかし，年齢とともに2つの絵は分化し始める。図7-4の最下段の図は6歳児のものである。興味深い点は，犬の眉毛がそうであるように，犬は人の特徴を用いてよく描かれているが，人は決して犬の特徴で描かれていない。

　最年少の子どもさえも犬は人よりも小さく描かれ，人と犬の区別は大きさで表している。このことは，これら二者を区別する必要性に子どもが十分気づいていることを示唆している。大きさは子どもが描画において正確な違いを表現する最初の方法であるように思われる。これは，おそらく描画は図式を変えることなしに大きさで変えられるからである。

　しかし，図7-5は，第一著者の娘であるフランチェスカが描いた彼女と猫の絵であるが，2つの絵は等しい大きさであることに注目すると興味深い。問題の猫は家族のペットでフランチェスカにとっては重要な仲間である。その猫の重要性は彼の名前を簡略化した形，'Ta-Ta' によっても実証される。それは猫が部屋に入ってきた時

ボックス7-1　人物画における子どもの描画法の変化

　絵の各部分が描かれる実際の順序は，子どもの描画の正確さに影響する。人の絵を描く時，既に描いたものが見られるので，大抵の子どもは画面の上から描き始め，下方に進めていく。トーマスらは，このような作業の仕方は子どもの頭部の大きさを誇張する傾向につながっていないかという点に関心を持った（Thomas & Tsalimi, 1988）。子どもは人を描くように言われた時，変わらず頭部から下へと描くことを彼らは観察した。大部分の子どもは，一定の縮小比で自分の絵の残りを完成する十分なスペースを残さなかった。胴から始めるように言われた子どもでは，それぞれの事例で，最初の絵よりも正確になった（Thomas & Tsalimi, 1988）。その例が図7-6に示されている。

図7-6　異なる年齢での人の描画。トーマスら（1988）より。*British Psychological Society, Wiley-Blackwell* より掲載許可。

に産出されたフランチェスカの初語であった。子どもの一般の猫や犬の描画と，家庭のペットとして価値を置いているものとの比較は興味深いであろう。

7.4 まとめ

　就学前期は，2歳から6歳の時期である。この時期はよちよち歩きから始まり，公教育が始まる時期に終わる。世界的には，学校が始まるのは6歳で，これは認知能力における主な移行と一致している。

　この時期には，脳の発達に重要な変化があり，最も注目すべきは脳梁である。脳梁は，左半球と右半球を主につなぐ神経線維の厚い束である。両半球の情報を協応することは，多くの課題において重要であり，脳梁の発達が不完全な子どもは多くの領域において障害を経験する。

　脳梁の変化の影響を受ける1つの領域が運動発達である。運動スキルは半球間の協応を必要とし，就学前期を通して，走ることや，跳ぶこと，投げることと捕ることに熟練するようになる。身体的な能力の伸びは，四肢が成長し，頭部が四肢や体幹に比して小さくなる2歳から6歳に見られる体型における変化によって促進される。手指の器用さも増し，ビーズ通しや郵便受けに物を入れるといった両手の協応を必要とする課題を子どもが完成できるようになる。

　就学前期の描画能力の発達は，手指の器用さとコントロールばかりでなく，増大する認知能力の明らかなエビデンスである。子どもの描画は，年齢とともにより洗練されるようになる図式を用いて，図式的になる傾向がある。就学前期の初めに子どもが描く頭足人画は，この時期の終わりには，正確に均整が取れ，全ての関連のある特徴が描かれる絵に置き換わる。

参考文献

Sugden, D., & Wade, M. (2013). *Typical and atypical motor development*. London: Mac Keith Press.

質問に答えてみよう

1. 就学前における脳の主な発達について述べ，それは子どもの認知能力や運動能力にどのように影響するかを説明してみよう。
2. 就学前期には，子どもの運動能力にどのような変化が起こっているか述べてみよう。
3. 子どもの描画は「それが表象する光景のコピー」かどうか考えてみよう。

CONTENTS

8.1 ピアジェの前操作的推理の理論
8.2 ピアジェの前操作的思考のテストへの批判
8.3 問題解決
8.4 類推による推理
8.5 見かけ，想像と現実
8.6 社会的認知と心の理論
8.7 まとめ

第8章

就学前期の認知発達

> この章によって読者は以下の点がわかり，説明できるようになる。
> - 就学前期における認知発達に関するピアジェの考えに対して批判的に論じることができる。
> - 推理や問題解決の発達とこれら能力の測定に使われてきた課題の特徴をあげることができる。
> - 見かけと現実の区別の発達について述べることができる。
> - 心の理論の発達に関するさまざまな見方と自閉スペクトラム症との関係について説明できる。

　この章では，就学前の子どもの認知能力に見られるいくつかの主な変化について述べる。第7章において述べたが，公教育の開始年齢は国々によって異なるけれども，本章では，2歳から6歳の範囲を「就学前」としている。

　就学前期に生じる主な認知発達の変化は，ピアジェによって最初に記述され，その後の研究において，彼の理論は評価されたり，批判を受けたりしてきた。本章では，ピアジェの前操作的推理についての簡単な説明から始め，さらに推理や問題解決についての最近の研究にもふれる。また，虚構と現実を区別する子どもの能力，見かけや空想と現実を区別する能力についても検討する。最後には，「心の理論」，自分とは異なる人々の考え方，感じ方，欲求を理解する能力の発達について検討する。

8.1　ピアジェの前操作的推理の理論

　ピアジェの理論では，2歳半から6歳頃は，前操作的段階として知られている。ピアジェによれば，前操作期は，系統的，論理的思考を子どもが次第に獲得していく時期である。次の具体的操作期に移行する6歳以降まで，多くの重要な発達は見られない。

ピアジェによれば，前操作期に生じる主な変化は，心的操作のシステムへの思考の体制化にある。就学前の思考の重要な特徴は，一度にその時の問題の際立った1つの特徴にのみ焦点を当てることができることである。子どもは対象の今の見かけに左右され，その結果として，思考は前論理的であるとピアジェは論じた。前操作期における思考の制限は，保存課題における子どもの遂行に最もよく現れている。保存課題は，前操作期の子どもの思考の制限を示す方法としてピアジェによって考えられたものである。前操作期の子どもと，具体的操作を獲得した子どもとの違いを効果的に示すもので，ピアジェの広範囲にわたる研究の最もよく知られた側面の1つである。

　保存課題は，量，数，重さといった物質の基本的な特徴は，見かけの表面的変化によっては変わらないということを理解する子どもの能力を調べるものである。最もよく知られた例は，たぶん量の保存であろう。それは，A，B，C，の3つのグラスの水の量についての判断に関わるものである。

　ピアジェの元々の保存課題では，実験者が等しい量の水が入った2つのグラスを示すことによって始める。子どもは実験者に2つのグラスの水の量は同じであることを言う。そして，十分に子どもに見えるところで，1つのグラスから三番目の細くて背の高いグラスに水を注ぐ。したがって，水の高さはその前よりも高くなる。就学前の子どもは，水の高さが高いグラスの方が水はより多いと言うであろう。これは，形の異なるグラスに水が注がれることによって，高さの変化を幅の変化で補うことができないことによる。この年齢では，重要な原理である**可逆性**についても理解できない。すなわち，もしも水が元々の容器に戻されたら，高さは再び同じになる。前操作期にある子どもは，その元々の水準に液体の高さが逆転することを伴うような連続的な容器の中で起こる水の見かけの変化のつながりを想像することができないと言われている。

　同様の保存の概念の欠如は，数などの他の領域でも明らかである。古典的な保存課題では，二列に並べられた硬貨がまず同じ長さになるように等間隔で並べられ，そして，二列目が長く見えるように，その間隔が広げられる。就学前の子どもは，広がったコインの列により多くコインがあると主張するであろう。図8-1にピアジェの保

> **KEY TERMS**
>
> **可逆性**
> 行為は逆行できるということを子どもが理解している。

KEY TERMS

自己中心性
全く自己の視点から外界を考えること。

存課題のいくつかの例を示す。

さらに，前操作期の子どもの異なる見えの比較が難しいことの事実は，ピアジェの**自己中心性**（egocentrism）の研究に見られる。簡単に言えば，自己中心性は，自分自身の視点からのみ外界を見ていることと定義できる。それは，自分の視点と他者との視点とを区別できないことを意味する。一般的には，自己中心性は*主観的*なこと（これは厳密には私的で個人的なことを意味する）と*客観的*なこと（例えば，公的認識事項，真実であると確実にわかっていること）とを子どもが区別できないことを意味する。また，それは，性格特性として利己的であることは指していない。単に他者の視点があることを認識していないために自己の視点を無意識に適用するということである。

ピアジェの最も有名な自己中心性の例は，就学前児の三つ山課題である（Piaget & Inhelder, 1956）。この課題は子ども自身の視点と異なる視点を持つ観察者の視点とを子どもに評価させるものである。三つ山課題の子どもの遂行についてはボックス8-1に示す。

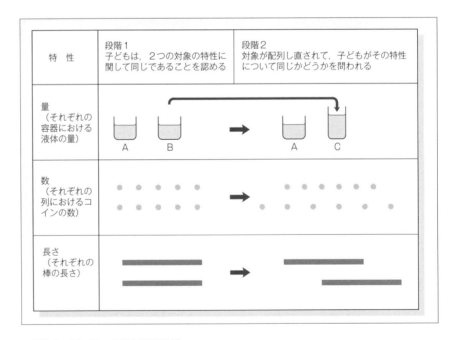

図8-1 ピアジェの保存課題の例

8.2 ピアジェの前操作的思考のテストへの批判

　このように，一見したところ，就学前の子どもは簡単な保存の課題においての推理や，あるいは他者の視点と自己の視点との区別ができないことから，全く非論理的に見える。しかし，ピアジェの結論に重要な疑問が考えられる。それは，子どもがある課題ができないのは，思考の前操作的枠組みの結果なのか，彼らへの尋ね方や課題の設計に関係しているのかという疑問である。

　この可能性，すなわち，いくつかのピアジェ流の課題で，子どもが十分な成果を出せないのは，課題の要求のせいかもしれないということは，非常に関心を集めてきた。他の容器に水が注がれた時の液体量の変化を実際に子どもが信じているということではないかもしれない。ピアジェの結果は，他の説明が可能であったかもしれない。1つの可能性は，幼児は，物理的世界の経験が限られているので，「同じ」といった相対的に複雑なことばがまだ理解が難しいかもしれないし，彼らが十分に理解できていない大人の質問に直面した時に単に推測しただけかもしれない。もしこの場合，例えば，馴染みの筋書きで複雑な言語が少ないといった同一の課題の簡単にされたバージョンであれば，ピアジェが考えたよりも早くにこれらの課題を達成できる能力を示すかもしれない。

　ピアジェへの批判家，特にドナルドソン（Donaldson, 1978）と近年では，シーガル（Siegal, 1997）は正にこの考え方を取っている。ドナルドソンは，伝統的なピアジェの課題は就学前の子どもにはほとんどわからないと述べ，シーガルは，子どもに与えられる質問の言い回しのわずかな変化によって子どもの遂行が非常に影響を受けることを示している。子どもの言語が欠如しているために誤りにつながるのではない。その課題の社会的文脈において尋ねられる質問によって実際に大人が意図していることを能動的に見出そうとすることから子どもの誤りが生じる。大人が意味をなさない質問を尋ねるとは子どもは思っていない。

　彼女の代表となる著作，『子どもの心』（*Children's Minds*, Donaldson, 1978）の中で，ドナルドソンは，ピアジェが信じたより

ボックス8-1　ピアジェの三つ山課題

　ピアジェとインヘルダーは，ジュネーブ湖畔の研究所において三つの山の課題を開発した（Piaget & Inhelder, 1956）。サレーブ山と呼ばれる大きな山はジュネーブの街から湖の向こう側に見え，ピアジェらの研究に参加した子どもも含め，その地の人は皆よく知っている。三つ山課題では，山と周囲の山頂の立体的なモデルが用いられた。図8-2にあるように，子どもは位置Aに座り，自分自身の見え方とB，C，Dに位置した人形からの見え方を説明するように言われる。山の形をした3個の段ボールを並べたり，異なった山の見え方を示す10枚の絵から人形の見え方を選択したり，あるいは，1つの絵を選んで，そのように見えるにはどこに座れば良いかを決めたりして，子どもは自分の見え方と人形の見え方について答える。

　ピアジェとインヘルダーは視点取得における発達の段階を記述した。4歳にまだなっていない子どもでは，単純に質問の意味がわからない。4歳から5歳の間では子ども自身の見え方と人形の見え方との区別ができない。そして，観察者の視点がどこであっても彼らは常に自分の視点を選択する。最初の視点の区別の徴候は6歳頃に見られ，彼らは違いには気づいているが，それを特定できない。7歳から9歳にかけて，具体的操作の段階に入って，自分自身の視点と人形の視点との関係を理解することができる。初めは，彼らが認識できるのは山の前あるいは後ろの関係で，左右の視点変換にはまだ問題が残っている。8歳までに，全ての視点における変化が扱えるようになる。

　このような古典的な例によって，8歳以下の子どもは，自らの視点に「根差し」，自分以外の他者の立場は想像できないため，自己中心的であると見なされる。

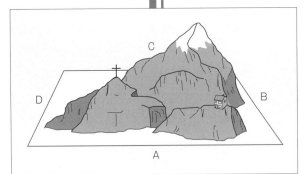

図8-2　ピアジェの三つ山課題。1つの山には頂上に十字架がある。他の山には家があり，もう1つの山の頂上は雪で覆われている。さまざまな年齢の子どもが，A，B，C，Dの位置に立っている人からの見え方の写真を選択する。

ももっと就学前期の子どもは有能であると述べている。彼女は，ピアジェのテスト状況は抽象的過ぎて子どもの日々の社会的経験と結びついていない，と指摘している。どうして大人は，そうならないとはっきりしているのに，一方の水入れからもう1つの水入れに注がれた時，水は多くなるか少なくなるかと尋ねるのであろうか。子どもが正しく答えることができないのは，本当に保存の論理的な操作ができないからか，それとも大人を理解しようとして協同的であるだけなのか。もし，この解釈が正しいならば，標準的なピアジェ流の課題は子どもの推理の能力を低く評価している。ドナルドソンは，その代わり，子どもたちにとって「人間的意味」のある状況で調べられるべきである，と提案している。「人間的意味」という表現によって，ドナルドソンは，ピアジェが用いた馴染みのないより抽象的な方法よりも，日々の生活の中で馴染みのある社会的なことばで表現される課題によって調べられるべきであることを意味している。

　ドナルドソンは，幼児は他者の感情を理解しており，この能力を利用する社会的な課題は，ピアジェの抽象的な知的発達の課題よりも就学前の子どもの思考の過程にむしろ異なった評価を与えるであろうと述べている。よく知られている1つの例は，それは，社会的認識がいかに子どもの遂行をよくするかというものであるが，ヒューズとドナルドソンによる子どもの自己中心性の実験である

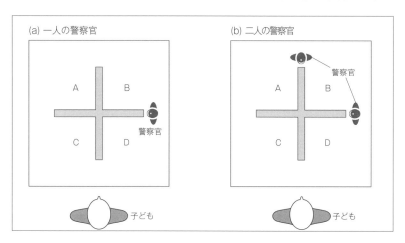

図8-3　ヒューズ（Hughes）の視点取得課題は，(a) 一人の警察官条件，(b) 二人の警察官条件からなる。ヒューズら（1979）より引用。

(Hughes & Donaldson, 1979)。図8-3に示すこの課題は，2つの交差して仕切る壁のあるモデルで3歳から5歳の子どもが，警察官の位置から見えないように壁で仕切られた一か所に少年の人形を隠す遊びをするものである。この課題は難しさが変化していく。図8-3（a）の例では，一人の警察官で二か所が見えて，もう二か所は隠される。人形は，したがってどちらかの見えない場所に隠すことができ，警察官からは見えない。図8-3（b）では，二人の警察官になり，警察官の視線から見えない隠れ場所は一か所だけしかない（位置C）。

　この課題は，ピアジェの三つ山課題と同じような認知能力を利用している。子どもは他者の視点を取り，少年の人形の正しい位置を選択するために他者の視点から外界を見る必要がある。既に述べたように，少なくとも6歳までは三つ山課題は解決できない。それに対して，年少の幼児（3歳ぐらい）でさえも90%が正しく警察官から見えない所に少年の人形を置くことができる。壁で仕切られる箇所を6か所にまで増やし，警察官を三人とするように，課題が複雑になっても，4歳児において90%が正しく答える。これらの結果は，子どもは自己中心的で，他者の視点が理解できないというピアジェ理論と一致しないように思われる。

　しかし，この課題が意味することについてのドナルドソンの批判を評価するためには，子どもが三つ山課題に失敗することは以下の2つの理由からであることに気づいておかねばならない。(1)子どもは他者の視点は自分自身の視点と異なることに気づいていないかもしれない。あるいは，(2)他者の視点が存在することを知っていないかもしれないが，異なる視点を持つ誰かが実際にどのように見るのか理解できていないかもしれない。

　ドナルドソンの結果は，年少の子どもでさえ，自分自身の視点とは異なる視点が存在することがわかるという確かなエビデンスを提示している。このことは，就学前の子どもは完全に自己中心的であると考えられないことを意味しているに違いない。しかしながら，三つ山課題と，正しい視点を選択することを易しくしている警察官課題との間には重要な手続き的違いがある。三つ山課題では，ピアジェは子どもにそれぞれの位置での人形から何が見えるかを尋ねており，警察官の課題では，子どもに警察官が人形を見ることができ

るかどうかを尋ねている。

　ピアジェの課題は子どもにもう1つの視点から見える光景，すなわち，その視点の十分な表象を述べさせるものであるが，警察官課題は「はい／いいえ」の返答を要求しているだけで，そのような詳細な表象は必要としない。先に述べたように（第5章参照），乳児は他の誰かが注視したり，指さしたりするところを理解することができる。警察官の課題で子どもが示す能力は，相対的に基本的な視線の理解で，いかに1つの対象が別の対象を隠すのかの理解によって説明できる。例えば，警察官の視線が壁で妨げられると，警察官は人形を見ることができないことを子どもは理解しているかもしれない。そうであれば，警察官の課題で結果が優れていたことは，視点の比較を含まない単純な方略を使用したからだと説明できる。

　警察官の課題における議論は，同一の認知的必要性を要求しない異なる課題での子どもの遂行を比較することの難しさについてより一般的な点を示すよい例である。課題を単純にすることは，それをはっきりさせ，より幼児に適したものにするだろうが，そうすると，行うように要求されていることの特徴を基本的に変えてしまうかもしれない。

　ピアジェの発見に対するいくつかの批判の他の拠り所は，言語による質問に非常に頼っていることに関係している。ある課題で子どもに教示や質問をする場合は，質問の内容を子どもが理解できていることが基本である。幼児は語彙に制限があり，言われたことが何を意味しているのか，特に語が1つ以上の意味を持つところでは理解するために彼らは文脈に頼るであろう。

　キーとなる語の誤解から生じる問題の良い例はアネット・カーミロフ-スミスの研究にある。彼女は，「同じ」(same)「違う」(different)「全部」(all) といった語は6歳ぐらいまで十分に理解されないことを示した (Karmiloff-Smith, 1979)。例えば，多くの3歳児は，'same' を「同じ種類」という意味に取る。子どもにおもちゃの牛を与えて，少年が一頭の牛を押したというセンテンスと，次に「少女は同じ牛を押した」(a girl pushed the same cow) というセンテンスを行動で示すように言われると，彼らはまず，一頭の牛を触り，次に別の同じような牛に触る。same の理解，そして other の理解はその後の

KEY TERMS
いたずらなクマ実験 マクガリグルら(McGarrigle & Donaldson, 1975)の研究では，子どもが同じ数であることに同意するまで，実験者が硬貨を二列に並べ，子どもに同じ数であることを確認する。そして，実験者が「いたずらなクマ」で知られる指人形を動かして，他の列の硬貨よりも長くなるように1つの列の硬貨を動かす。そして，子どもに2つの列の硬貨の数は同じか異なるかを尋ねる。

3年間で次第に発達し，6歳までに子どもは確実にこれら2つの語が正しく理解できるようになる。

シーガルは，子どもの反応は質問のことば使いだけではなく，会話的な文脈にどのように影響を受けるのかについて述べている(Siegal, 1997)。彼は，標準的な保存の検査の特徴である反復した質問は，会話の普通の規則を破るものであると指摘している。シーガルは，4歳半から6歳の子どもに一連の保存の課題を与えたシーグラーの研究（Siegler, 1995）を引用している。考えられるように，全ての子どもは保存課題において上手くできなかったが，その後，3つの訓練のうちの1つが行われた。第一のグループは，自分たちの回答が正しいかどうかフィードバックされる。第二のグループは，このフィードバックに加えて，彼らの推理を説明するように言われる。第三のグループは，自分の答えに対する実験者の判断の背景にある推理の説明を求められた。第三のグループの子どもが最もよい結果を示した。シーグラーは実験者の視点を取るように促されたことが，保存の特徴への洞察の発展につながることを示唆した。この第三番目の効果の理由について，シーガルは，それは課題での実験者の行動を子どもが理解できるようにする，反復される質問の文脈を用意するからであるとしている。子どもに間違っているとわかっている回答をさせるような伝統的な関係よりも，むしろ正しい答えを実験者と子どもとが協同的に探すことのできる実験の文脈をシーガルは勧めている。

マクガリグルとドナルドソン（McGarrigle & Donaldson, 1975）は，数の保存課題により自然な文脈を与える，今日では有名な「**いたずらなクマ」実験**（Naughty Teddy study）を考案した。オリジナルな課題では，実験者は，コインが二列に並べられることから始め，二列とも同じ数であると子どもが認めるまで熟知させる。それから「いたずらなクマさん」と知られる指人形を実験者が走らせて，一方の列のコインを他の列のコインよりも長く見えるように動かす。そして，子どもに二列のコインは同じ数か，異なる数か尋ねる。標準的な保存課題では，4歳から6歳の大部分の子どもはコインの数は変化したと言う。しかし，いたずらなクマの課題では，子どもは二列のコインの数は変わらず，同じだと正しく言った。

大人がコインを動かし，繰り返してその数について質問すると，子どもは，答えが変わったので，大人が質問するのだと考えがちである。しかし，並びが変わることが偶然である時，子どもはクマの行為が尋ねられる質問に直接関係しているとは考えないで，彼らが考えている答えを言うのであろう。

いたずらなクマ課題によって子どもの思考への新たな洞察が示されたが，子どもの行動にそれがどのように影響しているのかという元々の話についてはまだ不十分であることが明らかになった。ムーアとフライは，標準的な課題（いたずらなクマがコインを並び変える）での5歳児の成績と，既にあるコインを並び変えるのではなく，コインをクマが加えるという別のバージョンで比較した（Moore & Frye, 1986）。標準的な課題では，マクガリグルとドナルドソンの元々の研究で彼らが行ったように反応し，コインの数は変わっていないと言った。しかし，コインが加えられた時にもそのように反応したのである。これは，5歳では，このような保存課題において数と長さを区別することに重要な課題を抱えていることを明らかにした。

専門的知識と推理

推理に関するより近年の研究は，特定領域において推理する子どもの能力について探ってきた。専門的領域における就学前児の遂行は，しばしば非常に印象的である。例えば，稲垣（1990）による研究は，日本の親が就学前の子どもによく金魚を与える事実を巧みに利用した。この研究は，少なくとも6か月間，家庭で金魚を飼育した5歳10か月の子どもと，そのような経験がない等しい人数の子どもを比較した。子どもたちは，「誰かが赤ちゃんの金魚をもらったとして，とても小さくて可愛いので，同じ大きさにずっとしておきたいと考えた。それはできるかな？」「一日に10回，餌を与えるとどうなるだろう」といった事実に則した金魚に関する質問を与えられた。驚くにあたらず，家庭で金魚を飼っている子どもは経験のない統制群の子どもよりも飼育の事実についてより多く知っていた。しかし，餌の与え過ぎや水を変えないことの影響に関する質問から明らかになったように，彼らは成長，病気，消化，排泄といった生物学的変化過程についても概念的によく理解していた。ほとんど全

ての子どもが説明を求められた時に，人間に例えていた。例えば，「おなかが痛くなっちゃうから」金魚には餌を与え過ぎるべきではないといったように。

　他の文脈依存的推理の例としてシーガル（Siegal, 1997）の研究がある。彼の例は，病気と健康の原因に関する子どもの認識に関するものである。シーガルは，4歳11か月の就学前の子どもに，グラスに入ったミルクに死んだゴキブリが浮いているのを見せて，「大人が飲めると言ってもゴキブリが入ったミルクを飲みたいですか」と尋ねた。子どもたちは，ゴキブリが取り除かれても飲まないと言った。この結果は，基本的な汚染の理解を示している。また，それは汚物が取り除かれれば，ミルクは健康に良いように見えるが，汚染されていることを子どもは知っているので，現実と見かけとの区別の能力を示している。シーガル（1988）は，就学前児は，ひざのすりむきは伝染しないし，歯痛は不思議な罰が当てられたものではないことを理解していることも示した。これらのかなり顕著かつ馴染みの文脈において，就学前児は適切な推理を示すのである。シーガルはそのような早期の因果的認識は予防的健康教育の基礎として用いられると指摘している。

　非常に小さな子どもが特定の文脈において実際に行えるこれらの例は，就学前の知的発達はむらのあるものだということを示している。推理における難しさは形式的推論が領域普遍的にできないことによるというピアジェの考えと違って，推理の能力は子どものある領域に関する特殊な認識に依存しているように思われる（Willatts, 1997）。

8.3　問題解決

　哲学者のカール・ポッパーは，『人生は問題解決である』（*All Life Is Problem Solving*）（Popper, 1999）と題した本を書いた。その通りである。次のような例を考えてみよう。幼児がガラス容器から物を取り出そうとしたり，ドアを開けようとしたりする。年長の子どもが安全に道路を渡ったり，レゴの宇宙船を作ろうとしたりする。学生が本からどのようにノートを取るかを考え，そして，試験のための勉強法を決める。エンジニアの橋の設計，医者の治療，著述家

の本の一節，これら全ては解決されるべき問題が含まれている。人の現状を評価し，目的を達成するために計画し，目的に向かって努力する。

　子どもの問題解決能力は，2歳から6歳の間に大きな変化がある。例えば，月齢の低い乳児は，ガラガラを鳴らそうとして力いっぱい手を打つように，試行錯誤によってのみ目的に達しようとするが，少し月齢が高くなると，**目的-手段の分析**を始める。彼らは中間的な段階（下位目的）を踏まえて目的を達成する。例えば，生後7か月児は，直接には手が届かないおもちゃを手に入れるために，布を引き寄せるであろう（Willatts, 1990）。しかし，生後6か月児はしない。このような単純な課題において，下位目的が表象される必要があるのかどうかは明らかではない。このような課題は単一の課題だけからなっていると十分考えられる（Willatts, 1997）。乳児が純粋な目的-手段分析を示し始めるのは生後9か月頃になってようやくであると思われる。月齢とともに表象できる下位目的が次第に増加する。

　下位目的の数における発達的変化は，色が塗られた3つのブロックからなる塔のパズルを子どもが完成させるバロックらの研究で示されている（Bullock & Lütkenhaus, 1988）。この課題の完成に取り組む前に，実験者は正しい解決法を子どもに示した。最も年少の17か月児においては，ブロックを重ねるけれども，課題は解決できなかった。26か月の子どもは，色が塗られた3つのブロックで塔は作れたが，ほとんどが正しいブロックを使用していなかった。32か月児でさえ，正しく解決できたのは半数の子どものみであった。

　同様の発達パターンは，子どもが彼ら自身のやり方をモニターし，誤りを訂正することに明らかに見られた。生後17か月児では，半数が少なくとも1試行において単一のブロックの位置を直したが，完全な3つのブロックを積んで作られた塔は9％の子どもに見られただけであった。26か月までに，ほとんどの子どもが少なくとも1つのブロックの位置を直し，85％が慎重に少なくとも1試行で全てのブロックを積んだ。

　この研究の最も興味深い側面は，彼ら自身の遂行に対する子どもの反応である。生後17か月では，36％の子どもだけが，塔を作った後に微笑み，あるいは眉をひそめるが，最も月齢が高い32か月では，

KEY TERMS

目的-手段の分析
最終目的を達成するために下位目的を実行することで問題解決をする方法。

KEY TERMS

ハノイの塔
目的–手段の問題解決によく用いられる問題。3本のペグからなり，最初のペグに大きさの異なる円盤を，一番下に最も大きなものがあるように重ねる。子どもの課題は，ブロックを最後のペグに元々の順序になるように1つずつ移し替えることである。

そのような反応は90％の事例に見られた。このことは，3歳が近づいてくると，問題には正しい解があることを理解し始めていることを示唆している。

　目的–手段の問題解決はかなり早い時期に明らかに発達するが，就学前期まで多くの重要な変化は生じない。年長の子どもに対しては，**ハノイの塔**（Tower of Hanoi）のパズルが目的–手段の問題解決によく用いられる（Piaget, 1976）。パズルは（図8-4a），易しくも難しくも作ることができ，最も骨がおれる形は成人でさえも難しい。このパズルでは，3つのペグがあり，大きさが増す一連の円盤が，最も大きなものが一番下になって第一のペグに置かれている。子どもの課題は，円盤を元々の順序になるように，最後のペグに移動させるというものである。円盤の数が少ないときには，この課題は簡単なように見えるが，パズルのルール，すなわち，(1)一度に1つの円盤しか動かせない。(2)より大きな円盤が小さな円盤の上にならない，といったルールにより，難しくなっている。

　ハノイの塔のパズルには，解決に至るための下位目的を見つけ，達成することが必要なので，目的–手段の分析が要求される。第一

図8-4　(a) ハノイの塔課題における最初と目的の状態。(b) 円盤の代わりに缶を用いたハノイの塔課題。目的は，子どもの側の3つの缶を大きいものを小さいものの上に乗せて実験者側の3つの缶と同じにする。問題は7回の移動で解決される。

のペグから最終ペグまで全体の積み上げを移動するために，円盤を中央のペグと最後のペグの間で行き来させなければならない（読者も，異なる大きさの3枚の硬貨を使って行ってみるといいだろう）。この課題は円盤の数が増えるとより難しくなる。最も簡単なものはたった2枚の円盤によるものである。これは，小さいほうの円盤を中央のペグに置き，大きなほうを最後のペグに置いて，最後に小さいほうを最後のペグに置く（計3回の移動である）。ピアジェは，5，6歳の子どもがようやく2枚の円盤課題を解決できるが，ペグからペグへの移動の関係については気づいていないことを見出した（Piaget, 1976）。この年齢ではまだ3枚の円盤による課題は難しい。

　先にピアジェの推論についての見方について議論したように，より近年の研究は，ピアジェ流の課題は子どもの能力をまだ過少評価しているだろうと考えている。その課題は非常に抽象的で，また，子どもは恣意的により難しくされたルールを記憶しなければならないため（ルールがなければそれは非常に易しい），実際よりも難しいように思われる。クラーとロビンソンは，ハノイの塔のパズルを円盤ではなく，大きさの違う缶を用い，彼ら独自のバージョンを開発することによって（図8-4b），この問題を検討した（Klahr & Robinson, 1981）。この場合，簡単に落ちてしまうので，大きな缶の上により小さな缶が置けないというはっきりとした物理的な根拠を示してくれる。そのため，子どもは抽象的なルールを覚えておく必要がない。この課題により意味を与えるために，クラーらは，サルの家族と名付け，大きい缶を「おとうさん」，小さい缶を「おかあさん」，そして一番小さい缶を「赤ちゃん」とした。課題は，別の柱に家族を移動させることであり，その結果の状態が子どもに示された。そして，その手本は課題に彼らが取り組んでいる間，ずっと見えるところに置かれた。

　クラーらは，缶を初めから最終まで移動するために必要な動きの全てを説明するように子どもに求めた。この単純化されたより直観的で人を引き付ける形のハノイの塔の課題では，6歳児のほとんどと5歳児の多くが4つの移動を，多くの6歳児が6つの移動を完全に達成できた。他の例と同じように，この研究では，特定の課題に子どもが失敗するのは，基本的にできないということではなくて，

> **KEY TERMS**
>
> **ヒルクライミング**
> 問題解決のそれぞれの時点で，目的に近くなるように行為を選択して解決する問題解決の1つの方法。

課題が要求していることは，研究の中心となる能力ではないという事実に注目している。ハノイの塔の単純にされた「サルの缶」のバージョンでは，子どもは下位目的を特定し，課題を解いている時に心にそれを留めていることを示している。元々の課題では，6歳の子どもにおいても，この課題が上手くできることを阻んでいるのは，下位目的を処理する能力のなさではなく，抽象的かつ恣意的なルールを記憶しておかなければならないことであると思われる。

デローチェらは，問題の目的-手段の分析では，子どもは，現在の状態と目的の状態を特定し，目的の状態からその目的を達成するための障害を考えるために遡って推理し，それぞれの障害を取り除く下位目的を特定するといった非常にきつい認知的負荷が課されていると指摘した（DeLoache, Miller, & Pierroutsakos, 1998）。よく用いられる問題解決のより単純なものは，**ヒルクライミング**（hill climbing）である。その考えは，丘の上まで行きたいと思う時，この目的達成のよい方法は，一歩ずつ坂を登ることである。この場合，「全体的な把握」は必要なく，坂を登る方向に従うことで十分である。このようにある問題を解決するためには，解決のそれぞれのポイントでより目的に近くなる行為を選択する。この方略では，問題解決者は現在の状態から望む目的に向かって単に先に推理するだけでよいので，大きな認知的負荷は課されない。ヒルクライミングの方略は，目的-手段の方略とは異なり，全ての下位目的とその解決が初めから決定される必要はないのである。

クラー（Klahr, 1985）は，ヒルクライミング方略を用いて解けるパズルを4歳から6歳の子どもに提示した。パズルは，三種の動物（犬，猫，ネズミ）をそれらの好きな食べ物（骨，魚，チーズ）に移動させるものであった。クラーは，子どもは解決から遠ざけるような移動には抵抗し，目的に向かって持っていく移動を好むことを見出した。また，子どもが先読みするのは2手先までだった。子どもがこれらのようなやり方を好むことは，目的-手段分析よりもヒルクライミング方略と一致している。興味深いのは，ヒルクライミング方略を選好する傾向は，就学前の子どもに限られたものではない。成人においてさえ，最終目的に向かわずに遠ざかるような動きは非常に好まない（Mayer, 1992）。にもかかわらず，これをしなければ

ならない時もある。迷路をたどっていると考えてみよう。あなたの方略が常に出口の方向への経路を選択するとすれば、行き止まりで終わり、戻って出口から遠ざかることにつながる。ヒルクライミングはそれゆえに、全ての場合ではないけれども、多くの場合において解決に導く役立つ方法である。

8.4 　類推による推理

　推理スキルの発達のもう1つの重要な面は、類推を使用する能力にある。類推は、はじめから解決を見出そうとする代わりに、新たな領域において問題を解決するために既に持っている知識を利用するので、問題解決において類推は有効なものである。例えば、ガラス容器の開け方（ふたをねじってはずすこと）を知っていることは瓶を開けることに役立つ。これは簡単な類推で、驚くにあたいせず、他の類推はより複雑である。

　インヘルダーとピアジェは、子どもは類推をすることがそれほど得意ではないと考えていた（Inhelder & Piaget, 1964）。しかし、この点についても彼らのこの能力を調べる課題は非常に複雑であった。例えば、「自転車にハンドルならば、ふねに……」のような類推を完成するようなことを子どもに尋ねた。この難しい類推は、10歳のほとんどの子どもにも難しすぎた。しかし、類推できるほどの十分なふねの知識が子どもにはなかったという可能性もある。確かに他の研究者が、子どもが類推することを制限する主な要因は、関連する領域についての知識を持っていないことであると述べている。子どもが十分な知識を持っている領域が使用されると、3歳の子どもでさえ、類推を引き出すことができる。一例がゴスワミのアイテムの類推の研究に示されている。彼女のアイテムの類推では（インヘルダーとピアジェの自転車：ハンドルの例のように）、鳥と巣のように関連した2つのアイテムが与えられ、犬のような三番目のアイテムが示される。第二のアイテムが第一のアイテムと関係しているように、第三のアイテムと関係する第四のアイテム（この場合は犬小屋）を子どもは見つけなければならない。ゴスワミとブラウンは、4歳児に、4枚の絵の組み合わせ（図8-5参照）から適切な絵を選ぶこと

によって類推するように求めた（Goswami & Brown, 1990）。

ゴスワミは，「鳥と巣，それでは犬と何？」という既に述べた類推についてのルーカスという4歳男児の例を引用している（Goswami, 2008, 323頁）。

　　鳥は巣で卵を温め，──犬，──犬は赤ちゃんを温め，そして赤ちゃんは，──うーん。──赤ちゃんの名前は子犬。

ルーカスは，彼の返答を信じていて，図8-5に示されている絵によって表象されている可能な選択肢を見たいと初めは思っていなかった。しかし，最終的にそれらを見てみるように説得されると，意図された解答を選択することができた。そのため，4歳で，ルーカスは類推することの法則を理解しているだけでなく，絵の選択肢に向き合った時に，彼の類推に，子どもよりも家という異なる基準を用いるといった柔軟性を示した。

ゴスワミとブラウン（1990）は，類推による推理は4歳までに十分確立され，非常に簡単な類推（リンゴと切ったリンゴに対して粘土と切った粘土といったように）は3歳までにできることを示した。類推の難しさの多くは，先に出会った問題と新たに出会った問題の一致を認識することにある。このことは，ブラウンら（Brown, Kane, & Long, 1989）によって上手く記述されている。彼らは，ホルヨー

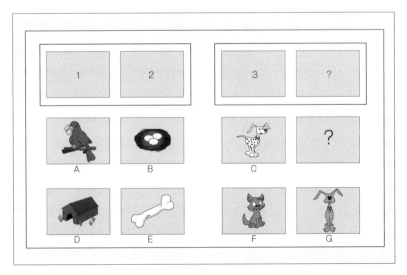

図8-5　ゲーム盤（上段），類推語（中段），類推に用いられる正答と誤答選択肢（下段）。鳥；巣，犬；犬小屋の類推。ゴスワミら（1990）より。

ク，ジュン，そして，ビルマン（1984）によって創案された「精霊」課題を4歳児と5歳児に提示した。この課題では，精霊が新たなところに貴重な宝石を運ぶ必要がある。宝石を傷めないために，魔法の絨毯を巻いて管のようにして，それに宝石を通さなければならない。ブラウンらの研究では，おもちゃを使って，精霊の課題が示された。魔法の絨毯は一枚の紙で示された。子どもと実験者が一緒になり，この課題に取り組んだ。1つのグループの子どもたちは，この問題の目的構造を引き出せるように意図された質問に答える。「困っているのは誰？」「精霊がしなければならないことは何？」そして，「彼はどのようにしてその問題を解決すればいい？」。統制群はこれらの質問を受けなかった。

精霊課題を解決して，子どもたちは，多くのイースターエッグを子どもたちに届けなければならない「イースターうさぎ」に関係した別の問題を与えられた。彼は届けるのが大変遅れたので，助けてくれる友達が必要であったが，友達は川を挟んでうさぎの反対側にいた。これは，川を渡って卵を運ばれなければならないが，濡らしてはいけないことを意味した。うさぎは，毛布を持っており（紙で示されている），精霊課題の類推から，解決法は，紙を巻いて作った管に入れて川の向こうに卵を転がす，というものだった。

ブラウンらは，精霊課題を解決する時に質問に答えた70%の子どもが，新たな問題と先の問題との類推が自発的にできたが，質問に答えなかった統制群の子どもは20%しか類推できなかった。この結果は，単に適切な経験をすることと，その経験と新たな問題との関係性に気がつくこととの違いを強調している。ブラウンらは，子どもにとって重要なのは，記憶の中で先に出会った問題の関係構造を表象できたことであると主張した。実験者による質問が，子どもが関係構造を発見することを可能にした。

8.5　見かけ，想像と現実

全てのものが，それが見える通りであるとは限らないということを発見することと，物や人が実際にあることと，ただのふりであることとの違いを理解することとは，就学前の子どもにとっては重要

な課題である。

　見かけと現実との違いは，フラベルと彼の共同研究者による研究がよく知られている（Flavell, Miller, & Miller, 1993）。彼らは子どもに岩に見えるように細心に色が塗られたスポンジの一片を示した。子どもはその「岩」を握ることは許され，実際にはスポンジであることを発見した。そして，子どもは，2つの質問を受けた。1つは，見かけについての質問である：「今，目でそれを見た時，それは岩に見える？　それともスポンジに見える？」。もう1つは，現実に関する質問である：「これは本当は何かな？　それは本当は岩？　それとも本当はスポンジ？」

　大部分の3歳児は両方の質問に類似した返答をした。彼らはその物は本当はスポンジでスポンジのように見え，時に，その物は岩で岩のように見えると答えていた。それは岩のように見えるが，実際はスポンジであると正しく答えることができるのは，4歳になってからであった。

　フラベルらは，3歳児が正しく答えられなかったことに関して，この年齢では，心に対象の1つ以上の表象を持つことができないことを示唆することによって説明した。しかし，4歳までに，子どもは誤った表象の概念を獲得し始め，いかにスポンジがあたかも岩である「ように」見えるかを理解できる（Perner, 1991）。

　就学前の子どもの認知能力の他の側面のように，科学者は子どもが見かけと現実の課題に成功しないのは，「発達的レディネス」（例えば，1つの対象に対するいくつかの表象を保持できること）がまだできていないためなのか，あるいは，観察された結果につながるような，課題の用意のされ方によるのかどうかを問うてきた。何人かの研究者は，そのために見かけと現実の違いを調べようと，子どもにとってより容易な課題にすることを試みてきた。その一例が，サップらによるもので，見かけと現実の課題における言語的反応と非言語的反応を区別した（Sapp, Lee, & Muir, 2000）。見かけと現実の違いを言語化することの言語的複雑さに遂行のまずさが影響を受けているならば，この課題の非言語的なバージョンであれば，3歳児においても通過するかもしれないと彼らは考えた。彼らの研究では，言語的反応課題は，フラベルらのものと類似しているが，非言語的課題

では，彼らは子どもに，「ぬいぐるみのクマの写真を，岩のように見える何かと一緒に撮りたいの。手伝ってくれる？」「こぼした水を拭くスポンジが欲しいの。手伝ってくれる？」という質問を行った。サップらは，先行研究のように，3歳児は言語的課題ができないことがわかった。それに対して，非言語的課題では，子どもの遂行はよりよく，ほとんど全ての子どもが，実験者に正しい対象を手渡し，現実と見かけの要求に正しく反応した。伝統的な課題の複雑さが，子どもの真の能力の過少評価につながっているという，これまでと同じエビデンスをこれらの結果も示しているが，3歳児はやはり見かけと現実の区別に十分に上手くできないある概念的な制限があると主張する研究者もいる（Moll & Tomasello, 2012）。

表象に関して，もう1つ重要なことは，想像と現実の違いについてである。幼児は複雑な想像を創り出すものである。そして，幼児はサンタクロースやアニメのキャラクターのような想像的人物にずっと対面している。重要な問題は，就学前の子どもは，想像と現実との間にしっかりとした線を引くかどうかである。

伝統的には，想像と現実との間で子どもは混乱するという見解であった（Piaget, 1955）。近年の研究は，この区別をする何らかの能力は少なくともあることを示唆している。就学前の子どもが，彼らが想像することと，現実のこととをかなり区別しているということを示す研究の流れがある。ある研究によると（Woolley & Wellman, 1993），3歳から5歳の子どもが，現実の物理的対象と想像の対象とをはっきりと区別できる。彼らは現実の対象には見て，触って，行為できるが，想像的な対象にはそれらのことができないということを理解している。ウーレイらは，3，4歳児が想像した対象が実際に存在するかどうかの判断を尋ねられた時，大部分の子どもが存在しないと正しく言ったことも発見している。

しかし，他の研究では，現実と想像との違いの就学前児の理解はあまり確かなものではないことを示唆している。子どもがモンスターや魔女を信じることに関する調査（Harris, Brown, & Marriott, 1991）では，4歳から6歳の子どもは，うさぎあるいはモンスターが実際の箱の中にいることを想像するように言われた。実験者はそれから部屋を出て，子どもは箱とともに独りになった。そして，実

> **KEY TERMS**
>
> **心の理論**
> 人の心的状態を考え，人がいかに考えるかを理論化する能力。
>
> **誤信念課題**
> 子どもが間違った信念を知っているように振る舞うかどうか，あるいは情報のある一部を知らない他人は「誤って」行為するだろうということに気づいているかを調べる課題。

験者は子どもたちの様子を隠されたビデオカメラで観察した。子どもたちはうさぎやモンスターが本当であることを否定していたが，彼らの多くは実験者が出た後，箱の中を見に行った。後に子どもたちに自分たちの行動について質問された時，箱の内容についてあれこれ疑ったことを認めた。

最近の研究では，何が基準となって，子どもは対象の現実の状態を決めるのかについて検討されてきた。1つの研究では（Woolley & Van Reet, 2006），'surnit' と 'hercs'（訳註：想像上のもの）の叙述を子どもたちに聴かせた。「竜が surnits を洞窟に隠す」というような想像的な叙述を聴いた子どももいるし，「おばあちゃんが庭に surnits を見つける」といった日常の叙述描写を聴いた子どももいる。第三のグループは，「お医者さんが薬を作るために surnits を使う」といった科学に基づく叙述を聴いた。この研究では，4歳，5歳，6歳児は新奇の対象に現実味を帯びさせるために叙述の文脈を使用することができた。5歳児と6歳児は，その理由を，「surnits はお医者さんが使うので本当だ。お医者さんは本当だ」と言って説明した。これらのことから，あるものが現実か想像かを決定する時，事実を評価する能力や，文脈を用いる能力が徐々に発達しているように思われる。

8.6 社会的認知と心の理論

就学前期に子どもは人が何を考え，感じ，欲するのか，そしてそのことが人の行動にどのように影響するかについて理解し始める。このような認識を社会的認知という。この用語が示しているように，社会的認知は，社会性の発達と認知発達との境界であると考えられる。3歳から4歳の間に子どもは，「**心の理論**」（theory of mind）として知られてきたことを獲得するので，就学前期は，子どもの社会的認知において重要なマイルストーンとして注目される。

「心の理論」の概念は，心理学において，チンパンジーが心の理論を持つのかどうかについての重要で影響力のある実験（Premack & Woodruff, 1978）の後で有名になった。プリマックらによれば，ある人が彼ら自身や他者に「心的な状態を当てはめる」ならば，心

の理論を持っているということである。プリマックとウッドラフの論文における考察は，チンパンジーと子どもは「心の理論」を持っているかを**誤信念課題**（false belief task）によって，調べることができると多くの哲学者が考えることにつながった。誤信念課題の本質は，別の人が持たない重要な情報を子どもが与えられることである。心の理論がなければ，子どもは，他者が自分たちと異なることを知っているかもしれないということが理解できないであろう。また，他者に彼らが持っている同じ情報を持つことを期待するであろう。それに対して，もしも子どもたちが心の理論を持っていたら，別の人の行動は彼らに情報がないことと一致していることを認識するだろう。

今日では，就学前の子どもに適用できる多くの誤信念課題が開発されている。よく知られている課題である**スマーティ課題**（Smarties task）（Wimmer & Perner, 1983）では，お菓子のスマーティの筒に（がっかりするが）スマーティではなく鉛筆が入っている。その筒の中を見たことがない別の子どもが中に何が入っていると思うかと，幼児に尋ねる。正しい答えはもちろん，「スマーティ」である。というのは，筒の見かけがそう示しているからである。しかしながら，幼児は，中を見ずにこのように言うことはないにもかかわらず，他の子どもは中に鉛筆が入っていると考えると答える。

多くの研究で用いられてきたもう1つの課題が，一体の少女の人形（サリー）がビー玉を隠して散歩に出かけるという**サリーとアンの課題**（Sally-Ann task）（Baron-Cohen, Leslie, & Frith, 1985）である。二番目の人形（アン）は，サリーが留守で起こっていることが見られない間にビー玉を移動する。子どもは，サリーはビー玉をどこに探すか尋ねられるというものである。この課題は，子ども用に考案された他の心の理論検査と同様に，サリーが探すであろう場所の予測とともに，ビー玉の本当の位置を覚えているかを確かめる一連の統制質問を行うことが重要である。

3歳児は，ほとんど常に誤信念に関わる古典的な心の理論課題に失敗する。サリーとアンの課題では，元々サリーが置いた場所で，そこにビー玉があると思っているはずの場所ではなく，サリーは新しい場所にビー玉を探すと彼らは答える。スマーティの課題では，

KEY TERMS

スマーティ課題
誤信念課題で，筒の表に書いてある名前と違う物（鉛筆）が入っている物を見せられた子どもに，筒の中を見ていない他の子どもが筒を見た時，中に何が入っていると思うか，と尋ねる課題。

サリーとアンの課題
心の理論課題で，女児の人形（サリー）がビー玉を隠し，外に出る。二番目の人形（アン）がサリーのいない間にビー玉を移し替える。サリーは何が起こったかは見ていない。子どもに，サリーが戻った時，サリーはビー玉をどこに探すかと尋ねる。

他の子どもは鉛筆が筒に入っていると思うと3歳児は言う。しかし，4歳，5歳になると，普通にサリーとアンの課題とスマーティの課題を通過し，自分の知識と他者の知識とが区別できることを示す。

しかし，標準的な誤信念課題は，幼児にとって認知能力を非常に必要とする可能性があるものである。それを通過するためには，それらが生じた出来事のつながりを覚えなければならない。また，実験者の（複雑な）質問を正しく理解し，実際の対象の位置を示す（当然の）反応を抑制しなければならない（Birch & Bloom, 2004）。子どもは他者には異なる視点があるという事実を表象できているのに，この課題を通過できないのかもしれない。

にもかかわらず，他の課題での遂行は，誤信念課題と同様な様相を示している。例えば，3歳児は，1つは空で，もう1つにはお菓子が入っている2つの箱のゲームを学習することができない。このゲームに成功するには，お菓子の入っている箱ではなくて，だますようにお菓子の入っていない箱を指さなければならない。そうしないと他の子どもがお菓子を手に入れることになる。3歳児に「間違った箱」をだますように指すことを，訓練する取り組みは失敗で，4歳児では，この偽りのゲームのルールはすぐに見抜く（Russelle, Mauthner, & Sharpe, 1991）。

心の理論の最初の研究が行われて以来，多くの研究者は，その早期の始まりを考えるようになった。1つは，発達と心の理論への社会的影響であり，一方では，乳児期におけるその起源に焦点を当てている。

心の理論への社会的影響

第10章で見るように，子どもの早期の社会的スキルは彼らの早期の社会的経験に強く影響を受ける。研究者は，心の理論の問題も社会的経験の影響を受けるのかどうかについて問うてきた。明らかに検討すべきところは，母親と子どもとの相互作用の質で，多くの子どもは，それによって他者の考えや望みについて学習する最初の機会を得る。

この関係を調べたメインズらの研究では，乳児が生後6か月の時に母子の自由遊びの場面を観察した（Meins et al., 2002）。乳児の心

的状態に適切にコメントする母親の心的状態を表す言語の使用について評定された。他の尺度は，ストレインジ・シチュエーションを用いた愛着の安定性と自由遊びでの母親の感受性であった(6.4参照)。

独立した評定者が母親の心的状態の言及が適切かそうでないか，評定システムにしたがって分類した。本質的に心的状態への言及は，母親が子どもの行動を正しく解釈しており，現在の活動やこれからの活動に関係したことへの言及であると判断された時に，適切であるとされた。例えば，母親が，赤ちゃんはあるおもちゃを欲しがっていることを言及し，評価者がそれは赤ちゃんが欲しがっているものだと判断した時，母親の言及は適切なものと分類された。

子どもが生後45か月の時に，猫の形をした塩のシェーカーを含む4つの異なる対象が与えられ，その対象が何のように見えるか，そして，その対象が「本当は」何であるかを尋ねられる見かけと現実課題が実施された。また，スマーティの課題（Wimmer & Perner, 1983）も行われた。生後48か月には，標準的な誤信念課題も付け加えられた。

それぞれの子どもの言語性知能得点も測定され，それは，各得点の関係が単に言語能力のレベルの違いによるものではないことを確かめるためである。要素間の多くが関係がある中で，厳密な統計的分析によって，2つの因子のみが心の理論の能力（生後45か月と48か月の心の理論課題における総合得点を用いた）の確かな予測因子として示された。それらは，言語的知能と生後6か月時の母親の適切な心的状態への言及の割合であった。愛着の安定性と生後6か月時の相互交渉の質はどちらも心の理論得点と関係がなく，心的状態への不適切な言及にも関係が見られなかった。関係は非常に特殊なものであった。

メインズは，乳児の欲求や意図を親が適切に解釈することを記述するために「**マインドマインディドネス**」（mind mindedness）という用語を創り出した。彼女は，マインドマインディドネスの早期の経験が，心の理論の発達につながる密接な関係がある経験を乳児に提供すると述べている。もちろん，マインドマインディドネスは，安定した質的なものであるので，この研究の結果から，生後6か月の経験だけが重要であるとは考えられない。乳児にマインドマイン

KEY TERMS

マインドマインディドネス
親が乳児の欲求や意図を適切に読み取ること。

ディドネスを持つ母親は早期の数年間，変化なくマインドマインディドネスを続け，子どもや他者の心的状態について適切な言及をし続けるであろう。そして，それは，子どもが他者の信念や欲望，意図といったことを理解することの助けとなる。

心の理論の早期の認知的起源

心の理論の潜在的な始まりについての他のエビデンスが，乳児の能力の研究から示される。モールとトマセロの研究では（Moll & Tomasello, 2007），生後12か月と18か月の幼児が大人と新奇な2つのおもちゃで次々と遊んだ。そして，その大人は部屋を出ていき，乳児は他の大人と三番目のおもちゃで遊んだ。最初の大人が戻って来て，トレイの上の同じ3つのおもちゃを興奮して見て，「見て，それを見て。私にそれをくれる？」と大きな声で言った。

そのような状況で，もう一人の大人や年長の子どもは，この要求は新奇なおもちゃに対してであると思う。しかし，乳児の視点からは全てのおもちゃで遊んだので，全て新奇なものではない。モールとトマセロが見出したことは，生後12か月児も18か月児もその大人が遊んでいないおもちゃを手渡し，その大人にとってそれが新奇で欲しいものであると知っていることを示したことである。

自らにとって新奇であることと他の人に新奇であることとを区別する能力は，心の理論の発達の基盤になるものと考えられてきた。しかし，誤信念課題を含む古典的心の理論課題に適切に反応できようになるには，かなり発達が必要であることに注目することが重要である。これらの早期の発達と後の発達との関係があるとすれば，乳児期の遂行と古典的心の理論課題を通過する能力とに縦断的な関係が見られるはずである。その可能性について，ウェルマンらの縦断研究がある（Wellman, Lopez-Duran, & LaBounty, 2008）。この研究は，生後10か月から12か月の間に起こる初期の選好注視実験から始められた。

実験の馴化期間には，肯定的な表情で2つの対象の1つを演者が注視している様子を乳児は見た。テスト場面では，乳児は異なる2つの出来事を見た。1つは，一致場面で，演者は，1つの対象を肯定的に注視し，そして取り上げた。もう1つの出来事では，不一致

ボックス8-2　自閉症と心の理論

　心の理論課題に特別な困難さを示す一群の子どもたちがいる。自閉スペクトラム症の診断を受けている子どもたちである。幼児期の自閉症は，稀な発達障害で生後2年目以前に現れ，社会性，言語，想像などの発達における重大な障害が含まれる。自閉症は男児に多く，およそ75％の事例に重い学習障害が伴う。しかし，自閉症の中の少数の者は標準範囲の知的能力を持ち，これらの事例は心の理論課題でテストすることができる。

　多くの研究は，高機能自閉症の子どもは心の理論課題に失敗することを示している。例えば，初期のバロン-コーエンらの研究では，古典的な心の理論課題において，定型発達の子どもと，その子たちと等しい能力のダウン症児では80％成功するのに対し，高機能自閉症の子どもの成功率は20％であった（Baron-Cohen, et al., 1985）。このような結果から，自閉症の子どもは，他者の心的状態の理解に特別な困難を示すといわれるようになった。すなわち，心の理論の障害である。

　既に見てきたように，古典的な心の理論課題の重要な要素は，誤信念を理解する能力である。その後の研究は，自閉症の子どもが誤信念の理解における広い範囲での問題を持っていることを示してきた。例えば，友達を助けるために，求められた時に泥棒を身体的に止めることができるけれども，友達を助けるために泥棒に嘘をつく――誤信念を作ることを含む――ことは難しいことがわかった（Sodian & Frith, 1992）。彼らは，他の人が，第三者が考えていることをどのように考えるか，の理解に関係する二次的心の理論課題は無理であり，標準的な心の理論課題を通過することができる僅かなパーセントの自閉症の子どもであっても，この二次的心の理論課題は通過できないことを見出している（Baron-Cohen, 1989）。しかし，誤信念理解に問題を持っていることはよく知られているにもかかわらず，自閉症の子どもの持つ困難さはこれを越えていくというエビデンスもある。

レスリーは，自閉症の子どもは，対象の具体的な特性と象徴的な特性とを同時に考えるために，一時思考を停止する能力を欠いていると述べている（Leslie, 1991）。定型発達の子どもは，バナナを電話に見立てている時でも，バナナはバナナであることはわかっている。レスリーは，自閉症の子どもは，その心的表象から現実の特性を「切り離す」ことができず，対象を見立てた物と捉えてしまう，と主張する。この基本的な障害は，現実をまるで異なっている「かのように」考えることができないので，理解を非常に融通の利かないものにしてしまう（Leslie, 1991）。関連して，ハッペは，高機能であっても自閉症の子どもでは，皮肉のような文字通りでない言語の理解に困難さがあると述べている（Happé, 1993）。

　自閉症の子どもが非定型的な発達を示す他の領域は，共同注意（ジョイント・アテンション）である（5.3参照）。縦断的研究において，自閉症の子どものきょうだいを乳児期から追跡した（Baron-Cohen, Allen, & Gillberg, 1992）。この子どもたちは，障害に対する遺伝的要因の共通性が強いので，自閉スペクトラム症のリスクが増す。少数の子どもたちが，生後18か月において，共同注意やふり遊びに非定型なパターンを持つと特定され，後に自閉症の診断を受けた。私たちは，ふりにおける困難さは自閉症の子どもの特徴かもしれないことを指摘した。共同注意の問題の重要性は何であろうか。

　その影響は直接，間接的の両方であるといえる。まず，共同注意は，他者との注意の協応であり，社会的シグナルを拾うことであるので，その困難さは自閉症のマーカーとなる。第二に，メインズらの研究によると，共同注意の困難さは，母親にとってマインドマインディドであることを非常に難しくする（Meins et al., 2002）。適切に子どもの欲求や必要性に言及することは，子どもが何に焦点を当てているかについて述べることに関わっている。共同注意が定型的に発達しないと，このことは難しくなるだろう。

場面で，演者は肯定的に1つの対象を注視するが，もう1つの対象を持ち続けた。これらのテスト場面での乳児の注視時間における違いと馴化の速度を評価する2つの尺度を計算するために，乳児の注視行動が用いられた。馴化の速度は，情報の処理のスピードを測定しているので，早期の知能の1つの指標となる。もう1つの尺度は，一致した行為と一致しない行為との区別の程度の指標として捉えられる。

　4歳で同一の子どもにIQテストと心の理論課題を行った。乳児期の馴化課題における乳児の遂行と4歳時の心の理論課題に見られる遂行との関係の分析から，馴化の速度の尺度は，心の理論課題の得点と関係があることが示された。一致場面と不一致場面での注視時間の違いによって測定された新奇性への選好注視は，心の理論の得点を予測するものではなかった。しかし，ウェルマンらは，この結果は，早期の知能と後の心の理論との全体的な関係よりも，早期の社会的注意と後の心の理論との特異的な関係を示唆していると述べている。彼らの結論における理論的根拠は，心の理論課題と同時に子どもはIQテストと実行機能のテストが行われたということである。馴化の速度と心の理論の得点との関係は，IQと実行機能の両方を考慮した時でさえそのままであった。

8.7　まとめ

　ピアジェは，就学前の子どもの認知発達の多くの側面に関しての基礎を作った。彼にとって，この年齢で示された，保存課題や三つ山課題，推理と類推において欠けている点は，抽象的論理的思考が未発達である論理発達の特定の段階（前操作期）であることを示唆している。しかしながら，その後の研究によって，ほとんど全ての領域において，ピアジェは子どもの能力を著しく過少評価しており，就学前の子どもが解くには複雑で抽象的である課題を常に使用していたことが示されている。この年齢の子どもに馴染みがある対象を用いて具体的で簡単な課題を用いることによって，研究者は，就学前の子どもにピアジェができないと主張したことの多くが，就学前の子どもに可能であることを示してきた。子どもの遂行を制限する

要因は，対象と状況の馴染みのなさであり，熟知化してくると，発達が進むと思われる場合が多い。より全体的な制限要因は，子どもの記憶の発達である。私たちが述べてきた課題のいくつかは，子どもがいくつかの異なる，時には矛盾する情報を記憶しておくことを必要とするものであり（例えば，三つ山課題における異なる視点のように），また，この能力はゆっくりと発達するように思われる。

　繰り返し見てきたように，発達心理学を研究することは，子どもの能力を研究することである。しかし，研究結果をいかに解釈するかについては，少なくとも慎重に考えなければならない。第4章において，乳児の能力について「豊かな」解釈と「スリム化した」解釈を検討した。本章においてもまたよく似たことを見てきた。ピアジェは，課題（三つ山課題のような）を解決する能力には洗練された能力が必要で，したがって，課題における失敗は就学前児にはこの能力がまだ見られないことを示すと信じていた。ドナルドソンはピアジェの解釈に反論して述べ，課題における失敗はその課題がどのように整えられたかによって説明できることを示した（Donaldson, 1978）。課題をより単純にしたバージョンでは，子どもはよりよくできる。しかし，私たちが述べたように，ドナルドソンの課題は，事実，ピアジェとは異なることを測定しており，ピアジェの課題よりも簡単なのではないかということもあり得る。

　私たちは，就学前の年齢で，他者が知っていることや，それが自分の知識と異なることの理解における重要な発達を示すことも見てきた。このような理解の起源は乳児期にあり，他者との相互交渉によって発達する。就学前の子どもは，この時期に見られる他の能力の発達とともに，本当のこととそうでないことの境界を理解し始める。ただし，心の理論の課題や想像，見かけと現実の判断においていかに遂行するかは子どもたちが実験で課された特定の課題に依存する。

　新たな研究によって，私たちは子どもの能力のいくつかのことを学ぶが，それぞれの研究が実際に何を測り，課題を通過しないことが，就学前の子どもの能力の発達を理解するのに何を意味するのかを注意深く考える必要がある。

参考文献

Apperly, I. (2010). *Mindreaders: The cognitive basis of theory of mind.* Hove: Psychology Press.

Goswami, U. (2010). Inductive and deductive reasoning. In U. Goswami (Ed.), *The Blackwell handbook of childhood cognitive development* (2nd edition) (pp. 399–419). Oxford: Blackwell.

Meins, E., Fernyhough, C., Wainwright, R., Das Gupta, M., Fradley, E. & Tuckey, M. (2002). Maternal mind–mindedness and attachment security as predictors of Theory of Mind understanding. *Child Development, 73,* 1715–1726.

Wellman, H. M. (2010). Developing a theory of mind. In U. Goswami (Ed.), *The Blackwell handbook of childhood cognitive development* (2nd edition) (pp. 258–284). Oxford: Blackwell.

質問に答えてみよう

1. 実験的手続きの変化が，就学前の子どもの認知能力についてどのように異なる答えを示してきたか，例をあげて述べてみよう。
2. 心の理論を測る異なる方法について批判的に述べてみよう。
3. 「マインドマインディドネス」について説明し，就学前期におけるその影響について述べてみよう。

CONTENTS

9.1 言語発達の理論的説明
9.2 初期の語結合
9.3 文法の始まり
9.4 早期の文法理解の実験的研究
9.5 特異的言語発達障害(SLI)
9.6 言語障害と言語的不利
9.7 まとめ

第9章

就学前期における言語発達

この章によって読者は以下の点がわかり，説明できるようになる。
- 内側から外へ（Inside-out）の言語発達理論と外側から内へ（Outside-in）の言語発達理論の重要な違いについて説明できる。
- チョムスキーとピンカーの生得理論を概説できる。
- 文法的発達と子どもが受ける言語入力との関係についてのエビデンスを評価することができる。
- 過大規則化の誤りとは何か，そして，それがなぜ言語発達の理論において理論的に重要であると考えられてきたのかが説明できる。
- 早期の文法理解を理解するために選好注視法がいかに使用されてきたかを説明できる。
- 特異的言語発達障害の主な特徴について述べることができる。
- FOXP2遺伝子とは何か，そして，その人間の言語における役割について説明できる。

乳児期の言語発達について述べたが（第5章），その時の私たちの主な焦点は，子どもはいかにことばを理解し始め，ことばを使用し始めるかであった。本章では，子どもは文法について，いかに学習し，すなわち，ことばを結び付け，修飾し，より大きな単位の意味をシステムとして形成していくのかについて焦点を当てる。言語の文法を学習することは，コミュニケーションを行うために言語を効果的に使用できることの鍵となる。そして，子どもたちは学童初期を通して文法的スキルを発達させる。文法習得の基礎にある2つのむしろ異なる見解を考えることからこの章を始めたいと思う。

表9-1　言語発達に関する'内側から外'理論と'外側から内'理論の比較

	'内側から外' 理論	'外側から内' 理論
初めの構造	言語的	社会的，認知的
言語発達のメカニズム	領域特殊的	領域普遍的
構造の源	生得	学習
主要理論	チョムスキー（1965/1986） ヒアムズ（1986） ランドーとグレイトマン（1985） ピンカー（1999）	ベイツとマックウィニー（1989） ブルーナー（1975／1983） ネルソン（1977） スノウ（1989）

9.1　言語発達の理論的説明

　言語発達（あるいは言語習得という表記を好む理論家もいる）の理論にはさまざまある。しかし，それらを内側から外への理論（Inside-out）と外側から内への理論（Outside-in）に分けてまとめることは有効である（Hirsh-Pasek & Golinkoff, 1996; Roy & Chiat, 2012）。2つのタイプの理論に見られる違いは，外側から内への理論が経験の役割を重視し，言語学習の基礎となるメカニズムは言語特殊的というよりも，普遍的であると主張しているのに対して，内側から外への理論は，「言語能力」の生得的な言語的制約よって言語が習得されると主張するところに主な違いが見られる。生得主義者，すなわち内側から外への理論は，子ども自身の経験の役割を最小限にしており，この2つのアプローチは，言語経験の役割についての強調の仕方が非常に異なっている。内側から外への理論と外側から内への理論のアプローチの主な違いを表9-1にまとめた。これらの2つの理論の違いは，第1章で述べた氏か育ちか論争にその起源があることがわかるであろう。

生得理論

　最初の，最も有名である生得主義はノーム・チョムスキーである。チョムスキーはスキナーの『言語行動』（*Verbal Behavior*）への批判（1959）を公刊してから，言語習得の特徴についての彼の考えを影響力の大きい一連のモノグラフで説明し続け，結果的にそれらは『言語と認識』（*Knowledge of Language*, 1986）としてまとめられた。

これらの展開の中では，チョムスキーの考えの重要な変化が注目されるが，言語習得に関する彼の基本的な考え方の本質は変わっていない。チョムスキーは以下のように述べている。

> 言語は，最も周辺的な意味において教えられるものであり，教えられることは言語の獲得にとって決して本質的なものではない。ある意味において，私たちはさらに進んで，言語は学習されるものではない……と言える。合理的なメタファが必要なら，成長について話すべきであろうと思われる。よくわかっている身体の生理的システムが成長するように，言語は心の中で成長するように私には思われる。遺伝的に特別に決められた状態で，私たちの精神と外界との交渉が始まる。経験により，つまり，私たちの回りにある全てのものとの交渉を通して，この状態は，私たちが言語の認識と呼ぶところの成熟した状態まで変化する。この一連の変化が器官の成長と類似しているように私には思われる（チョムスキー，ブライアン・マクギーとの対話，1979より）。

この引用は，経験と言語環境は，子どもの生得的に推進される言語発達の過程へ最小限の影響を与えるのみであるという，内側から外への理論の鍵となる考え方を要約している。

チョムスキーの引用での「経験による相互交渉」は，子どもはそれぞれの言語共同体において用いられる特定の言語にふれる必要があるということのみを意味している。この最小限の言語経験への寄与は，チョムスキーの理論においても，周囲の成人が英語を話す環境で成長する子どもが，なぜフランス語やイタリア語，日本語よりも英語を話すことを学習するのかを説明するためには必要である。ちなみに，チョムスキーが関心を持っていたことは，文法規則の学習であることに注目しなければならない。明らかに個々の単語の学習は，それはその言語に特有であるので，経験を基礎にしていなければならない。このため，このような説明は，語彙の習得と言語の文法の習得にはむしろ異なる学習が関わっていると考えられるので，事実上，2つのプロセスの説明であるといわれる（Tomasello, 2006）。

内側から外への理論の他の主要な考え方は，言語習得に関わる過程は言語特殊的で，そのため認知発達の他の側面に関わる過程と異なるというものである。チョムスキーがこの言語過程のユニークさを主張する主な理由は，彼にとっては，言語の習得は言語特殊的な認識の体系の習得に関わっている問題だからである。初期のチョムスキーの理論では，この認識は統語的規則の組み合わせとして括られていたが（Chomsky, 1965），より近年の理論では，原理とパラメータの組み合わせとして主張されてきた（Chomsky, 1986）。

原理とパラメータの説明の1つの目的は，世界の多くの異なる言語がいかにして共通の出発点から習得されるのかを説明することである。それぞれの言語のパラメータは，言語によって異なる多くセッティングを持つ。例えば，最も広く議論されてきたパラメータは，'pro-drop'（主語を省略できる言語）と呼ばれているもので，2つの可能なセッティングを持つ。1つは，イタリア語のように，文法的主語がないセンテンスが認められ，代名詞（pronoun）が省略される（だからそれは，'pro-drop'である）。もう1つのセッティングは英語のように主語が省かれることが許されない言語に対してである。主語のないセンテンスを認める言語と認めない言語の間における違いは，英語の'It's raining'のようなセンテンスが，それはイタリア語では簡単に'Piove'という動詞のみの文に翻訳されることに見られる。チョムスキーの理論では，イタリア語のセンテンスに少しふれることが，pro-dropパラメータの1つのセッティングを作り，そして，英語にふれることで別のセッティングが作られる。チョムスキーは彼の理論において，特定の言語が学習されるというよりは，特定の言語にふれることがパラメータセッティングの「引き金」になることを明らかにした。

言語学者として，チョムスキーは，子どもの言語習得に関して詳細な理論よりも，子どもが言語を習得する普遍的なメカニズムに関心があった。しかし，多くの心理学者は，言語発達の基礎となる生得的で言語特殊的な内側から外への理論を独自に発展させてきた。ピンカーの理論はその1つで，彼は語を含めて言語能力の周辺は学習されるが，核，すなわち，文法は生得的に賦与されているとする語や規則へのアプローチについて述べている（Pinker, 1999）。例えば，

KEY TERMS
意味的ブートストラップ 「人」とか「もの」といったある意味的カテゴリーを関係する文法的語類と統語的カテゴリーに「関係づけ規則」によって関連づけること。
統語的ブートストラップ センテンスの語の位置から語の統語的特徴についての情報を推測することに関わり、これらの推測を同様の統語的位置に生じる新たなケースに拡張していくことに関わる。

ピンカーは、子どもは、名詞や動詞といった文法的な語類と、主語と述語のような統語的カテゴリーの生得的な知識を持っていると主張した。彼の見方では、この情報はさまざまに文法的発達を促す「ブートストラップ」のために用いられる。

意味的ブートストラップ（semantic bootstrapping）によって、子どもは、「人」とか「もの」といったある意味的カテゴリーを、それに関係する文法的語類や統語的カテゴリーに一連の「関係づけ規則」（linking rules）によって、関連づけることが可能になる。ピンカーによって記述されている関係づけの規則は複雑であるが、単純な例は全体的な考え方を示す上で役立つ。子どもが次のようなセンテンスを聴き、同時に彼女のペットの猫が遊んでいるのを見ていると想像してみよう。「フラッフィがボールを追いかけている」。文脈からフラッフィは動作主（行為を行っている）で、「追いかけている」は行為を示し、「ボール」は対象あるいはものを指す。そのため、関係づけの規則によって、「フラッフィ」と「ボール」は名詞として、「追いかけている」は動詞として解釈される。加えて、「フラッフィ」はセンテンスの主語として、「ボール」は目的語として特定される。

関係づけの規則を語のカテゴリーの生得的知識と結びつけて使用しても、子どもに統語的規則を発見させるだけで、ピンカーによれば、**統語的ブートストラップ**もある。これは、センテンスの語の位置から語の統語的特徴についての情報を推測することに関わり、これらの推測を同様の統語的位置に生じる新たなケースに拡張していくことに関わっている。例えば、特定の動詞が 'chase' のような他動詞のように、常にその前後に生じる名詞を持てば、'run' のような自動詞、すなわち先行する名詞とともに生じるが、その後には名詞が来ないような動詞とは違った扱われ方をする。

ピンカーは、子どもは統語的ブートストラップが可能であることを示唆するように、形態–統語的情報を般化できることを示している。よく知られた研究では（Pinker, Lebeaux, & Frost, 1987）、4歳児が、普通にはない行為を記述する意味のない動詞を教えられた。例えば、子どもは次の2つの対照的なセンテンスを与えられた。'The pig is *pilking* the horse.'、'I'm *mooping* a ball to the mouse.' これらのセンテンスの重要な違いは、それに含まれる動詞のタイプにある。

はじめのセンテンスは，'brush'や'rub'のように，ある動物（豚）が別の動物（馬）に何かをする動詞を使用している。第二のセンテンスの動詞は，無生物の対象（ボール）に働きかけるので異なっている。この種の動詞は，'roll'や'throw'と同じように機能する。

子どもは，絵の中で何が起こったのかを説明するように求められた。これは，無意味な動詞の過去時制を作ることができるかどうかを見るように考えられた方法である。もしも彼らがこの2つの動詞の違いを理解できていれば，2つの絵に対する反応は異なるだろう。結果では，子どもは次のようなことばによる説明をした。'The horse is being pilked by the pig.'，'I mooped the mouse a ball.' しかし，例えば，'The mouse is being mooped by the ball.' のような説明ではなかった。この後者の形は正しくない。

ピンカーらの研究は，4歳までに子どもは既に動詞の語類の違いについての十分な理解が発達していることを示している。問題は，このような理解が生得的な知識から生じるのか，あるいは，子どもの言語経験から出現するのかである。就学前の子どもは，新奇語を創造する（作り出す）ために，確実に形態素を真の語に付加することができる。クラークは，子どもが名詞から動詞を作る（Is Anna going to babysitter me?），あるいは動詞から形容詞を作る（Try to be more rememberful, Mom.）場合を含むかなりの数の例を記述している（Clark, 1995）。そのような例は，就学前の子どもは語の形成のいくつかの規則に気づいていることを示している。例えば，ERの語尾を用いた動詞の不定形の使い方，または，'careful'のように共通のFULを語尾につけて形容詞を作ることなどである。しかしながら，子どもは語類の違いを重視し，新しい方法でそれを使用するという事実は，このことができる彼らの能力の源について何も私たちに示していない。彼らは，（ピンカーが提示するように）生得的知識を基礎とする言語特殊的能力を用いることができるのかもしれないし，あるいは異なるセンテンスの型の中で生じる特定のパターンを基に語類分けをするような，より全体的な分布分析を用いることができるのかもしれない。私たちはこのような統計的学習の例を，ジョンソンらの研究（Johnson & Jusczyk, 2001）について述べた5.4で既に見てきた。

外側から内への理論

　第5章において，子どもの社会的相互交渉の経験が言語への出発点になるというブルーナーの理論について考えた。この理論は外側から内への理論の1つの例で，経験の役割を強調し，言語学習におけるプロセスは言語特殊的ではなく普遍的であると論じている。外側から内への理論の重要な主張は，言語構造は言語使用から出現するというものである。言い換えれば，子どもはコミュニケーションを効果的にする試みから生ずるより複雑な発話をゆっくりと結合することによって，言語の規則性を学習する。これらの語の結合は，彼らが言語を耳にし，そこから一貫したパターンを抽出することから生ずる。

　既に指摘したように，内側から外への理論と外側から内への理論を区別する重要な1つの特徴は，言語発達において，それに寄与する重要な要因である子どもの言語環境の強調の仕方である。多くの研究は，言語入力，すなわち子どもが耳にする言語が言語発達に直接に影響を与える程度について明らかにしようとしてきた。先に述べたように，早期の言語経験と早期の語彙発達とは強い関係がある（第5章参照）。早期の語学習の場合と同様に，文法の学習に関して，馴染みのある日々の活動と関係して話されている言語からの規則の抽出が関わっていることは明らかであるけれども，早期の言語経験との強い関係が文法発達においてもあるのかどうかを決定することはより難しいとされてきた。

　これは，ブリストルで行われた縦断研究の結論でもあった（Ellis & Wells, 1980）。その研究では，母親の話しことばの統語的尺度（母親の発話の長さと複雑さ）と子どもの言語発達とはほとんど関係が見られなかった。明らかになったことで重要な点は，母親が子どもに対して話したことと，子どもがその時に行っていたこととの関係である。最も注目すべき点は，ブリストル研究の最も成熟の早い子どもたちのグループは（早熟の子ども），成熟の遅い子どもたちよりも，母親から多くの質問を受け，より多くの指示を与えられていたことである。このグループの母親は，子どもの発話により反応的で，成熟が遅い子どもの母親よりも子どもの発話を認め，それを模倣す

ボックス9-1　子どもの文法的誤りを訂正すること

　近年の研究に見られてきた情報入力のまた別の影響は，子どもの文法的誤りを成人が訂正することに関係している。伝統的な見方は，親は文法的誤りをほとんど訂正しないで，子どもが話す内容に主に反応しているというものであった（Brown & Hanlon, 1970）。文法的な誤りを正そうとする試みは，稀なケースであり，失敗に終わると考えられてきた。多くのテキストは，母親が子どもの間違いを直そうと繰り返すが，上手くいかないマクニールのよく知られた例を引用している（McNeill, 1966）。

　　子ども：Nobody don't like me.
　　母　親：No. Say 'Nobody likes me'.（違うよ，'Nobody likes me' と言いなさい。）
　　子ども：Nobody don't like me.
　　　（8回これを繰り返す）。
　　母　親：Now listen carefully. Say 'Nobody likes me'.（さあ，よく聞いて，'Nobody likes me' と言いなさい。）
　　子ども：Oh! Nobody don't likes me.

　　　　　　　　　　　　　　　　　　　（McNeill, 1966, 69頁）

　サックストンは，事実，子どもは以前考えられていたよりも彼らの誤りの事実をより直接的に受け取っていることを示した（Saxton, 2000）。これは，サックストンのいう「否定的な事実」あるいは「否定的なフィードバック」のどちらの形式でも見られる。否定的な事実は，子どもが正確でない発話を産出し，直ぐ続いて正しい形式のモデルを示す成人の発話がなされる時に見られる。

　　子ども：I *losed* may hands.（私の手がなくなった）（パジャマの袖に手を入れながら）。
　　大　人：You *lost* your hands.（あなたの手がなくなった）。
　　子ども：I *lost* my hands.（私の手がなくなった）。

　否定的なフィードバックは，子どもの発話を大人が聞き正

した時い見られる。

> 子ども：The pirate *hitted* him on the head.（海賊は頭を打った）。
> 大　人：What?（何?）。
> 子ども：The pirate *hit* him on the head.（海賊は頭を打った）。
> 　　　　（訳註：どちらも不規則動詞の過去形の誤り）

　サックストンは，子どもは自分自身の発話をこの2つのタイプの否定的な入力によって，修正することがよくあることを示している。彼は，成人の正しい形式のモデルは，正しい形式と誤った形式との対照を子どもに示していると述べている。そのような効果の続く期間は短く，子どもは大人のモデルが続かないときには誤った形式に戻っているという指摘もあるかもしれない。しかしながら，サックストンらは，実験的な状況において，ただ正しい形式だけを提示するよりも，5週間にわたって否定的な事実を提示した方が，就学前児は，無意味な動詞の不規則過去時制の形式を（pell/pold, streep/strept）よりよく学習できたことを示している（Saxton, Kulcsar, Marshall, & Rupra, 1988）。この研究の方法は，ピンカーらの新奇な行為を指人形を用いて示したものと類似している（Pinker, Lebeaux & Frost, 1987）。

る傾向にあった。最終的に早熟の子どもは，自分がその時に関わっている活動に言及することばを聴く機会をより多く持っていた。

　これらの異なる特徴を持つ母親のことばを結びつけるのは，個々の発話が全て全体的な非言語的文脈と関係を持っていることによるものである。言い換えれば，より言語発達が早熟な子どもの母親は，より多く質問をし，多くの教示を示した。そして，子どもたちが取り組んでいる活動に広く言及した。このように，ブリストル研究は，話すことの学習の非常に早期の段階において，子どもが行っている活動に自分の言語を非常に特化して関係づける母親は，子どもにより早熟な発達を促したということを示した。

動詞の形式	行　為
・Pro/prew 　（throw/threw 参照） 先が十字になった棒でよじる。	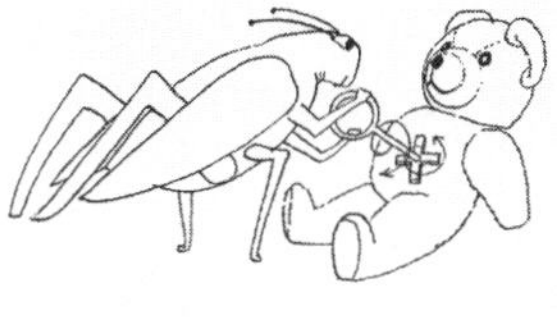
・Neak/noke 　（speak/spoke 参照） 手のひらで挟んでたたく。	
・Jing/jang 　（sing/sang 参照） スプーンでお手玉を投げつける。	
・Streep/strept 　（creep/crept 参照） コーンの形の発射機からピンポン球を打ちつける。	
・Sty/stought 　（buy/bought 参照） クラクションの音がするプラスチックの蛇腹の棒でつつく。	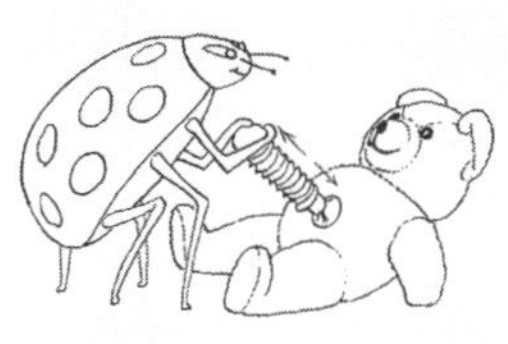
・Pell/pold 　（sell/sold 参照） ひもの先に付けたお手玉を回しながら打つ。	

図9-1　サックストンの新奇動詞形式の意味と過去時制の交替。絵はコリン・サックストンによる。マシュー・サックストンより掲載許可。

> **KEY TERMS**
>
> **平均発話長**
> 発話の平均の長さの形態素数で測定する。
>
> **形態素**
> 言語の意味をなす最小の単位。
>
> **マッカーサー乳幼児言語発達質問紙**
> 子どもの語彙の大きさと増加を調べるのに用いる。

子どもの言語学習における言語経験の役割についての他のエビデンスは，言語間の比較からのものである。第一言語として英語を学習している子どもは，早期の語彙において物の名称が優勢である。このことは，韓国語を学習する子どもとは対照的で，彼らの語彙には動詞が早期に現れ，早期の語彙においての割合が高い（Gopnik & Choi, 1995）。同様に，標準中国語を学習している生後21か月児は，名詞と同じくらいの多くの異なる動詞の語彙を持つ（Tardif, 1996）。このパターンは，英語を話す母親に比較して，韓国語や標準中国語の母親の話しことばでは動詞が優勢であることを反映している。

9.2 初期の語結合

大部分の子どもでは，2歳になるまでに単語を結びつけて簡単な発話にすることが見られるようになり，2回目の誕生日までに語結合が非常によく見られる子どももいる。一度に1語しか産出できない時に話していた同一のことの多くについて話すために，初期の多語発話を用いるようになる。子どもの発話の長さは，**平均発話長**（Mean Length of Utterance: MLU）によって測定される。この尺度は，100個程度の発話資料によって算出され，形態素の平均の長さを計算する。1つの単語は1つの**形態素**（morpheme）となることがあるが，子どもが産出した単語が語幹（基本の形）だけでない場合は，1形態素以上になる。したがって，'Baby cry'は2語で形態素は2であるが，'Baby cried'は，語幹の形'cry'にEDの形態素が付加されて過去時制に変形されているので，形態素は3になる。同様に，'Babies cry'はBabyが複数形になっているので形態素は3となる。

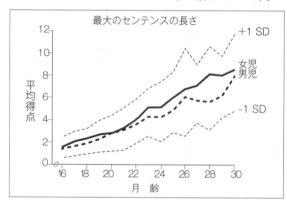

図9-2 太線と太点線は，それぞれの月齢における女児と男児が発話した幼児尺度での最長の長さの平均を示す。点線は男女を合わせた各月齢の±1SDの範囲を示す。フェンソンら（1994）より。The Society for Research in Child Development, Wiley-Blackwellより掲載許可。

マッカーサー乳幼児言語発達質問紙（CDI）により集積された資料は，語と語との結合が最初に始まる月齢は，子どもによってかなり異なることを示している。図9-2は，生後16か月から30か月の子どもが産出した発話の最大の長さを示している（Fenson et al., 1994）。

1文の発話の最大長は，生後16か月で2以下であったのが，生後30か月にはおよそ8にまで上昇する。女児はわずかに男児に先行するが，その差は有意ではない。

子どもの早期の多語構成の先駆的な分析によって，それらの多くが，1つの事象語（event word）といろいろな物の名称が結びついた系統的な構造を持っていることが示された（Braine, 1976）。例えば，'More juice'，'More milk'，'More nana (banana)'のように，'more'と多くの他の物の名称とを子どもは結びつける。あるいは'no'という語を同じように用いる。ブレインは，この系統的な結合を軸語スキーマ（ピボット・スキーマ：pivot schema）と呼んだ。

近年の実験的研究で，幼児はピボット・スキーマに基づいて生産的に語結合ができることが確認されている。このことを示すために，生後22か月の幼児が'wug'といった新奇な物の名前を教えられた（全く馴染みのない語であることを確実にするため意味のない語を用いる）。子どもたちは，'More wug'や'Wug gone'のように，既にあるピボット語（軸語）と結び付けて，この新たな語を使用できた（Tomasello, Akhtar, Dodson, & Rekau, 1997）。しかし，子どもたちは既にあるスキーマに類似した結合以上のことはできなかった。例えば，彼らは，新奇な行為を誰かが行っているのを見ている時に，'Look! Meeking!'と聞かされて，'meeking'という新しい単語を教えられた。子どもたちは，「あなたは何をした」といった質問に答えるのにこの新しい動詞を使用することは非常に難しかった。

トマセロ（Tomasello, 2006）は，早期の語結合は系統的であるけれども，それぞれのピボット・スキーマは独立して働き，子どもはその言語の包括的な文法を持っているのではないと結論づけている。彼は初期の動詞の使用についても同様の主張を行っており，1つの動詞の新しい使用は，古い使用と非常に類似していることを示している。この考えは，新奇な動詞を子どもに教えるという実験結果からも支持されている。子どもは動詞を教えられた形式とは異なる形式の構成で新しい動詞を使用することは一般的にはできない。

これらのことは，子どもは語結合の基礎にある全体的な原理について多く学習しなければならないことと，孤立して別々に持っている知識から文法の幅広い範囲の理解に向けて少しずつ変わっていく

ことを示唆している。

9.3 文法の始まり

　CDIタドラー版尺度（訳注：語と文法版）では，養育者に彼らの子どもの発話の複雑さと長さを尋ねるようになっている。子どもが産出した実際の発話の報告ではなく，2つのセンテンスを示して，子どもが現在話す発話はどちらにより似ているか示すように尋ねるものである。センテンスのペアは，非常に簡単なセンテンスから複雑なものに段階づけられている。この尺度の最も簡単なものは，'two shoe' あるいは，'two shoes' のようなセンテンスを話すかどうかを養育者に尋ねる。最も複雑なものは，'I sing song' か，'I sing song for you' か，あるいは，'Baby crying' か，'Baby crying cuz she's sad' かを決めなければならない。全ての場合においてわかるように，二番目の選択肢がより複雑なセンテンスとなっている。全部で37組のセンテンスがあり，第二の選択肢を養育者が選んだ数によって0から37の得点になる。

　図9-3は，CDIの研究からセンテンスの複雑さの平均得点を示したものである。生後16か月では0であるが，30か月までにほぼ24まで得点は上昇している。センテンスの複雑さにおける急激な増加は，生後24か月以降に生じ，これは大部分の子どもが急速な統語的発達を示し始める月齢であるこ

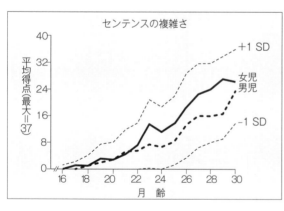

図9-3　太線と太点線は，それぞれの月齢における女児と男児の発話で，親が自分の子どもの通常の発話として，センテンスのペアの選択肢の中からより複雑なほうを選んだ平均文数を示す。点線は男女を合わせた±1SDの範囲を示す。フェンソンら（1994）より。The Society for Research in Child Development, Wiley-Blackwell より掲載許可。

とを示している。図9-3から，女児は同月齢の男児よりもより複雑なセンテンスを産出することがわかる。この差は有意である。

　センテンスの複雑さには2つの要因が寄与している。1つは単一の発話において結合できる語数である。もう1つは彼らが用いる形態的語尾である（文法的形態素）。例えば，'two shoes' は 'two shoe' よりも複雑で，それは前者には名詞に複数のsの形態素が含まれているからである。CDIデータは，子どもの文法的形態素の使用能力の発達も私たちに教えてくれている。

CDIは子どもが早期から習得する傾向にある4つの形態素に焦点を当てている。そのうち2つは名詞を修飾するもので，名詞の複数形のsと，所有のsである。他の2つは動詞の修飾で，進行形のingと，過去時制のedである。CDIデータは，生後16か月ではこれらの文法的形態素の使用はほとんどの子どもに見られないことを示している。2歳ぐらいまでに，大部分の子どもはそれらのうち，2つを使用し，2歳半までに大部分の子どもが4つ全てを使用できた。多数の子どもが2つの動詞の形態素を使用する以前に2つの名詞の形態素を使用した。そして語尾のedはその中で最も難しかった。

全ての名詞の複数形が形態素sの付加によってなされるわけではないし，全ての動詞の過去形がedで終わるわけではない。しかし，子どもはこれらの2つの形態素を使用し始めると，彼らは時にそれらを不規則な変化をする語に誤って適用することがある。例えば，子どもはmousesやteeths（mice, teethの代わりに），また，blowedやcomed（blew, cameの代わりに）というように使うことがある。これらの誤りのパターンは，「過大規則化（overregularisation）」として知られている。

CDIのタドラー版には，一般的な**過大規則化による誤り**（overregularisaion errors）のリストが含まれている（名詞で14，動詞の過去時制で31）。そして，これらのうちどれを子どもが産出しているかを養育者が答えるようになっている。2回目の誕生日の前には，一般に子どもはこれらの過大規則化の誤りをほとんどしない。2歳半までに，対象の子どもの約25%に8またはそれ以上の過大規則化が報告されている。しかし，大部分の子どもは，全45項目のうち，5以下であった。この結果は，他の研究結果とも一致し（Marcus et al., 1992），元々考えられていたよりは，子どもの過大規則化は少ないことを示している。

過大規則化による誤りは，理論的には，子どもが形態的規則への気づきを発達させているエビデンスであるので，子どもの言語発達においては重要であると見られてきた。子どもは，新たに知った形態的規則を，それらが不規則な名詞と動詞であっても，そのまま全てに適用するとよくいわれてきた。しかし，今日では，言語発達の他の側面と同じように，かなり個人によって多様性が見られ，決し

> **KEY TERMS**
>
> **過大規則化による誤り**
> 文法規則が適用されるべきではないところへ，それを適用していく傾向。

て，全ての子どもが過大規則化の段階を通過するわけではない。

9.4　早期の文法理解の実験的研究

　早期の文法理解の研究における重要な発達の1つは，選好注視法が使われてきたことであった。文法理解を調べるために，子どもの正面から話しことばの文を聞かせ，その間，左右のテレビにそれぞれ異なる画面を提示する（図9-4）。話されているセンテンスについて，子どもが何らかの理解をしたら，センテンスで表現された出来事を表す画面の方を長く注視するだろう。

　初期の一連の研究（Hirsh-Pasek & Golinkoff, 1996）では，子どもに，'See? Big Bird's hugging Cookie Monster'（わかる？　ビッグバードがクッキーモンスターを抱いている）といったセンテンスを聴かせ，1つのテレビには，「ビッグバードがクッキーモンスターを抱いている」画面，もう一方には，「クッキーモンスターがビッグバードを抱いている」画面を見せる。テレビ画面に映された出来事の選択は，文法の理解を示すことに関してとても重要である。この例では，両方の画面がセンテンスで述べられている2つのキャラクターを示しており，その名称を単純に理解しているだけでは，'Big Bird hugging Cookie Monster'と'Cookie Monster hugging Big Bird'との区別はできない。もしも子どもがセンテンスに表現された出来事を示す画面を有意に長く注視すれば，彼らはセンテンスと出来事とを結びつけ，テストされている文法的対立（この場合は語の順序）がわかっていることを示しているであろう。

　ハーシュ-パセツクとゴリンコフの研究は，数々の知見を示したが，とりわけ生後18か月児が語順を区別できることを示した（ビッグバードとクッキーモンスターの例のように）（Hirsh-Pasek & Golinkoff, 1996）。しかし，さらに複雑な自動詞と他動詞の使用に見られる対立は（'Look at Cookie Monster turning Big Bird'「クッキーモンスターがビッグバードを転がしている」と'Look at Cookie Monster and Big Bird turning'「クッキーモンスターとビッグバードが転がっている」のように）数か月後まで区別できなかった。興味深いことに，子どもは，初めは馴染みのある動詞だけに関わる「正しい」出来事の選

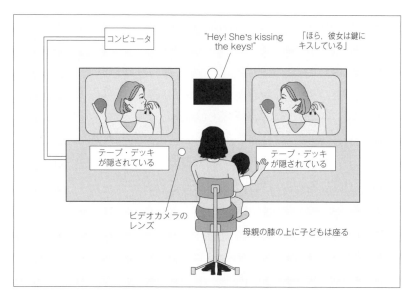

図9-4 実験1からの，感覚間の選好注視法の刺激セットのサンプルを示す。左のスクリーンはボールを前で持ちながら，女性が鍵にキスをしている。右のスクリーンでは，鍵を前で持ちながら，女性はボールにキスをしている。ハーシュ-パセックら（1996）から引用。MIT Press から掲載許可。

択ができることが示され，それは早期の動詞の学習は動詞固有のものであるという考えを支持する（Tomasello, 1992）。この結果は，生後23か月に見られたものだが，子どもは生後27か月までに馴染みのない動詞についても正しい出来事を選好するようになる。

　ハーシュ-パセックらの全体的な結果は，生後24か月までに，子どもは意味を導くものとして統語を使用し始めているが，その半年前の生後18か月では，それはまだ難しいことが示されている。選好注視法を用いたこれらの結果は，生後2年目の終わりに向けて，文法的発達に重要な時期があることを示す他の多くの研究からのエビデンスを支持するものである。

　文法の発達は，就学前期を通して続く。先に述べたように，'ed'や 'ing' のような動詞の語尾の学習は，時制を理解することができる重要なステップである。選好注視法を用いた他の研究では，花を摘んでいるところや，ジュースを飲んでいるところのような4つの馴染みの出来事の2つのバージョンを3歳児に提示した（Wagner, Swensen, & Naigles, 2009）。全ての出来事は演者を用いて録画され，テレビ画面に提示された。出来事の1つのバージョンは，出来事が始まり，それが完結する。これに対して，他のバージョンでは，出来事が画面の中でずっと実行され続けていた。例えば，1つのバージョンでは，演者が場面の中でずっと花を摘んでいる。そして，も

う一方は2秒間花を摘み，その花束を4秒間持っているものである。

　熟知化の試行の後，テスト試行に入り，子どもは並んでいるテレビ画面で出来事の2つのバージョンを見て，'Look, she's picking the flowers'（彼女は花を摘んでいる），あるいは，'Look, she's picked the flowers'（彼女は花を摘んだ）のどちらかを聴く。もしも子どもが'-ing'の形態素が現在行っている出来事に言及することや，'-ed'の形態素は完了した出来事に言及することを理解していたならば，彼らは，適切な画面をより長く注視するであろう。結果はその通りであり，被験者は'picked'を聴いた時には，出来事の完了を映す画面を'picking'を聴いた時よりも長く注視した。

　この最初の研究において，3歳児にかなり馴染みのある4つの動詞が選択された。しかし，言語を発達させるということは，学習したことを馴染みのない語に般化できるようになることである。ワグナーらは（Wagner et al., 2009，実験3）この2つの形態素に関しての子ども理解について他の質問を継続して行った。子どもがいかに動詞の語尾の形の理解をうまく般化できるかについて見るために，ワグナーらは，馴染みのない行為とそれらの行為を言い表す新奇語とを用いた。例えば，1つの行為は，ケーキに青い糖衣をかぶせる，というものである。2つの意味のない動詞は，'geed'と'krad'であった。それぞれの動詞の語尾に'-ing'または'-ed'が付加された。実験1のように，子ども（平均月齢，29か月）は初めに実験1からの馴染みの出来事を見る熟知化の試行を示され，そして新奇の出来事を示された。子どもたちは，無意味な動詞を進行形（つまり行為が継続している）と過去形で聴いた。

　テスト試行での子どもの注視パターンの分析からは，馴染みの行為に関しては実験1と同様に対応する画面の方を長く注視した。重要なのは新奇動詞の比較である。注視時間の違いが子どもの語尾の理解に帰することを確実にするために，熟知化の試行中に聴かなかった動詞の形式，'geeded'，'kradding'の注視パターンを主たる分析では考慮に入れた。分析結果は，研究の二条件では，'geeded'を聴いた時に完成された行為のほうを長く注視し，'kradding'を聴いた時には，進行しているほうを長く注視した。異なる行為を用いている他の2つの条件では，2つの動詞の形式に注視パターンに

おける違いはなく，子どもは継続している行為のほうを選好注視した。

これらの実験は，2歳半頃に子どもは英語の動詞の形態素の意味が理解できるようになることを示している。しかし，この早期の年齢での理解は不安定で，馴染みのある動詞に強いということも明らかである。このパターンは，言語発達は，多くの早期の発達のように，初めは馴染みの事例から般化されていくというより全体的な視点を説明するものである。

9.5 特異的言語発達障害（SLI）

特異的言語発達障害（specific language impairment: SLI）は，言語スキルが非言語的知能の水準から期待されるよりは劣る場合に用いられ，自閉スペクトラム症のような広汎性発達障害や聾等の他の原因では説明できない言語障害をいう。本書で述べる他の発達障害と同じように，多くの異なる障害のパターンが見られる。SLIの子どもの中には，話しことばの理解と産出の両面において困難さが見られる子どもがいる。また，子ども自身の話しことばよりも，むしろ他者の言うことの理解に主たる問題がある子どももいる。理解や統語の産出は良いが，言語の社会的側面の理解が乏しい子どもも見られる。

SLIを持つ子どもを特定する厳密な基準は多様であるが，一般的な原則は，言語課題における遂行成績が期待されるよりも低いという不均衡さ（discrepancy）である。ICD-10としてよく知られている世界保健機関（WHO）の診断基準（1993）では，この不均衡は，言語成績が非言語的IQよりも1SD低いか，生活年齢より2SD低いかである。この診断基準によると，SLIの出現率は3％から6％で，男児と女児の比は3：1から4：1である（Hulme & Snowling, 2009）。

多くの縦断研究では，SLIと特定された子どもを追跡している。大部分の子どもは学齢の早い時期にSLIと認められている。これらの子どもの中には時間的経過とともに早期の言語の困難さが回復する子どももいるが，かなりの数の子どもでは問題が続いている。4

> **KEY TERMS**
>
> **特異的言語発達障害**
> この用語は，非言語的知能の水準から期待されるよりは言語スキルが劣る場合に用いられ，自閉スペクトラム症のような広汎性発達障害や聾等の他の原因では説明できない言語障害をいう。

KEY TERMS

併存症
2つまたは，それ以上の障害が同一の個人に見られること。例えば，特異的言語発達障害 (SLI) は，他の発達障害と共に見られることがよくある。

歳の時に話しことばと言語の困難さを持つ87例の子どもの研究で，初期の分類ではSLI（非言語的IQは正常範囲だが特定の言語の困難さを持つ）か，非言語的IQの障害と話しことばと言語の障害とを併せ持つもの，のいずれかに分類されていた (Bishop & Edmundson, 1987)。18か月後，2つのグループにおいて，より異なるパターンが見られていた。SLI群のほとんど半数は (44%)，4歳での言語的困難さは解決していた。しかし，より全般的な遅れが見られた子どもで言語の問題が解決したのは11%に過ぎなかった。

追跡研究で，元の87例のうち83例が8歳の時に再評価された (Bishop & Adams, 1990)。言語の困難さが解決した子どもの多数は，2回目の評価においても結果は良く，良い口頭言語と読みのスキルを持っていた。しかしながら，興味深いのは，このグループは文法の理解と社会的理解をそれぞれ評価する2つの口頭言語理解の尺度において，軽度の困難さを示したことである。このことは，これらの子どもは良い非言語IQを持ち，自分の言語的困難さを大幅に補うことができ，その結果，日常の話しことばからは明らかでない非常に軽い問題を持っているだけであることを示唆する。

18か月後に彼らの言語的困難さが解決していなかったSLI群の子どもは異なるパターンを示した。彼らの口頭言語スキルと読みの能力，特に読みの理解は，生活年齢から見て有意に遅れていた。5歳6か月において全般的な遅れのあった子どもは，行われた全ての言語と認知検査に重い困難さが引き続いて見られ，最も重大な問題を示した。

SLIはしばしば他の発達障害と併存する。これは**併存症** (comorbidity) として知られている。SLIとディスレクシア (dyslexia)（第13章参照）との間にはかなりの併存症が見られる。また，SLIと発達性協調運動障害 (Developmental co-ordination disorder: DCD) の間にも見られる。ビショップとエドムンドソンの研究が示唆しているように，多くの子どもでは言語の困難さと全般的学習障害にも関連がある (Bishop & Edmundson, 1987)。最近の研究 (Botting, 2005) では，幼児の時にSLIの診断基準を満たす子どもの中に（言語的困難さはあるが，非言語IQが正常範囲であるということで），年齢が上がるにつれ，非言語性IQの低下を示す子どもがいることが

示されている。

　SLIと他の障害との併存症のさまざまなパターンは，言語の障害が，子どもが重篤かつ広汎な発達障害を経験していることがよくあることを示唆している。ヒュームとスノウリングは正しく結論づけ，「特異的言語発達障害の厳密な基準を本当に満たす子どもは非常に少ないであろう」と言っている（Hulme & Snowling, 2009）。

　近年のSLIの基礎となる遺伝子要因に関するエビデンスでは，複雑な要因が関与していることが示されてきた。SLIはかなり遺伝的障害であることが折りにふれはっきりとしてきた。一卵性双生児では，単一の受精卵が分裂して発達するので，遺伝子は同一であり，かなり高いレベルでのSLIの一致が見られる。言い換えれば，もしも一卵性双生児の一人にSLIがあれば，もう一人のほうもSLIであるか，あるいは非特異的言語発達障害（つまり，言語障害と低い非言語的スキルを持つ）がある可能性は非常に高い。二卵性双生児における一致性の割合は，きょうだいとしての遺伝子の類似性と同程度で，かなり低い（Hayiou-Thomas, Bishop, & Plomin, 2005）。

　より詳しいレベルで，双生児の研究は，広範囲の言語的能力が遺伝子の要因によって影響を受けているらしいことを示している。興味深いのは，音韻や統語に比べて語彙はそれほど影響を受けない。全体的に，表出言語の障害は受容言語スキルよりも遺伝子の影響を受けやすい（Hulme & Snowling, 2009，レビューより）。

　ここ10年ぐらいの間に，言語発達に影響する多くの遺伝子の突然変異がわかってきており，SLIの遺伝子的要因の複雑さについてのエビデンスが提示されている。最初に1つの例が見出されたのは，KE家族として知られているイギリスの3代にわたる大家族が言語の問題の既往歴を持つとわかった時である（Lai, Fisher, Hurst, Vargha-Khadem, & Monaco, 2001）。話しことばと言語の問題を持つ家族の全てのメンバーは，FOXP2と命名される7番目の染色体の突然変異があることが分析によってわかった。家族の他のメンバーにはこの突然変異が見られなかった。その家族の継続的な調査によって，彼らの話しことばと言語の障害は，顔や口の運動的コントロールの問題を伴う稀な例であることが示された。そして，FOXP2の突然変異は，より典型的なSLIのパターンを持つ子どもにおい

> **KEY TERMS**
>
> **FOXP2遺伝子**
> 人間の遺伝子の中でこの遺伝子の突然変異が話しことばや言語の障害をもたらす。

ては見出されていない（Hulme & Snowling, 2009）。

FOXP2遺伝子について，もう1つ述べておかねばならない点は，それは人間に特有のものではなく，例えば，ネズミにおいても見られ，その形はほとんど同一である。ネズミは言語を持たないので，FOXP2遺伝子がどんな単純な形であれ，言語に関わっているわけではないことは明らかである（Fisher, 2006）。さらに，研究によって，FOXP2は，言語にとって重要な発達的経路であると同様に，胎児の心臓，肺，消化器官の発達にも関わっていることが示唆されている。フィッシャーは次のように述べている。「FOXP2は発達における（たぶん成人期においても）多くの役割を持つ十分に保護された調節遺伝子であり，全ての哺乳類で，中枢神経系（CNS）のいくつかの領域のパターン化の機能に影響しているようである」（Fisher, 2006, 288頁）。

SLIの子どもや成人の研究から，「言語のための単一遺伝子」という考えは正しくないように思われることは今日明らかである（Fisher, 2006）。それに代わって，言語発達や言語障害に関係する多くの異なる遺伝子があるように思われる。現在までのところでは，4つの可能な染色体部位が特定されてきており，さらなる研究によってより多くのことが発見されそうである。

9.6 言語障害と言語的不利

言語発達に関して，最後にふれておかねばならないことは，言語障害と言語的不利との違いである。先に私たちは，言語スキルの発達に特異的な困難さを持つ場合と，言語能力に影響を与えるより全般的な遅れの場合について考えた。この章の最後に言語発達は社会的要因からいかに影響を受けるかについて考える。

アメリカ合衆国でのSLIの出現率についての広範囲な研究において，トンブリンとその共同研究者は，全体的には7％であると報告している（Tomblin, Records, Buckwalter, Smith, & O'Brien, 1997）。しかし，民族集団によって，出現率は変化し，ネイティブアメリカンやアフリカ系アメリカ人の子どもでは高く，ヒスパニックや白人の子どもでは低い。興味深いことは，アジア系の共同体では，SLI

のケースが1件もなかったことである。トンブリンらは，SLIは養育者の教育や収入レベルの低いグループにおいてより見られると彼らの結果を解釈している。しかし，また，ロイらが近年指摘しているように，別の解釈も可能であり，彼女らは，社会経済的状態（Socio-Economic Status：SES）が低い世帯で育つ子どもは，より言語的不利のリスクがあることを指摘している（Roy & Chiat, 2012）。言い換えれば，社会経済的状況が低い群の子どもに乏しい言語能力がより見られることについて，遺伝子的により影響を受けやすいというよりも，社会的条件――厳密にいうと貧弱な言語入力――から生ずるとロイは見ている。

　ロイらは，不利な共同体で育つ子どもは言語入力と経験が減少される特別なリスクにあると述べている（Roy & Chiat, 2012）。彼らは，お話を聞いたり，本や多様な会話の豊かな経験を持つことが少ないようである（Tizard & Hughes, 1984）。ロイらは，SESが低いグループと，中間・高いグループに分けて就学前の子どもの言語評価を行った。2つのSESグループでSLIの出現率に統計的に有意な差がなかったが，低SESのグループでは，「遅れ」と分類される話しことばの問題の出現率がより高かった。これらの子どもの評価をした言語聴覚士は，低SESのグループの子どもの何人かの自発的な話しことばは，理解が難しかったと報告している。また，関連して，2つのグループで見られた差は，低SESグループの子どもの40%が無意味な語の反復に困難さがあり，中間・高SESのグループの子どもでは10%以下であった。無意味な語の反復は語の新奇な音のつながりの記憶と再現を必要とするので，そのような困難さは，子どもたちの音韻的表象が乏しいことを示している。

　就学前期の音韻的スキルの乏しさは，言語の問題の継続と後になってからのSLIの診断をしばしば予測するものである。それにもかかわらず，ロイらは，低SESの背景を持つ子どもの多くの言語的スキルは時間とともに追いつくことを見出しており，彼らの言語発達は単なる遅れであったことを示している。彼女らは，低SESのグループの子どもは，高SESのグループの子どもよりも言語の遅れを示す傾向があり，不利な環境で育つ子どもが最適な言語入力を受けることを確実にすることの重要性を主張している。

9.7 まとめ

　子どもの言語理解や産出に関する理論は，有用に内側から外への理論と外側から内への理論に分けられる。内側から外への理論（生得主義）は生得的な言語能力と言語に特殊な学習を強調し，一方，外側から内への理論は経験の役割や普遍的な目的の学習メカニズム（統計的学習のような）を強調する。言語生得性の主要な支持者はチョムスキーとピンカーである。チョムスキーは，生得的な原理と，最小限に特定の言語にふれることによって設定されるパラメータについて述べている。ピンカーは，名詞や動詞のような文法的な語類の生得的認識について，「ブートストラップ」する文法発達として述べている。また，ブルーナーのような別の理論では，言語への跳躍板を提示しているとして，子どもの言語経験（社会的文脈も含めて）の重要性を指摘している。子どもの言語発達と言語入力（言語的な誤りのフィードバックも含めて）との関係に関する研究は，子どもの言語経験が言語発達に重要であることを示唆している。

　子どもの言語発達の速度はかなり多様である。この多様性は，初語が見られる月齢にあるように，語結合の出現においても見られる。早期の語結合では，ピボット・スキーマと呼ばれているような特定のパターンが見られる。しかし，語を結合する能力は初期においては限られ，個別化されているが，最終的には，文法的規則となる非常に一般的なスキーマを使用するようになる。

　文法能力は，'mouses' や 'blowed' といった過大規則化による誤りを示しながらも2歳過ぎから確実に増加する。これらの誤りは，子どもが彼ら自身の文法的規則を構築しているエビデンスであると考えられてきた。言語の生得主義者は，これらの規則を，生得的制約から出現すると考えているが，非生得主義者は統計的な学習から生じるとしている。

　センテンスにおける文法的構造に対する意識の発達と，特に 'ing' や 'ed' の形態的な語尾の理解は，子どもにとって新しい語の意味を考えるのに役立つ。特異的言語発達障害（SLI）のある子どもでは，このような語尾の形態の理解に困難さが見られる。SLIは，言語能

力とIQとの発達の不均衡として定義される。その重症度については多様であり，軽いケースでは，早期の言語における問題は学齢までに改善している。重いケースでは，言語の問題は学齢期を通して見られ，ディスレクシアや発達性協調運動障害などの発達障害との併存症が見られる。

　遺伝子の近年の研究では，表出言語の障害は受容言語に比して，遺伝子の影響をより受けやすいことを示唆している。7番目の染色体のFOXP2の突然変異は，SLIの主なリスク要因であるといわれてきたが，その後の研究では，言語の単一の遺伝子はないことが示され，多くの異なる遺伝子が子どもの言語発達に関係していることが示されてきている。社会的要因も子どもの言語発達に影響し，お話を聴くことや，読書の機会が少ない世帯で育つ子どもは言語発達が遅れるリスクがある。

参考文献

Roy, P., & Chiat, S. (2012). Teasing apart disadvantage from disorder: The case of poor language. In C. R. Marshall (Ed.), *Current issues in developmental disorders* (pp. 125–150). Hove: Psychology Press.

Saxton, M. (2010). *Child language: acquisition and development*. London: Sage.

Tomasello, M. (2006). Acquiring linguistic constructions. In D. Kuhn & R. S. Siegler (Eds), *Handbook of child psychology Volume 2* (pp. 255–298). Hoboken, NJ: Wiley.

質問に答えてみよう

1. 言語発達理論について，内側から外への理論と外側から内への理論の主な違いについて概説し，それぞれの例を1つあげてみよう。
2. 早期の言語発達に見られる「過大規則化の誤り」とは何か。子どもの言語発達過程における可能なメカニズムについて，それは何を示しているのだろうか。
3. 子どもが語と語とを結びつけ始めるのはいつごろか。どのようにして語結合の発達を評価することができるか述

べてみよう。
4. 幼児の言語理解について，実験的研究が明らかにしたことは何か。
5. FOXP2遺伝子は，どの程度まで言語遺伝子として説明できるだろうか。
6. 子どもの言語をよりよく発達させる要因は何か。

CONTENTS

10.1　友情と交友関係
10.2　社会的問題解決
10.3　性役割の発達
10.4　自己の理解
10.5　遊び，想像，ふり
10.6　信頼の発達
10.7　まとめ

第10章

就学前期の社会性と情動の発達

> この章によって読者は以下の点がわかり，説明できるようになる。
> - 就学前期の子どもの友達関係の発達について理解し，仲間との良好な相互交渉の基礎となる重要なスキルについて説明できる。
> - なぜ，どのように，就学前期の子どもが性差についての気づきを増していくのかについて説明できる。
> - 子どもの自己理解が実験的にどのように評価できるかを述べることができ，そのような実験が示していることを説明できる。
> - ふり遊びの発達的意義について理解できる。
> - 信頼できる情報の源として誰を信頼するかという知識は，なぜ学習にとって価値があるのか説明できる。

先に乳幼児期の社会的発達について議論したが，主に本章では，二者の相互関係，つまり，子どもの他の誰か一人との二者の相互交渉に焦点を当てる。それは，早期の時期には，多くの社会的相互交渉の多くが一人の他者に関係し，しばしば，その他者が成人または年長の子どもであるからである。2歳から5歳にかけて，仲間との時間の量が増加するにつれて，相互交渉のパターンに重要な変化が見られる。他の子ども，最初知らなかった子どもと過ごす時間が増え始め，子どもたちは，小さな集団に関わることも多くなる。

10.1　友情と交友関係

就学前期には，多くの子どもたちは遊びのグループや保育所などでの仲間との接触を始める。就学前期の初めでは，誰か一緒に遊ぶ人がいるということが友達という概念と密接に関係している。確かに遊びのスタイルの適合性が，どの子どもと時間を過ごすかといっ

たことの決定に重要な構成要素になっているように思われる。一般に，就学前期の子どもは自分にいくらか類似した子どもに引きつけられ，行動面での類似性に加えて，同じくらいの年齢で同性の遊び相手を選択する傾向にある（Dunn, Cutting, & Fischer, 2002）。

　3歳半頃までの子どもは，友達と，知ってはいるが，友達として選択しなかった他の子どもに対しては，異なって振る舞う。彼らは，友達とは，より社会的交渉を取り，自分から相互交渉を開始し，より複雑な遊びをする。彼らは，友達でない子どもよりも友達の子どもに対して，協同などを含むより肯定的な社会的行動を示す（Dunn et al., 2002）。この早期の年齢でも友達関係の重要な構成要素は相補性である。二人の子どもが自分から互いに友人として選んだ場合では，より多くの時間を一緒に費やすようである。就学前期を通して，友達関係はより相補的になる。

2歳から5歳の間に子どもは他の子どもと関わる時間が多くなる。小集団で関わることが多い。

　友達関係は，就学前期には変わりやすく，ハータップと彼の共同研究者による研究では，他の仲間よりも友達同士のほうが，より葛藤があることを示している（Hartup & Laursen, 1992）。多分，これは，友達でない子どもよりも，友達と一緒の時間が長いからであろう。しかし，ハータップらの研究は，友達のほうがそうでない子どもとよりも，葛藤の解決において，話し合ったり互いに離れたりすることをより多く行うことも示している。そして，葛藤は相互に満足できるように解決されるようである。このことは，葛藤が解決された後，互いに友達の子どもは，親しさを保ち，関わり合いを継続するが，友達でない子ども同士の争いは，大抵は別れて終わるという研究結果にも見られる。友達関係については，第14章で学齢期の友達関係の発達についてさらに詳しく述べる。

　全ての子どもが就学前期に相補的な友達関係を持っているわけではない。約25％の子どもは，お互いに選んだ最良の友達を持っていない。一人またはそれ以上の友達を持つことに関する要因はたく

KEY TERMS
自己統制 感情的行動や感情レベルを自分からコントロールする能力。

さんある。これらには，社会認知的，情緒的成熟が含まれる。近年のロウズ-クラスナーらのレビューでは，仲間との相互交渉が上手くいき，友達関係を作り出し，維持する能力の基礎となる重要な3つのスキルが特定されている（Rose-Krasnor & Denham, 2009）。それらは，自己統制，社会的問題解決，そして，向社会的行動である。

自己統制

自己統制（self-regulation）は，興奮と情動的反応のレベルを能動的にコントロールする能力である。自分の行動を統制し，社会的に適切なマナーで反応する能力は，社会的能力を伸ばし，社会的問題を避けるためには重要なスキルである。最も一般的な社会的に望ましくない行動の1つは身体的攻撃である。これは最初に乳児期に，興味のある対象を横取りしたり，子どもの個人的空間に侵入したりする他の子どもへの反応として現れる。生後12か月までに，乳児は仲間のそのような挑発に抵抗や身体的仕返しによって反応する。生後21か月の子どもについて，実験室での15分間だけのグループ観察で，87％の子どもが少なくとも1回の他の子どもとの争いに関わっていた（Hay & Ross, 1982）。

子どもの自己統制能力は，自分の行動の原因や結果についてよりわかるようになるよちよち歩きの時期を通じて有意に増加する（Wigfield, Eccles, Schiefele, Roeser, & Davis-Kean, 2006）。この理解の伸びは，ある程度は子どもの認知発達とともに発達するが，幼児が自分の行動を統制できることに養育者が重要な役割を持っている。子どもの自律性を全体的に育てるだけではなく，間接的な指示や，理由を示して指示に従う気にさせることなどを含む肯定的な子育ては，自己統制の発達を支えるものである。自律性を支えること，すなわち，幼児に独立して行動し，どのように行動するかを自らが選択することを促すことは，自己評価を高めることを含め，全体によい影響を与えることが示されてきている（Grolnick, Gurland, Jacob, & Decourcey, 2002）。

しかし，自己統制能力にはかなりの個人差があり，それは遺伝子的な起源や，養育者の子育ての影響によるものと思われる。例えば，フラストレーションが生じた時に高い苦痛と抵抗を示した生後

18か月児は，彼らの母親が肯定的な子育てができていなければ，生後24か月時にも同じように振る舞う傾向があったが，母親が十分に肯定的な子育てができていれば，彼らはそのようにはならなかった（Calkins, 2002）。子どもは効果的な自己統制の方略を他者から学習するので，養育者の1つの重要な役割は，よい自己統制のモデルを提示することである。最初，子どもは成人のモデルをよく真似る。しかし，時間とともに，大人のモデルに頼らないことを次第に覚え，自分の目的に合った上手くいく方略をかなり柔軟な形で用いることができるようになっていく（Wigfield et al., 2006）。

10.2 社会的問題解決

　子どもが社会的に上手くやっていけて，他児からも好かれるようになるには，社会的問題解決が上手くできるようになる必要がある。幼児はさまざまな状況で自分の仲間に出会い，複雑な社会的情報を処理することを学習しなければならない。社会的情報の処理には，社会的状況を取り入れ，分析することや，社会的目的の設定，そして，これらの目的達成のための計画の作成と遂行など，さまざまな多くの構成要素が含まれている。社会的問題解決のスキルを高めることを目的とした研究では，よりよいスキルが社会的行動を改善することにつながるとしている（Rose-Krasnor & Denham, 2009）。

　社会的問題解決の発達に関する多くの研究は，攻撃的な子どもとそうでない子どもとの違いに焦点を当ててきた。例えば，就学前期の攻撃的な子どもとそうでない子どもの比較によって，彼らが好む手段の型と彼らの社会的目的の両方における違いがわかった。攻撃的な子どもは，出しゃばることを好み，目的としては他児の行動を妨害したり，止めさせたりする傾向があった。それに対して，攻撃的でない子どもは，目的として他の子どもについての情報を集めることと，関係を促進することに関心を示した（Neel, Jenkins, & Meadows, 1990）。社会的情報の取り入れ方にも違いがあり，攻撃的な子どもは，他の子どもの社会的手掛かりを解釈するのが苦手である（Rose-Krasnor & Denham, 2009）。

KEY TERMS

向社会的行動
共有する，支援する，世話をする，同情するなどの利他的な行動。

向社会的行動

向社会的行動（prosocial behaviour）は，自発的な行動で，他者を助けようと意図するものである。学校に入れば，他の子どもへ向けられた思いやりのある行動は積極的に勧められるもので，それは，通常，その学校の理念の一部となっている。しかしながら，学校で向社会的行動を取るようにはっきりと勧められるよりもずっと以前から，子どもは，例えば，おもちゃや食べ物を共有したり，泣いている子どもを慰めたりするなど，他者に対して親切な行為をすることは示されている。就学前には，子どもの向社会的行動と養育者のそれとの関係を想定することは当然である。子どもが家族の中で占める位置によっても向社会的行動に興味深い違いが見られる。

実験室における向社会的行動の研究は，社会的モデリングについて検討してきた。子どもは，モデルがゲームの賞品を他の子どもに譲るような向社会的行動を行うのを見る。そして，その子ども自身の行動がモデルを見なかった統制群と比較された。これらの研究の結果は，寛容で他の助けになるモデルを観察した子どもは，自分たちも寛容で他の助けになるという結論であった（Eisenberg, Fabes, & Spinrad, 2006）。全ての大人が等しく良いモデルというわけではないが，就学前の子どもは，長期にわたって彼らのことを気にかけてくれる大人の向社会的行動をモデルとする傾向が高い。そのため，就学前児にとっては，養育者が他者との相互交渉の重要なモデルを提供することになる。このことは自己統制の議論のところで既に指摘したことである。

年下のきょうだいがいる就学前の子どもは，他者の世話をする理想的な機会を持つ。出生順位は重要である。というのは，年上のきょうだいはしばしば彼らの年下のきょうだいの世話をするように促され，そして，これらの世話から，今度は年下のきょうだいが協同的になることを学習する。年下のきょうだいがいる就学前の子どもは，きょうだいが苦痛の徴候を示すと慰めることがよくあるだろう（Howe & Ross, 1990）。また1，2歳であっても，きょうだいに対して向社会的行動を示すことがわかっている（Dunn & Kendrick, 1982）。姉である女児は，特に向社会的行動をする傾向があること

をいくつかの研究が見出している（Eisenberg et al., 2006）。興味深いのは，新たに生まれたきょうだいへの年上のきょうだいの世話の態度は，母親の赤ちゃんの誕生の準備によって強く影響を受けることである。ダンらは，母親が年上のきょうだいと赤ちゃんの感情や必要としているものについて話すと，きょうだいは赤ちゃんに対して，より心豊かな配慮をするようになることを示している（Dunn & Kendrick, 1982）。赤ちゃんの誕生で生ずる肯定的で，かつ慈しみのある態度は持続する傾向があり，誕生後の行動は3年後の向社会的行動を予測するものであった。このような結果は，幼児の向社会的行動への養育者の影響が重要であるという見方の基になっているものである。

10.3 性役割の発達

　就学前期は，子どもが性への意識を示し始める時でもある。子どもは3歳までに，正確に子どもの性を区別でき，同性の子どもに対して肯定的なひいきを既に示している。この好みの偏りは，遊び相手や友達の選択や，自分と仲間との類似性の知覚にはっきりと現れる。例えば，最近の1つの研究では，5歳児に，自分が5人の男児と5人の女児のどちらに似ているか判断を求めた（Bennett & Sani, 2008）。初めは，クラスの一人の子どもの名前を言って，その子と似ているか違うかを尋ね，もしも，「はい」と答えたなら，「少し」「かなり」「非常に」似ているか，違うかを尋ねた。それぞれの子どもは，個別に，それぞれの名前を挙げられた級友と，「似ている」と「異なる」の質問を受けた。5歳児は一貫して同性の級友を異性の級友よりもより彼らに類似していると判断した。興味深いことに，類似性を感じることは，実験に参加した7歳児よりも強く，10歳児では性によって判断は異ならなかった。

　他の研究では，就学前の子どもの選好を間接的に人形との演技によって確かめている（Kurtz-Costes, DeFreitas, Halle, & Kinlaw, 2011）。この研究では，同性の選好を調べることに加え，同じ人種の選好を調べている。研究協力者は全て女児で，3歳と5歳，そして白人と黒人であった。彼らは，パーティーゲームを行うように人形を並べ，

指人形の席順を決め，軽い飲み物やパーティーの景品を配って，人形の誕生パーティーを計画するように言われた。人形の性別と人種はそれぞれ異なり，子どもと類似した皮膚の色合いの男，女の2体と，皮膚の色合いの異なる男，女の2体である。これら4体の人形のそれぞれへの好みは，いろいろある中で，ゲームに参加させる順序や食べ物の量，与えられるパーティーの景品の数によって測定された。白人の女児は女性で白人の人形を最も好んだが，黒人の女性の人形と白人の男性の人形とを区別しなかった。このことは，同一の性，同一の人種への選好というクァーツ-コステスらが想定した結果のパターンであった。しかしながら，黒人の女児の間では，異なるパターンが見出された。彼女らもまた，白人の女性の人形を好み，黒人の女性の人形が好まれることが少なかった。しかし，黒人の女性の人形は黒人の男性の人形よりも好まれた。想定通りではないけれども，このパターンは，「どの人形が一番あなたに似ている？」という質問の時に，黒人の3歳児が多くの割合で女性の白人の人形を選択したことと一致する。黒人の女児が同一の人種の人形よりも同一の性を好む傾向が見られたが，白人の女児は，人種と性の好みを同じように示した。

　人種に関係した選好のパターンの意味することを正確に確かめることは難しく，著者らは，これが黒人の幼児が白人の人々を好むというエビデンスと考えることに慎重であるように警告している。人形の多くは白人で，このような選好のパターンは，人形に限られたことであるといえよう。明らかなことで，他の研究と一致することは，同一の性を好むことは既に就学前期に十分に確立されているということである。

10.4　自己の理解

　就学前の時期は，他者との相互交渉について学習するのと同様に，自分自身についての理解の発達も継続している。第6章で述べたように，2歳になるまでに，自分自身の映った像を見ると，顔に軽く塗られた口紅を取り除く。このことは，2歳までに子どもは自分の像を認識できることの1つのエビデンスであると理解されてき

た。しかし，最近の研究では，自己認識の過程は，子どもが時間を超えてアイデンティティ（自己同一性）が連続していることを学習し始める就学前期を通して発達することが示されている（Povinelli & Simon, 1998）。

　ポヴィネリとサイモンは，1週間の間隔をおいて連続して子どもを2回調査した。最初の訪問では，一人の実験者が子どもの頭にこっそりとステッカーを付け，それから子どもがいつもと違うゲームをしているところをビデオ録画した。そして，子どもに気づかれないようにステッカーを取り去った。1週間後の訪問では，同じ子どもが，前の訪問時と明確に違った位置で，前と異なるゲームをしているところを録画した。そして，また，子どもの頭にこっそりとステッカーが付けられた。それから，3分遅れて，半数の子どもには前回の訪問で撮られた録画を見せ，もう半数の子どもには3分前の録画を見せた。2回の訪問で，異なる位置と異なるゲームを選択したことのポイントは，2回の訪問が簡単に区別できるようにするためである。

　少し遅れて，4歳児と5歳児では（3歳では見られなかった），数分前の録画を見せられると，自分の頭からステッカーを取り除こうと手を伸ばした。しかし，以前の訪問のビデオを見せられると，ステッカーを取ろうとはしなかった。4歳，5歳児は，第一人称代名詞 'me' や自分の名前を使ってビデオの映像について話すことが多かった。対照的に，3歳児は，彼らは自己の連続性について認識していないことを意味するように，ステッカーは「あの子の頭の上にあった」と言った。このことは，2歳までに，自分の行為と鏡の中のそれとの間の空間—時間的な近接性を頼りに，鏡に映る自分自身についてわかるようになることとは，非常に対照的である。

　3歳児は，直前の遊びのビデオ録画を見た時も，1週間前の遊びのセッションの録画を見た時も同じようにステッカーを取ろうとする。このことは，ビデオ録画の自分を認識しているが，最新の記録と一週間前の記録とを区別する位置やゲームといった文脈的情報を考えていないことを示唆する。彼らは以前のイメージも最新のイメージも同じものとして扱う。

　一連の発達的変化は，2歳と5歳の間の遂行におけるこれらの違

> **KEY TERMS**
>
> **象徴遊び**
> ピアジェは，あるものを他の物に見立てる象徴遊びは，想像の世界での実生活のリハーサルの役割を果たしていると考え，象徴遊びの3段階の理論を展開した。

いの基礎にある。既に述べたように，子どもは2歳までに鏡の自分の像（および写真）を認識できる。しかし，3歳であっても遅延視覚的フィードバックにおいて，現在の自分と過去の自分との関係づけが難しいところがある。後者の状況では，子どもは，現在の自分と過去の自分を同時に知覚することが要求される。現在の自己と過去の自己とを関係づける能力は，まだ3歳では十分に発達していない（Povinelli, 1995）。年長児が「今経験している私」と「その時経験している私」とを結びつけることができる「二重の自己」は，3歳児では欠けている。そのような自伝的自己は4歳になって現れる。この年齢では，現在とすぐ前の過去の自己の状態を同時に考えることができる。そして，以前の自己の状態を現在の状態に関係づけることができる。このように，就学前期の終わり頃までには，一貫した自分自身の見方が発達してくる。

10.5 遊び，想像，ふり

　乳幼児期には，ふりは主として物での遊びにおいて繰り広げられる。しかし，就学前期には，ふり遊びはますます重要になり，精緻化された活動になる。ふり遊びは認知活動として分類されるのが普通である。その通りであるが，見逃されていることは，多くのふり遊びは社会的でもあるということである。幼児はふりを「共有」し，そこでは，自分や遊び相手が現実から想像的世界へ入り込む。このような視点からは，ふり遊びは重要な社会的活動と見ることもできる。

　ふり遊びの認知的重要性が伝統的に強調されてきた1つの理由に，ピアジェの重要で影響力のある説明が関係している。ピアジェは，彼の3人の子どもの幼児期の遊びについて幅広い観察を行った（Piaget, 1952）。いくつかの観察例について以下に述べる。ピアジェは，例を用いて**象徴遊び**（symbolic play）として記述している段階を強調している。しかし，ピアジェの観察例を注意深く読めば，子どもの想像的遊びはしばしば複雑な社会的相互交渉の一部であることがわかる。このことは，ポール・ハリスが強調する側面であり（Harris, 2000），本節の終わりにふり遊びの重要な側面についてもう一度考えたい。

ピアジェは，大きな影響を与えた彼の著書『子どもの遊び，夢，模倣』(*Play Dreams and Imitation in the Child*, 1962) において，乳児期の身体的遊びと早期の幼児期からの象徴遊びとの区別を強調した最初の人である。彼は象徴遊びの発達を乳児期から7歳頃まで追跡した。象徴遊びには，ふりの要素が常に含まれるが，ふりの複雑さや抽象化は，年齢とともに増加する。象徴遊びは，初めはピアジェが彼の娘のジャクリーヌの既に見た行為の模倣の観察例を挙げているように，物に関わって展開されていく。ジャクリーヌが生後22か月の時に，彼女は貝殻で床を擦り，その後，段ボールのふたで擦った。それは彼女が既に見た掃除人が床をごしごし擦ることの模倣であった。

　子どもが発達するにつれて，物が関わらない，より複雑な象徴遊びに子どもは取り組むようになる。ピアジェは，もう一人の彼の娘，ルシアンヌが4歳の時に，じっと立って，鐘の音を真似ていた様子を記録した。ピアジェは，その音を止めさせようとして，彼女の口を手で押さえた。ルシアンヌは怒ってピアジェを押しのけ，「やめて，私は教会なの」と言った。物での遊びは，ますます想像的になる。3歳半の時に，ジャクリーヌは松葉で想像のアリの巣を作り，想像の家具，アリの家族，そして，地下貯蔵庫にマカロニを備えた。

　ピアジェは，時間とともに象徴遊びは次第に整然となり，ここで例を挙げて考えてきたように，現実の正確な模倣への欲求が大きくなると述べている。象徴遊びに関わるものの社会的役割は，ますます補助的になる。ピアジェの観察例では，4歳半のジャクリーヌが，彼女と妹のルシアンヌが彼女らの友達であるヨゼフとテレーズのふりをすることを決めた。遊びの中で，ジャクリーヌは役割を交替し，彼女がテレーズでルシアンヌがヨゼフとなった。遊びは食事の光景と他の想像的な活動へと続いた。この年齢での子どもは，保育所で教えられているようなこと，買い物に行くこと，病院に行くことなど日常的活動を真似することにかなりの時間を使う。

　ふり遊びに，就学前期における重要な役割があるとすると，ふりにどのような働きがあるのかを問うことは当然である。どうして子どもはふりを楽しむのか。どうして，年齢とともに手の込んだ遊びが増えていくのか。ハリスは，ピアジェはふり遊びを思考の未成熟

就学前のふり遊びは重要な役割を果たしている。この遊びは，現実と想像の世界の境界を広げて想像の世界へ入って行くというだけでなく，相互に信念を一時的に保留して，遊び仲間と遊ぶというところに幼児にとっての価値がある。

さとしてとらえ，それは最終的には，論理的思考に道を譲ると考えていた点を指摘している。彼は，まず，ピアジェが観察したように，ふり遊びは乳児期の終わりまで現れないということを思い起こすことから始めて，非常に異なった理解を示している。その時までに子どもは現実とごっこ遊びとの関係について驚くほどの理解を示している。言い換えれば，「ふり遊びは現実世界の初期の歪みではなく，可能な世界を探る始まりである」といえる（Harris, 2000, 27-28頁）。

ハリスは，幼児がふりにどの程度取り組むのかを示す多くの研究について述べている。例えば，2歳児は，同一の材料であるおもちゃのレンガを，つもり遊びでは1つの物（食べ物）として，新しい遊びでは別のもの（石けん）に見立てる。彼らは実際に起こっているかのようにふりを解釈でき，こぼしたつもりのものを拭くふりができ，想像的にタルカムパウダーをかけられた後の動物がどのように見えるかを決めることができる。より印象的な発見は，いたずらな縫いぐるみのクマが玩具のサルの頭に紅茶を注ぐという想像的なエピソードを大人が演技するのを見た2歳児が，実際に起こったことではなく，想像的な出来事を説明したことである。クマが空っぽのティーポットを持ち，サルの頭の上に持ち上げ，それを傾け，下に置いたと言わないで，いたずらなクマが「サルの頭に紅茶を注いだ」と言った。そして，質問されるとサルの頭は「濡れた」と言った。

幼児は現実の原因と結果の知識を遊びの状況に適用できるとハリスは述べている。また，同時に原因と結果の働きは，現実とふりとでは異なることをわかっている。例えば，ふりで注ぐことにおいては，液体は関わっていない。しかし，子どもは遊び相手との共同的なふり遊びに容易に参加でき，そこで共有されるふり遊びでは，現実は一時的に保留されている。そのような遊びが子どもにもたらすことは，現実の境界を広げ，想像の領域に入るだけでなく，遊びの相手と相互の信念の一時的保留があってそのようにできるということであろう。

10.6 信頼の発達

　本章で取り上げる最後の点は，研究の関心が高まってきているものの1つである。それは，就学前期の子どもの他者への選択的な信頼の発達である。外界について知っていることの多くは，私たちの直接的経験ではなく，読書や他者から聞いたりすることからのものでもある。効果的に学習するには，私たちは信頼でき，信頼できる情報を与える人を見つけなければならない。

　このテーマに関する多くの研究は，ハリスの影響を受けてきたものである（Harris, 2006）。彼は，子どもは就学前期に選択的信頼をますます示すようになることを示した。3歳の時に子どもは以前正しい情報をくれた人と，知らないふりをする人との区別ができる。しかし，以前の正しい情報と，以前の不正確な情報とをはっきりと選択することはできない。4歳までに，このことができるようになる。例えば，見知らぬ物を見せられて，二人の人からその物に対して異なる名称を聞かされた時，4歳児は以前に信頼のおける情報を与えた人が提示した名称を選択する。そして，無知な人や以前に信頼できない情報をくれた人が提示する名称は無視する（Koenig & Harris, 2005）。

　その後の研究において，就学前児は，熟知性や情報の専門性を含めて，情報の与え手の信頼性を示すいくつものパラメータに敏感であることを示している（Corriveau & Harris, 2009）。言い換えれば，就学前児は，彼らに不正確な情報を与えない人であれば，知らない人よりも知っている人をより信頼するようである。就学前児は，また，一人の人からの情報よりも，多くの異なる情報の与え手から別々に与えられた情報（Corriveau, Fusaro, & Harris, 2009）を，そして，他者から聞いて答える情報の与え手よりも，自力で答えを知っている情報の与え手のほうを好むようである（Einav & Robinson, 2012）。この後者の区別には，子どもは，その人が以前どうやって正しい答えに辿り着いたかを考える必要がある。エイナブらの研究によると，以前に正しい情報を与えてくれた二人に対面した時，4歳児と5歳児は，常に第三者の助けに頼る情報の与え手よりも，自力で答えを

ボックス10-1　エイナブとロビンソン（2012）の研究

人形を用いるエイナブ

　エイナブらの研究は，手を入れて動かす子どものような指人形（青い人形と緑の人形）を用いて，子どもが課題に取り組みやすいようにしている。この研究の初めの部分では，就学前の子どもがよく知っている絵を人形が命名する（牛，象，うさぎ）。どちらの人形も正しい命名をするけれども，1つの人形は援助なしに行い，もう一方の人形はぬいぐるみのクマの助けがある。助けがある場合も無い場合もできるだけ同じような条件にするために，絵を示された後で人形は必ず静止する。そして，ぬいぐるみのクマは，「助けが必要？」と聞く。援助を受けない人形は援助を断って，正しい答えを言う。一方，援助を受ける人形はクマにささやき声で耳に答えを言ってもらって答える。

　研究のテスト場面では，ぬいぐるみのクマは除かれ，子どもにはもう助けてくれないと言う。そして，子どもは，馴染みのない動物（マングース）の絵を示され，どちらの人形がその動物は何か答えることができるかを問われる。記憶の確認として，子どもがどちらの人形が答えを与えられるかを選んだ後，クマに援助を受けたのはどちらであったかを子どもに尋ねる。これら全ての統制は，助けを受けた人形とそうでない人形について，子どもが同じように経験していることを確かめ，助けなしで正確な命名ができた人形はどれであるか，助けが必要な人形はどちらであるかを覚えていることを確かめるものである。そうすることで，援助を受けていない人形により高い信頼性を認識できるのはどの年齢の子どもかを判断することが可能となった。

与えた情報の与え手からの指針を求めようとした。

　子どもの他者への信頼を調べる実験は，子どもに要求される判断は，実験の中で起こっている以外の他のことに影響を受けていないことを確実にすることが大切であるので，慎重に計画されなければならない。ボックス10-1にエイナブら（2012）の研究の詳細を示した。

10.7　まとめ

　就学前期には，子どもは，仲間との関係をますます発達させ，養育者から離れて仲間との時間をより多く費やすようになる。自己統制，社会的問題解決，向社会的行動は全て仲間との相互交渉でのやりとりや関係の構築がうまくいくために重要なものである。子どもはこれらのスキルを他者から，特に家族から学ぶ。養育者は，社会的行動の役割モデルであり，年下のきょうだいがいる子どもは世話について学習する。認知能力の成長は，就学前児がより複雑な社会的状況に取り組むことができることを意味する。ジェンダーへの気づきは，同一の性の子どもへの肯定的な偏りを見せながら増していく。

　就学前児は，社会的スキルを発達させると同時に，自己感も発達させている。4歳または5歳までに，自分は時間を越えて連続していることがわかり，自分が関わった過去の出来事と現在の出来事との区別ができる。自伝的自己は4歳までに現れる。

　社会的な遊びは就学前期にはとても重要である。それにはふりが関わっていることが多い。ピアジェは，ふりを思考の未熟な形式であると考えた。しかし，ポール・ハリスは，ふり遊びは，現実の境界を広げ，遊びのパートナーとの相互の信念の一時的保留を可能にすると述べている。

　就学前期には情報の与え手として誰を信頼できるかについての理解も発達する。子どもは直接的な観察から多くのことを学習するが，他者からも多くのことを学ぶ必要がある。3歳から5歳の間に，子どもは信頼できる情報を与えてくれる人の判断がますます正確にできるようになり，公教育が始まるまでに，情報の与え手の信頼性や，他の人の助けなしに答えが提示できる能力のような要素について考慮することができるようになる。

参考文献

Einav, S., & Robinson, E. J. (2012). When being right is not enough: Four-year-olds distinguish knowledgeable informants from merely accurate informants. *Psychological Science, 22*(10), 1250–1253.

Eisenberg, N., Fabes, R. A., & Spinrad, T. L. (2006). Prosocial development. In N. Eisenberg (Ed.), *Handbook of child development* (pp. 646–718). Hoboken, NJ: Wiley.

Kurtz-Costes, B., DeFreitas, S. C., Halle, T. G., & Kinlaw, C. R. (2011). Gender and racial favouritism in Black and White preschool girls. *British Journal of Developmental Psychology, 29*(2), 270–287.

質問に答えてみよう

1. 早期の友人関係に何が重要か。
2. 「向社会的行動」の意味を説明し、それが幼児期にどのように発達するかについて述べてみよう。
3. 就学前期に性への気づきが発達するという主張のエビデンスを検証してみよう。
4. 「自伝的自己」が就学前期に出現するという主張について論じてみよう。
5. ふりは単に未熟な思考であるのだろうか。
6. 就学前児の他者への信頼について、実験的にどのように研究されてきたのだろうか。

CONTENTS

11.1 運動技能
11.2 脳の発達
11.3 発達障害
11.4 まとめ

第11章

児童中期への導入

　この章によって読者は以下のことがわかり，説明できるようになる。
- 児童中期での運動技能の発達と行動の性差を述べる。
- 児童中期を通じての脳の発達過程を理解できる。
- 注意欠如多動症（ADHD）の主要な特性と，この症状がどのように診断されるかについて述べる。
- 発達性協調運動症（DCD）の特性と，それを持つ子どもの動きの計画の困難さについて述べる。

　児童中期（middle childhood）というのは，6歳から思春期，青年期（puberty and adolescence）に入るまでの間のことをいう。この時期を通して，家族の中での関係――親や兄弟姉妹，それに祖父母との関係――は非常に重要なものであるが，他の子どもたちとの関係も重要さを増して来る。ある調査では，6～12歳の子どもは，目覚めている時間の40％は友達と過ごしていると推定している（Cole & Cole, 1993）。

　多くの社会では，児童中期は正式に学校へ入る時期と一致する。学校へ入ると，子どもが学校生活のリズムや，彼らに向けられる新しい期待に合わせようとすることから，多くの新しい経験や課題が生じてくる。学校では子どもに，読み，書き，計算などを学習する新しい認知的課題が提供され，また，初めて会う多くの新しい友達と巧く関わり，一緒に課題に取り組むという新しい社会的な課題も課せられる。

　児童中期には，身体的にも成長が進み，身長は男女とも年間4～6センチの伸びを示す。子どもたちは自分の成長に強い感心を示し，身長の伸びを壁にマークしたり，成長記録を作り記入したりすることが一般的に見られる。子どもが非常に重要なこととして関心を寄せるもう1つの身体的変化は，乳歯が抜けて永久歯が生えてくるこ

とである。乳歯がなくなることは，歯の妖精（Tooth Fairy）が来たとしてお祝いをすることもよくある。

11.1 運動技能

運動技能は児童中期に大きく発達する。児童中期になるとそれまでよりも，ボールを受け止めたり投げたりすることが上手になるし，身体のバランスも巧くとれて，速く走り，高く跳ぶこともできるようになる。この時期では，男児と女児の身体的特徴は非常に似かよっており，体つき，身体の構造――脂肪と筋肉の比――，手足の長さも

6歳から思春期の始まりまでは，男児と女児の身体は互いによく似ている。

似ている。思春期になると男児は男性ホルモン（テストステロン；Testosterone）が多く出されるようになり，男女差が出てくる。男性ホルモンにより筋肉が増し，思春期の終わり頃には筋肉の割合は男性では約2倍になるが，女性は筋肉の割合はほぼ変わらないままでいる。

児童中期には，体格は男女で似ているが，運動能力には男女差が見られる。64の研究のメタ分析では（全体で3万人以上の子どもが含まれる），多くの能力ではっきりした男女差が見られている（Thomas & French, 1985）。最も大きな違いは投げることであり，男児は4歳から7歳にかけてより強く，遠くまで物を投げることができるようになり，12歳の思春期の始まりまでには，女児よりも3標準偏差以上も優れている。このことは，12歳頃には投げる能力の分布は男女でほとんど重ならずに，はっきりとした差が見られるということである。またバランス能力でも，幼児では男女間にほとんど差がないのに，10歳頃には差は小さいが有意な男女差ができて，男性が優位になる。

その他の能力，走る，幅跳び，握力，腹筋なども運動発達の典型的な発達の様子を見せ，児童初期には性差は小さいが，児童中期には差が少し大きくなり，思春期以降には更に差が大きくなる。どの

> **ボックス11-1　身体的活動に対する少年，少女の態度**
>
> 身体的活動に関する少年，少女の態度の違いが，年齢9歳から11歳のほぼ500人を対象にした，人気の決定要因に関するアンケート調査で示されている (Chase & Dummer, 1992)。質問は，クラスで人気者になる要因は何か，男児や女児を人気者にするものは何か，である。男児の反応では，個人的人気でも男児の人気でも，最も重要な決定要因は，スポーツであり，女児に関しては外見であった。女児の反応では個人的人気でも，男児の人気も，女児の人気も外見が最も重要であった。女児にとっては，学校の各学年で外見が最も重要であった。この研究の結果は，男児は女児よりもスポーツへの参加が重要であると見ているとする見解を支持している。

チェイスら（1992）によると，男児と女児とでは身体的活動に対しての見方は異なり，男児は女児よりもスポーツへの参加を重視し，女児は外見を重視する。

KEY TERMS

シナプスの形成
神経と神経の新しい結合を作る。

場合でも男児が女児よりも高い値を示す。興味深いことに，受け止める（キャッチする）能力は少し違っていて，U字型の変化を示し，就学前の幼児期では男児が優れ，児童中期には性差がなくなり，思春期には再び男性が女性に勝るようになる。

女児が男児に勝る運動能力は2つある。それは柔軟性と，細かい目と手の協応動作（板の上で短い細い棒を動かしたり，ねじを回したり，穴を開けたりする，など）である。

トーマスら（Thomas & French, 1985）は，児童期の初期や中期に生ずる性差は，多くは環境からの影響であるが，思春期以後に生ずる性差は男性の身体が大きいこと，筋肉組織の割合が多いことによると言っている。そして，教師や親が子どもの運動能力について持

つ期待は性別により異なり，男性のこれらの能力に対してより強く重視すると言っている。しかし，子どもたちが友達と行う活動の選択もまた性別により異なることにも注目すべきである。男児は女児よりも身体的活動，特にチームゲームをすることにより多くの時間を費やす傾向があり，女児は児童中期（およびそれ以降）を通じての社会的活動のほとんどは，人間関係を作ることに向けられる（Baines & Blatchford, 2009）。

11.2 脳の発達

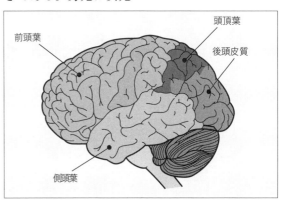

図11-1 脳の表層部位の図示

これまでの章で見たように，発達の速さが最も速い乳幼児期を通して，脳は大きく変わる。しかし，脳は児童期でも発達を続け，少なくとも青年期の終わり頃までは発達を続ける。人間の脳の中の1,000億個の神経のほとんどは，生まれる前に発達しており，ごく最近までは誕生後は新しい神経は作られないと考えられていた。しかし最近の研究では，脳のある部分では誕生後何年もの間新しい細胞が作られていることが示されている（Nelson, Thomas, & de Haan, 2006）。また，神経系の発達のこの側面についてはわかっていないことが多くあるが，児童期の神経組織の増加は経験の影響を受けているということも示されている。

児童中期の子どもの脳に生ずる主要な変化は**シナプスの形成**（synaptogenesis）つまり，神経系の新しい結合と，使われなくなった神経の繋がりの刈り取り（synaptic pruning）である。新しい結合の形成と，特に結合の刈り取りは，学習や発達の基礎となるものである。シナプスの形成と刈り取りの時間的推移は脳の部

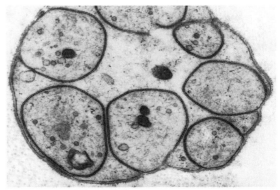
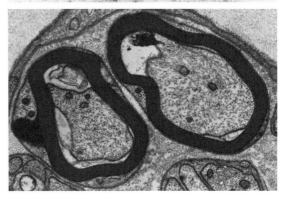

透過型電子顕微鏡（TEMs）の合成写真。
上図：脂肪物質（ミエリン）で保護されていない神経繊維
下図：脂肪物質（ミエリン）で保護された神経繊維

KEY TERMS

髄鞘形成
ミエリン（脂肪）の鞘で軸索突起を囲んで絶縁を作り，伝導性を高める。

読解障害
個々の単語は読めるが，文章の理解に困難を示す障害。

注意欠如多動症
発達障害で一番多く見られる障害の1つ。慢性の広範な不注意，衝動的行動と多動性が特徴である。

発達性協調運動障害
医学的な原因がないのに，適切な運動技能の獲得ができない障害。

位によって異なる。例えば，脳の後方の部分の後頭皮質（occipital cortex）のシナプスの数は，乳児期の初期（4～8か月）に最高となり，4～6歳で大人のレベルまで少なくなる（Nelson et al., 2006）。後頭皮質は脳の視覚情報処理の中枢部で，これまでの章で説明したように，乳幼児期を通じて視覚情報処理は重要な発達をする。したがって，後頭皮質におけるシナプスの形成と刈り取りが早い時期に完成するということは理にかなっている。反対に，前頭前皮質のシナプスの数は乳児期の終わり頃（およそ18か月）までピークには達しないで，シナプスの刈り取りは青年期まで続く。前頭前皮質（prefrontal cortex）では複雑な認知活動や意思決定，複雑な社会的行動などを司る。これらの能力は児童中期を通じて発達し，後の章（第15章）で述べるように青年期まで発達する。

　脳の発達でもう1つ重要なことは，**髄鞘形成**（myelination）である。髄鞘（myelin；ミエリン）は液状タンパク質で軸索突起（axon）の周りを覆い絶縁し，それによって伝導性を高める。軸索は細長い繊維で，1つの神経から他の神経へ電気信号を伝える。髄鞘形成はこのプロセスを効果的に行わせるもので，脳の機能をより効果的に働かせるものである。

　髄鞘形成は出生前に始まり，成人期の始めに終わる。画像化の進歩により，髄鞘形成の時間的経過をより詳しく知ることができるようになった。画像の研究が示したことは，前頭葉でのもっとも大きな変化は青年期に生じているということである。しかし，髄鞘形成は誕生から確実に続いており，このことはシナプス形成とシナプス刈り取りが連続していることとともに，子どもが就学前期，児童中期を通じて発達するにつれて，大脳も効果的に働くようになることを意味している。このような変化は徐々に行われ，能力もそれに従って徐々に発達すると考えられるようになってきている。認知能力の変化については，12.3で（そこでは児童中期を通してのワーキングメモリの変化を中心に），そして16.3で（青年期での実行機能の発達を中心に）扱う。

11.3　発達障害

　通常の教育が始まると子どもたちに対する要求が増え，児童中期には発達障害が最初に診断されることが多い．後の章（第11章〜第14章）でいろいろな発達障害について，学齢期を通じて発達するスキルと関連づけてふれることにする．これらの中には，単語を読んだり書いたりすることの障害（発達性ディスレクシア developmental dyslexia）や，書かれた文を理解できない（**読解障害** reading comprehension impairment），書字障害，計算スキルの発達障害（計算障害 dyscalculia）などが含まれる．その他2つの発達障害が児童中期に特に問題とされるようになってきている．それは**注意欠如多動症**（attention deficit/hyperactivity disorder, ADHD）と**発達性協調運動障害**（developmental co-ordination disorder, DCD）である．

注意欠如多動症（ADHD）

　ADHDはもっとも頻繁に見られる発達障害である．これは3つ組みの障害が特徴で，慢性的普遍的な不注意，衝動的行動，それに多動性が見られる．ADHDと診断される子どもはこの3つの行動特徴の全てを示す（Cornish & Wilding, 2010）．遺伝的要因を持つことがわかっているダウン症候群，ウィリアムズ症候群，脆弱性X症候群などと違って，ADHDの遺伝的基盤についてはよくわかっていない．更にADHDはウィリアムズ症候群やダウン症候群のように外見上の身体的特徴は持っていない．このことは，ADHDはそれと気づくことが難しく（Williams & Lind, 2013），特にそれが行為障害（conduct disorder），反抗的挑発性障害（oppositional defiance disorder），学習障害，脆弱性X症候群などの発達障害や，不安，抑鬱症と併発することが多く（Cornish & Wilding, 2010），特定することが困難になる．併存症がいつも見られるということは，認知のどの側面がADHDに特有のもので，何が他の疾患との併存によるものであるか，決め難いということである．

　エピジェネティックな遺伝要因（第1章参照）が加わると，子どもはADHDに侵されやすい．出生前後に化学的・環境的毒素に触

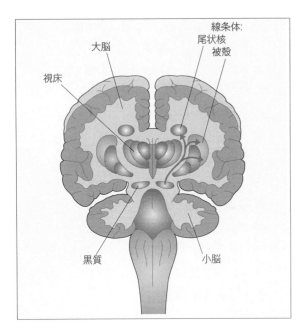

図11-2　黒質や視床を示す脳の断面図

れることや，出生直後に低酸素症（hypoxia）などを併発するなどの環境要因が遺伝子の出現に影響し，ADHDの発症しやすさを増大させる。ADHDとの関わりが強くなってきた環境的毒素には，鉛汚染や胎児のアルコール暴露などがある（Cornish & Wilding, 2010, 3章も参照）。

　ドーパミン（dopamine）のレベルが低いこともADHDの主要な要因だと認められている。ドーパミンは重要な神経伝達物質であり，中脳の視床や，黒質を含む脳の多くの部位で作られる（図11-2）。ドーパミンは認知，報奨，感情などで重要な役割を持ち，ドーパミンの値が低いと認知障害を引き起こすこともある。ADHDの治療として広く使われているのはリタリン（Ritalin）で，これは脳の中のドーパミンのレベルを大幅に上げ，注意をより効果的に維持できるようにするものである。

　ADHDの臨床診断は，少なくとも年齢が7歳になるまで通常は行われない。それは発達のこの段階でADHDが急に発症するということではない。むしろ，早期の徴候を見出すことが困難だということである。学齢期前の子どもの注意力は多様で，この年齢では注意が向けられないことに対する寛容性はより大きい。しかし，通常の学校では生徒に，長い時間授業に参加し注意を向け，指示に従うことが求められる。これらのことはADHDの子どもには難しいことであろう。更に，ADHDと診断するのに用いられるテストでは，初期の学齢期までには発達しない能力も含まれている。それらの中には自制心や注意を維持し統制することをテストする課題もある。そのような課題は実行機能にとって重要なものであり，児童中期から青年期を通じての発達の軌道をはっきりと示すものである（Cornish & Wilding, 2010, 8章，なお詳しくは16.3参照）。

発達性協調運動障害（DCD）

　DCDは，医学的な根拠がないのに適切な運動機能の獲得ができ

ない子どもに診断される。一般的に，運動発達のマイルストーンの達成は期待されるよりも遅くなり，線を引いたり字を書いたり，ボタンをはめたりする微細な動作や，ジャンプしたり跳んだり，ボールを受け止めたり，バランスを取ったりする粗大運動での器用さを含むさまざまな運動能力に影響を受ける（Zoia, Barnett, Wilson, & Hill, 2006）。

本章で前述したように，児童中期の運動技能の大きな発達と運動能力の伸びの有無は，他の子どもたちからの評価の対象となることがある。運動能力がはっきりと劣っていることは，DCDの子どもでは明らかなことで，それは衣服の着脱，食事，自転車乗り，およびチームゲームへの参加などの日常活動に重大な負の影響をもたらすものである。またDCDは手で上手く書けないことから学力にも影響する（13.3参照）。DCDは学齢児のほぼ5％に見られ，他の多くの発達障害とともに男児には女児の約3倍も多く見られる。それは就学前に始まっているものもあるが，通常5歳以前にそのように診断されることはない（Zoia et al., 2006）。

DCDは，自閉スペクトラム症，ADHD，ディスレクシア，特異的言語発達障害などの他の多くの発達障害と併発することが多い。

DCDを持つ子どもの運動の困難さの性質についての研究によると，彼らは運動の動きを計画することと，動き始めた動きを調整することに特に困難を持つことが示唆されている（Wilmut & Wann, 2008）。ウイルマットらの研究(2008)では，6～12歳のDCDを持つ子どもに，テーブルのある決めた場所に手を伸ばして触れるように求める課題で，他の手掛かりがある場合とない場合を比較している。テーブルの上にある多くの玩具の昆虫のどれか1つに光がつくことで位置が示され，手掛かりのある条件では，どの昆虫が光るか視覚的な手掛かりが与えられる。課題は光ると直ぐにそれを掴むことである。子どもの人差し指，拳骨，手首に反射マーカーを付け，特殊なカメラで反射マーカーの動きから子どもの手の動きを捉える。

DCDの子どもと普通の子どもを比較すると，2つの主要な違いが見られた。1つは，DCDの子どもは初めに間違った昆虫の方へ手を動かし始めると，その動きの修正が困難であることだった。もう1つは，通常発達の子どもは，次に光る昆虫に気づかせる視覚的

手掛かりをより効果的に使用していることである。手掛かりがない時，両群の子どもたちは，光るのを見てからそれに向かって手を動かし始めるまで約400ミリセカンドであったが，手掛かりがあると通常発達の子どもは，正しい位置に目が動いてから100ミリセカンド以内に手を動かし始めており，手掛かりが役に立っていることを示している。しかし，DCDの子どもたちは，同じ手掛かりが示されても変化はなかった。ウイルマットら（2008）はこの研究から，定型発達の子どもは，6歳で手掛かりがあれば動きを前もって計画することができるが，DCDの子どもは同じようにはできないと結論づけた。

　視覚的な手掛かりに反応して動きを速く計画することが，なぜ重要なのだろうか。答えは単純である。自分の方に向かってボールが飛んでくる時や，机から鉛筆が落ちそうになった時を想像してみよう。ボールをキャッチしたり，鉛筆が床に落ちるのを止めたりするために，間に合うように，一連の正しい動きを正しい時に作り出さなければならない。DCDの子どもたちは，周りの手掛かりに従って動きを細かく調整することを計画し，実行することに特に問題があると思われる。

11.4　まとめ

　正式に学校に入る時期と児童中期の始まりは一致する。学校教育は子どもたちに新しい課題を与え，子どもたちの認知や社会的スキルは，向上し続ける脳機能の効率性によって大きく変化していくことを見てきた。そこでは，新しい身体機能が出現し，男女能力差が初めて現れ始める。児童中期には社会的な男女差が大きくなり，友達の多くは同性で，自由な時間のほとんどは同性の友達との活動で過ごすことになる。

　児童中期はまた子どもの非定型発達が最初に見出される時期でもある。読み書き計算，あるいは注意の集中などに関する学校での課題から，問題が生じてくる子どももいる。以下のいくつかの章では，読み書き計算と同様に，認知や社会的能力の発達について検討する。また，このような児童中期以降の，教育にとって基礎となるであろ

う学校に基盤を置く能力の発達が，ある子どもには非常に困難になるのはなぜなのかについても検討する。

参考文献

Cornish, K., & Wilding, J. (2010). *Attention, genes, and developmental disorders*. New York: Oxford University Press.

Nelson, C. A., Thomas, K. M., & de Haan, M. (2006). Neural basis of cognitive development. In D. Kuhn & R. S. Siegler (Eds), *Handbook of child psychology Volume 2* (pp. 3–57). Hoboken, NJ: Wiley.

Williams, D. M., & Lind, S. E. (2013). Comorbidity and diagnosis of developmental disorders. In C. R. Marshall (Ed.), *Current issues in developmental disorders* (pp. 19–45). London: Psychology Press.

質問に答えてみよう

1. 児童中期に生ずる運動機能の主な変化は何か。
2. 児童中期には脳はどのように発達するのか。また，その変化はどのように子どもの認知能力に影響するのか。
3. ADHD とは何か。それを持つ子どもはどのように見出されるのか。
4. DCD は学校での子どもの行為にどのように影響するのか。

CONTENTS

12.1　推　理
12.2　問題解決
12.3　ワーキングメモリ
12.4　数的処理の学習
12.5　まとめ

第12章

児童中期の認知発達

> この章によって読者は以下のことがわかり，説明できるようになる。
> - 具体的操作的推理についてのピアジェの説明について述べ，それを評価できる。
> - バランス棒問題を解く子どもの能力の児童中期を通しての発達と，その理由を説明できる。
> - 児童中期を通して生ずるワーキングメモリの変化を理解できる。
> - 数的処理を学ぶ時に子どもが直面するいくつかの課題を説明できる。
> - 計算障害の特徴を述べることができる。
> - 数学的能力に文化間の差があることの理由を理解できる。

この章では，児童中期の認知発達のいろいろな側面について検討し，子どもの思考能力が就学前期からどのように進歩するのか考察する。まず，ピアジェの認知発達の説明で中核をなす推理能力から始める。

12.1 推　理

ピアジェの具体的操作的推理の理論

すでに検討した発達の初期段階と同じように，児童中期の推理についてのピアジェの説明は，大きな影響を与えてきた。第8章で見たように，就学前の子どもはピアジェが初めに示したよりも，推理課題での能力は高い。しかし，就学前の子どもには解決困難であるのに学齢児では解決できる多くの問題がある。

ピアジェは，就学前の前操作的思考に続く思考の段階を，具体的操作的推理と記述している。ピアジェによれば，就学前期の思考の主要な特徴は，同時にある事柄の1つ以上の側面に焦点を合わせる

ことができず，直接的な見かけに従って判断する傾向があることである。このためピアジェは，就学前の子どもの思考と推理は前論理的であると見ている。前操作段階のこのような困難さは——同時に学齢児の優れた能力は——子どもの保存課題の解決の仕方ではっきりと説明される。

　第8章で見たように，保存課題は保存の原理を応用する子どもの能力をテストするものである。保存の概念を持つということは，物事の基本的特性——量，数や重さ——は，そのものの見え方によって変わるものではないということを理解していることを意味している。ピアジェの保存課題でよく知られている1つの例は，量の保存である。この課題は，透けて見える3つの容器に入っている水の量について判断するものである。子どもにまず同じ大きさの細い背の高い容器に，同じ高さまで水を入れたのを見せ，どちらにも同じ量の水が入っていることを確認する。次に，1つの容器の水を形の違う容器に移し，水の高さがもう1つの容器とは違うようにする。

　第8章で見たように，就学前の子どもは，1つの容器から別の容器に水が移されても，水の量は変わらない（即ち保存されている）ということがわからない。彼らは，水の高さと容器の広さの両方の変化を一緒に考えねばならないことがわからない。また，彼らは可逆性の重要な原理，つまり水を元の容器に戻せば水の高さは前と同じになるということを理解していない。2つの次元の相互関係と，可逆性の原理の理解が，具体的操作の推理の中心をなす概念である。

　就学前の子どもと違って，学齢児は保存について理解することができ，液体量の保存について，2つの形の違う容器に入っている水の量についても，水を違った容器に移した時，何も加えていないし，取り除いてもいないので水の量は同じだ，というだろう。さらに，その水を平らで背の低い容器から細く背の高い容器に戻せば，水の高さはまた同じになることを知っている。また，水の高さは容器の広さと関係しており，これが外から見た時の違いになることを理解している。

　ピアジェによれば，前操作的段階から**具体的操作段階**への移行は，知覚に頼ることから論理に頼ることへの移行だという。以前は困難であった保存の問題は，何も加えたり減らしたりしなければ量は変

KEY TERMS

具体的操作段階
ピアジェのいう発達の第3段階で，子どもは問題の解決に論理的ルールを使い始める。ある問題の目立った特性を同時に1つ以上処理することができ，見かけに左右されなくなる。しかし，まだ抽象的問題は処理できない。この段階は6,7歳から11,12歳まで続く。

ボックス12-1　論理的操作

　ピアジェは論理的操作を，論理的システムの一部をなす内面化した心的行為と定義している。ピアジェによると，具体的操作段階の思考は，前操作段階よりも柔軟性のあるものになっている。それは，内的に一貫した心理的操作の中で過去にさかのぼることができるようになるからである。しかし認知的発達は未だ完成していない。具体的操作の段階の子どもの思考は，その思考を支える具体物が必要であるので，未だ限られたものである。ピアジェによれば，純粋に仮説的な問題を解けるのは，青年期に入ってからであるという（16.1参照）。

　論理的具体的操作のシステムには，子どもに行為や観察された結果を想像でさかのぼることを可能にさせる異なった2つのルールがある。それは，同一性と否定性（IdentityとNegation，I/Nルール）と，相補性と相関性（ReciprocalとCorrelative，R/Cルール）である。具体的操作段階の子どもはこのどちらかのルールを含んでいる具体的問題を解決することができる。例えば，水の保存課題で水の量は同じであることがわかる子どもは，「水を元に戻せば，水の高さは前と同じになる」（否定性ルールによる説明），あるいは，「この容器の水は高いが，こちらの容器の底は広い」（相関性ルールによる説明）と言って，それを説明する。

　I/NルールとR/Cルールを水の保存課題で説明すると次のようになる。

I：同一性；新しい容器へ注がれた水は，前と同じ水である。
N：否定性；その水は元の容器に戻される。
R：相補性；水を注ぐことと，その水を戻すことの2つの操作は，互いに相補的である。
C：相関性；1つの側面の変化（水の高さ）は，他の側面の変化（水の広さ）で補償される。

　16章で見るように（16.1）ピアジェによれば，認知発達の最終段階は，形式的操作的思考である。そこでは，これらの4つの操作が1つの一貫した論理構造に統合されている。

わらないという推論ができることで解決される。同じように，物事の生じた順番を心理的に逆行させる（水を元の容器に戻すことを想像する）ことによって，水を単に新しい容器に移しただけで，何も変わっていないと結論することができる。

　児童中期を通して子どもが獲得する論理的思考は，系列化，分類，数量化についての理解でも明らかにされている。分類は，物の階層的順番を上位クラスと下位クラスに分けることを意味する。ピアジェの有名な例は，クラスの包摂課題で，そこでは子どもに7個の茶色のビーズと，3個の白いビーズでできているネックレスについて質問する。「ビーズが沢山あるか（上位概念），それとも茶色のビーズが沢山あるか（下位概念）」と質問すると，6歳の子どもは普通「ビーズよりも茶色のビーズが沢山ある」と答える。しかし8歳になると子どもたちは，その質問は問題の違った側面，つまり，集合の全体（set）と部分（subset）について言っていることを理解している。

　数量化は，分類と系列化の結合から生ずる。就学前の子どもは数についてある程度理解できており，少ない物の集まりは数えることができる。ピアジェによれば，具体的操作の段階での主要な進歩は，連続した順序付けと分類を理解する能力により，子どもは順番としての数を理解し，それをクラスと下位クラスの組み合わせで分類することができるようになることである。例えば，8個の物を4個ずつの2つの群，あるいは2個ずつの4つの群として理解することができる。そしてこのことは，乗法と除法についての学習の論理的基盤となる。この側面については12.4の数の理解に関する項で扱う。

　系列化は，空間と時間での位置関係の理解を意味する。系列化の論理の理解により子どもは，物を高さや，長さ，幅のような空間的次元で順序付けをしたり，物事の生じた時間によって順序付けたりすることができる。また系列化は，**推移的推論**の論理的操作を可能にし，例えば，子どもは2本の棒の相対的長さを第三の中間的長さの棒により理解できる。

　推移的推論の典型的な例として，AがBよりも長く，BがCよりも長ければ，最も長いのはどれか，という問題がある。この問題の論理は，もしA＞Bであり，B＞CであればA＞Cである，ということである。言い換えれば，BとA，BとCの2つの関係からA

KEY TERMS

推移的推論
事物間の関係の理解。

が最も長いことが推定される。このような推移的推論の問題を解くためには，子どもは関連する情報を全て記憶にとめ，共通する項目であるBと他の2つの項目AとCとの関係を比較することができなければならない。

ピアジェは，子どもは具体的操作の推理ができ，項目AとCの論理的関係を共通するBとの関係から推理することが可能になるまでは，推移的推論の問題を解くことができないという。第16章で見るように，子どもが形式的操作の推理が可能になると，より進んだ理解の仕方が見られる。それにより子どもは，棒のような具体的な事物についての推論の理解を超えて，より抽象的な関係の理解ができるようになる（16.1参照）。

ピアジェの具体的操作的推理の説明についての批判

具体的操作的推理のピアジェの説明についての批判は，長い間にわたってなされてきている。最初の，そして非常に影響を与えた論評の1つは，ブライアントとトラバッソ（Bryant & Trabasso, 1971）によるものである。彼らは子どもが移行性の推論課題をピアジェがいうよりももっと低年齢で解くことができることを示している（Bryant & Trabasso, 1971, Stevenson et al., 1990）。ブライアントらは，移行的推論課題を改訂して，長さと色の異なる5本の棒を用いている。棒は木の穴に差し込まれており，一番長い棒（赤色）が一番左にあり，右へ行くに従って棒は短くなる。それらの棒が木の外に出ている長さは同じになっており，実験者が棒を2本ずつ取り出して子どもに見せる時だけ，子どもは棒の実際の長さを見ることができる。5本の棒の長さはA＞B＞C＞D＞Eである（図12-1）。

4歳の子どもに棒のペアを順番に抜き取って見せ，赤は隣の白よりも長く，白はその隣の黄色よりも長く，……と順番に見せる訓練を行う。そして子どもは，棒が元に戻されてその長さが見えなくても，隣り合っている棒の相対的長さが理解できているかどうかテストされる。

訓練後子どもは，赤のAは白のBよりも長く，白のBは黄色のCよりも長く，黄色のCは青のDよりも長く，青のDは緑のEよりも長いことを覚える。言い換えると，子どもは，A＞B，B＞

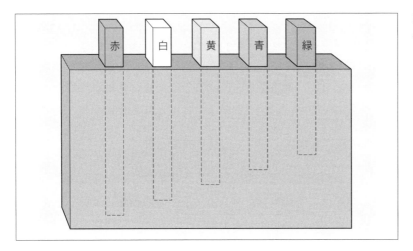

図12-1　ブライアントとトラバッソ（1971）が用いた器具。

C，C＞D，D＞Eであることを知る。その後隣り合っていない棒のペアについてわかっているかどうかテストされる。子どもは，A＞C，とC＞Eは正しく推論できる。またB＞Dも正しく推論できる。この関係は，訓練ではBとDはどちらも隣の棒よりも「長い」と「短い」を同じ回数経験しているので，特に重要である。BとDの関係を正しく理解しているなら，このことは，この訓練で耳にしたことばによるラベル（verbal label）の単なる繰り返しでは説明できないからである。ブライアントらは，年少の子どもの問題は，移行的推理が理解できていないのではなくて，論理的推理の基になる能力を覆い隠す記憶の制限があるのだという。

　この章で後述するように，子どもは学齢期を通じて記憶能力に大きな変化を示し，そのことが処理できる情報量に影響している。事実，一般的な見方によれば，移行的推理に含まれるような演繹的な推理問題の解決についての年齢による差は，ワーキングメモリの能力，実行機能の有効性，長期記憶から情報を検索する能力などの発達の差に大きく依存している，とされている（Goswami, 2011）。

　注目しておきたい最後の一点は，ポストピアジェ派の実験によく見られることだが，ブライアントらによって用いられた課題は，ピアジェが移行的推理の測定に用いた方法とは正確には同じではないということである。ラッセル（Russell, 1978）は，前操作的段階の子どもでの移行的推理を示すために用いられたより最近の課題は，実際には，その子どもにとって課題空間（problem space）を構成し

ていると批判している。そこでは，子どもがこのような構造なしに課題が解決できると期待されるピアジェの課題とは異なっている。課題空間を構成することは，必然的に子どもに課題の何に注目すればよいかについて理解を促し，それがない場合には解決できないような特定の課題を，解決できるように助けることになる。

具体的操作的推理についての文化間の比較

子どもが前操作的思考の段階から具体的操作的思考の段階へ進んでいく時期は，学校教育を含めて，子どもの経験によって影響されていると思われる。ピアジェの標準的な保存と系列化の課題の多くは，それが初めて用いられて以来，いろいろな文化の中で研究されている。例えば，オーストラリアの都会および田舎出身の先住民，ニューギニアの高地民族，ホンコンの中国人の子ども，カナダエスキモー，アマゾンの部族の大人，セネガルのウオルフ族の教育を受けた人と受けていない人，サルデニアの無就学の大人，ザンビアの子どもなどである。

これらの研究のレビューでは（Dasen, 1972），グループによってかなり差があることが示されている。例えば，オーストラリアの先住民の田舎の無就学の子どもは，少しの訓練で保存課題を解決できたが，教育を受けた都会の子どもより3年遅れていた。いくつかの課題では，大人でも失敗したが，他の課題では子どもの方が大人よりも成績が良く，大人は，結局は文化によって全く異なった推理方略を発達させているようである。

ダーセンは，この成績の違いを，主要な2つの要素で説明できると示唆している。1つは，子どもが学校教育を受けたか受けないか，であり，他の1つは，西洋文化との接触の程度である。つまり，ニューギニアやセネガルの子どもで，西洋タイプの学校教育を受けた子どもは，西洋の子どもと同じように具体的操作に到達する。一方同じ文化での不就学の子どもは，同じ成績に到達するのはもっと遅くなる。このことは，学校教育が具体的操作の達成に特別な影響を及ぼしていることを示している。別の考え方としては，学校教育は単に，具体的操作の思考を評価するのに用いられる標準的な保存課題に含まれているある種の西洋的な知的価値に，子どもを接触させ

ることに役立っているに過ぎないのかもしれない。その社会がすでにそのような知的価値——思考の方法——を持っているところでは，学校教育は具体的操作を身につけるのにあまり影響は与えていないのであろう。例えば，ヨーロッパ文化の影響をすでに強く受けているホンコンでの中国人の不就学の子どもは，具体的操作のピアジェ流の課題で，学校教育を受けた西洋の子どもと同じような成績を示している。

具体的操作的思考についての標準的なテストでの子どもの成績が，文化によってこのように異なるということは，具体的前操作的思考の発生についてのピアジェの説明は，ある程度西洋社会の文化的，知的基盤に基づいていることを示している。このような理由から，認知の発達の社会文化的背景が，発達心理学で関心を持たれる話題となっている。この考え方は単純なもので，本書のあちこちでそれに触れている。行動は何もないところに生ずるものではなく，「物質的，社会的，個人的資源が意味を持って合わさり，目的を達成するために組織化されたところに生ずる」（Gauvain, 1995, 29頁）。この章の後半で数的処理について検討する時，またこの問題を扱う。そして，次節では，認知発達でのこの重要な側面に触れることにする。

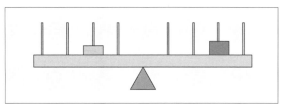

図12-2　シーグラー（1976）が用いたバランス棒

12.2　問題解決

児童中期及びそれ以降での問題解決の発達を研究するのに用いられてきた主要な課題の1つが**バランス棒課題**である。この章で検討する他の多くの課題同様，この課題も元はピアジェが開発したものである（Inhelder & Piaget, 1958）。

バランス棒は中央に支点があり，その両側に同じ間隔でペグが並んでいる。重りを別々のペグに乗せ，どちらに傾くか，子どもに予想させる。この問題に対する答えは，2つの要因——支点のそれぞれの側の重りの合計と，それらの重りの支点からの距離——で決められる。従って，バランス棒の課題を解決し，どちら側へ傾くかを予測するには，2つの異なった次元についての情報を組み合わせる

KEY TERMS

バランス棒課題
棒の中央を支点で支え，両側に等間隔でペグを立てる。異なった位置のペグに重りを乗せ，どちらへ傾くか子どもに問う。

表12-1 バランス棒問題を解く4つのルール（Siegler, 1976より）

ルール1	重さが両方同じであれば，棒はバランスを保つ。 重さが異なれば，重い方が下がる。
ルール2	一方が重ければ，そちらに下がる。 重さが等しければ，支点からの距離が大きい方が下がる。（つまり重りが支点から一番離れている側）
ルール3	重さも支点からの距離も等しければ，棒はバランスを保つ。一方の重さか距離が他方よりも大きく，他の次元が同じであれば，異なる次元の大きい方へ下がる。 一方が重く他方の距離が大きければ，思考は混乱する。
ルール4	一方がより重く，他方の距離が大きいことがなければ，ルール3で処理できる。一方がより重く，他方の距離がより大きいときは，それぞれの側での重さと距離を掛けて，その値の大きい方が下がると予測する。

必要がある。

　バランス棒を解く子どもの能力についてはシーグラー（Siegler, 1976）によって広く研究されてきた。彼は，前操作的段階の子どもは，異なった2つの要因の情報を結びつけることが困難なことが多いことから，5歳児は1つの次元しか見ることができないので，この問題では誤った推論をするだろうと予測し，子どもには支点からの距離よりも重りの方が目につきやすいので，子どもが注目する次元は重りの方であろうと仮定した。

　彼は，どちらが下がるかを子どもが予測するのに4つのルールのうちの1つを用いていると予想した。4つのルールを表12-1に示す。これらのルールは一連のバランス棒の課題を解くのに，だんだん成功しやすくなっている。しかし，その成功率の上昇はどのバランス棒の課題でも同じというわけではない。例えば，最も単純なルール1は，重りと支点からの距離が同じ時，あるいは，距離は同じだが一方の重りが他方よりも重いときにのみ正解に繋がる。そして最も複雑なルール4のみが，重りと距離のあらゆる組み合わせについて正しく予測することができる。しかし，ルール3に従う子どもは，重りと距離の混乱はあるが重さが大きい方が下がるという場面ではルール1に従う子どもよりも正解は低い。従って，重りと距離とのいろいろな組み合わせを提示することで，子どもがどのルールに従っているかを明らかにすることができる。

　シーグラーの最初の研究（Siegler, 1976）では，5歳から17歳の

子どもの80％以上が4つのルールのうちの1つのルールを一貫して使っていた。5歳児はルール1を最も多く使い，9歳児はルール2か3のどちらかをよく使い，13歳以上ではルール3が通常使われていた。ルール4を使う子どもは非常に少なかった。彼の最初の研究以来，その他の多くの研究も同じような結果を示している（Jansen & van der Maas, 2002）。

全体的に見て，バランス棒課題での成績は，ピアジェのいうように，一致しない2つの次元を扱う子どもの能力は，5歳から9歳の間に大きく変わるという考えを支える事実を示していると見られる。しかし，適切な訓練により成績を改善することはできる。

シーグラー（1976）は，5歳から8歳の子どもにバランス棒課題でフィードバックを与えている。子どもにどちら側が下がるかを尋ね，そして留め具をとり外してバランス棒が実際にどうなるかを見せる。フィードバックは3種類の課題で与えられた。ある子どもたちにはルール1でいつでも解決できる課題を，他の子どもには重りは同じだが，支点からの距離が異なる課題（距離問題）を与える。これはルール2を用いることだけで解決できる。3番目のグループには重りと距離がばらばらの課題（矛盾問題）が与えられる。これはルール3で解くことができる。

予想されたように，ルール1で解決できる問題のみを与えられた子どもは，フィードバックを与えられた経験の後でも，新しい課題でこのルールを使い続けたが，距離の問題を与えられた子どもは，新しい問題でルール2を用いることができた。興味深いことは，フィードバックが与えられたセッションで，重りと距離の関係が絡み合う最も難しい問題が与えられたグループの結果である。年少の子ども——5歳児——は，バランス棒の問題の解決に進歩は示さなかったが，8歳児の多くはルール3まで進歩することができた。このことは，両方の次元について考慮することも含んでいるので，大きな意味を持つ進歩である。

シーグラーは，この年長児には可能となり，年少児には解決できなかった，印象的な発達上の進歩を生じさせたものは何なのかをはっきりさせることに関心を抱いた。重りと距離が混乱する課題を解いている子どものビデオによると，5歳児と8歳児で重要な違いが

示された。年少児——前操作段階の子ども——は支点の両側を，別々の重りの山と捉えており，年長児——具体的操作的思考が可能な子ども——は，両側の重りと，重りと支点からの距離の両方からの情報を組み込んでいるように見られる。これはまさにピアジェの具体的操作的思考の理論が予測していることである。

　シーグラー（1976）は，ペグに置かれた重りの配列を子どもに見せ，それをボードで隠し，子どもに自分のバランス棒と重りで「同じ課題を作る」ように求めた。8歳の子どもは通例重りを正しくペグの上に乗せることができる——重りと距離の両方を正しく処理できていることを示す——。しかし，5歳の子どもは通常重りは正しく選ぶが，違った位置のペグに置く。このことは，年長児と年少児では，バランス棒の配置を違ったやり方で理解していることを示している。シーグラーは，ルール1を用いている5歳児群に，重りと距離が複雑になっているバランス棒課題でのフィードバックトレーニングを行う前に，重りと同じように距離を正しく捉えるように指導した。そうすると，5歳児の70％は複雑な課題での経験を役立てることができ，フィードバックセッションの後ではルール3を使うことができるようになった。このことは，学習を促す正しい経験を提供することの重要さと同じように，問題解決するのに適切な情報を用いることの重要性をはっきりと示している。

　最近の研究で，シーグラーは（Siegler & Chen, 2002）ルールに従うことが全ての問題解決に典型的に見られるわけではないことを示している。ルールに従うということは，多くのピアジェの標準的な課題——バランス棒，液体や固体の量の保存，可能性の推測，時間と速さと距離の比較など——での子どもの解決の仕方をよく説明できる。特に，子どもが2つ以上の関連する次元があり，数的比較を必要とするような未知の課題に直面した時に，子どもはルールに従っているように思われる。このような課題では，子どもは他の次元を除いて知覚的に目立つ1つの次元——バランス棒課題での重り——に頼るような組織的なルールに従っている。しかし子どもが出会う問題解決課題の大多数はこのようなものではない。とりわけ算数やスペル，時刻の読み取りや道徳的推理などの問題では，子どもの成績は一貫性のないものになる。子どもはある1つの試みでは1

つのやり方を用い，少し日時を空けた次の試みでは別のやり方を用いたりする。

シーグラーは，子どもたちは2つの同じような課題で，最初の問題を正しく解決した時でも，次の問題で別のやり方を用いることがあることに注目して，ルールに従う（同じやり方を一貫して用いる）ことと方略を用いることを区別することが重要だとしている。彼の重複波モデル（Siegler, 1996）では，子どもは問題解決でいくつかの方略を知って，それを用いており，また，頻度は少ないがいつも1つのルールのみを用いることもあることを示している。

問題解決についての最後の1つのポイントは，学齢期の認知発達の他の側面のように，ある課題を行うのに経験が重要な役割を持っているということである。子どもは学齢期を通じて，問題解決で自分のやり方を計画し，モニターする能力が大きく伸びる。5歳までの子どもは，朝着るものを出しておくというような毎日の活動を繰り返し計画する（Kreitler & Kreitler, 1987）。しかし，問題を解決する前に先だって計画する能力の獲得はもっと遅く，特に慣れていない問題では遅くなる。

慎重な計画を含む1つの課題がルート探しである（Fabricus, 1988）。ファブリカスが考案した課題は，子どもに，ある物を取ってくるルートを逆戻りしないで行くことができるよう計画するものである。ルート探しの能力は文化により異なり，経験と関係している。ほとんどの西洋文化の子どもは，自分自身のルートを見出す経験をあまり持っていない。近年の交通の危険性や，「見知らぬ者の危険」についての心配から，年少の子どもはある場所から他の場所へ行くのに，いつも大人や年長の子どもに連れて行ってもらっている。ナバホ族の子どもは，自分たちの近隣で自分の道を見つける機会は多い。このことから，ナホバ族の8歳の子どもは他民族の同年齢の子どもよりもルート探しの課題の解決がよくできることが説明される（Ellis, 1997）。

12.3　ワーキングメモリ

児童中期を通じての認知発達でもう1つの重要な観点は，**ワーキ**

KEY TERMS

ワーキングメモリ（作業記憶）
一時的な記憶の中で情報に注意を向け，処理し，記憶するシステム。

KEY TERMS

中枢管理
バッドレーとヒッチのワーキングメモリのモデルの構成要素の1つ。注意をコントロールする1つのメカニズムで，主要な機能は，ワーキングメモリの限られた資源を，ある課題の中でできるだけ効率よく使えるようにするものである。

音韻ループ
バッドレーらによるワーキングメモリ・モデルの構成要素の1つ。話しことばによる情報の保持に使われる。

視空間的メモ
バッドレーらによるワーキングメモリ・モデルの構成要素の1つ。視覚的，空間的情報の保持に使われる。

メモリースパン
正しい順番に，正確に思い起こすことができる項目数。

ングメモリ（作業記憶）に関する研究によるものである。ワーキングメモリは情報を短時間保存しておくことにつけられた名称である。以前に「短期記憶」（shot-term memory）という用語に接したことがあると思うが，それも情報を短時間一時的に保持していることを示す用語である。両者の違いは，ワーキングメモリは一時的な記憶の中で短時間情報に注目し，処理し，記憶しておくシステム全体を表すものである（Henry, 2012）。

ワーキングメモリについての最初のモデルはバッドレーとヒッチ（Baddley & Hitch, 1974）が考案したもので，初めは大人の情報処理のモデルであった。彼らの理論が提案されてから，それは，子どもの情報処理の能力が年齢と共に変化する道筋について多くの考え方を効果的に導き出すものと認められた。初めのモデルでは，ワーキングメモリは3つの要素から構成されているとされた。最も重要な1つは，**中枢管理**（central executive）で，注意をコントロールするメカニズムである。その主要な機能は，限られたワーキングメモリの資源を，与えられた課題でできるだけ効率的に用いられるようにするものである。その他2つの一時的な保管システムがある。話しことばに基づく情報を扱う**音韻ループ**（phonological loop）と視覚的，空間的情報を扱う**視空間的メモ**（visuospatial scratchpad）である。この2つは受動的に情報を保管するもので，「従属制御システム」（slave systems）といわれる。中枢管理はワーキングメモリの能動的な部分である。

音韻ループは音韻的保持と調音的リハーサルの2つの要素に分けられる。音韻的保持は，音声に基づく情報が急速に減衰する保持のことであるが，保持された内容は言語的リハーサル，つまり音韻的に保持された内容を繰り返すことによって活性化される。リハーサルは通常声には出さないが，誰かが電話番号を覚えようとして番号を繰り返しているのを聞くことがあろうと思うが，それは声に出したリハーサルの例である。ワーキングメモリの最近の考え方（Baddeley, 2000）では，新しい要素が導入されている。それは一時的な緩衝でワーキングメモリと長期の知識を結びつけ，ワーキングメモリの中で情報を統合するというものである（Henry, 2012）。

ワーキングメモリのいろいろな要素の発達について多くの研究が

なされてきている（Henry, 2012）。この章ではメモリースパン（memory span）と言語的リハーサル（verbal rehearsal）について扱い、第16章（16.3）で中枢管理の発達について扱う。

メモリースパン——正しい順序で正確に再生できる項目数——は児童中期を通じて伸びる。5歳では平均して正しい順序で再生できるのは3単語であるが、9歳までには4単語、11歳までには5単語に伸びる（Henry, 2012）。これは時間をかけたゆっくりとした伸びであるが、この伸びを生じさせるものは何か、厳密に明らかにすることは簡単にはできない。

メモリースパンの伸びについての説明の1つは、子どもが年齢を重ねると共に伸びる調音（articulation）の速さである。つまり、子どもが単語や音節を言うことができるスピードが、リハーサルの効率化に影響しているというのである。音韻的に保持されている情報は、非常に早く、秒単位で消失するため、情報がリハーサルされ更新されるその速さが、項目をどれだけ記憶できるかに影響する。多くの研究がこの見解を支持する事実を見出しており、子どもが声を出して単語を話すことができる速さと、メモリースパンが直線的な関係にあることを示している（Hulme, Thomson, Muir, & Lawrence, 1984；Henry, 2012レビュー参照）。

この説明は単純で的確なものであるが、多くの問題も持っている。1つの大きな問題は、年齢と共に変化する2つの変数の間に、直線的な関係があるということは、必ずしも両者の間に因果関係があることを意味するわけではないということである。結局、子どもが発達するにつれて、その能力の多くは変化し、身体的にも、精神的にも能力は高くなる。したがって、発達のある側面について因果関係をはっきりさせるためには、少なくとも、年齢に依存しない関係があることを示す必要がある。調音の速さとメモリースパンの関係から年齢の効果を除外する偏相関分析を行うと、この2つの関係は意味のある関係ではないことが示される（Henry, 2012）。

調音の速度をメモリースパンの伸びについての説明に用いるもう1つの問題は、リハーサルに関わるものである。前述したように、メモリースパンは4歳から11歳にかけて体系的に伸びる。しかし、よく引用されるフラベルらの研究（Flavell, Beech, & Chinsky, 1966）

KEY TERMS

1対1対応
事物をそれぞれ1回ずつ数える。

基数
物を数える時，最後の数が全体数になる。

ボックス12-2　調音抑制

　言語的リハーサルの記憶へ及ぼす効果を見るのに重要なテクニックの1つが調音抑制である。これは記憶課題を行っている間「ブラー」というような無意味音節を繰り返させるもので，このような音節を繰り返すことで，音声リハーサルのメカニズムを，記憶すべき情報のリハーサルに使えないようにするものである。調音抑制はまた，視覚的に提示された単語や文を音韻的にコード化することも防ぐことができる。
　調音抑制の効果は大きく，記憶できる情報量を大幅に減らすことができる（詳細はHenry, 2012参照）。

から始まった一連の実験で，言語的リハーサルは子どもが7歳になるまでは見られないことが示されている。更に，調音抑制（articulatory suppression; ボックス12.2参照）により，子どもが声を出すことを禁ずるなど言語的リハーサルを妨げても，それにより年齢差はなくならないことが示されている（Hitch, Halliday, & Littler, 1989）。

　ヘンリー（Henry, 2012）は，調音の速さは話されたことばのメモリースパンの発達にある役割を果たすが，長期記憶の利用など他の要因も関わっていることは明らかである，と結論している。

12.4　数的処理の学習

　児童中期の学校教育での中心的課題は，リテラシーと基本的計算能力（numeracy）の核となるスキルの教育である。リテラシーについては13章で扱う。ここでは基本的計算能力の核となるスキルを取り上げ，算数の学習に困難を示す子どもがいる原因を検討する。

数の理解と表し方

　4章で見たように，数の最初の理解は乳児期から始まる（4.3参照）。この段階では，乳児は物の数が比較的離れている時（8と16，16と32）は区別できるが，1と2，8と12の区別はできない。乳児期の

数的知識の芽生えについての正確な基礎は議論の余地があるが，一般的には数える能力は数学的スキルにとって基本となることは認められている。ある影響力の大きい論文（Gelman & Gallistel, 1978）では，物を正しく数えるのに子どもがマスターしなければならない3つの原則を挙げている。それは，**1対1対応**，固定した順序，**基数**である。

1対1対応は，物を数える時，1つずつ最後まで全て数えることを子どもが理解することを求めるものである。固定した順序は，数字を決められた順序でいうことを求める。子どもが5つの物を数える時，正しい順序ではなくて，例えば，1，2，3，5，4と数えたとすると1対1対応はできていても誤った答えになってしまう。ゲルマンらの第3の原則，基数は，数える時最後の数が数えた物の全体の数となることを意味している。もし，最後の数が7であれば，そ

ボックス12-3　数の表し方

　数を表すシステムは，書かれた数字を用いる正式なやり方と，物や身体の部分を用いて表す略式的なやり方に分けられる。全世界で最も広く用いられている正式なシステムは，インド・アラビア数字を用いるもので，そこでは，数えるシステムの基準となる10がはっきりと示される。これはその名前が示すように東洋で開発されたものであるが，西洋で広く用いられている。

　インド・アラビア数字は，数の計算にとって多くの利点を持っている。このことは，数える基準がはっきり示されないローマ数字システムと比較するとよくわかる。ローマ数字で10や100を表す方法を見てみよう。10は文字Xで，100は文字Cで表される。この2つの文字の使用は，2つの数の数的な関係，つまりCはXの10倍大きいこと，については何も示してはいない。これに対して，これと同じ数を表すアラビア数字の10と100は，一番右側の数字が1の位（0から9の数）を表し，その左の数字が10を，次は100を表すという決まりを知っていれば，2つの数字の関係について多くのことを示してくれる。アラビア数字の数を表す透明性は，数的操作を単純にして，大きな数の複雑な取り扱いも可能にしている。

もちろん子どもは，アラビア数字のシステムでの数の表し方を知らねばならないが，後でみるように各桁の数の大きさ――位の大きさ――が，数的理解の困難の1つの原因となる。例えば，254という数字で，子どもは，2は100が2個であり，5は10が5個で，4は1が4個であることを知らなければならない。

数を表すのに非公式的なシステムを使う社会もある。これらは書き表す数字には対応していないが，単純な数の計算は可能である。書かれた数字システムのように，表す形が，子どもの数についての学び方に影響する。

ニューギニアの遠隔地に住むオクサプミン（Oksapmin）の人たちは，身体の部位を使っている（Saxe, 1981）。数を表すのに右手の親指から始めて，右腕を上方へ上がって行き，頭を回り，左腕を下りて左手の指で終わる。彼らはこのやり方で左手の小指まで順番に27まで表すことができる。27より大きい数は左手首から下がって，身体の上方へ戻ることで表す。同じようなシステムがトレス海峡の先住民に使われている（図12-3, a, b）。

サックス（Saxe, 1981）はオクサプミンの子どもの数の理解は，数を表す方法に影響されていることを見出している。彼は，7～16歳の子どもをテストし，年少の子どもは，同じ身体の部位で表される異なった数を同じ数だと捉える傾向があることを示している。このことは左と右の同じ部位で示される数は同じような名称を持つことによる。つまり耳で示される数は，'nata'（右耳）'tan-nata'（左耳）と知られている。そのことは9歳を過ぎて，数を身体部位とは独立して扱うことができるようになるまではなくならない。彼はまたもう1つの混乱を見出している。オクサプミンの子どもの中には，身体の右側からではなく，左側から数え始める子どももいる。数える時はいつでも右側からだと説明されても混乱したままでいる子どももいる。

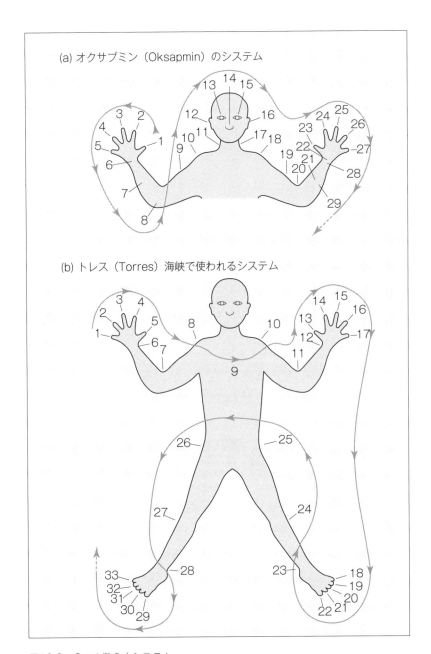

図12-3　2つの数え方システム。
(a) は，オクサプミン (Oksapmin) のシステム。
(b) はトレス (Torres) 海峡諸島で使われるシステム。
(a)：サックス (1981) より作成。(b)：イフラー (1985) より作成。John Wiley, 1985 John Wiley & Sons より掲載許可。

こには7個あったことを示している。もちろんこのことは1対1対応と，正しい順序の原則が守られている時のみ，正しい結果となる。

ほとんどの子どもは，加算と減算の考え方を，物を数えることで最初に経験する（Nunes & Bryant, 1996）。しかし，小学校での算数の学習は，数のより抽象的な表し方の学習を含んでおり，加減算や更に複雑な数学的操作が対象物なしで行われる。

加法と減法

正規の算数では，子どもに書かれた数字を理解することが求められるが，子どもが加法や減法の数的操作を最初に行う時には，口頭で数えることと，なにか物を利用することもよく見られる。

簡単な加減に数えることを用いる最も簡単な方法は，*全部数える*やり方である。例えば，子どもにお菓子を2組見せて，全部で幾つあるか答えさせる問題では，子どもは一方の菓子を全部数えて（例えば，1, 2, 3, 4），続けてもう一方のお菓子を数える（5, 6, 7）。5歳の子どもについての研究で，2組の物の数を合わせることを聞かれた時，この方法が最もよく用いられていることが示されている（Nunes & Bryant, 1996）。

全体を数えるやり方は，物を使った減法でも使われる（Riley, Greeno, & Heller, 1983）。リレイらはアメリカの6歳の子どもに簡単な加減算の問題を与えた。減法の問題は，例えば，「A子は飴を8個持っていた。そしてB子に5個あげた。今いくつ持っているか」のような問題である。子どもたちは含まれる数を表すブロックを使うことができるか，あるいは数が少ない時には，解決できることが示された。

加減の助けに物を用いることは，子どもが書かれた数字で形式的な操作を行うようになってからも続けられる。全体を数えるやり方は，物を使う代わりに指を使うことができ，このやり方は，子どもが最初に簡単な加法を解く方法であることがよくある。このやり方では，3＋4はまず3本の指を立て，その指をそのままにしておいて，他の4本の指（多くの場合もう一方の手で）を立て，全体の指を数えて答え7を出す。

数を表すのに指を巧く使えない子どもは，数の理解がよくでき

ていないこともあり，まれに，指で示すことができない（指失認；Finger agnosia）や，計算障害（dyscalculia）のような症状を示すガーストマン症候群（Gerstmann's syndrome）であることもある（Butterworth, Varma, & Laurillard, 2011, ボックス12-4参照）。

　全体を数えるやり方は，合計が10以上になる場合には簡単には用いられない。その場合，子どもは「数え上げる」やり方に移行する。そこではまだ指を使えるが，この場合，どちらかの加える数から数え始める。3＋4では3から始め，4本の指を出し4，5，6，7と数える。数え上げるやり方では，小さい数よりも，大きい数から始めた方が，数えることが少ないから効果的である。小学生の子どもは普通，大きい数から数え始める。例えば，7＋2では2よりも7から始める（Groen & Parkman, 1972）。しかし子どもは，数えあげるやり方を計算に用い始める時には，前にある数から始めて次の数を数え上げる。加法を始める数として2つの数の大きい方を選ぶことは，例えば，15＋7と7＋15が数的には等しいことがわかっていなければならない。算数になれているとこのことは明らかなことであるが，数操作を理解し始めた段階では，直ぐに明らかになるわけではない。

　声を出して数えることは，小学校の終わり頃までには，声を出さないで数えられるように変わる。算数の問題を，声を出さないで解くことの研究は，なかなか困難であるが，大きさの異なる数も含む加算問題を解くのに要する時間を比較する反応時間の研究では，算数問題を解くのに，声に出さないで数えることが学齢初期を通じて用いられ続けていることを示している（Gallistel & Gelman, 1991）。このやり方は後から，数の加法を以前行われた加法の答えを思い起こすことで行うという，記憶から数的事実を検索することで補われる。

　引き算の場合は，小学生に用いられる最も一般的な方法は，選択算法（choice algorithm）である（Woods, Resnick, & Groen, 1975）。これは加法で用いられた数え上げるやり方に類似したもので，選択算法を用いるには2つの方法がある。1つは，引く数から引かれる数まで数えるもので，例えば，8－6の計算では，6から8まで数えて（7，8），いくつあるか（2）をみる。2つめの方法は，引かれる数から引く数まで逆に数える。8－2は8から2つ逆に数えて

> **KEY TERMS**
>
> **位の大きさ**
> 各桁の数字が，1の位，10の位，100の位など，特定の数の大きさを示す。
>
> **位の保持**
> 0を使って，その位が空であっても位があることを示す。

7，6，で6が答えとなる。選択算法の使用は，反応時間のデータ（引く数と引かれる数の差が大きくなると時間は大きくなる）と，どちらの方法を用いたかの質問に対する答えから示された（Gallistel & Gelman, 1991）。加法の場合のように，このような数える方法は，最終的には，数の情報の検索の使用に代えられる。

位の大きさと位の保持の理解

　加法や減法，またもっと複雑な乗法や除法などができるためには，子どもは書かれ数字の基礎を理解する必要がある。まず第一に，子どもはインド・アラビア数字システムの重要な約束である**位の大きさ**について知らなければならない。一番右の位置は0〜9。(1の位)を表し，その左側が10の位，その左が100の位，などについて理解しなければならない（ボックス12-3参照）。

　位の大きさについて重要であり，特に理解が困難な側面は，0の意味である。0は**位の保持**をするものとして使われ，空の位があることを示している。例えば，204での0は10の位は何もないことを示している。もし0が省かれて24となると，全く異なった大きさを示すことになる。ゼロの概念の理解の困難さは，それがインド・アラビア数字の数表現に導入されたのは，位の大きさの概念よりも1世紀も遅れていることからも明らかである。

　位の大きさや，ゼロの重要性が理解できたら，子どもが学ぶべき次の段階は，複数桁ある数字の加減乗除で，これらがどのように保持されるかを知ることである。これは複雑な問題で，子どもが正規の算数をマスターする時に経験する困難の多くは，位の大きさの保持，特に0の重要さが理解できていないことから来ている。

　フランスの6，7歳の子どもは，2桁の数字でも，位の大きさの理解ができていないし，16のような数字の最初の1は，1が1個ではなくて，10が1個であることを意味していることについて気づいていない（Sinclair, 1988）。ヌネスら（Nunes & Bryant, 1996）は，イギリスの5歳と6歳児に，位の大きさについての理解を評価する一連の課題を行った。そこでは，端数のない数字（10, 60, 100, 200, 1,000）を含むもので1〜4桁から成る数字の読み書きをテストした。子どもは，数字の桁数は同じでも，端数のない数字の読み書きは，

他の数字よりも容易であり，200は202よりも，1,000は1,237よりも容易であった。ヌネスらは，端数のない数字の方が比較的よく知られているからだろうと示唆している。

　数字を書くことの問題でも，位を保持するものとしての0の意味の理解の混乱が反映されている。ヌネスらの示す2つの例では，0をさらに追加する子どもがいることを示している。一人は108を1,008と書き，他の一人は2,569を200050069と書いた。このように書く論理は明らかである。1,000の位でも100の位でも，それぞれの位を保持する正しい数の0が後に続いている。子どもを混乱させているのは，位の保持は下の位が空の時だけ必要となるということである。全体として，ヌネスらによると，5歳と6歳の子どもの40%は108と2,569を書くのに，0の数を間違えていた（多すぎるか少なすぎる）。

　全体として，数字を正しく書くことができる子どもと，できない子どもとには，興味ある違いが見られた。よくできる子どもは，数がどのように分解でき，加えることができるかを一般によく理解していた。このことは，子どもに額の異なる玩具のコインを与えて，店の人に品物の代金を払う課題を与えてテストされた。1桁のコイン（1ペンス）と2桁のコイン（10ペンス，20ペンス）を子どもに組み合わせて使わせる。そこでは11ペンスの品物の代金を払うのに子どもは10ペンスコイン1個と，1ペンスコイン1個が必要である。正しいコインを選ぶのに，子どもは1桁と2桁の額面のコインの関係がわかり，どのように組み合わせたら正しい総額になるのか理解しなければならない。この能力を加法合成（additive composition）というが，これは位の大きさの理解とかなりの共通点があり，ヌネスらはこれの理解は書かれた数字の位の大きさの理解の基礎となるものであると言っている（Bryant & Nunes, 2011）。

　位の大きさと，位の保持についての困難さは，子どもの多数桁の計算処理での困難の主要な原因となっている（Dockrell & McShane, 1992）。初期の研究で，多数桁の加減の問題を学齢児に行った20,000件に近い結果を分析した研究（Brown & Burton, 1978）をまとめたドックレルらは，子どもが0を扱わねばならない問題で最も間違いが起こりやすいことを示した。例えば，大きな数を小さな数から引く時，隣の桁の0から借りねばならないような場合，隣の桁を越え

て借りることができない。また，上段の数字が0の時はいつでも下段の数字を答えとして書くなどである。その他よく見られる間違いは，どちらが上段にあるか下段にあるかに関わりなく，大きい数から小さい数を引くことが見られる。

　ブラウンらの研究は，30年以上も前に行われたものであるが，大きな数の加減で子どもが経験する困難さは今も同じである。しかし明らかになったことは，算数の成績では文化による差があるということである。

算数能力の文化による差

　算数能力のテストで東アジア（中国，日本，韓国，台湾）の子どもは，西洋の同年齢の子どもに比べて，一貫してよい成績であることが多くの研究で示されている。最も広範囲にわたる算数能力の文化間比較を行った研究は，スチブンソンらの研究である（Stevenson et al., 1990）。彼らは台湾と日本それにアメリカの4,000人以上の小学生をテストした。3つの国の子どもは全て大都市の子どもで，その地域の通常の学校へ入っている生徒である。半数は1年生（6歳）で半数が5年生（11歳）である。全ての子どもに算数能力と読みの，能力の異なった側面について評価する広い範囲のテストを行った。

　全体として，読みのテストでは3群で差は見られなかったが，アメリカの5年生は台湾や日本の子どもに比べて，両極端の成績（読みの能力が生活年齢より高いものと低いもの）を示す生徒が多く見られた（このことは英語と他の2つの国の書式の違いから説明できる。第13章参照）。しかし，算数では明らかな差が見られ，日本と台湾の子どもがほとんどのテストで，高い得点を示した。

　日本と台湾の子どもがアメリカの同年齢の子どもよりも優れている程度をはっきりと示すものの1つは，高得点群と低得点群を比較することで示される。1年生では，上位100人の中にアメリカ人は14人だけだが，下位100人の中には56人が入っている。5年生では，上位100人の中にアメリカ人は1人のみで，下位100人には67人が入っている。各国から同じ人数の生徒がテストされているので，3つの国で子どもの能力が同じだとすれば，上位群と下位群にアメリカ人はほぼ33人入っていることになる。しかし，スチブンソンの資料

ボックス12-4　計算障害

　発達性計算障害（developmental dyscalculia）は数的理解の障害である。発達性ディスレクシアとほぼ同じくらいの割合（約5%）で見られる。しかし，ディスレクシアは聞いたことがあっても，計算障害のことは聞いたことがない人が多いであろう。最近の論文で，バターワースは，計算障害の影響はディスレクシアの影響と同じように，重大であることを示唆している（Butterworth et al., 2011）。しかし，ディスレクシアは計算障害よりもよりよく理解されており，その結果，読み書きの障害を持っているとされる子どもの支援は，算数に困難を持っている子どもへの支援よりもよく理解されている。

　最近の遺伝と神経科学の研究では，計算障害は凝集性の障害群で，同時に見られるいくつかの特徴が認められている。中心的な特徴は，算数の学習の重度な障害である。この障害は極めて選択的なもので，計算障害と診断された子どもは，知能は正常で，ワーキングメモリも正常であるが，他の多くの発達障害と同じように，計算障害でもディスレクシアやADHDなどの他の障害と併存することがある（Williams & Lind, 2013）。

　数能力は，高度に遺伝性のものである。一卵性と二卵性の双生児の数能力を比較した研究で（第1章参照），数の能力の分散の30%は遺伝因子によるものと示されている。更に，計算障害とディスレクシアはよく併発するものであるが，含まれる遺伝的素因には，数に特有のものがある。

　算数に特別な困難を持つ子どもが経験する中心的課題は，数に関する理解がよくないことである。バターワースら（Butterworth et al., 2011）によると，「計算障害にとって，数は意味のあるものとは思われない。少なくとも平均的な学習者のようには意味を持たない。彼らはある数の大きさや他の数と較べた時の大きさを直観的に把握することができない」（Butterworth et al., 2011, 1,050頁）。

　この見解を支持する多くの一連の事実がある。まず第1に，

KEY TERMS

発達性計算障害
数的理解の障害。中核の特徴は算数学習の重度な障害。

計算障害の子どもは，1つのまとまりのある物を教えたり，2つのセットの物の数を比較する能力に劣る。第2に，脳のスキャンでは，多数の数を比較したり，数表示（symbol）を較べたり，単純な計算を行ったりする時に，これらの活動に特に関連する脳の部分の活動性が落ちていることが示されている。脳の頭頂間溝（intra-parietal sulci）が数を処理するのに特に重要な部分であるとも見られている。

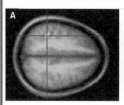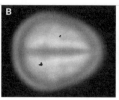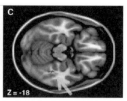

初期の計算障害の脳の構造上の異常は，頭頂間溝の重要な役割を示唆するものである。この図は，正常に機能している脳と，計算障害の脳の違いの場所を示すものである。(A) は青年の計算障害の左頭頂間溝に灰白質密度が少なくなった小さい部分が見られる。(B) は9歳児で右頭頂間溝の灰白質密度が低下して（黒色の部分）いる。(C) は脳の右紡錘状回と頭頂葉を含む脳の他の部分との連結が弱くなっている。

では特に5年生では上位群で有意に少なく，下位群で有意に多くなっている。

　東アジアの子どもが数学能力で優れていることの説明は，その差に影響する可能性のある要因は沢山あるので困難である（Towse & Saxton, 1998）。まず初めに考えてみることは，アジアで教育されている子どもたちが優れていることを説明できるような教育経験上の違いがあるかどうかということである。

　学校で数的概念を教える方法についての研究は多くなされてきている。アメリカの教科書では，多くの部分を，子どもが取り組むことを期待される一連の課題に当てている。一方，日本の教科書では，基礎となる考え方の説明に多くの部分を当て，子どもがやってみて理解するための例題を多く提供している（Mayer, Sims, & Tajika, 1995）。このような結果は他の研究でも見られ，東アジアの算数の指導は，より概念的なアプローチであることが示されている（Siegler, & Mu, 2008）。例えば，日本とアメリカで10歳の算数の授業を比較した研究で，日本では子どもは，クラス全体に自分の意見を言い，他の人の意見を評価することが勧められ，教師が直接評価すること

はほとんどない。それに対してアメリカでは，教師は生徒の反応を直接的に評価し，個々に助言を与えることが多く，中には算数に関する自分の考えを言う教師もいる（Inagaki, Morita, & Hatano, 1999）。

さらにまた，アメリカとアジアでは，算数の授業の時間数に大きな違いがある。日本や台湾では算数の時間数が多く，多くの生徒は学校の授業を補うための私的な指導を受けている。スチブンソンら（Stevenson et al., 1990）は，日本の子どもは1年生で1週間に5.8時間，台湾では4時間算数の授業を受けているが，アメリカでは2.7時間である。5年生では，それぞれ7.8時間，11.7時間，3.4時間と増加する。

このように算数に重きを置くことは，スチブンソンらの研究（1990）が示すところでは，台湾と日本の子どもや家族は，算数ができることは努力の結果と関係しているとみているが，アメリカの子どもや家族は，算数の能力は努力よりも自然の能力が関係しているとみている。このような考え方の違いについて，波多野も強調して，日本での子どもの経験について次のように述べている。

> 子どもは文化的に決められたスキルをマスターすること以上の選択肢の余地はほとんどない。これに対して，文化的に用意されたと見られる多くの選択肢があり，選択する自由が認められている。アジアの国では，学校での算数の授業は，国民的知的作業であるが，アメリカではそうなっていないと思われる。アジアでは，生徒はそこから逃れることはできないが，アメリカでは，もし算数が苦手で好きでなければ，他の領域での達成を探すのは自由であるといわれる（Hatano, 1990, pp.111-112）。

算数能力の文化間の違いは幼稚園児にも見られるので，数的理解の発達に関わるのは教育経験だけではないことがわかる。シーグラーら（Siegler & Mu, 2008）は5，6歳の中国とアメリカの子どもに2つの算数テストを行った。1つは，1桁数字の加算——子どもが学校で既に習った課題——であり，もう1つは，数を表す直線上での予想である。この後者の課題は，子どもにとっては馴染みの薄いもので，数を表す直線の一方の端に0が，他の端に100が書いてあり，

これを見て，この間に特定の数を位置づけるものである。

　数直線による予測は，数的理解の比較に用いることは興味あるもので，アメリカの子どもは，5歳から7歳にかけてはっきりと伸びを示す。数直線での正確な予測は，直線的即ち直線全体を心理的に等分して，小さい数も大きい数もその位置を正確に予測できなければならない。5歳児では，小さい数の予測の方が大きい数よりも広がっており，大きい数がより縮まっている。しかし7歳児では，大人の場合のようにより直線的になっている。6歳児では直線的予測ができる子どもと5歳児のように偏る子どもの両方が見られる (Siegler, & Mu, 2008)。

　2つのグループの子どもについて，シーグラーらは，年齢，学校のタイプ，社会経済的背景が同等の子ども同士を比較している。中国とアメリカの子どもでは，数直線の課題ではっきりとした違いが見られた。中国の子どもはアメリカの子どもよりも正しい予測ができ，より直線的であった。中国の子どもは加算でもよい成績を示した。どちらの子どもも，2つの課題での成績は正の相関を示した。

　シーグラーらはこの差について，中国の子どもは指で数えたり，物を数えたりするような就学前の活動を家庭で沢山経験していることによると指摘している (Pan, Gauvain, Liu, & Cheng, 2006)。もう1つの要因は，中国や東アジアの言語では，数の名前を表すシステムの透明度が高いからである。

　数の名称では，英語は一貫性がなく (Towse & Saxton, 1997参照)，特に，11から19の数では全てではないが添え字の'teen'が付くものがあり，また，数によって1の位の大きさ全体を表すもの (fourteen) と，短縮して表すもの (fiveteenではなくてfifteen) がある。同じように数の全体を示したり，変形して表すやり方は，20から100までの間でも見られる。'fivety'ではなくて'fifty'であり，接尾辞も'teen'が'ty'に変わる。

　数学で優れていると報告されている東アジアの国では，どこでも漢字を基にした数の名前を用いている。それらは100まで非常に規則正しく並べられ，位の大きさの概念に非常に重要である10の位の数がはっきりと示される。例えば，日本では2は'に'，10は'じゅう'と言い，20は'にじゅう'（10が2個）と言うように表す。1の位の数は，

10の位の数の後に続き，21は'にじゅういち'（つまり，2-10-1）となる。

日本の子どもは，数の構成について非常に早くから理解している（Miura et al., 1994）。中国，日本，韓国および3つの西洋の国（スエーデン，フランス，アメリカ）の7歳の子どもに，1の位の数を示すブロックと，10の位の数を示すブロックを使って書かれた数を示す課題を与えた。三浦らは中国，韓国，日本の6，7歳児は，1の位の数と10の位の数の組み合わせを正しく使って，有意に多く正解したことを示した。西洋の子どもは数を表すのに，主として1の位の数を示すブロックのみを用いていた。

すでに見たように，日本や中国では，親も子どもの数的処理のスキルの発達を支える重要な役割を果たしている（Hatano, 1990, Pan et al., 2006）。そしてその他の認知的発達の多くの側面と同じように正しい経験が，数的スキルの発達を支えていると見られる。

12.5 まとめ

この章ではまず，6歳から思春期にかけての具体的操作の推理について，ピアジェの考え方を検討することから始めた。子どもがこの長い期間に獲得していく主要な論理的操作は，保存，系列化，分類，計算である。具体的操作的推理を特徴づける新しく見出された能力の主要な側面は，いくつかの変数を同時に扱うことである。保存課題では，就学前の子どもが，同時に注目できるのは1つの次元（容器に入った水の高さ）のみであるが，6，7歳の子どもは，1つの課題で2つの鍵となる変数の関係に注目できる。例えば，保存の課題で，水の高さの変化は底の広さが増すことで相殺されることや，バランス棒で支点からの距離の増大が重りの減少を相殺することなどを理解できる。

ジーグラー（Siegler, 1976）が，バランス棒問題で示したように，また，ブライアントら（Bryant & Trabasso, 1971）が転移性課題で示したように，多くの課題について適切な訓練が成績を改善できる。特に重要と思われるものは，ある問題について考えるための適切な変数について，子どもに情報を与え，課題空間を組み立てやすくすることである。

推移的推論を含むような演繹的推論の問題を解くことができる年齢の差は，ワーキングメモリの能力や，実行機能の有効性及び長期記憶から情報を検索する能力，などの発達の差に大きく依存している。本章で，児童中期を通してワーキングメモリの能力の伸びが見られること，そしてそれが，子どものより複雑な情報の操作と保持を可能にしていることを見てきた。

数処理の学習は，児童中期を通じて中心的な活動であり，数とそれがどのように書き表せるかを理解することは，正確な数の理解の発達にとって，鍵となるスキルである。計算障害を持つ子どもは，数が表していることの理解が困難であり，二組の物の数の比較などの単純な数についての判断も困難である。正しく数えることの学習——数えることを単純な数的操作へ応用する方法——は掛け算や割り算や，大きな数を扱う基礎となるものである。

最後に，本章では，数的能力には，東アジアの国の子どもは西洋の子どもより優れる傾向を示す文化的差があることを示した。これには指導方法，学校での算数を教える時間数の差及び，漢字に基づく数の名前のわかり易さによることが大きいと思われる。

参考文献

Bryant, P. E., & Nunes, T. (2011). Children's understanding of mathematics. In U. Goswami (Ed.), *Childhood cognitive development, 2nd edition* (pp. 549–573). Chichester: Wiley-Blackwell.

Butterworth, B., Varma, S., & Laurillard, D. (2011). Dyscalculia: From brain to education. *Science, 332*, 1049–1053.

Goswami, U. (2011). Inductive and deductive reasoning. In U. Goswami (Ed.), *Childhood cognitive development, 2nd edition* (pp. 399–419). Chichester: Wiley-Blackwell.

Henry, L. (2012). *The development of working memory in children*. London: Sage.

質問に答えてみよう

1. ピアジェは児童中期を通して見られる認知発達をどのように説明しているか。
2. バランス棒課題を解く子どもの能力についての実験研究は，児童中期の認知発達について何を明らかにしたのか。
3. ワーキングメモリスパンは，児童中期になぜ伸びるのか。
4. 計算障害とは何か。
5. 子どもの算数の成績に影響する要因のいくつかを説明してみよう。

CONTENTS

13.1 読むことの学習
13.2 書くことの学習
13.3 読み書きの学習の障害
13.4 まとめ

第13章

読み書き能力(リテラシー)

> この章によって読者は以下のことがわかり，説明できるようになる。
> - 子どもがどのように読みを学ぶかを決める主要な要因を説明できる。
> - 解号（記号解読）スキルと読みの理解の違いが説明できる。
> - 書体によって読みの困難度が違う理由が理解できる。
> - 子どもが文字を綴る時に用いる方法が説明できる。
> - 発達性ディスレクシアの特徴と読みの理解の障害との違いを述べることができる。
> - 手書きの困難さが学校での学習に影響する理由を説明できる。

低学年を通して，子どもが教室で過ごす時間の多くは，読み書きの技能を身につけることに当てられる。この章では，子どもが読むこと，書くこと，綴ることなど，子どもがいかに学ぶか，またそこで子どもが遭遇するいくつかの問題について検討する。

13.1 読むことの学習

読みの学習の理論

子どもの読みの学習方法については，多くの理論があるが，最も一般的な見方は，読みの学習のプロセスは一連の段階を追っているということである。最初の段階理論の1つは，フリスによるものである（Frith, 1985）。彼女は，子どもは最初，文字の全体の見え方によって単語をそれと認める視覚語彙（sight vocabulary）を形成することから読み始める，と主張した。フリスはこのような初期の読みを表語文字（logographic）と呼んだ（Frith, 1985; Pacton, Fayol, & Perruchet, 2002）。**表語文字方略**（logographic strategy）を用いる子どもは，単語全体を見て，個々の文字には注意を向けないという。

このことは，子どもはすでに知っている単語しか読むことができず，知らない単語は読もうとしないことを意味している。子どもがフラッシュカード——1つ1つの単語が大きな文字で書かれている——で単語を読むことを教えられる時，子どもは表語文字方略を使うことが助長される。

この初期の段階では，子どもが読みの間違いをする時，自分の読みの語彙の中の単語の1つをいう傾向がある。しかし彼らの単語の選択は，恣意的なものではないことが多く，例えば，単語の長さが似ていたり，共通の文字が使われていたりする他の単語を間違って選択している。例えば，ある子どもが'policeman'を'children'と読むのは，「長い単語だから知っている」と説明するし，'smaller'を'yellow'と読むのは'l'が2つあることに影響されるからである（Seymour & Elder, 1986）。

子どもは間もなく，1つの単語の中での文字とその発音には体系的な関係があることに気づき始め，書記素（grapheme，文字や文字の繋がり）と音素との関係を，フリスがいう**アルファベット方略**（alphabetic strategy）を使って知り始める。この書記素と音素の規則を用いる新しい方法により，子どもは初めて見る単語を，それを構成する文字の並びを見ることで，どのように発音するのかを推測することができる。このやり方は，'cat'や'dog'のように，個々の文字の音が単語の発音を示してくれる場合には役立つが，英語のような言語では，文字と音との結びつきだけを用いるやり方では，いつも正しい発音を導くというわけではない。例えば，子どもが初めて'might'のような単語を見た時，どうなるだろうか。

不規則な綴りのパターンを示す単語を扱うことについて，フリスは正書法（orthographic strategy）といい，読みの最後の段階と考えた。これはIGHTのように，通常一緒に見られる文字の繋がり——正書法の単位——がわかることを必要としている。**正書法方略**を用いることで子どもは，知っている単語と構造が似ている不規則な単語を発音することができる。例えば，子どもが，'light'を読むことができるようになっていれば，'might'や'sight'のような単語の発音を正しく予測することができる。しかし，正書法方略は，アルファベット方略に置き換わることはなく，子どもは新しい規則的

KEY TERMS

表語文字方略
単語全体を見て読む。

アルファベット方略
単語の個々の文字を見て読む。

正書法方略
文字の集まり，つまり正書法による単位を見て読む。

な単語の発音に，この方略を使い続ける。'yacht'［jɔt］（ヨット）や'ogre'［ougər］（鬼）のように非常に変わった綴りの単語は表語文字方略を知る必要があり，英語では3つの方略の全てが，使われ続ける。

　子どもが初期の読みで，文字と音との関係についての知識をどの位使っているかについては，議論のあるところである。上で見たようにフリス（1985）は，はっきりした表語文字方略の段階があることを主張し，セイモアら（Seymour & Elder, 1986）も認めている。しかし，エーリーら（Ehri & Robbins, 1992）は，子どもは文字と音との関係がわかると直ぐに，文字と音の知識を用い始めると主張している。

　読みの初期の段階で，文字と音との関係の知識を子どもがどこまで用いるかについては，読みが教えられた方法に依存している。これまでに見てきた発達の他の多くの側面と違って，リテラシーは特に教えられるものである。セイモアらがスコットランドでの研究で示したように（Seymour & Elder, 1986），もし初期の指導が，読みにおいて単語全体を重視するものであれば，子どもは，読み始める時表語文字方略を用いる傾向がある。しかし，子どもが読み始める時に，文字を音にするフォニックス法（phonics approach）で教えられると，子どもは単語の個々の文字に，より注意を向けるようになり，純粋な表語文字方略は用いないであろう（Connelly, Johnston, & Thompson, 2001）。フォニックス法で教えられた子どもは知らない単語を読もうとする試みを多くするだろう。

読みの学習の縦断的研究

　子どもはどのように読みを学習するのか。またある子どもは他の子どもよりもよく読めるのはなぜか。これらの問いに答えるためのよい方法の1つは，子どもの集団を長い間追跡して，どのような能力が，個々の伸びを予測できるか探る縦断的研究を行うことである。読みを成功に導くものを探った初期の研究では，スカンジナビア（Lundberg, Olofsson, & Wall, 1980）とオックスフォード（Bradley, & Bryant, 1983）で行われたものがある。どちらの研究も，訓練の要素を含んでおり，そのような研究が読みの研究の主流になっていることは興味深いことである。

ランドバーグら（1980）は，スエーデンの就学前児に音韻に関する知識を含む広い範囲の訓練を行った。それらには，韻に気づくこと，単語の最初の音素を見つけること，単語を構成する音節に分割することなどを含んでいる。彼らは，これらの課題で訓練受けた子どもは，訓練を受けなかった子どもと比較して，読みでよい伸びを示したことを見出している。

　ブラッドレーら（1983）は，未だ読めない子どもに1音節単語のセット（'hill'，'pig,' 'pin' など）を見せて，仲間はずれはどれかを尋ね，韻と頭韻法への子どもの感受性を調べている（この例では，'hill' が正解。他の2語はどちらも 'pi' の音で始まっているから）。このテストでは，単語は最初の音か，真ん中，あるいは最後の音が共通している。3年間の学校教育を受けた後，子どもの読みを見ると，この課題での仲間はずれの単語の判断で成績の良かった子どもは，良くできなかった子どもよりも，読みの成績が良い生徒になっていた。

　二番目の研究でブラッドレーらは，子どもたちをランダムに3種類の訓練グループに分け訓練を行った。訓練は，意味により単語を分ける，最初と最後の音によって単語を分ける（音韻的分析），音韻分析とアルファベットの文字を確認する，の3種類の訓練である。その結果，音韻分析のみの訓練を受けた子どもは，意味による単語の分類訓練を受けた子どもより，よく読めるようになった。しかし，音韻分析と文字と発音との関係の訓練を受けた子どもの読みは，更に上達を示した。

　彼らの研究は，音韻体系についてよく気づき，韻や最初の音が似ていることをよく判断できる就学前の子どもは，読むことの学習を始める時に，優位な立場に立っていることを示す強固な事実と受け止められている。より最近の研究では，正確な音韻スキルが読みには重要であることを示す詳細な情報が提示されている。

　イギリスのヨークで行われた1つの重要な研究（Muter, Hulme, Snowling, & Stevenson, 2004）では，90人の子どもを学校での最初の3年間にわたり追跡している。学校に入る時に行われた最初の評価では，韻に気づき，韻を作り出す能力と，音素を操作して取り出す能力を評価した。韻のスキルは，子どもに目標単語と同じ韻の単語を言わせる（例えば，'day' と同じ韻の単語）ことで，または，'sand, hand, bank'のような一組の単語中で韻の合わない単語を見つけることで評価した。音素スキルは，子どもにある単語を示して，1つの音を消したら後はどうなるかを答えさせる。例えば，「'tin'から't'を除いたら……？」と問う。他の課題——音素完成テスト——では，ある単語の語頭を提示して，その単語を完成させるにはどんな音が必要か，を問う。全ての課題で，関連する絵を用いて，子どもに問題とされる単語が何なのか，いつでもはっきりするようにしている。音素の除去と，音素の完成の課題に加えて，子どもは，どれだけ文字の名前を言えるか，どれだけ音にすることができるか，易しい単語をどれだけ読むことができるか，話しことばの語彙はどの位あるか，などを評価される。

　入学時の2つのスキルの程度が，12か月後の子どもの読める単語の多さを予測できた。それは，文字についての知識と，音素の操作であった。韻のスキルは読みを予測できなかった。因果関係をはっきりさせるために，この研究者たちは，子どもが入学してから2年間フォニックスに基づいた高度に組織立てられた読みのプログラムを実施する訓練に関する研究を行った（Hatcher, Hulme, & Snowling, 2004）。いくつかのグループでは，読みの訓練プログラムを，音素，韻，あるいはこの2つを組み合わせたものを用いる系統立てられた音韻体系の訓練で補った。読みの学習に困難を持つだろうと思われた子ども（13.3参照）には，系統立てられた音素レベルでの訓練が，韻の訓練よりも読みの改善により効果があることが示された。しかし，ほとんどの子どもにとって，読みを学ぶのに，組織的なフォニックスに基づいたやり方が十分なものであったので，音素レベルでの訓練は，読みの困難さのリスクを持つと思われる子どもたちのみに，重要なものだと思われた。

読みの理解

　単語を発音することは，読みの1つの側面にすぎない。他の重要なことは，読んだことを理解できることである。読みについての単純な見方では（Hoover & Gough, 1990），解読（decoding）と言語的理解（linguistic comprehension）の2つの要素が上手な読みの発達を支えるものだという。既に見たように，解読スキルの発達は文字

の知識があることと，音韻的スキルがよいことに依存している。読みの理解は，むしろ異なったスキルに依存している。前項で検討したムッターら（Muter et al., 2004）の研究では，語彙の知識と，文法認識が，読みの理解の有意な予測因子であるとされている（初期の単語認識，音素感覚，文字知識を統制した場合でさえも）。言い換えれば，読んだものを理解するために，子どもは個々の単語の意味と，文の意味という2つの点で，話しことばの英語の知識に依存している。

　このような音声言語についてのより広い知識は，子どもたちは学校で，だんだん複雑になっていくテキストを扱うことが求められるので，学齢期を通じて伸びていくにつれてより重要なものになってくる。読みの理解と，聞き取りによる理解，解読スキルの間の相関関係について，広い年齢範囲に亘ってのメタ分析の結果，読みの理解と，解読スキルの関係は，時が経つにつれて低くなる（即ち，読みの理解は，解読スキルの違いに影響されなくなる）が，読みの理解と，聞き取りによる理解の相関は大きくなる（Gough, Hoover, & Peterson, 1996）。これは，音声言語についてよく知っていることは，よい読み手となるための基本となることを示している。

　学校で，高学年になってからも，読みの進歩を続けるもう1つの重要な要因は，子どもが読み続けることである。多くの研究が，初期の読みのレベルは後からの読みのレベルをよく予測していることを示している。例えば，1学年から11学年までの子どものグループを追跡した縦断的研究（Cunningham & Stanovich, 1997）では，1年生での読みのレベルが，10年後の読みのレベルを，認知能力の個人差を考慮に入れた上でも，強く予測できることを示している。しかし，子どもの読みの能力を保持する重要な要因は，子どもが書かれたものに接し続けることである。

　スタノヴィッチ（Stanovich）が創案したよく知られている用語「マタイ効果」（Matthew effect）は，読みの学習の後期段階を特徴付けるもので，読みはプロセスそのものがさらなる進歩を促すものである，としている。つまり，多く読む子どもは，だんだんよい読み手になっていくという（Stanovich, 1986）（Matthew effect という用語は，新約聖書の『マタイによる福音書』での有名な一節で，「更に求める者は，多くを得る。求めない者は，持っている物を失う」ことを意味している）。

> **KEY TERMS**
>
> **正書法的透明性**
> 言語の音と綴りの一貫した関係．ある音は常に同じ綴りで示される．

マタイ効果でいわれるように，カニンハムら（Cunningham & Stanovich, 1997）の研究で，多くを読む子どもは，読みのスキルを伸ばし続けることが示された。このことは，読みを学ぶことは易しいと気づいた子どもは，自然と読む時間を多く持ち，読めるようになるが，反対に，読みは難しいと思った子どもは，より読まなくなり，同年齢の子どもよりも更に遅れてしまうことを強調している。

他の言語での読みの学習

子どもが英語の読みを学ぶ時に生ずる問題のみを検討してきた。ほとんどの現代言語と同じように，英語では単語を書くのに比較的少数の文字を用いている。英語や他のヨーロッパの言語は，ローマ体のアルファベットが使われる。その他のヨーロッパの言語ではギリシャ文字やロシア文字が用いられる。アルファベットで表される書体では全て，単語の中の音は文字で表されるが，語音（音韻）と綴り（正書法）との関係はさまざまである。イタリア語やスペイン語では，両者の関係は非常に一貫しており（わずかの例外はあるが），特定の音は同じ綴りで表される。このことは，文字と音との関係を全て学べば，子どもは聞いた単語はどれでも綴ることができるし，書かれた単語を見て読むことができることを意味する。イタリア語やスペイン語は，読み書きの両方に**正書法的透明性**が高いといわれる。

　読みと綴りでの正書法的透明性は，常に相互を反映しているわけではない。現代のギリシャ語は，イタリア語やスペイン語に較べて読みの規則的な正書法が目立つ。しかし，イタリア語やスペイン語と違って，ギリシャ語は綴りに関して不規則な正書法が大きく，それは母音で1つ以上の綴りが可能だからである。英語はイタリア語，スペイン語，ギリシャ語とは異なっており，読み書きの両方に不規則性が高い。

　子どもが読みを学習する速さは，正書法的透明性の程度に強く影響される（Seymour, Aro, & Erskine, 2003）。イタリアの子どもは，能力が同じ程度のイギリスの子どもよりも読みの学習は速く，第1学年の終わりまでには，スムーズに読めるようになる（Cossu, 1999; Thorstad, 1991）。トルスタッドはまた，彼が研究したイタリアの子どもは全て，たとえ10歳の子どもでも，アルファベット方略を用い，

知らない単語を読むために，文字を音に変えていることも見出している。そのようなやり方は，透明な正書法でいつも巧くいくので，イタリア語を学んでいる子どもは，不規則単語の読みを可能にする他の方法を身につける必要がない。

　興味深いことに，イタリア語のような透明性のある正書法については，難しい単語が増してゆく学年別の読みのテストのようなことは見られない。英語では，そのようなテストが読書年齢を評価するのに用いられ，子どもの読みが学年相当のレベルかどうかを決める。2，3か月の指導の後，透明性のある正書法を学んだ子どもは，どの単語も見てほぼ正確に声を出して読むことができる。これらの子どものこの時間を通して変化したことは，読みの正確さではなく，流暢さである。言い換えれば，読むことのできる速さである。

　正書法のわかり易さの異なる書体を，子どもがなめらかに読めるようになるのにかかる時間の差に拘わらず，書体の比較から，同じような核となるスキルが重要であることが示された。例えば，チェコ語（わかりやすい正書法）と英語を比較してみると（Caravolas, Volin, & Hulme, 2005），両群とも読みの流暢さは，音素削除（前出）や語音置換で評価する音韻的スキルから予測できる。この語音置換では，子どもに，sor, nep を nor, sep のように，2つの無意味な語の綴りの最初の音を置き換えさせる。これは非常に難しい音素の操作で，能力の個人差をよく示すので，年長児や大人にもよく用いられる。

　ギリシャ語は，読むのには規則正しいものであるが，綴りはそうではないので，子どもにとってイタリア語やチェコ語に較べて，ギリシャ語の読みの学習は非常に速く進み，綴りの進歩は遅く，英語と同じくらいであると予想される。初歩の読み手についての研究で（Harris, Giannouli, 1999），ギリシャ語の子どもは，読みの学習の初めの1年の終わりには，なめらかな読み手になっていることが見出されている。学校で6週間勉強しただけなのに，アルファベット方略を用いることが明らかに示される。しかし，同じ子どもたちが，綴りは上手ではなく，11歳になるまで多くの誤りを示し続ける。他のアルファベット書体の場合のように，音素のスキルが学校での最初の1年間の読みの進歩を予測できた（Nikolopoulos, Goulandris, Hulme, & Snowling, 2006）。

13.2　書くことの学習

綴り（spelling）

　読みの学習のように，綴りの相対的困難さは与えられた書体の正書法の規則性のレベルに依存している。イタリア語のように，読みと綴りの両方に同じような透明性がある場合には，両方のスキルは同じように発達する傾向がある。ギリシャ語のように綴りよりも読みのほうがより規則性が高い場合には，綴ることは読むことよりもずっと遅れる傾向がある（Harris, & Giannouli, 1999）。

　英語では，綴りは読みよりも一般に遅れる。これはよく知らない単語について，その発音よりも綴りについて不明確さが大きいからである。ギリシャ語の場合のように，英語でのこのような不均衡性の主な理由は母音の綴りにある。しかし，綴りと音との対応が一般に沢山あるものを読むとき，多くの場合，ある1つのパターンが他のものよりも多く見られる。例えば，'EA'の綴りは，'EAT'や'READ'の場合のように [i:] と発音される。'EA'が違うように発音される単語（例えば 'SWEAT [swe't]' や，'GREAT [gre'it]'）は多くはない。このことは，'EA'を含むよく知らない単語に初めて出会った時，読み手は，それを [i:] と発音するだろうと想像することはあり得ることである。

　綴りに目を向けると，母音にとっては様相は一層不明確なものになる。[ou] と発音されるものを考えてみると，それには少なくとも13個の違った綴りがある。'DOLE' [doul], 'BOWL' [boul], 'COAT' [kout], FOLK[fouk] 'SEW' [sou], 'BROOCH' [broutʃ] などである（Barry, 1994）。[ou] の音に対する最も一般的な綴りは，O-E であるが（例えば，'DOLE' [doul], 'MOLE' [moul], 'HOLE' [houl], 'HOSE' [houz] など）（訳註；原著には発音記号はない），これは単語の中の32％に過ぎない。次に多い綴りは，O で，26％，そして OW と OA が15％見られる。これらの綴りの全てのパターンが一般的だとすると，[ou] の音を持ったよく知らない単語をどのように綴るのか，推測するのが困難になる。

英語の綴りの複雑さの1つの理由は，歴史的な変化にある。1066年のノルマンデー制覇以前，古期英語（Old English）が用いられていた頃は，書記素と音素はほとんど完全に1対1対応をしており，正書法上の不規則はほとんどなかった（Scholfield, 1994）。ノルマンディー制覇により，多くの単語の音は変わり，綴りと発音の結びつきが弱くなった。多くの綴りは，フランス語をそのまま受け入れ，同時に，ラテン語，フランス語，その他から新しい文字が英語の綴りに導入された。

　古期英語での単語の綴りは，話し方をそのまま反映していたので，意味が全く違う単語でも，同じ発音の単語は，同じように書かれた。そして，意味が関連している単語も，異なって綴られた。つまり古期英語では，「小さい」(small)ことを示す単語の単数形は'SMAEL'であり，複数形は'SMALU'であった。これは現代英語とは全く異なるもので，現代英語では発音から離れて，意味の関係を保とうとしている。例えば，'CHILD'（子ども），'CHILDREN'（子どもたち），'CHILDHOOD'（子ども時代），または，'PHOTOGRAPH'（写真），'PHOTOGRAPHY'（写真撮影）などでは，基となる英語の綴りは派生語でも同じように残っている。

　子どもは英語の綴りのいろいろな方略を受け入れて書くことを伸ばしてゆく。初めは，子どもは目標とする単語とは何の関係もない文字を並べて，無意識のうちに単語を書いている。これは，文字と音との関係に気づいていないことを示している。次の段階では，文字と音との関係に気づき始め，ある単語の中の音を反映するいくつかの文字を使い始める（'elephant'の代わりに'LEFT'など）。ジェントリー（Gentry, 1982）はこれを，前音声的段階（pre-phonetic stage）と呼んでいる。綴りは徐々に音声的になり，単語の全ての音は文字で表されるようになる。しかし英語では，ある音が，特に母音では多くの綴り方が可能で，音を綴ることには良く間違いが見られる。そして，'come[kʌm]'が'KOM'，'type[táip]'が'TIP'，'eagle[i:gl]'が'EGL'と綴られることがある。次の段階は移行段階で，子どもは，英語の綴りのパターンを考慮に入れるようになる。子どもたちは，それぞれの音節には1つの母音を使い始め（'eagle'を'EGUL'と綴る），英語の一般的な文字の並べ方，AI，EA，EE，

及び単語の末尾の無声のEなどを綴りで使うようになる。最終段階では，子どもは，無声や二重子音などを含む英語の綴り方に見られる多くの異なった規則を用いられるようになり，正しい綴りへと進んで行く。

　読みの場合のように，音素スキルが良いことは，英語や，その他アルファベット書体での綴りが上手になるのに重要なことである（Caravolas et al., 2005; Nikolopoulos et al., 2006）。しかし驚くべきことに，音素スキルと綴りとの関連は，正書法の透明度が高い場合も低い場合も強く（Caravolas et al., 2005），このことは，アルファベット書体で正しく綴るには，音素分析が巧くできていることが必要とされることを示している。

　前述したように，英語の綴りは，例えば，'CHILD'と'CHILDHOOD'のように，基本単語の綴りが派生単語に残っている傾向がある。基本単語の発音が変化し，音素と書記素の相互関係が一致しなくなることがよくある。例えば，'CHILD[tʃaild]'は長母音を持っているが，'CHLDREN[tʃildren]'では同じ母音が短くなる。単語の形態論的構造について知っていることは，英語の綴りを助け，書かれた形が音と同様に意味も反映しているような他の言語を綴るのにも役立つ。

　フランス語（Pacton et al., 2002）とギリシャ語（Chliounaki & Bryant, 2002）の両方を書くことを学んでいる子どもは，綴りの発達の中で，かなり早くからいくつかの形態素を使っている。両方の言語とも，動詞と名詞の語形の末尾の綴りは文法の規則で決まり，末尾の音はその綴り方を示してはいない。事実，フランス語ではこのような末尾の綴りの多くは発音されず，例えば，'il marche'（彼は歩く；単数）と，'ils marchent'（彼らは歩く；複数）とは同じ発音である。このような単数形と複数形の違いを反映している綴りの違いを理解していることは，正しい綴り方にとって欠かせないことである。子どもは，初めそのような単語を，多かれ少なかれその音のように綴るが，徐々に形態論的末尾の決まりを理解するようになる。フランス語の場合（Pacton et al., 2002），子どもは発音に即した綴りから，形態論的末尾を取り入れる中段階へと進むが，常に適切にできるというわけではない。例えば，複数名詞に's'をつけること

は正しくできるが，複数形の動詞にも間違ってつけてしまい，後になって，'nt' の動詞の末尾形がわかるようになった時も，それを間違って動詞に付加する。最終的にはこれらの混同は全て解決される。

英語の単語の綴りを学ぶ子どもにも，同じようなことが見られる (Nunes, Bryant, & Bindman, 1997)。'-ed' のような形態論的末尾を初めて使うようになる時，彼らは 'pulled' のような規則動詞の過去形を使うことができるだけではなくて，他の単語の末尾でも間違った使い方をする。ヌネスら (Nunes et al., 1997) の例では，'SOFT'

ボックス13-1　手書き

　小学校の低学年では，読むことや綴りの学習に加えて，手書きの指導も受ける。手書きの能力は，学校での成功と活動への参加にとって基本となるものであり，学校での活動の30～60％は書くことに当てられると推定され，このスキルが自尊心の重要な要因の1つであるとされることは，驚くことではない (Rosenblum & Livneh-Zirinski, 2008)。
　子どもの手書きについての組織だった研究は近年になってから始められたところで，子どもの書き方の重要な側面を測定する方法の発展に促されてきている。今多くの研究はグラフィックス・タブレットと特殊なペンを使い，子どもがある文を書き写す時や，アルファベットの文字を書く時の手の動きに関する情報を，自動的に収集する。これには，子どもが文字を書く時の1画の動き（1ストローク）に使う時間や，ペンを紙に立てる時間の情報も含まれる。これを細かく分析することで，ある子どもには特に，自分で書面を作り出す能力に重要な影響を与える手書きの困難さが見られることが明らかになっている。

手書きの能力は不可欠なもので，小学校で読みや綴りの学習と一緒に教えられる。

> **KEY TERMS**
>
> **発達性ディスレクシア**
> 知能は正常なのに読むことと綴ることの学習に困難を示す症状。語盲（word blindness）とも言われる。

の綴りを'sofed'とすることがある。後になって子どもは，'-ed'は動詞の末尾にのみ使うようになるが，不規則動詞では，'KEPT'ではなくて'keped'，'HEARD'ではなく'heared'と間違えることがある。最終的に子どもは，正しい使用に落ち着くが，これは多くの場合，2～3学年になってからである。

13.3　読み書きの学習の障害

　読みの障害は最も研究されていることであり，よく理解されている認知障害である。読みの障害には2種類の主な障害があり，前述したように，読みの単純なモデル（Hoover & Gough, 1990）で示された2つの主要な要素に影響するもので，解号の障害（読みの正確さと流暢さの問題）と読みの理解の障害である。DSM-IV（（DSM-IV-TR 精神疾患の診断・統計マニュアル，米国精神医学会（APA），医学書院，2004）では，「読みの正確さや理解についての標準化されたテストで個別に評価された読みの成績が，生活年齢，知能テストの結果および相当学年の適切な教育から期待されるよりもはっきりと低い」場合に，読みの障害があると分類する。

　この定義には，2つの注目すべき点がある（Hulme & Snowling, 2009）。1つは，DSM-IVの分類では，読みの正確さの障害と，読みの理解の障害は，異なったプロフィールを示すものであるのに，それをはっきりとは分けていないことであり，2つめは，知能が正常範囲にある子どもの読みの障害は，知能の低い子どもの読みの障害とは基本的に異なるものであることが，明らかになっていないことである。この2つめの問題は，特異的言語発達障害に関して取り上げられてきたものと類似したものである（SLI，9章参照）。

発達性ディスレクシア（Developmental dyslexia）

　子どもで最もよく見られる読みの障害は，**発達性ディスレクシア**（発達性読み書き障害）で，それは，「書かれた単語を年齢相応のレベルで認識することの問題」（Hulme & Snowling, 2009）で，比較的一般的な障害であり，子どもの3～6％に見られ，ほとんどは男児である。この障害を持つ子どものほとんどは，読みと同様に綴るこ

とにも障害を持つ。

　発達性ディスレクシアと診断された子どもは，大人までそれを持ち続けることがある。そのような子どもは通常，単語を正しく読むことはできるようになるが，綴りは巧くできず，読みも遅いことがよく見られる。ディスレクシアは，特異的言語発達障害（SLI）や発達性協調運動障害（DCD），注意欠如多動症（ADHD）なども併せ持つことがある。

　読みの学習の成功は，音韻スキルに大きく依存していることを見てきた。音韻スキルが巧くないことが，発達性ディスレクシアの主な原因となることは，驚くことではない。多くの研究が，発達性ディスレクシアの子どもは，この章の始めで述べたような課題を用いる音素的認識を必要とする課題が巧くできないことを示している（Hulme & Snowling, 2009）。

　発達性ディスレクシアの有無による子どもの能力の違いを示すもう1つの課題は，非単語（意味のある単語ではないもの）を復唱する課題である。非単語復唱はその名称の通り注意深く選択されたいくつかの非単語を繰り返すことである（Gathercole, Willis, Baddeley, & Emslie, 1994）。この課題は，経験のない音素の連続を知覚し，記憶，再生するもので，実際の単語の学習と同じようなものである。このような課題が巧くできない子どもは，新しい語彙の獲得で，問題を持つ傾向がある（Gathercole, 2006）。

　発達性ディスレクシアの子どもは，非単語の復唱に問題を持っている。ある研究で，ディスレクシアを持つ子どものグループに，単語と非単語を復唱させる課題を行い（Snowling, 1981），その成績は，より年少で彼らと同等の成績の平均的発達の子どもの成績と比較された。単語は全て多音節単語で（例えば，'pedestrian', 'magnificent'），非単語はそれらの単語から作り出されたもの（例えば，'kebestrian', 'bagmivishent'）である。想像できるように，両群の子どもともに意味のある単語より，意味のない単語の復唱が困難である。しかし，発達性ディスレクシアの子どもは，非単語で，そして特に例に示したような4音節の非単語で困難さを示した。このような項目は，音韻体系の特に高いレベルの複雑さを持っているもので，ディスレクシアの子どもは，音韻的に複雑な刺激を扱うのに特に困難を持つこ

とが示される。彼らの持つ問題のある部分は，知らない単語を発音するのに必要とされる音素の，正しい順序を産出する能力にあると思われる。そのような困難さは，読みの学習のみではなく，音声言語の発達にとっても問題になることを示しているように思われる。

家族歴からディスレクシアのリスクが考えられる子どもの縦断的研究で，音韻の問題は，子どもが読みを学び始める前から存在しており，音声言語に強い影響を与えていることが明らかにされている。ある研究（Snowling, Gallagher, & Frith, 2003）では，読みの障害のリスクの高い子ども56人を，満4歳以前から8歳まで追跡している。すべての子どもがディスレクシアになったわけではないが，そうなった子どもの中には，最初の評価で音声言語に多くの問題があることが示された。これらの評価には，音声言語の語彙を測定する物の名前を言うことと，非単語の復唱が含まれている。同じ子どもたちは，また文字の知識も弱かった。6歳の時点で，音声言語にはっきりした障害が見られ，音韻認識も劣っていた。

これらの結果が示すように，音声言語の発達での問題が，ディスレクシアと一緒になって見られることがよくある。就学前の段階で，音声言語障害を持つ子どもの多くは，後に読みの問題を持つようになり，回想報告から，ディスレクシアと診断された子どもの多くは，話しことばと言語の発達での初期の段階で，遅れを持っていることがわかる（Hulme & Snowling, 2009）。

読みの理解の障害

発達性ディスレクシアの子どもたちは，一般に，読みと綴りに困難さを示すが，更に読みに特別な問題を持つ子どものグループがある。それは読みの理解が困難な子どもたちである。発達性ディスレクシアの子どもと違って，個々の単語を読むことはよくでき，個々の単語を読むテストでは，年齢並の成績を示すが，書かれた文章の理解では重要な困難さを持っている。理解が悪いことは，読む成績の中での不一致でよく示される。1つ1つの単語を声に出して読むのはよくできるのに，文の一節を読み，それについての質問に答えるようなテストでは，よくできない。

文章の理解の3つの側面で，理解がよくできていないことを示す

ことができる（Oakhill & Yuill, 1996）。1つめは，推論し結果を導く能力で，関連する考え方をまとめ，より一般的な知識を用いて読んだことを説明できることである。2つめは，読んでいるものの全体の枠組みを理解する能力である。子どもが読み始めの時期に読むことが多い物語を読む場合では，主要な登場人物とその意図を理解して，物語の筋を捉え，あることが起こった訳を理解し，次に何が起こるかを予想できることが必要である。3つめの問題は，「理解していることをモニターする能力」（comprehension monitoring）で，読みを進めていく間に，理解できたことと理解できていないことに絶えず注意を払うことである。オークヒルらは，理解がよくできていない子どもは，3つの領域の全てで問題を持つといっている。

　単語の意味の理解は，それらを発音できることとは違って，よく理解できる人になるための鍵となることである。また，文章のレベルで読むものを理解できるようになることも重要なことである。縦断的研究では，一連の言語スキルが，読みの理解能力を予測できることを示している。前出の1つの研究（Muter et al., 2004）では，読みの学習を始めてから2年間子どもを追跡し，広い範囲の評価を行って，読みの理解がよくできないことに関連する3つの項目に特に注意が向けられた。これらは全て音声言語の評価であり，語彙，統語，形態論の3つである。統語のテストは，意味のある文章になるよう子どもに単語を並べ替えさせる課題で，例えば，子どもは，'Ben throwing was stones' を聞いて，'Ben was throwing stones' ということが期待される。形態論的知識のテストは，ある絵を見て，その絵を表すように名詞，動詞の語尾変化を適切に使えるかどうかを見るものである。テストでは実験者が1つの文を言い，子どもに絵を表すような文を作らせる。例えば，実験者が，'The burglar steals the jewels, here are the jewels he ＿＿[stole]'．と言う（「強盗は宝石を盗む。これは彼が＿＿宝石である」）。

　読みの理解は，子どもにだんだんと複雑になってゆく文章を読ませ，質問に答えさせること（Neale Analysis of Reading Ability; ニール読解能力分析テスト）で評価された。これは最近まで文の理解についての標準テストであった。

　ムッターら（Muter et al., 2004）は，5歳9か月で評価された単

語の読みのテスト結果が，1年後の読みの理解をよく予測するものであることを見出している。子どもは文を理解するためには，個々の単語を読めなければならないので，これは当然予想されることであるかもしれない。しかし，単語の読みのスキルの効果を考慮に入れると，音声言語の3つの尺度（単語，統語，形態論）全てが読みの理解を予測していることになる。音声言語の3つの尺度と，1つの単語を読む能力の両方で，読みの理解の変動の86％を説明している。

　前に述べたように，音声言語のスキルは，さらに複雑なものを読み始める子どもにとって，一層重要なものになると思われる。ゴーら（Gough et al., 1996）の研究では，「マタイ効果」（13.1参照）の重要さを示すと同時に，読みの理解は，解読スキルへの依存は少なくなり，より音声言語スキルに依存するようになることを示している。

　読みの理解がよいことは，子どもが中等教育の段階で新しい語彙を学ぶのに重要なことである。子どもは，音声言語で知った単語を読むことを学習するので，読みの語彙の初期の発達は，音声言語に依存している。後から獲得される語彙は主として複雑な文に接することで獲得される。1つの例として，「英国能力尺度Ⅱ」（Elliott, Smith, & McCulloch, 1996）の単語の読みテストでこれらの項目の例を見てみよう。14歳では'GENERATION（世代）'と'CHARACTER（特徴）'，17歳までには'CATASTROPHE（大災害）'と'METICULOUS（慎重な）'が読めることが期待され，そして読みの年齢が18歳に達するには，'MNEMONIC'（記憶の）と'ARCHAIC'（古風の）を知らなければならない。このような単語は，ほとんど日常会話では使われないようなもので，ものを読むときに出会うものである。

手書きの障害

　11章で発達性協調運動障害（DCD）について紹介し，そこでは，この障害は，子どもの日常生活での活動や学力を妨げる運動障害であると説明した（Barnett, 2008）。DSM-Ⅳの診断基準では，手書きの障害はDCDを持つ子どもの障害の可能性のある領域の1つとしてあげられている。

　7歳から10歳の子どもについての1つの研究では，DCDと診断

第13章 読み書き能力（リテラシー）

されている子どもと，平均的な発達をしている同年齢，同性の子どもの手書きを比較している（Rosenblum & Livneh-Zirinski, 2008）。そこでは，3種類の書く課題が与えられた。それは，自分の名前を書く，記憶からアルファベットを順番に書く，文章を書き写す，の3種の課題である。子どもはグラフィックス・タブレットの上で，線の引かれたA4の紙にこれを書く。

DCDの子どもは，アルファベットを順に書く課題と，文章を書き写す課題で一筆書くのに多くの時間を要していた。言い換えれば，各文字を書くのに時間がかかり，また一筆と一筆との間に時間がかかっていた。また，文章の書き写しと，名前を書く課題で，筆圧に差があり，DCDの子どもは平均的な子どもに較べて，弱い筆圧で書いていた。またDCDの子どもの間で用いる筆圧に大きな差が見られた。

子どもの手書きについての研究は，子どもがものを書く方法の鍵となる側面を測定する技術の発達により発展した。現在多くの研究は，グラフィックス・タブレットと，書いている時の動きに関する情報を自動的に集める特殊なペンを用いて行われる。

DCDの子どもが個々の文字を書くのに時間がかかり，紙からペンを離している時間も長かったことを考えると，彼らが平均的な子どもよりも書くのがいつも遅いことは当然のことと思われる。このことは，ローゼンブルムら（Rosenblum & Livneh-Zirinski, 2008）のヘブライ語を書く子どもについての研究で明確に示されている。手書きが遅いということは，いろいろな言語について他の多くの研究でも示されている（Barnett, 2008）。DCDの子どもの手書きしたものは読みにくくもある。

手書きでの問題は，中等教育の段階でも見られるが，それらは学齢が終わっても続くことがわかっている。大学生についての研究（Connelly, Dockrell, & Barnett, 2005）で，手書きが遅いことは，時間を限られた試験で，プレッシャーのもとで学生が書くとき特に問題となることが示されている。手書きの遅い学生は，手書きの速い学生よりも試験での解答は悪くなる傾向がある。手書きが苦労の多いものであれば，単語を書く身体の活動は，それに多くの注意を奪ってしまい，一貫した文章を書くのに必要な，計画する活動に注意が向かなくなるだろうと研究者は示唆している。

アメリカで行われた主要な介入研究（Berninger et al., 2002）では，文章を作り上げるのが遅い子どものスキルは改善できることが示されている。その研究では，8歳の子どもに綴りの訓練と文章を作ることの訓練，及び両者とも行う訓練を4か月にわたって行っている。文章を作る指導では，教師との検討，教師による考えの構成などにより，文章の計画や修正を援助することが含まれる。統制群では，子どもは文章を書くが，はっきりした指示は与えられない。綴りの指導では綴りが改善し，作文の指導では子どもの説得力のある文章を書く能力が伸び，両方を一緒にした指導では，子どもの書くことの両方の面が改善し，子どもの書く能力に最大の改善をもたらした。

13.4 まとめ

　本章では，児童中期を通して，算数と共に学校で重要な役割を担う読み，書きについて，子どもがどのように学ぶのか検討した。英語のように，書字形態が多くの不規則な綴りを持つ言語であっても，音と文字との関係を知ることが，良い読み手となる鍵であること，また，正書法について学ぶことも重要であることを見てきた。

　音韻に対する認識も，文字を知ることと同様に，読みの学習を支える重要なスキルであり，読みや綴りの学習に困難を持つ（ディスレクシア）子どもは，音韻を扱うスキルが弱いことがよく見られる。音素を覚え，それを扱うことについての早期からの介入は，障害のリスクがある子どもにとって，リテラシーの発達を支援するものであることが示されてきている。

　英語の読みと綴りを学ぶ子どもは，イタリア語やスペイン語のように正書法的透明性のある言語を学ぶ子どもよりも，困難が多い。しかし，英語の学習について，音韻を知ることや音素を扱うスキルは成功の重要な予測因子である。読むこと，綴ることは，わかりやすい正書法では相伴って発達する。しかし，英語の綴りを学ぶ子どもにとっては，綴ることは，知らない単語を綴るのに可能と思われるやり方が沢山あることから，読むことよりも一層困難なことになる。形態論の知識は，ある単語の綴り方が，その意味や派生語について何か示すものがあると，それは，綴ることの学習に役立つものである。

子どもは主として2つの理由から，読みの学習に困難を持つことがある。解号スキルが弱いこと（個々の単語を認識し，読むことが困難になる）と，読解力が弱いこと（読んだものの意味の理解が困難になる）である。よく見られる読みの困難は，発達性ディスレクシアで，そこでの主な問題は，音韻スキルが弱いことから生ずる個々の単語の正しい読み方での問題である。ディスレクシアの子どもは，単語を読むことに役立つやり方を身につけることはよく見られるが，綴ることと，読みの遅いことでは，問題を持ち続けることが多い。他の子どもでは，書かれた文章の理解に問題を持ち，これが更に一般的な言語スキルに関連を持つ傾向が見られる。最後に，運動障害のために，書字に障害を持つ子どももいる。また，DCDの子どもには，手書きの不器用さがよく見られる。

参考文献

Barnett, A. L. (2008). Motor assessment in developmental coordination disorder: From identification to intervention. *International Journal of Disability, Development & Education, 55*(2), 113–129.

Hulme, C., & Snowling, M. J. (2009). *Developmental disorders of language learning and cognition.* Chichester: Wiley-Blackwell.

Muter, V., Hulme, C., Snowling, M. J., & Stevenson, J. (2004). Phonemes, rimes, and language skills as foundations of early reading development: Evidence from a longitudinal study. *Developmental Psychology, 40*, 663–681.

質問に答えてみよう

1. 読みの学習が巧くできることを予測できる主要な要因は何か。
2. 英語の読みと綴りの学習がイタリア語の読みと綴りの学習よりも難しいのはなぜか。
3. 子どもの手書きがどの位できるか，実験的に研究する方法はどうするか。
4. 発達性の読みの障害の主要なタイプを挙げ，それはどのように確認されるのか説明してみよう。

CONTENTS

14.1 仲間との交流
14.2 道徳性の発達
14.3 感情性の発達
14.4 性役割の発達
14.5 まとめ

第14章

児童中期の社会性と感情性の発達

> この章によって読者は以下のことがわかり，説明できるようになる。
> ● 児童中期を通じての友人関係の発達を理解できる。
> ● 児童中期の「公正」，「悪意」の考え方の発達を説明できる。
> ● ピアジェとコールバーグによる道徳性の発達の説明を評価できる。
> ● 「感情表現ルール」(display rules) の意味と，児童中期を通じての非社会的状況に対する子どもの反応の変化を説明できる。
> ● 性役割（ジェンダー）の発達について，1970年代以降の説明の変化を述べることができる。

14.1　仲間との交流

　第10章で見たように，学齢期を通じて子どもは，大人の関わりなしに友人と過ごす時間が増加してゆく。2歳であっても子どもの同性の友達と時間を過ごすことを好み，この傾向は年齢とともに強くなる。ある縦断的研究によると（Maccoby & Jacklin, 1987），4歳から5歳にかけて子どもは，異性の子どもと遊ぶよりも同性の子どもと遊ぶ時間が3倍も多い。2年後に同じ子どもたちを観察したところ，この比は10倍に上がっていた。このように児童中期を通して，ほとんどの時間を女児は女児と，男児は男児と過ごすことを選択している。この同性の友達と時間を過ごす傾向は，多くの異なる状況で観察されることで，特定の文化や，国民性によるものではないと思われる（Pasterski, Golombok, & Hines, 2011）。

　子どもは，同性の子どもと異性の子どもとでは，異なった付き合い方をする傾向がある。ある研究（Leman, Ahmed, & Ozarow, 2005）では，平均年齢8歳7か月の子ども120人について，同性と

異性の同級生を組み合わせて比較している。相手は誰だか知っているが，親しくはない関係で，組み合わせは担任の先生により，算数の能力が同程度の相手同士とした。このことは子どもに課す課題から見て重要なことである。各ペアーに値の異なる硬貨を与えて，100になる組み合わせを作らせる。2人の子どもは以前にそれぞれの硬貨で異なる数値について教えられていたので，課題は，ペアーのそれぞれから異なった組み合わせを引き出すように作られた。子どもたちが1つの結果に合意するために行われた会話を録音し分析した。

　全体として，男児の方が女児よりも，統制的な意見を多く述べ，行動を統制する傾向があり，相手が男児よりも女児の場合の方が，否定的な関わり方を示した。行動の統制は，相手に独断的に指示したり，相手の同意なくある回答を作ったり，相手に非友好的に，攻撃的なやり方で反対したり，相手の物を奪ったり，強制的に相手の手を払いのけたりすることが見られた。全体として，女児の方が相手との関わり方は協調的で，材料を一緒に使って答えを出したり，一緒に数えたり，強引なやり方ではなく答えを示唆したりして，相手が答えを出すのを手伝うような行動を示した。しかし，どの子どもも，異性の子どもとペアーにした方が協調的であった。興味深いことに，男児と女児の関わり方の違いはあっても，男女とも同じように貢献して同意された回答に至ることが多いという点では結果に影響していない。

友人関係

　最良の友達は常に同性であるが，子どもの最良の友達への期待は，年齢と共に変化してゆく。6歳から14歳の480人の調査（Bigelow, 1977）では，教師が生徒に最良の友達について考え，彼らに期待することについて書くように求めた。回答によると，友達についての考え方は，今ここで頼りになる人，そして同じクラスであるとか同じ水泳教室へ通っているなど，特別な社会的状況と結びついていることが明らかにされた。学校での第1学年の子どもは，友人関係について

児童中期の最良の友達は一貫して同性の友達であり，同じクラスであるとか，一緒にスイミング教室に参加しているなど，社会的な状況と関連していることが多い。

現実的な考え方をしており，最良の友人はいつでも会えるという点で便利な人（近くに住んでいるとか，同じ学校にいるなど）で，面白い玩具や物を持っていて，同じ遊びをしたいと思う人である。

10歳から11歳までに，最良の友人として期待することは，大きく変化する。彼らは，価値や規則を共有し，社会的な忠実さを求め，規則を守らないものは友達とは見なさない。社会的に受け入れられるという考え方は，この年齢では非常に重要なものとなる。子どもは人気者になりたいし，友人グループに受け入れられていると感じたいと思っている。最良の友人に疑いなく受け入れられていることが，極めて重要なことだと考えている。

学齢期を通じて，友人関係は学校での経験によい影響を与える。子どもは自分の長所を認めてくれ，自分の欠点を少なくしてくれる友達を持つことから，多くの利益を得ている。それは，自分自身をより肯定的に見て，支持されていると感じ，淋しくないからである(Ladd, Kochenderfer-Ladd, & Rydell, 2011)。

引きこもり

友達を持つということは，児童中期やそれ以降，子どもの社会的経験にとって重要なことであるが，全ての子どもが巧く友達を作ることができるわけではない。社会的な引きこもりの兆候を示したり，多くの時間を1人だけで過ごす子どももいる。社会的引きこもりと見られる子どもは，多くの時間を1人だけで遊んだり，いつも，仲間たちが加わっている社会的な活動場面の周辺にいる。縦断的研究では，社会的に引きこもりの子どもは，恥ずかしがり屋で，社会的不安を持つ子どもで，社会的に引きこもることは，長期間，比較的安定していることを示している。ルビンら(Rubin, Chen, McDougall, Bowker, & McKinnon, 1995)は5歳児でよく1人だけで遊んでいる子どもは，10歳でも同じようなパターンを示し，他の子どもたちからの見方も変わらないことを見出している。「恥ずかしがり屋は誰か」とか，「一人遊びが好きな子は誰か」と尋ねると，児童中期を通して同じ子どもの名前が挙がってくる(Rubin et al., 1995；Wonjung et al., 2008)。

想像できるように，社会的に引きこもっていることは，心理社会

的適応にとってリスク因子であると見なされ，社会的に引きこもっているると見なされた子どもは，自尊心が低く，社会的無能力感や不安を持つようになりやすい。それに加えて，社会的引きこもりの子どもは，仲間はずれにされやすく，青年期になっても抑鬱状態や孤立的になりやすい（Rubin et al., 1995）。しかし，社会的引きこもりは，時間経過による個人差が大きく，時とともにその程度を上げていく子どももいるし，他の仲間ともっと巧く交わっていけるようになる子どももいる。このことは，時間的経過によるこのような変化に関連する要因は何か，そして，より積極的になれる要因は何か，などの疑問を生じさせる。

　社会的引きこもりの1つのパターンは，個人の素質，直接接触するメンバー及び個人の交流経験などからの要因の組み合わせから生ずる。新しい学校生活が始まった時，社会的不安を感じ引きこもる子どもがいる。もしそのような子どもも仲間たちに受け入れられ，教師による支援があれば，その子どもは，自分も社会的交わりに入りやすいとわかり，社会的引きこもりは弱くなる。しかし，同じような不安を感じ，社会的引きこもりがちになった子どもが，仲間から仲間はずれにされ，教師からの支援がないと，その子どもの社会的引きこもりが続くようになりやすい。

　前向きの経験を持つための1つの鍵は，前節で見たように，友人関係を作ることである。アメリカのワシントンDCでのある大規模な縦断的研究で，10〜14歳の同じ子どもについて多くの評価が行われた（Wonjung et al., 2008）。評価は同性の友達の名前を挙げることと，観察と質問紙である。子どもに同年齢の，同性の友達の名前を挙げさせた。相互に名前を挙げた場合（即ち，指名した子どもからも指名された場合）のみ，*最高の友達*とした。質問紙を用いて，最高とされた友達関係の質を分析した。クラス活動についての質問紙（Revised Class Play paradigm（RCP）; Wojslawowicz Bowker, Rubin, Burgess, Rose-Krasnor & Booth-La-Force, 2006）を用いて，級友たちについて子どもたちの捉え方を調べた。子どもには学校劇でのキャスティングの役割を考えてもらい，各役割に合う級友の名前を挙げさせた。役割は，いろいろな行動を反映したもので，積極性のほかに，攻撃的，孤立，引きこもり，などを含むものである。

ウォンユングらは，社会的引きこもりについて，発達上の３つの型を示している。子どもの大多数（85%）は，研究の期間を通じて引きこもりは少なく，安定した状態で，同年齢グループの社会的ネットワークに巧く入っていた。残りの15%は，ほぼ同数の２つのグループに分けられた。１つは，研究の初め頃は高度の引きこもりであったが，時間が経つにつれて改善し，社会参加のレベルは向上したグループであり，残りの１つは，研究の初めは高度の引きこもりがあり，それが時間とともに更に強くなり，研究の終わり頃には，対象者の中で最も強いレベルの引きこもりになったグループである。

　この後の２つのグループの違いは，社会的引きこもりに影響する要因を示唆するものである。引きこもりが少なくなっていったグループの子どもたちは，10歳で最も強いレベルの引きこもりを示しながら，彼らが中等教育段階になって仲間はずれにされたり，不当に扱われることが少なくなると，時間とともに引きこもりは少なくなっていった。最も親しい友達が引きこもりでなければ，引きこもりのない最良の友達を持つことが，子どもが引きこもりになることを防ぐ重要な要因である。時間とともに引きこもりが強くなる子どもは，中等教育時代の否定的な友人関係の経験があるか，引きこもりの友人を持っているようである。言い換えれば，中等教育段階に入って以降，引きこもりのある友人を持つことが，引きこもりを強めやすく，友人を持つことそれ自体が，引きこもりを防ぐ要因ではないということになる。重要なことは，社会的な関わりのある友人を持つことである。

　ウォンユングら（Wonjung et al., 2008）は，引きこもりを改善するのに，友達のプラスとマイナスの役割を想定している。最高の友達が両方とも引きこもりであれば，彼らの話し合いは自分たち自身についての否定的感情や思いに集まりやすく，一方が社会的引きこもりでなければ，もっと積極的な見方を示すことができると彼らは示唆した。中等教育段階でのグループの仲間たちは非常に重要であり，子どもが自分の社会的立場や友人の行動について考えることにどれだけ多くの時間を費やしているかを考慮すれば，このことが妥当な説明になると思われる。

攻撃性といじめ

　他の子どもに対して攻撃的な行動をとることは，児童中期の日常の1つの特徴である。人生の最初の10年の間に，身体的攻撃性は確かに少なくなっていき，児童中期では，はっきりとその生起率は低くなる。しかし，身体的攻撃性は，子どもの他の人への理解と，相手を打ち負かす方法がより精巧になってくると，ことばやその他の攻撃性に変わってくる（Murray-Close, Ostrov, & Crock, 2007）。反語的であるが，積極的な社会的行動の出現を支える言語スキルや，心の理論，共感，情動的理解の発達によって，子どもはもっと洗練された攻撃ができるようになる。言い換えれば，言語スキルが良くなるほど，他の子どものニーズや不安，感情のより上手な理解ができ，子どもは行動を巧く調整でき，強いインパクトを与える。そのような子どもは，他人を打ち負かすような言い方，やり方を巧く使うようになる。

　児童中期の攻撃性の発達するパターンのもう1つの重要な要素は，強い，密接な友人関係の出現である。それが，仲間はずれなどの「関係性攻撃」（relational aggression）として知られていることの温床となっている。これは「*関係性を巧みに操作する意図的な加害行為*」と定義される（Murray-Close et al., 2007）。意外なことに，子どもは自分の最も親密な子どもに対して，よく仲間はずれにするので，児童中期に親密な友達ができることが，支持行動と攻撃行動の両方の背景になっている。

　仲間はずれは児童中期を通して多くなるが，友人関係が仲間はずれの中心にあるとすると，この種の行動が男児よりも女児のほうに多く見られる（Murray-Close et al., 2007）ことは，さほど驚くべきことではない。というのも，10歳までに女児は，少人数の親しい友人関係の中にいる傾向があり，一方，男児は大きなグループに入っていることが多い（Maccoby, 1990）からである。親密な友人関係は，自己の打ち明け話が多くなり，そのような打ち明け話が，例えば，「秘密をばらす」と脅すなど，仲間はずれの可能な手段となり得る。

14.2　道徳性の発達

　子どもは学齢期を過ごす中で，道徳的に受け入れられる行動をとらせる社会的スキルを，徐々にきちんと理解できるようになっていく。彼らは「公正」(fairness) や「悪意」(harm) についてわかり始め，ある人の行動はその結果だけではなく，意図についても判断されなければならないことを理解し始める。

　学齢期を通して，発達する他の多くの側面についてもそうであったように，ピアジェは道徳性の発達についての組織的な研究の創始者である。彼の目的とするところは，彼の認知の発達についての理論を社会的知識の側面に適用することであり，著書『児童の道徳的判断』(*The Moral Judgement of the Child*, Piaget, 1932) でその理論を示した。そこで彼は，子どもの認知発達が，道徳的推理を支えていることを論じた。ピアジェの研究は，引き続きコールバーグ (Kohlberg, 1963) によって広げられた。彼の考え方は，ピアジェとは若干異なるところがあるが，中心的な視点である，道徳的推理は子どもが育つ文化や背景に影響されることなく共通する段階を経て伸びてゆく，という点では一致している。彼の主張はピアジェに従って，道徳的推理と知的発達は密接に関わっていて，知的発達は万人に共通して見られるもので，道徳的推理も同様であるというものである。

　道徳の発達についてのこの見解について，最近の研究がどれだけ疑問を出しているかについて検討する前に，子どもの道徳的推理を明らかにしようとして，ピアジェとコールバーグの両方で用いられた主要な方法の1つを検討しておく。これはジレンマを提示することである。ピアジェによる典型的な例は次のようなものである。

　　　ジョンは誤って15個のコップを壊した。
　　　ヘンリーはわざと1個のコップを壊した。
　　　どちらの方が悪いか。ジョンか，ヘンリーか。

　ピアジェによると，7歳の子どもはより多く壊したという理由で，ジョンの方が悪いという。しかし9歳の子どもは，ヘンリーは意図

的に悪いことをしているから，ヘンリーの方が悪いという。

コールバーグによるジレンマの例はもっと精密なもので，次のようである。

ある女性が癌で死にそうになっていた。ある薬で助かるだろうと見られていた。その薬はラジウムの一種で，同じ町に住む薬剤師が開発したもので，彼は製薬にかかった費用の10倍の値段でその薬を売っていた。女性の夫はお金を借りようとしたが，薬の代金の半分しか得られなかった。彼は薬剤師に，妻が死にそうなのでもう少し安くするか，後払いで薬を売ってくれと頼んだ。しかし薬剤師はそれを断った。逆上した夫は，薬剤師の店に押し入り，妻のために薬を盗んだ。彼はそうすべきだったのだろうか。

コールバーグは，このジレンマに対するいろいろな反応から，子どもから大人までの道徳性の発達について，6段階を設定した。6

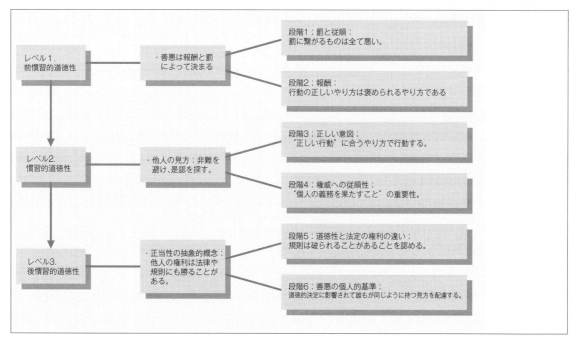

図14-1 コールバーグによる道徳性の発達の6段階

コールバーグの認知発達理論

段階は2段階ずつで1つのレベルを構成し，全体で3レベルとなる。各レベルはピアジェのいう前操作的段階から形式的操作の段階までの認知発達の各段階に対応しており，前慣習的道徳性，慣習的道徳性，後慣習的道徳性とされる。前慣習的道徳性の段階は，前操作的段階に対応しており，その下位段階の1は，道徳的発達の最初のレベルで，前出のコップを壊す例のように，子どもは行為の善悪を物事の結果によって判断する。ある行為を褒められればよいこととし，叱られれば悪いこととする。下位段階の2は，行為がニーズを満たせば善とする。慣習的道徳性の段階はピアジェの具体的操作の段階に対応し，児童中期に最もよく見られるものである。子どもは行為の善悪を，社会的規則の範囲内での行為者の意図により判断する。下位段階の3は，子どもは他の人を喜ばせたり，他の人の役に立ったりするものは何でも善と考え，他の人の視点や意図を配慮することができる。下位段階4になると，社会的秩序や個人の義務を守ることを善とする。レベル3は後慣習的レベルで，ピアジェの形式的操作の段階に対応し，青年期と一致している。大人は行為の善悪を先験的な道徳原理で判断する。下位段階5では，道徳的に正しいことは個人の権利も含め，社会的に共有される価値によって決まる。法律はもはや不動のものではなく，相対的なものと見なされる。最終的な下位段階6では道徳的に正しいことは，先験的な道徳原理による個人的分別で決まる（道徳的発達の後段階については17章参照）。

　最近の研究では，道徳の発達は一元的な現象ではないことが示唆されている。ピアジェやコールバーグの理論では，道徳性は初期の段階では社会的規範と個人の関心とが織り混ざっているが，後の段階では道徳性は正義と結びつき，それが社会的因習に置き換わる（Nucci & Gingo, 2011）。トゥーリエルとその共同研究者（Turiel, 1983）は，道徳性の発達には道徳性と慣習に関する別々の要素があると主張する。道徳性は社会的関係の恣意的ではない側面をカバーするものであり，公正さや人間の幸福に関係するものであるが，慣習は社会的に決められたことであり，背景に依存するものである（Nucci & Gingo, 2011）。トゥーリエルはこれらの多くの研究をレビューしてまとめ（Turiel, 2006），就学前の段階でも――ある例では3歳のように若くても――子どもは慣習と道徳性とを区別できると

結論している。

　一般に子どもは，道徳性あるいは慣習に関わるさまざまな社会的行為について判断することを求められる。道徳的行為は，身体的に痛める（他の子どもを突く）とか，心理的に傷つける（悪口を言う），あるいは公正さ，公平性に関すること（共有できなくて，盗用する）などで，これに対して慣習は，望ましいと思われる社会的慣例の行動であるが，それは道徳的態度に対して，それを守らなくても他の人を傷つけたりすることはないものである。慣習はテーブルマナーを守るとか，ことば遣いや服装である。異なる文化や社会階層にわたって，子どもは道徳的な規律違反はよくないと考えているが，慣習についてはそのようには考えていないようである。

　道徳性と慣習とを区別して考えることは，道徳的推理についてピアジェやコールバーグの説明よりもより詳しい説明の基盤を提供してくれる。道徳性の発達は，児童期の初期に自分や他の子どもを傷つけることに気づくことから始まると考えられる。7歳頃まで子どもの道徳的判断は，まだ公正さを考慮に入れることができず，複数の人のニーズを考える必要があると考えることは難しい。この問題はデイモン（Damon, 1977, 1980）の研究でよく示されている。彼は，物をどのように共有したり，分けたりするのかについての子どもの判断――子どもが現実の生活で必ず遭遇する問題――について研究している。彼は現実生活と仮想の状態について研究し，仮想的シナリオでは，学校行事で絵を売って得たお金を，クラスの子どもたちでどのように分けるか，というもので，子どもたちにお金を分ける異なったやり方の例を提示し（例えば，子どもの功績，必要性，平等さ，性別など），子どもにどう考えるかを質問する。

　デイモンは，子どもの「分配の公平さ」についての考えは，4段階で発達することを見出している。就学前の子どもは，初めは自分の欲望と見方に結びつけた配分についての考え方をしており，この時期での知的機能の他の側面から予想されることとよく一致している。しかし，就学前期の終わり頃に向かって，子どもは大きさや能力のような外部基準を用い始める。そのような考え方は，他者志向の概念の発達の初めである。

　デイモンの次のレベルである小学校段階の子どもは，公平性に判

KEY TERMS

社会的参照
自分の反応を決める前に，他の人の情動的反応を推測する。

断の基準を置いている。子どもたちは欲求や功績に関わりなく，誰もが同じように分けるべきだと考える。そのような見方は，子どもたちがよく言う「彼女の方が多い，公平じゃない」というコメントに反映されている。公平についてのこのような見方は，徐々に功績や相互依存の考えが強くなる方向に変わってゆく。子どもは分配について，他の人の善行や功績，達成度を認める必要性を主張し始める。第4段階は子どもは10〜11歳で，全体的に見て，「公正さ」の見方を構成するいろいろな要因を考えるようになる。そしてこの年齢までに子どもは功績（例えば，どれだけ一生懸命にやったか，どれだけ巧くできたか）や，特別な状況に当てはまるような要因，例えば体質など，と同じように強みと弱みを考えるようになる。

　同じように年齢に沿って変わっていくことが，子どもの教室での勉強の公正さの判断にも見られる（Thorkildsen, 1989）。トルキルドセンは6歳以上の子どもに，教室での勉強で，他の子どもより速く課題を達成した子どもの，いくつかの異なる行動の公正さについて判断を求めた。例えば，自分の課題を終えた子どもは新しい学習課題に取りかかってよいのか，それとも，未だ終わっていない子どもを手伝うのか，を問う。共有についての研究と同じように，年少の子どもの答えでは，平等さ（equality）を中心に考え，年長児は公明正大さ（equity）を考える。年少児の中で最も年齢の低い子どもは，同じように褒められればその状況を公正だと考えるが，少し年長になると，公正さは同じように作業を終えることにあると考える。年長の子どもは，学習では同じように学習結果を出せば，公正だと考える。この判断の最終段階は，学習の公明正大さを認めることである。年長の子どもは，教室での学習はその生徒ができるだけ多くを学ぶことができるようにすれば公正である，つまりよくできる子どもは，できない子どもよりも多くを学ぶことができれば公正であると考える。

14.3　感情性の発達

　社会的成熟の発達のもう1つの重要な側面は，感情の理解である。感情の理解は，子どもにとっては自分自身の感情と，他の人の感情

を理解するという複雑なことである。社会で巧く機能してゆくためには，子どもは自分の感情を表に出してよい時と，出さないで隠しておく時とを知る必要がある。

　非常に年少の幼児にも感情状態があり，また他の人の感情をまねすることができる。彼らも**社会的参照**を行っており，潜在的なストレスのある状況での自分の行動の手掛かりとして，大人の感情表出を使うことがある（6.6参照）。就学前児は自分や他の人の感情を話すのに，感情的なラベル付けを使う（Saarni, Mumme, & Campos, 1988）。この年齢では，人や物，出来事など感情を引き起こすものの価値判断に，自分の感情を固着させる傾向があり（Harris, 1989），蜘蛛が怖かったり，自分の誕生日が近づいて興奮している時などについて話す時，特にそのようになる。

　学齢期を通じて，子どもは自分の感情をもっと巧く理解──意識的に気づく──できるようになる。感情が精巧になったはっきりした表れは，内的な感情経験と，感情の外部への表出を区別する能力である。文化によっては独自の表出規則といわれる感情表出のルールがある。1つの研究（Saarni, 1984）では，6歳〜11歳の子どもに，がっかりするようなプレゼントを与えた時の，表出規則に従う能力を評価している。西洋の表出規則では，好きではないプレゼントを貰った時でも，うれしいような表情を示すことが求められる。サーニの研究での子どもたちは，市場調査を行うふりをした研究者に会う最初のセッションでは，少しの仕事をしてお菓子とお金を貰う。この場面を，子どもが望ましい物を貰った時にどのように反応するかを評価するベースラインとする。2日後同じ子どもに，違った活動をやらせて，今回はその子にふさわしくない赤ちゃんの玩具を褒美として渡す。

　子どもの不満感情を隠す行動に，興味深い発達傾向が認められた。最年少の6歳の男児は，赤ちゃんの玩具に同じように不満の反応を示したが，6歳の女児と，それより年長の男女（8歳〜9歳）は，サーニが「過渡期行動」（transitional behaviour）と名付けた反応を示した。これは，はっきりした否定的，不満の反応ではないが，肯定的でもない反応であった。この過渡期の子どもはどう反応すればいいかよくわからず，貰った物と実験者の方へ視線を行き来させ，

明らかに適切な反応への社会的手掛かりを探しているようであった。10歳〜11歳の年長の子どもたちだけは，赤ちゃんの玩具を与えられた時，肯定的な反応をするようである。興味深いことに，女児の方がいつも男児よりも肯定的反応を選択し，女児の方が男児よりも否定的な反応を隠すことが巧いことを示す他の研究（ボックス 14.1参照）と一致している。

> **ボックス14-1　感情表出における性差**
>
> 　アメリカの子どもの研究から，男児よりも女児の方が否定的な感情を隠すことがよくできるという結果が示されている（Davis, 1995）。この研究では，対象となった子どもは，2つの景品がもらえるゲームに参加するが，そこでは本当の感情を隠すように強く動機づけられる。景品の1つは子どもが大変欲しがる物で，他の1つは欲しがる物ではない。どちらの景品も箱の中に入れてあり，子どもは見ることができるが，実験者は見られない。ゲームの前に，子どもに，「どちらの景品も好きだ」と実験者に思わせるように，巧くごまかすことができれば，両方の景品がもらえるが，それができなかったら両方とももらえないことを説明する。
>
> 　ディヴィスの結果では，女児は男児よりも欲しくない物についての否定的感情を巧く隠していた。また，男児よりもよく周りのことに気を配っており，女児のすることを観察している実験者の方をちらちらと見ていた。彼女はその研究から，女児は否定的感情を巧く処理できると結論した。しかし，そこには社会的基準が働いており，他の研究では，インドの女児はイギリスの女児よりも，否定的感情を大人には隠すことを認める子どもは3倍も多いことを示している（Joshi & MacLean, 1994）。同じ研究で，イギリスとインドの男児では差は見られていない。ヨーシらは，このような違いは，インドの女児は，否定的な感情を我慢し大人への敬意を示す態度をとるよう，強い社会的圧力を経験していることの反映であると考えている。

同じように期待外れの贈り物を用いた後の研究（Cole, 1986）では，就学前の子どもは，期待外れの贈り物をくれた人がその場にいる時は，微笑して失望を隠そうとするが，誰もいない時は失望を隠そうとはしないことを示している。サーニら（1998）は，社会的手掛かりが，適切な反応をするよう幼児を導いていることを示唆している。このことは，6歳児が贈り物をくれた人が期待するような反応についての手掛かりを探るように，贈り手を見るという結果と一致している。年長児は適切な反応をするために，社会的手掛かりを求めているようには見られない。

4，5歳児は嘘をつくとき，紛らわしい表現を使って人を騙すことができる（Cole, 1986）。また，大人を騙すために，フルーツジュースが甘いようなふりをすることができるし，その大人の人が，ジュースは実際にはとても酸っぱいことに気づいた時に，どんな反応をするかを予想して楽しむことができる。就学前の子どもは，酸っぱいジュースで大人を騙す時に，忍び笑いをしたり，笑いを隠すように手で口を隠したりすることが多い。学齢期の初期には，自分の感情を他の人には隠すことがずっと上手になる。

14.4 性役割の発達

男児と女児の間には多くの面で，特に他の人との関わり方について違いがあることを見てきた。発達心理学の中で，性役割（ジェンダー）の発達についての一般的な見方は時とともに大きく変わってきている（Leaper, 2011）。1970年代までは，子どもの性の面での社会化について2つの主要な理論があった。1つは，フロイトで知られている精神分析理論によるもので，他の1つは，社会的学習理論によるものである。精神分析理論によれば（Freud, 1927），性役割の発達にとって，親との関係が重要な決定要因で，子どもは同性の親と自分を同一視し，そうすることで性的に適切な行動を模倣するという。社会的学習理論によれば，ミッシェルらの説明のように，親との関係は重要なものとみているが，同性の親の行動は，子どもの親との同一視の必要はなく，行動の直接的なモデルとして影響すると考え，この考え方は，親や重要な関わりを持つ人が，男女を違

ったように扱い，その性に適合した行動を認め，勧めることが重要であると見ている（Mischel, 1966）。

最近の研究で，リーパー（2011）が指摘しているように，1970年代の中頃に出版され非常に影響を与えた『性差の心理学』（*The Psychology of Sex Differences*; Maccoby & Jacklin, 1974）は，性役割の発達に親が中心的な役割を果たすという考え方に疑問を呈している。この著者たちは，同性の親の模倣と，両親による子どもの性によって異なる扱い方の両方について，体系的に検討を行った。そしてどちらのパターンにしてもその根拠がほとんどないことを見出し，精神分析理論と社会的学習理論のどちらにもその根拠に疑問を投げかけた。彼らは，男児と女児とではその育て方に（少なくとも西洋では）「驚くほどの類似性」があると結論した。最近のメタ分析でも，同じような結論に達している（Lytton & Romney, 1991）。

リーパー（2011）は性役割の発達での親の重要性についてのより妥当な見方は，親は子どもの性役割の発達に影響しているが，精神分析理論や社会的学習理論でいわれるような程度ではなく，効果はもっと小さいものであると主張している。例えば，親は一般に自分の子どもに，男女それぞれ決まった玩具を与え，男児らしい，あるいは女児らしい遊びを勧める傾向がある（Lytton & Romney, 1991）。女児には人形や玩具の食品セットなどを，男児にはスポーツの道具とか，乗り物などを与える傾向がある。しかし，ほとんどの親は，自分の子どもが喜ばなければ，同じ物を与え続けることはないであろう。そして，男女平等の強い信念を持つ親は，子どもに性別の玩具で遊ぶことを勧めることは少ないが，これは必ずしも，その子どもが性別の玩具を好むことをはっきりと示さないだろうということを意味しているわけではない。

発達の多くの側面と同じように，子どもの性別についての自己認識と行動は，子ども自身の素質と，両親やその他の大人の行動の両方に影響されることを認めることは重要なことである。そして，子どもが親の扱い方に反応しているばかりではなく，親の行動も子どもの行動に影響されているのである。17章では，思春期の性的役割についての見方の形成に対する親の役割を検討する（17.5参照）。

性的自己認識の発達について，もう1つの重要なことは，友人と

の関係である。この章の始めに見たように，児童中期は友人との関係，特に同性の友人との強い関係が重要さを増してくる時期である。マッコービーらの著書（1974）では，性役割の発達についての友人関係の重要さを強調し，それに続く研究で，マッコービー（1990）は性的に別々の関係が特に重要であることを強調している。中心となった考え方は，同性の友人とほとんどの時間を過ごすことは，特定の活動に参加することや，服装の選び方などでの好みを強める傾向があるということである。

最近の研究（Zosuls et al., 2011）で，児童中期に性的に別々に関わり合うことが多くなると，同性については肯定的な感じを強め，異性に対しては否定的な見方になりやすいかどうかを問題として，9〜11歳の子どもに対して，同年齢の同性の子どもとの関係について質問している。質問は「男の子（女の子）についてどう感じているか」，「あなたが友達を怒らせたり，怖がらせたりしたいと同じように，あなたを喜ばせたり，悲しませたりする子どもは男女何人いるか」というものであり，またその他に，楽しい遊びをするとか，クラスでのグループ活動などいろいろな活動をするのに，同性の仲間か，異性の仲間に入らねばならない場合を想像させ，どちらが楽しいと思うか，どちらのグループが受け入れてくれるか，を質問する。

ゾーサルスらは，男女ともに異性のグループよりも同性のグループに対して肯定的に感じ，また，新しい同性のグループと交流することの満足感と気楽さに高い期待を持っていることを見出している。異性のグループに対してより肯定的な気持ちを持つ生徒は，異性の新しいグループに入った時に起こることに高い期待を持っている。しかし，女児は他の女児を，男児は他の男児を一般的により好むが，異性に対して否定的に感じているわけではない。ゾーサルスらは，児童中期の子どもたちは，同性の仲間との集まりをより好むが，異性の仲間をはっきりと嫌っているわけではないことを示唆している。

14.5 まとめ

児童中期は，仲間との関係，特に友達との関係が重要だと思われ

る発達の時期である。この年齢の子どもは，ほとんどの時間を同性の友達と過ごし，友人関係の質が自分の価値や，仲間とのグループの一員であるという意識の形成に関与している。小学校の終わり頃に向かって形成される社会への参加や引きこもりのパターンは，青年期まで持続する傾向がある。

他の子どもに対する否定的な行動は，人間関係の理解がより洗練されてくると，身体的ではなくより精神的なものになってくる。自己の打ち明け話が多くなると，友人関係を豊かにする一方，関係を悪化させる材料にもなる。

公正や意図，他人への潜在的な悪意についての意識ができてくると，道徳についての理解が変わってくる。ピアジェやコールバーグにより創られた道徳性の発達についての理論は，認知的発達と強く結びついており，認知的発達の段階を反映しているはっきりとした段階があることを主張した。最近の理論では，道徳性の発達は一元的な現象ではなく，道徳性と慣習ははっきりと区別できると主張されている。児童中期の子どもは，道徳的価値と慣習的価値を信奉することを同じようには扱わず，道徳的価値を信奉しないことは悪いことだと認めている。しかし，公正さの判断は，相互に比較検討されるような多くの要因を持つために，発達するのにある程度時間がかかる。分配の公正さの研究では，小学校の初期の子どもは功績に関係なく，誰もが同じものを受け取る解決を探ることを示している。しかし，小学生の終わり頃には，子どもは他の子どもの寄与や，達成度という考え方を考慮に入れた公正さの考えを発達させ始める。

児童中期を通じて，子どもは自分自身の感情的反応により敏感になり，例えば，身内の人が好意からだが不適当な贈り物をくれた時など，適切なときには自分の本当の感情を抑えることを身につける。親の見方からは，忍び笑いをしたり，目をそらせたりするような，就学前の子どもが秘密を告げる時に見せた仕草がより隠されるようになるので，本当のことを伝えようとしているのか，わかりにくくなってくる。

参考文献

Ladd, G. W., Kochenderfer-Ladd, B., & Rydell, A.-R. (2011). Children's interpersonal skills and school-based relationships. In P. K. Smith & C. H. Hart (Eds), *The Wiley-Blackwell handbook of childhood social development, 2nd edition* (pp.181–206). Chichester: Wiley-Blackwell.

Nucci, L. P., & Gingo, M. (2011). The development of moral reasoning. In U. Goswami (Ed.), *Wiley-Blackwell handbook of childhood cognitive development, 2nd edition* (pp. 420–445). Chichester: Wiley-Blackwell.

Pasterski, V., Golombok, S., & Hines, M. (2011). Sex differences in social behaviour. In P. K. Smith & C. H. Hart (Eds), *The Wiley-Blackwell handbook of childhood social development, 2nd edition* (pp. 281–298). Chichester: Wiley-Blackwell.

Saarni, C., Mumme, D. L., & Campos, J. L. (1988). Emotional development: Action, communication and understanding. In N. Eisenberg (Ed.), *Handbook of child psychology vol. 3: Social, emotional, and personality development (Editor in chief W. Damon)* (pp. 237–309). New York: Wiley.

質問に答えてみよう

1. 児童中期を通じて，子どもの仲間に対する関わり方は，どのように変化するのか。
2. 道徳性と慣習との区別を，「公正」と「悪意」についての子どもの考え方の発達と関連づけて説明してみよう。
3. 就学前の時期を通じた子どもの自分の感情を隠す能力の発達を説明してみよう。
4. 性役割の発達の特性についての一般的な見方に急激な変化がみられる。それを検討してみよう。

CONTENTS

15.1 青年期の矛盾
15.2 青年期の脳の発達
15.3 青年期の思春期成熟変化
15.4 青年期についての比較文化的展望
15.5 まとめ

第15章

青年期への導入

　この章によって読者は以下のことがわかり，説明できるようになる。
- 青年期が矛盾した発達段階と見られてきた根拠が理解できる。
- 青年期を通じての脳の発達変化と，青年期特有の行動との関係を述べることができる。
- 青年期の行動に及ぼす文化の影響を理解する。

15.1　青年期の矛盾

　青年期は心理学者による研究が最も少ない発達の時期である。事実，子どもの年齢と行われた研究の数はほとんど逆の関係にあるように思われ，最近の研究の多くは幼児期および就学前の子どもに焦点を当てたものである。このように均衡がとれていない1つの理由は，青年期はよくわかっており，もう研究から得られるものは少ないと考えがちなことによるものであろう。しかし，青年期の発達についてはまだ解明されなければならないことが多くあるのである。
　前の方の章で見たように，新しいテクニックが幼児期を実験的に研究する可能性を高め，疑いなく幼児期と就学前期についての理解は，新しい実験研究方法の登場で大きく進められてきている。青年期についても同じことが言える。この章の後のほうで述べるように，本当に変わったことは，青年期の特性に，この時期を通じて生じている脳機能の変化について増えてきている知識から光を当てることができるということである。
　伝統的には，100年以上も前のホールの研究に従って，青年期は，両親と10歳代の子どもとの間の情緒的な緊張の高い時代だとの見方を反映して，「疾風怒濤」（heightened storm and stress）の時代と見られていた（Hall, 1904）。何十年か経って1960年，70年代でも，こ

の見方は支配的な見方で，この疾風怒濤の状態を，「荒れ狂うホルモン」(raging hormones) ということばで説明しようとした。しかし，20世紀の終わり頃になって，ホルモン，行動，思春期の関係についての経験的事実の組織的なレビューから，初期の見方は単純すぎることが示された。特に西洋社会では，児童期から成人期への移行で大きな困難を経験する人は少数に過ぎず，青年の80％はほとんど問題を経験していない（Arnett, 1999）。ダールが指摘するように，「ほとんどの青年は両親や教師と多くの場合巧くやっており，学校で成功し，仲間ともよい関係を作って，薬物やアルコールの常用者になることなく，生産的で健康的な成人となっている」(Dahl, 2004, 7頁)。

　しかし，深刻な問題は青年期に普通に見られるものではないが，若年層の中には，この発達の時期にストレスや感情的混乱を経験する者もいることは明らかである。青年期には本質的な矛盾が見られ，ダールの次のようなまとめがそれをよく説明している。

　　この発達の時期は身体的，精神的能力の急速な伸びに特徴付けられる。……年少の子どもに較べて，青年は強く，大きく，速く，それに反応時間や思考能力，免疫機能，寒暖や怪我，身体的ストレスに耐える力などの成熟を達成している。……しかし，いくつかの領域でのこのようなしっかりした進歩にもかかわらず，全体的な罹病率や死亡率は同じ時間経過の中で200％以上も増加する。……青年期の死亡や障害の主な原因は，感情や行動のコントロールの困難さと関係している。……青年期は危険を冒したり，刺激を求めたり，無茶な行動をしたりすることなどが増える。これらはどれも，健康に深刻な結果を伴う行動へと繋がる（Dahl, 2004, 3頁）。

　ダールは更に続けて，青年期の「向こう見ず」(reckless) の特性に加えて，二次レベルの矛盾があるという。第16章で見るように，青年期の思考と決断能力は，形式的操作的思考ができるようになるにつれて，成人レベルになってくる。しかし，このような高度な精神能力に拘わらず，青年期は気まぐれな感情的行動をとる傾向がある。青年期に脳がどのように発達するかを理解することが，この矛

盾のいくつかの側面を理解するのに役立つ。

15.2 青年期の脳の発達

青年期の脳の発達についての事実の多くは，脳のスキャン映像から得られたものである。脳をスキャンする最も一般的な技術は，年少の子どもには特別に重度な病気ではない限り用いることは適当ではない。しかし青年期になれば，機能的磁気共鳴画像検査（fMRI）のような技術が研究目的でより普通に用いられる。このような技術は，大人の認知の研究に長い間用いられてきている。現代の画像化技術が提供できる脳の機能の細かい画像は，青年が情報を処理する方法に光を当て，それと成人のやり方との比較を可能にしている。

特に関心が寄せられている脳の領域の1つは，**前頭前皮質**（prefrontal cortex; PFC）である。これは脳の前方の新皮質領域である。新皮質（neocortex）という用語が示すように，前頭前皮質は進化の観点から，脳の比較的新しい部分で，霊長類で最も発達しているものである。PFCは感覚器官（聴覚，視覚，触覚）や，運動器官その他の新皮質構造と情報を受け渡しする組織の集まりである。その基本的機能は，広範囲の神経処理過程を調整するものである（Miller & Cohen, 2001）。この調整は，行動が自動的ではなく，内的な状態や意図によって行われている時は，特に重要である。ミラーら（2001）は，それは，課題の当面の目的としていることや，その目的を達成するための方法などについての情報を保持する認知的コントロールの中心的機能を持つものであるという。

PFCに損傷を持つ患者は，特定の標準的な認知課題での困難を見せる。ストループの課題（ボックス15.1）への反応は，特に影響を受けやすい（Miller & Cohen, 2001）。PFCへの損傷の影響が見られるもう1つの課題は，**ウィスコンシンカード分類課題**である。この課題は，カードをある特徴，例えば，形，色，数，に従って分類するものである。この課題の中

> **KEY TERMS**
>
> **前頭前皮質**
> 前頭皮質の一部で，基本的な機能は広範囲にわたる神経の処理過程を調整することである。PFCの主要な機能は，ある課題の当面の目標と，その目標を達成する手段についての情報を保持することを認知的にコントロールすることである。
>
> **ウィスコンシンカード分類課題**
> カードをある方法に従って分類している途中で，分類原則を切り替えられた時，それに応ずる心理的柔軟性をテストする。

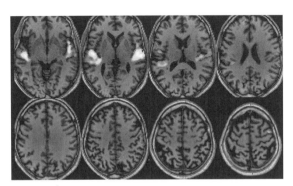

健康な人がムード音楽を聴いている時の脳の軸位断面のfMRI画像。光っている部分が側頭葉の聴覚野などの，大脳の聴覚に関連する部位での活性化を示す。

心的問題は，カードの分類を進めている途中で，分類基準を変えることで，ある分類基準から違う分類基準への切り替えをスムーズに行う能力が要求される。

　注意を集中して情報に向けて，正しい反応を導き出すことは，ストループ課題とウィスコンシンカード分類を正しく解くために重要な鍵となるものである。子どもは大人よりも PFC が成熟していないことから，注意を集中することが邪魔されやすいことは知られていた（7.1参照）。最近は，PFC は青年期を通じて成熟を続け，青年と成人は，脳のこの領域によってコントロールされる行動に違いがあることが明らかになってきている。言い換えれば，青年期は注意に大きく依存する認知課題では，コントロールが弱く，より気が散りやすいであろうということである。

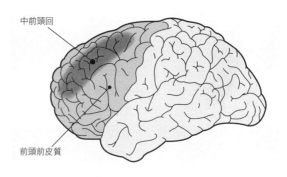

図15-1　中前頭回（Middle frontal gyrus）と前頭前皮質（Prefrontal cortex）の位置を示す脳の図。

ボックス15-1　ストループの課題

　1935年ストループによって作られた古典的なパラダイムは，認知心理学で最も広く用いられた課題となった（MacLeod, 1991）。現在では多くの変形があるが，標準的な課題は，異なった色で書かれた文字を見せることである。課題は，示された単語が色の名前（赤とか緑など）である時，それが異なる色（例えば，赤色で緑という文字）で書かれている時に難しくなる。被験者は，声を出してその単語を読むことか，文字の色をいうこと，のどちらかを求められる。どちらの場合も，正しい反応は，矛盾する2つから選ぶことになる。文字の色を言うべき時，色の名前の単語を言ってしまう傾向がある（つまり，赤色で書かれた緑という文字を見せられ，文字の色を問われた時，緑と答える）。そしてこの傾向は，正しい答え（この場合は赤）を出すためには抑制されなければならない。

```
The Stroop effect
GREEN
RED
GREEN
RED
```

図15-2　ストループ効果
（赤色で「緑」）緑
（緑色で「赤」）赤
（緑色で「緑」）緑
（赤色で「赤」）赤

感情をかき立てるような出来事には特に気が散りやすく，それを無視することができず，青年期には感情的な内容の情報によって非常に気持ちを動かされやすい。このことは，10歳から15歳の対象者に感情をかき立てる写真と，感情的には中性の写真を見せて，MRIスキャナーで観察する研究で示されている。そこでは，特別な課題を行っている時の脳の活性化のパターンを，同じ課題を行っている成人のパターンと比較している（Wang, Huettel, & De Bellis, 2008）。

　課題は次々と現れる写真の中で極くまれに出てくる目標写真（1つの円）を見つけることである。写真のほとんど（90%）は，何が写っているのかわからないものであるが，いくつかは妨害刺激として作られたもので，うれしそうな感じの写真（中性刺激）と，悲しそうな感じの写真である。悲しそうな写真は，泣いている写真か，他の悲しそうな表情をしている写真である。中性的な写真は場面の人が楽しそうな表情をしている他は，一見したところ非常によく似た写真である。目標刺激である円の写真は，150枚のランダムに提示される写真の中で，楽しそうな写真と，悲しそうな写真と同じ頻度（全体の10%）で現れる。実験計画を図15-3に示す。この実験で青年は，fMRIスキャナーの中に横たわり，刺激はスクリーンに映され，目標の円の写真が見えた時はいつでもボタンを押すように指

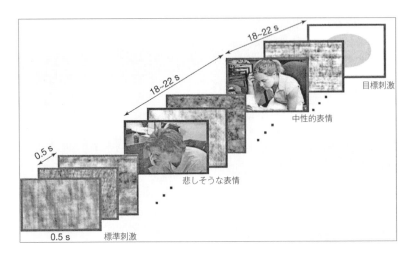

図15-3　ワングら（Wang et al., 2005）の研究デザイン。
何が描かれているかわからないようにした一連の写真の間に，少数の目標刺激の円と，妨害刺激の悲しそうな表情，中性的な表情の写真が所々に入っている。
著作権：アメリカ心理学会

示される。

　fMRIの画像は，課題の写真を見ている間，脳の多くの違う場所が活性化していることを示している。この脳の活動が，とりわけ視覚，筋肉運動，形体認識，表情の識別などに関連する複雑な活動を含むものであることから，この結果は予想できるだろう。この研究では，活性化の2つのパターンに特に注目した。それは，目標刺激と中性刺激，感情刺激への反応の違い，および青年と成人との反応の違いである。

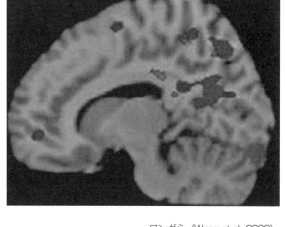

ワングら（Wang et al., 2008）によるVmPFC（左側）が活性化している脳のスキャン。ワングら（2008）より作成。Wiley-Blackwellより掲載許可。

　多くの重要な結果が得られている。目標刺激の処理で活性化する脳の主要な部位は，青年と成人では非常に類似したものであった。しかし，悲しそうな刺激では両群に違いが見られる。想像できるように，共通している領域はあるが，青年はその他の2つの領域で活性化を示した。1つはPFCであり，他の1つは目標刺激で活性化したいくつかの領域と同じ領域である。言い換えれば，成人に較べて青年は，目標刺激と同じように悲しい表情の妨害刺激に反応しているのである。

　青年が悲しい表情の写真を見た時に活性化したPFCの特殊な領域は，前頭前皮質腹内側部（VmPFC）と呼ばれる場所である。写真の左の部分である。脳のこの部位は，人が悲しみを感じた時，特に活動することが知られている部位であり，青年によってこの部位の活性化が高まったことは，この刺激は目標刺激である円を探す活動とは関係がないものであるが，青年は成人よりも悲しみの刺激により反応しやすいことを示している。

　この研究のその他の結果は，青年期およびそれ以降に発達する脳の最終的状態を理解するのに役立つもので，これはVmPFCの活動が，中前頭回（MFG）の活動と関連していることを示している。悲しい表情の妨害刺激に対するVmPFCの活動が大きい青年は，目標刺激に注意を向ける時のMFG前方部の活性化が低い。簡単にいうと，悲しい表情の刺激の感情的要素に多くの注意を向けているということは，目標刺激への注意を犠牲にしていることになる。あるい

は，無関係の感情的刺激に多くの注意を向けることは，目標を処理する能力を弱くすることである。

15.3　青年期の思春期成熟変化

　ワングら（Wang et al., 2008）の研究は，青年期の脳はまだ発達している様子を示している。その結果の意味するところをより広く理解するために，脳の発達と思春期の相互関係についていくつかのことを理解しておくことが役立つと思われる。

　脳の変化のいくつかは，思春期に見られるホルモンの増加に先行して見られる。実際に思春期の成熟は脳の中で始まり，思春期の始めにいくつかの神経の変化が直接的にホルモンの多量の産出を導いている。脳でのその他の変化は思春期とともに生じてくる。例えば，エストロゲン受容体が思春期のホルモンの変化に係わっていることが最近わかってきている（Cameron, 2004）。最後に，脳の変化の中には，思春期とは関係がなく，思春期が終わってからも続いているものもある。ワングら（Wang et al., 2008）の研究で述べられている発達は，この種のものである。それは認知の領域での脳の発達の多くは，これと同じであることを明らかにしている。即ち，このような脳の発達は思春期よりも年齢と係わっているということである。

　興味深いことに，行動の変化には思春期の肉体的変化と特別に関係しているように見られるものもある。マーチンら（Martin et al., 2002）は，11〜13歳の若者での喫煙や薬物，アルコールの摂取など，身体によくないことをするようになることについて研究している。彼らが注目した1つの指標は，刺激志向（sensation seeking）である。この年齢範囲で，思春期成熟と刺激志向は有意な関係が見られたが，生活年齢と刺激志向とは関係がなかった。言い換えれば，刺激志向を予測するのは，思春期への肉体的成長であるということである。

　ダール（Dahl, 2004）は，発達の多くの領域は，成熟よりも思春期と結びついていると述べている。これらはロマンティックな動機付け，性的関心，感情の強さ，昼夜の切り替えの変化，食欲，危険な行為の増加，新奇探索，刺激志向などである。思春期に入る年齢は，時代が進んで健康と栄養摂取がよくなるとともに，低くなり，同時

に気力，欲望，感情の強さなどの変化もより若い年齢で生ずるようになってきている。しかし，認知発達のほとんどの側面——推理能力の発達や自己規制能力を含む——はゆっくりと発達し，思春期が終わっても長い間発達を続ける。ダール（2004）は思春期と結びついた発達と，成熟による発達の非同時性を「不慣れな運転者によるエンジンの始動」と例えている。彼はまた次のように説明を続けている。

> この例えは，「感情への点火」が相対的に早いタイミングで生じていることを表すものである。感情は，恋愛や性的な関心だけでなく，青年期に生ずる目標を目指した多くの行動の強化をも意味している。これらの感情が激しく燃え上がった時，若者たちはこれらの強い感情を抑制するスキルを未だ発達させていないことが多い（それだけではなく，システムを統制する基になる神経系の成熟も未だ達成していない）（Dahl, 2004, 17～18頁）。

思春期に入る時期の歴史的変化は，女児の初潮時期を集めた資料で見ることができる。資料では，多くのヨーロッパ諸国とアメリカでは，初潮の平均年齢は1860年の15歳から1960年の13歳に早まっている（Tanner, 1990）。初潮は思春期の始まりではなく，他の身体的変化やホルモンの変化が初潮に少し先行して生じている。このように，初潮時期が早くなったことは，認知的成熟と思春期の成熟との非同時性が，時とともに大きくなったことを示している。言い換えれば，思春期と結びついた身体的変化がより早くから始まるが，認知的成熟の早さは変わらないで，主たる身体的変化が完了した後も何年間か続いているということである。

15.4　青年期についての比較文化的展望

もし青年期を，思春期の身体的変化に始まり，社会での成人としての役割を担うまでと考えるなら，先進国での青年期の経験に，重要な歴史的変化があることがわかる。しかし，社会の青年期の認識

の仕方には，文化による大きな違いがある。

　ほとんどの社会では，子どもの立場から成人の立場への移行を示す青年期と認められる発達の時期がある。伝統社会では，成人の始まりは，役割や地位という視点から決められる傾向がある。例えば，狩人になること，財産を持つことや，結婚していることなどがある。伝統社会では，思春期に入ってから成人になるまでの期間は相対的に短い。例えば，女性は思春期に入ってから2年以内に結婚することがよくあるだろうし，西洋社会でも，2—300年前まではそうであった。思春期から成人と認められるまでの期間は男性ではより長く，それは，例えば，狩りをするなどの特別な技能を身につけることと関係している。しかしながら，ほとんどの伝統社会では，男性は思春期に入ってから4年以内には結婚している。結婚は他の人の幸福な生活に個人としての責任を持ち始めることから，結婚は児童期から成人期への移行の重要な指標となるものである。

　思春期から成人期までの期間が，このように比較的短いことは，西洋社会の典型的なタイプとは対照的であり，西洋社会では児童期と成人期は明確に区別され，その間の期間は長期間である。この青年期の期間は，児童期から成人期への移行期で，両親からの独立と，社会への経済的貢献が少しずつ進められる。西洋社会での青年期が比較的長いことを示す1つの指標は，女性の思春期と結婚時期との間の長さである。アメリカでは女性の初潮の平均年齢は12歳，結婚の平均年齢が26歳で，その間に14年の隔たりがある。同じようなことは，西洋社会のどこでも見られる。

　このような思春期と独立した成人期との間の長さの変化の理由は，いろいろある。1つの主要な要因は，先進国での発展した社会的ニーズにある。過去100年にわたり，教育への期待は，学校を修了する年齢の変化で見られるように，非常に大きくなってきている。イギリスでは，学校を修了する年齢は，義務教育が5歳から14歳と決められた1918年から徐々に延びて，1944年には15歳に，1972年には16歳になっている。同じような変化は，先進国ではどこでも見られている。それは，熟練を求める職業に就く準備として，長期間の教育が必要だからである。

　教育期間の拡大の傾向から，若者たちが通常の教育期間を超えて，

大学や短大で教育を受け続ける，あるいは見習い実習期間を過ごすようになっている．学校教育年齢を超えてからの教育を受けていない若者たちに対しても，社会の要求はリテラシーや数処理に比較的高いレベルを求めている．これらのことは，伝統社会の要請とは大きく異なるものである．

　教育期間の延長への期待は，必然的に独立が遅くなることを意味している．同時にライフスタイルに対する期待も変わって，若者たちの結婚や親になる時期が遅くなり，選択肢を求めて職業決定も遅くなる．伝統社会では，個人の役割についての明確な区別があり，通常女児には母親と同じ役割を，男児には父親と同じ役割を受け継ぐように期待される．西洋社会では，より多くの選択肢があり，青年期が長くなったことで，いろいろな可能性を探る機会が多くなっている．

15.5　まとめ

　脳の活動を研究する新しい技術の開発で，青年期に対する新しい視点が与えられた．脳のスキャンによると，脳の機能は青年期を通じて明らかな発達を続け，特に前頭前皮質での発達が重要であることが示された．脳のこの領域は，複雑な課題を認知的にコントロールする機能を持っている．脳のスキャンはまた，青年期は成人よりも感情的刺激により強く反応することや，このような感情への反応は認知的処理の効率を落とすことがあることを示している．

　青年期を通して見られる知的成熟の道筋は，年齢に依存しているように思われる．危険な行為や刺激を好む傾向などのその他の変化は，昼夜の生活パターンでの変化と同様，思春期に結びついたものである．思春期と知的成熟とのギャップは，健康や栄養の改善とともに広がり，思春期に入るのを早めている．同時に脱工業化社会の要請が拡大したことによって，青年期の期間が徐々に長くなり，若者が経済的に親に依存する期間が長くなっている．

　次章では，青年期を通して思考能力がどのように発達するのか検討し，最終章では，青年期を通じての複雑な社会的情動的発達を明らかにする．

参考文献

Dahl, R. E. (2004). Adolescent brain development: A period of vulnerabilities and opportunities. *Annals of the New York Academy of Sciences*, *1021*(1), 1–22.

Wang, L., Huettel, S., & De Bellis, M. D. (2008). Neural substrates for processing task-irrelevant sad images in adolescents. *Developmental Science*, *11*(1), 23–32.

質問に答えてみよう

1. 青年期は発達の矛盾期といわれるのはなぜか。
2. 青年期の行動は，育った文化の影響をどこまで受けているか。

CONTENTS

16.1 ピアジェの形式的操作的推理の理論
16.2 ピアジェの理論への批判
16.3 実行機能の発達
16.4 まとめ

第16章

青年期の認知発達

> この章によって読者は以下のことがわかり，説明できるようになる。
> - ピアジェの形式的操作的推理の説明と，ピアジェとインヘルダーが青年期の推理を評価するのに用いたいくつかの主要な課題を述べることができる。
> - 道徳的推理についての新しい研究から見たピアジェの説明を評価し，条件付き確率が理解できる。
> - 青年期の実行機能の発達と，その大脳の発達との関係を述べることができる。

　本章では児童期から成人期への移行に伴って生ずる主要な認知の変化について検討する。21世紀初めの西洋社会の今日的観点から，青年期の認知発達についての心理学的研究は，比較的最近の現象であるということは信じ難い。1954年に出版された『児童心理学の手引き（Manual of Child Psychology）』で，ホーロックスは，青年期の発達については1ページを割いているに過ぎない。しかし，1955年にはインヘルダーとピアジェが『児童期から青年期の論理的思考の発達（The Growth of Logical Thinking from Childhood to Adolescence）』を著し，それが直ぐ英語に翻訳された。その本（Inhelder & Piaget, 1958; Moshman, 1998）は心理学者や教育者の，青年期の認知発達についての見方を根本的に変え，青年期は認知発達での構造的に区別されるべき1つの時期であり，そこでは思考が児童中期の成果を越えて発展する時期であるという見方を確立した。

16.1　ピアジェの形式的操作的推理の理論

　ピアジェとインヘルダーの著書は，青年期の認知について革命的な見解を示したが，認知発達は児童期を越えて見られるとの見解は，19世紀の終わり頃ボールドウィン（James Mark Baldwin）によって

唱えられた。彼は精神発達には「論理を超えた」（hyper-logical）段階があると主張した。ピアジェとインヘルダーはこの見解を取り上げ，10歳あるいは11歳頃から始まる精神発達の最終段階があると主張し，これを形式的操作的推理（formal operational reasoning）と記述した。

　私たちは以前の章で，ピアジェの認知発達についての説明は，子どもの推理する能力と，それが実行できる精神的操作といえるものに焦点を当てていることを見てきた。ピアジェにとって形式的操作を特徴付ける中心となる精神操作は，形式的な演繹を行う能力である。ピアジェは，形式的演繹は次のことができる能力と定義している。

　　　直接的観察から得られた事実からではなく，……想定した判断で結論を導き出すこと（Piaget, 1972, 69頁, Moshman, 1998に引用）。

　形式的演繹に関わるこの能力は，広範囲にわたる新しい知的可能性をもたらす。具体的操作の段階に達している子どもは，ある組織化された思考システムを獲得しているが，彼らは，ある事柄から次の事柄へ具体的な関連づけができるだけである。それに対して，形式的操作的推理が可能であると，ある課題全体に関わりの可能性のある全てのことを組織的に考えることができる。同様に重要なことは，それは全く仮定的な状況にも推理を及ばせることができることである。このような新しくわかった能力は，抽象的な科学的思考や，哲学や宗教的問題の検討も可能にする。教育的に見れば，児童中期の具体的操作の段階を越えた思考や問題解決の発達は，中等教育での教育的要請に応える道を築くものである。

　ピアジェの形式的操作的思考に対する見方や，それが具体的思考とはどのように異なっているかを理解するには，ピアジェとインヘルダー（1955）が青年期の認知能力の研究の際に用いた実験的課題について考えることが有用である。モッシュマンは（Moshman, 1998），ピアジェとインヘルダーが報告した15の研究全てにおいて，ある種の物理的器具が用いられていることを指摘している。それは，柔らかい棒，振り子，傾斜した平面，連通管，液圧プレスとバラン

ス棒などで，これらは勿論，科学的研究で用いられる基本的な道具である。

　ピアジェとインヘルダーは，5歳から16歳の子どもをテストした。子どもにいろいろの道具を操作させて，その道具の動きを決める基になる物理的事象について理解させた。このような課題のポイントは，子どもに一連の観察から一般的な原理を決めさせることである。

　よく知られている課題に，振り子の動きの理解を扱ったものがある。振り子の紐の長さは変えることができ，課題は振り子の動きの速さと，紐の長さとの関係を見出すものである。振り子は何世紀にもわたって多くの重要な科学的観察で用いられてきた。振り子の動きの観察で最も有名な人はガリレオ（Galileo）である。彼は振り子の揺れる速さは，紐の長さの関数であり，紐が長いほど振り子の揺れる速度は遅いことを示すことができた。紐の長さと揺れの正確な関係を見出す方法は，紐の長さを組織的に変え，それが揺れにどのように影響するか観察することであることに注目したい。

　インヘルダーとピアジェは，子どもに個別に質問して，その道具で行った実験と，子どもが得た結論を記録した。振り子の実験で基本となる原理を演繹することには，紐の長さと揺れの2つの変数を観察できること，両者の関係を理解すること，が含まれている。インヘルダーとピアジェは，まだ具体的操作的思考の段階にある子どもは，一時に1つのことしか考えることができず，振り子の動きに影響する一般的な原理を決めることは，非常に困難であることを見出した。しかし，ほぼ11歳以上で形式的操作的思考のできる子どもは，紐の長さと揺れという2つの主要な変数の間の関係について，組織的に分析することができる。

　ピアジェは具体的操作から形式的操作への移行を，一次的操作（つまり具体的操作）の変形を含む二次的操作の構成として説明している。この二次的操作は，INRCグループ（Identity-Negation-Reciprocity-Correlative；一致性－否定性－相互依存性－相関性）として知られている内的に筋の通った論理構造に階層的に統合されたものである。これが進歩すると，子どもは同時に2つの視点を考慮に入れることができるようになる。

　この情報を整理する新しい能力の認知的な効果は，子どもの複雑

な保存課題の解決の仕方にはっきりと見られる。子どもが具体的操作から形式的操作の思考へ移行するにつれて解決の仕方は変わってくる。古典的な液体量の保存課題で，容器の中の水の高さの問題がその例である。初めに同じ容器に同じ高さまで，明らかに同量とわかる水が入っているのを見せる。1つの深くて細い容器の水を，浅くて平たい容器に注ぐと，水の高さは低くなる。子どもに「それぞれの容器の水は同じ量かどうか」を尋ねると，具体的操作の段階の子どもは「同じ」と答える（12章参照）。

続いて子どもに新しいテストを行う。そこでは，粘土の玉を水の中に入れ，水面が上がるのを見せる。新しい水の位置をグラスの横に印をつけ，そして，粘土の球をとり出して，パンケーキのように薄く平らにして，それを水に入れたら，水の高さはどうなるか予想させる。子どもは11〜12歳になるまで，この正しい予想はできない。

ピアジェは，子どもはこの下位問題（水の量の保存と，粘土の量の保存）からの情報をまとめることができた時に，水の高さの変化は，中に入れられた粘土の量に比例しているという正解を導くことができる，と論じている。

子どものバランス棒の問題の解決も12章で見たように，同じような傾向を示す（12.2参照）。重りと支点からの距離との関係の理解は，13歳になる頃までは見られない。この年齢でシーグラー（Siegler, 1976）がテストしたほとんどの子どもたちは，ルール3を使うことができた。つまり，重りと

図16-1　振り子課題

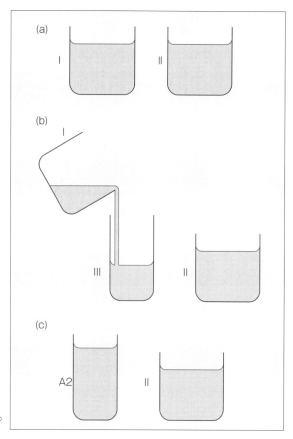

図16-2　：ピアジェの量の保存に関する研究。；（a）子どもは2つの容器ⅠとⅡには同じ量の水が入っていることを認める。しかし，Ⅰの水を細くて深い容器に移すと（bとc），前操作期の子どもは量が変わったと言う。

支点からの距離の両方を考慮する必要があることが理解できた（ルール3は，重りと距離の両方が等しければ，スケールは平衡を保つと予測する。もし一方がより重いか，支点からの距離が大きくて，その他は等しければ，違う側面で値の大きい方へ傾く。もし一方が重く，他方が支点からの距離が大きい時は，予測が混乱する，または推測する）。

しかしルール3の使用は，重さと支点からの距離の関係についての一部分の理解を示しているに過ぎない。全体にわたる理解があって，この2つの変数のどのような組み合わせについても，何が生ずるか予測できる。青年期でのシーグラーのルール4（重さと支点からの距離を乗じたものを比較する）の理解は，これとよく似た課題（Siegler, 1976）での訓練を受けても，極く少数の者しかできない。このことは，ピアジェ自身が見出したように，形式的操作的思考を構成する要素のより複雑な関係は，具体的操作を越えて思考における重要な進歩が見られるとしても，青年期初期にいつでも身につけられるものではないことを示している。

形式的操作的思考と具体的操作的思考の違いについてのその他の例は，移行的推理を行う能力に見ることができる（12章参照）。具体的操作期の子どもも，A=Bで，B=CであればA=Cであることを推察することはできる。このタイプの論理は，子どもが2つの棒の相対的長さを推定するのに目盛りを使うことを可能にする。子どもは，目盛りとそれぞれの棒との関係を見て，そこから2つの棒の相対的長さを推定することができる。しかし，具体的操作期の子どもは，具体物についての移行的推理を解くことはできるが，もっと抽象的な物についての移行的推理を解くことはできない。比較的単純な例では，「ジョンはメリーよりも背が高い。メリーはジェーンよりも背が高い。一番背が高いのは誰か」のような問題では，形式的操作的思考のできる子どもだけが正しい答えを導くことができる。

16.2　ピアジェの理論への批判

前の章で，青年期には多様な異なった発達の過程が生じてくることを見てきた。そのいくつかは，思春期と関係しているが，それとは関係なく成長と結びついているものもある。ごく最近わかったこ

とは，認知の変化は二次的なものになる傾向があり，更にそれは主要な思春期の変化が生ずる時期を越えて拡大するということである。青年期に対するこのような最近の見方は，形式的操作的思考についてのピアジェの説明についてある種の疑問を投げかけるものである。

ピアジェは具体的操作に続く時期での思考について主として2つの主張をしている。1つは，発達上の変化は初期青年期を通して続いているということであり，もう1つは，形式的操作の思考は発達の最終段階である，ということである。この2つの主張は，どちらもいろいろと議論されてきている。

第一の主張は，ピアジェの述べた変化の時期に関するものである。これまでの章で見たように，多くの重要な認知スキルはピアジェが想定した時期よりも早く生じているという無視できない事実がある。同じように，最近の研究結果は，認知の変化は後期青年期でも生じていることを示している。このことは，具体的操作的思考と形式的操作的思考との間にはっきりした境界線はなく，むしろ，長い年月を経て能力の変化が徐々に生じてくることを示している。私たちはまた前章で，青年期を通じて徐々に変化している感情への反応と，認知能力の間に相互干渉があることを見てきた。

ピアジェのいう，形式的操作の達成は認知発達の最終段階を示すものだという主張は，認知発達は青年期の終わりや成人期にまで生じているという認知の遅い時期での発達を主張する人たちによって批判されている。現在では，後期青年期や成人期で認知の発達が生じていることを示す研究が増えている（Dahl, 2004 参照）。認知を越えて，社会的推理へ考察を移すと，そこに他の例が見られる。

前社会的道徳的推理（prosocial moral reasoning; Eisenberg, Miller, Shell, McNalley, & Shea, 1991）についての縦断的研究では，11歳台を越えて児童中期から青年期にかけて生ずる変化について扱っている。高いレベルの推理についてのいくつかのモデルは，後期児童期や青年期になるまで生じない。比較的遅く生ずる推理については，市民の自由についての青年や若年成人の見方と，さまざまな仮説的な場面へのその応用について検討した別の研究で示されている（Helwig, 1995）。その研究では，12歳と16歳と19歳でアメリカのサンフランシスコ湾岸地域に住む3つの年齢群で比較している。彼

は市民権についての見方に関心を持つだけではなく，身体的，精神的な危害などの道徳的考えと，平等性との矛盾に直面した時，どのように市民権について考えるかというもっと複雑な問題にも関心を持っている。形式的操作的思考の観点から見ると，これは，異なり，また対立する価値を結合しなければならない複雑な推理に関するもので，検討するには非常に適切な問題である。

次に挙げるのは，ヘルウィッグの研究で，対象者に判断を求めたシナリオの例である。それは，発言の自由と，心理的危害のリスクの葛藤を示すものである。

> 住民の一人が，誰でもが自由に自分の意見を表明できるとされている公園の一部で演説を行っている。内容は，少数者を対象にした人種差別的中傷を含むものである。聞き手の大多数は，演説者と同じ白人であるが，聞き手の中には少数民族の人もいた。彼らはその演説での人種的差別の発言に大いに傷つけられた。

その他のシナリオは，発言の自由と身体的危害や機会の平等との葛藤，信教の自由と心理的，身体的危害や機会平等との葛藤に関するものである。後者の例では，貧困階層の信者は聖職者になれない，という例がある。

対象者にはシナリオで示される道徳的に対立する問題を，どのように解決しようと考えるか，質問する。回答は，自由の重要性についての説明にしたがって分類される。これらには，一般的な心理的ニーズ（自分の信条に従って行動する）と自己表現の権利，社会に対する重要性，民主的な原則，伝統，政治的権威などの説明が含まれる。特に関心が持たれるのは，3つの年齢群で，どのように説明の仕方が変わるのかということである。

どの年齢群でも，市民の自由は他の問題に比べて，下位に位置づけられていた。複雑なシナリオでの考え方の決定には，いくつかの要因を反映しており，その中には年齢と関係するものもあった。若年層（12歳）では，発言や信仰の自由の支持は，年長群よりも低くなる傾向がある。そして，このような自由は，年長になると，社会

的，道徳的概念と対立するようになってくる。しかし，若年層でも信教の自由は心理的危害よりも重要視される。年齢とともに変化するものは，年長の青年と若年成人は，よりさまざまな状況で個人の自由の優先を認めている。自由や権利の判断についての考え方の変化は，自由と平等の要求と関係している。

　ヘルウィッグのデータから，個人の自由の判断についてのわかりやすい例を挙げる。若年層の約半数は，法律は例えそれが不公平なものであっても，個人の自由を規制する法律を犯す個人は正しくない，と主張する。ヘルウィッグのレポートは次のようである。

> 　青年の若年層は，抽象的な権利の概念を，基本的自由を規制する法律や社会システムの評価に用いることができる。（しかし）多くの者は……不公正（だとされる）社会システムの中に組み込まれている行為の正当性を考える時，純粋な法律的見方に頼っている。対照的に，年長の青年と若年の成人は権利に対する法律の制約と，法律的制約に反する行為の両方を，抽象的な権利の観点からのみ判断する傾向がある（Helwig, 1995, 163頁）。

　彼の研究でははっきりした発達傾向が見られるが，そこには有意な個人差も見られる。最終章で道徳的推理の発達を詳しく検討する時，このような個人差の考えられる源に戻って考察する。しかし，青年期の推理能力は発達のもっと前の段階よりも，より変動的であることに注目したい。実際のところ形式的操作的思考の達成は，普遍的なものではない可能性を示す事実もあるのである。

　INRCグループの二次的操作の1つである相関性あるいは共変性の理解について考えてみよう。インヘルダーとピアジェ（1958）が用いた課題の1つに，髪の毛と目の色の共変性についての判断がある。例えば，髪の毛の色と目の色との4つの組み合わせ——黒い髪と黒い目，黒い髪と淡い色の目，淡い色の髪と黒い目，淡い色の髪と淡い色の目——があると，髪の色と目の色とが相関しているかどうか決めることが可能である。ピアジェらは，共変性を理解する能力は青年期を通じて発達し続けることを見出している。しかし，そ

ボックス16-1　共変性の理解

　一般の人の中には，共変性についてよく理解していないと思われる人がいる。2つの変数の関係の範囲を決める最も信頼できる方法は，条件つき確率のルール（conditional probability rule）を用いることである。シャクリーら（Shaklee et al., 1988）は，植物の育ちと，肥料との関係の例を挙げている。2つの変数の共変性について全体を理解するのに，考える必要のある4つの関係がある。これは2×2分割表で考えることができる。例えばインヘルダーとピアジェ（1958）が用いた，目の色と髪の色の関係の例はこれと同じである。植物の育ちと肥料との関係は，表の通りである。

A 肥料があって，育ちが良い	B 肥料がなくて，育ちが良い
C 肥料があって，育ちが悪い	D 肥料がなくて，育ちが悪い

　2つの変数の関係の強さを決める方法はいくつもある。A枠ルールは最も単純な方法で，A枠のみの頻度を見るものである。もしこの数値が4つの枠の中で最も大きければ，2つの変数の関係は正の関係があると判断される。A枠とB枠の頻度を比較する方法は，育ちの良いものは肥料があるほうが多いか，ないほうが多いかを比較する方法である。しかしもっと精巧な方法は，育ちの良し悪しと，肥料の有無の正の関係を示す事象数（A枠とD枠）と，関係を示さない事象数（B枠とC枠）を比較することである。これらは対角線枠合計方略（sum of the diagonal strategy）と言われる。

　インヘルダーとピアジェ（1958）は推理の形式的操作の段階の子どもは，この対角線枠合計方略を，出来事の生ずる可能性についての判断に用いると言っている。このルールは，4つの事象全てを用いる有利さはあるが，2つの主要な条件

の頻度が大きく異なる時には，誤った結論になることがある。もし，分割表の分析でχ^2検定の使用をよく知っていれば，この問題に気づくであろう。ある関係性の強さについて正しい判断を下すには，条件付き確率を用いることが必要である。これは，肥料のある場合とない場合での，育ちの良い可能性と，良くない可能性を比較する。つまりA：BとC：Dの比較である。これは，2変数の関係の強さについてχ^2検定の計算方法を知っていれば，わかることである。

条件付き確率ルールの使用は，教育を受けた大人の間でも，一般的になっているわけではない。シャクリーら（1988）は，13歳と大学生について，このルールを使う訓練を3つの訓練条件で行った。用いた問題は，植物の育ちと，パンの膨らし粉に関するものである。問題の1つの例は次の通りである。

　　ある植物の栽培者が病気の植物を一束持っていた。その植物の一部に特別の肥料を与え，他の植物には与えなかった。植物の中には，良く育ったものと，育たなかったものがあった。

各問題には2×2表があり，4つの枠にはそれぞれ異なる頻度を示す数字が示されている。被験者には12個の異なる問題を与える。

訓練前は，13歳の多数（54％）はA対Bルール（1つの出来事の頻度を比較する）を用い，38％は対角線枠の合計を用いていた。大学生では，57％はA対Bルールを，30％は対角線枠合計のルールを用いていた。例を用いて，2つの条件での結果の比較の仕方が示される訓練を行った後，被験者の両群とも成績は改善していた。予想されたように，訓練は大学生の方がより効果的で，大多数は訓練後条件付き確率ルールを用いていた。13歳群も成績は改善したが，それは大学生群よりも少なかった。

この研究は，形式的操作的思考について2つの重要なことを示唆している。第一に，推理能力の発達は青年期を通じて

> 続くということを示している。このため，どちらの群も形式的操作的思考の段階であるのに，13歳群よりも20歳群の方が効果は大きかったのである。第二に，大学生群は適切な訓練によって，条件付き確率ルールを用いることができるようになったが，自発的に使った者は一人もいなかったことである。明らかにそのような推理を行う認知上の可能性は持っているが，これは自然に表に現れてくるものではないということである。

の後の研究では，共変性の特色についての理解は，成人の間ではかなり違いがあることが示されている (Shaklee, Holt, Elek, & Hall, 1988)。更にピアジェの示した認知発達の初期の段階と違って，形式的操作的思考の発達を支えるのに，教育の効果が重要な役割を果たしているように思われる。シャクリーら (1988) は，形式的操作的推理の理解と応用に本来備わっている困難さと，訓練の効果の両方について説明している（ボックス 16.1 参照）。

16.3 実行機能の発達

　この章では，これまで青年期の認知発達について，形式的操作的思考の観点から見てきた。児童中期から青年期への移行で，子どもの思考能力がどのように成長するかを考えるもう１つの重要な枠組みは，実行機能である。

　第12章で就学前の時期を通じて作業記憶の重要な変化が認められることを見てきた。中枢の実行機能はバッドレーら (Baddeley & Hitch, 1974) が述べているように，ワーキングメモリの１つの要素であるが，ここで実行機能の細部にわたる説明に触れる必要はないであろう。私たちはヘンリー (2012) の次のような定義に従う。

> 実行スキルは未知の状況や新奇なものを扱う時に必要とされるさまざまな能力の集まりである。これらのスキルには，前もって計画すること（計画性），新しい解決を生み出すこ

と（流暢性），1つのことから他のことへ注意を切り替えること（転換性），新しい事態に有効ではなくなった情報を無視すること（抑制），課題にとって意味のある重要な細部を記憶していること（実行負荷のあるワーキングメモリ）などが含まれる。端的にいうと，問題解決や行動調節を扱う高度な思考，注目スキルである（Henry, 2012, 114頁）。

　前章で，青年期は前頭前皮質の発達する時期であることを見てきた。脳のこの部分は，実行スキルのコントロールに大きな役割を担っており，そのため実行機能は青年期を通じ，成人期にかけて発達し続けることが見出されると期待された。実行スキルの発達についての研究は，その通りであることを示唆しているが，実行機能を作り上げる多様な下位スキルの中には異なるものもある。
　児童期から青年期にかけての実行機能の発達についての明確な事実は，実行負荷のあるワーキングメモリについての研究から見られる。実行機能のこの側面を測定する課題は多くあるが，それらはどれも情報をある短い間保持しておくと同時に，その情報をいくつかの方法で操作することとの組み合わせが必要となる。重要なポイントは，数字を記憶再生するような短期記憶と異なって，実行負荷のある作業記憶は単に情報を再生することではないということである。
　実行負荷のあるワーキングメモリの1つの課題は，子どもに声を出して読んだ一連の文章に正しい単語を足して文を完成させる課題で，例えば，'with dinner we sometime eat bread and [BUTTER]'（夕食にパンと［バター］を食べることがある）のような文を，声を出して読み，それぞれの文章の最後の単語を答える問題である（Siegel & Ryan, 1989）。これは骨の折れる課題であるが，古くから用いられている実行機能のテスト課題である。この課題は各文を聞くこと，正しく文末の単語を答えること，その試行で先行した全ての答えを記憶保存することなど，細部に亘って認知能力を非常に注意深く配分することが求められるものである。ジーゲルらの研究結果では，文末の単語を記憶できた文の数は，年齢とともに明らかに上昇している。7～8歳では平均3弱であったものが，9～10歳で平均4弱となり，11～13歳では平均は5以上になる。

ウィスコンシンカード分類課題。分類のルールを柔軟に切り替える能力をテストする。

認知の視点から見ると、実行負荷のある記憶作業で情報を扱う能力は、児童中期から青年期にかけて年齢とともに上昇する（Henry, 2012）が、その理由については多くの議論があり、多くの要因が含まれている。1つは、より有効な繰り返しと、注意を向ける方略、そして、ある1つの課題での異なる要請間の資源の効果的な振り分けの発達である（Tam, Jarrold, Baddeley, & Sabatos-DeVito, 2010）。更に、年少の子どもは、年長児より情報の処理に時間がかかり、蓄えた情報の多くが失われ、記憶から取り出せなくなってしまう（Towse & Hitch, 2007）。この影響から年少の子どもは年長児よりも少ない情報しか保持できない。

実行機能のその他の要素も年齢とともに改善する。ある研究（Levin et al., 1991）では、7～8歳の児童から青年期までの結果を比較している。テストはウィスコンシンカード分類課題や、ロンドン塔、単語やデザインの流暢さ、Go/No-Go；（実行／中止課題）、カリフォルニア言語学習課題などである。

前章で見たように、ウィスコンシンカード分類課題は、1つの分類基準から他の分類基準へ切り替える能力を測定するものであり（15.2参照）、実行／中止課題は間違った答えを抑制する能力を測定する。そこでは1種類の刺激に反応して他の刺激には反応しないことが求められる。レビンらはこれら2つのどちらの能力も12歳で成人レベルに達することを見出している。

しかし、その他の課題での成績は異なっている。ロンドン塔は、試行ごとに困難度が増してくる複雑な計画性が求められる。それは第8章で述べた（8.3参照）ハノイの塔によく似た課題である。ディスクを用いる代わりにボールを用いるところだけが異なる。この課題での成績と、流暢さと記憶方略の課題（カリフォルニア言語学習課題）の成績も青年期を通じて発達を続ける。

これらの結果が示すことは、いろいろな実行スキルは少しずつ違った速さで成熟し、注意のコントロールと抑制に関連するスキルは、計画を持ち、情報を検索して組織立てるような高いレベルのスキル

よりも，より速く成熟する。このような後者のスキルは，青年期初期では未だ成熟しておらず，歳を重ねてゆっくりと成熟する。それは前章で規定した成熟の遅い認知スキルの例である。

16.4　まとめ

ピアジェは青年期を認知発達の最終段階で，形式的操作的思考ができるようになる段階と見ていた。私たちはこのような思考が，論理的に推論する能力と，2つ以上の変数を同時に考える能力を生じさせることを見てきた。ピアジェとインヘルダーの研究は，思考がどのように発達するのか，細部にわたって説明した最初のものである。彼らは，具体的操作期の後から生じてくるさまざまな思考スキルを引き出す一連の新しい実験課題を工夫している。

この，青年が科学的思考や，抽象的仮説を考えることを可能にする，という論理的思考の説明は，青年期の思考を理解し，評価するのに非常に重要で，発達心理学だけでなく，教育にも大きな影響を与えてきた。しかし，形式的操作的思考は高次の思考の1つの側面に過ぎず，人間が日常実際に行う思考から，幾分抽象化されたものと見られてきた。したがって，インヘルダーとピアジェの説明は，青年期や成人期の認知能力について全てを説明しているというわけではない。もっと複雑な推理，例えば対立する道徳的事項を比較考察する能力や，関連する可能性のある2つ以上の変数の関係を理解することなどは，青年期から成人期初期にかけて発達する。

最後に，この章では，複雑な課題について計画する能力や，情報を取り出し組織立てるなどの能力を伴う実行機能を形成するようなさまざまな下位スキルは，青年期を通じて徐々に発達するものであることを見てきた。

参考文献

Helwig, C. C., Arnold, M. L., Tan, D., & Boyd, D. (2003). Chinese adolescents' reasoning about democratic and authority-based decision making in peer, family, and school contexts. *Child Development, 74*(3), 783–800.

Henry, L. (2012). *The development of working memory in children.* London: Sage.

Kuhn, D. & Franklin, S. The second decade: What develops (and how). In D. Kuhn & R. S. Siegler (Eds), *Handbook of child psychology* (Vol. 2) (pp. 953–993). Hoboken, NJ: Wiley.

質問に答えてみよう

1. ピアジェとインヘルダーは具体的操作的思考から形式的操作的思考への推移をどのように説明しているか。
2. ピアジェの形式的操作的推理についての説明は，どこまで青年期の認知発達全般について説明できるか。
3. 「実行機能」はどのような意味か。また，青年期を通じて実行機能にどのような変化が生ずるか。

CONTENTS

17.1　道徳的推理
17.2　人間関係
17.3　青年期の友人関係の性差
17.4　争いと攻撃的行動
17.5　家族の中での性的役割
17.6　まとめ

第17章

青年期の社会的，情動的発達

> この章によって読者は以下のことがわかり，説明できるようになる。
> - 青年期の道徳的判断は社会，文化的要因にどのように影響されるか理解できる。
> - 青年期の家族，友人との関係の重要性を説明できる。
> - 愛着の長期にわたる成り行きを述べることができる。
> - 友人関係の男女差を説明できる。
> - 攻撃性といじめの型の性差を説明できる。
> - 家族の役割についての期待に及ぼす親の役割を理解できる。

17.1 道徳的推理

第14章で児童中期を通じて，道徳的判断を形成する能力に大きな変化があることを見てきた。青年期を通じて，暗黙的な信条ではなく明示的な信条を用いるようになることで，更に大きな変化を見せる（Moshman, 1998; Sinno, & Killen, 2011）。モッシュマンはさまざまな道徳的なルールを正当化する超法規的なものがあると言い，児童中期にはそのような基本的な考え方を暗黙の内に用いるが，青年期になり，また成人期に入るとそれらは内省の対象になるという。このような考え方は，多くの青年がなぜ動物の権利や，第三世界の債務のような，自然な正当性に関わる問題に関心を持つようになるのかを説明してくれる。

社会文化的背景

青年の人権についての考え方は，彼らが育ってきた文化的な背景に大きく依存している。最近では，人権について，異なった文化で

の青年の考え方について研究が始められている。1つの研究は，オランダの学校に通っていたイスラム教徒とイスラム教徒ではない人の態度について比較している（Verkuyten & Slooter, 2008）。研究の焦点は，言論の自由と少数派の権利に対する態度についてである。対象者は12歳から18歳までで，同じ統合教育の学校に入っている。1つのグループは，イスラム教ではない青年で，両親は2人とも民族的にはオランダ人である。比較群のイスラム教の青年は，その両親はトルコ，モロッコ，イラン，イラク，ボスニアなどからオランダへの移民である。

　この研究では全ての対象者に，メディアでの言論の自由，特定のドレスを着る権利や教育を性別に受ける権利など，イスラム少数派の権利を是認することについて検討するシナリオを与える。例えば，言論の自由に関するシナリオの1つでは，「インターネットでイスラム教のジハードを呼びかけることは許されるのか」など，イスラム少数派の権利に関するシナリオでは，「イスラム教徒だけが入ることが許されるイスラム教の学校を建てる権利はあるのか」などである。対象者にはまたヘッドスカーフを身につけることや，家庭教育の権利，女性の割礼，デモでオランダ国旗を燃やす，宗教を嘲笑する，などの権利について質問する。これらの問題は全てオランダでの最近の出来事や，生活に関係することから選ばれている。また対象者には，自分の生活の中での宗教の重要さについても質問する。

　読者が想像されるように，2つの被験者群の間には，生活の中での宗教の重要性について，はっきりした違いが見られた。5段階評価（権利の重要性を強く認める5から，強く否定する1まで）で，イスラム教の青年は4を，非イスラム青年は2を，それぞれ少し上回る数値であった。シナリオに対する反応でのイスラムと非イスラムの違いと類似点は，質問された青年たちは，誰の言論の自由や権利について賛同するよう求められたのか，どのような社会的な含蓄が受け入れられるのか，など多くの問題を考慮に入れていることが示されている。彼らの考え方には宗教心が浸透しており，例えば，言論の自由への反対は，それが神や宗教への非難を含んでいると，非イスラムよりイスラムの方が多く，また，非イスラムの方がオランダ国旗を燃やすことや，性による別学の学校に強く反対する。イス

ラム教の対象者には，興味深い性差が見られる。イスラムの女児は，女性の割礼や，性別による処遇の違いや家庭教育に，イスラムの男児や，非イスラムよりも強く反対している。このことは多分，これらの問題はイスラム女児の生活への影響が最も強く関係しているからであろう。

これらの結果が示すことは，青年の人権に対する態度は，所属する集団の影響を強く受けているということである。ある特定の権利への関連性が，一方の集団でより強い，またはより弱い場合，そこにグループ差が生ずる。しかし，特定の権利が一方の集団のみに関連するということがなければ，イスラムと非イスラムの青年の判断は同じようなものになる。例えば，ベルクーテンらの研究の対象者は，言論の自由について，それが心理的，身体的に傷つけるものであれば否定している。その結果はまた，青年たちは自分たちの道徳的判断で，ある行動の社会的な影響や人を傷つける可能性など，さまざまなことを考慮していることを示している。

彼らの研究で見られるように，若者たちは，道徳的ジレンマを持っているという見方は，彼らの社会的文化的背景に強く影響されている。ピアジェやコールバーグらの道徳的発達についての理論は（14.2参照），その追跡研究も含めて，西洋文化の中で作られた。最近の研究では，道徳的推理は，非常に異なる価値観の社会で育つことでどのように影響されるのか，ということに関心が寄せられるようになってきている。西洋文化の中では子どもや青年層は，どのようなことは自分で決めるべきか，また大人の正当な権威あるいは他の権威に従うのか，を決めるような問題について，かなり一致した考えを持っている。彼らは，友達や，娯楽を楽しむこと，服装などは，個別の選択の問題であり，その考え方を支持するものとして，個人の権利や，自主性のような概念を挙げている（Turiel, 2006）。ヘルウィッグら（Helwig, Arnold, Tan, & Boyd, 2003）は，中国で育った青年について，西洋型民主主義の中で育った青年とどのような違いがあるか比較している。

なぜ中国の青年との比較が，道徳的推理の発達に社会文化的な背景が与えている影響を理解するのに適切なのかについては，多くの理由がある。中国は共産主義政治体制で，その中で個人の権利や自

主性は，集団の目的や中央集権的な政策に従属することがよくある。中国の一般的，文化的志向は，集産主義的とされてきており，西洋社会の個人主義的文化とは対照的である。ヘルウィッグらが指摘するように，集産主義は中国の子どもの教育や家庭生活のあり方の両方に浸透している。教育では，国が定めた決まったカリキュラムで，機械的学習を強調し，教師の権威を重んずる。中国の家庭生活は，年長者を尊敬し，恭順することを非常に重視し，特に父親や他の男性の大人に従う階層性の感覚が強い。

　これらの違いにもかかわらず，中国でも北アメリカでも，青年は自分の両親との間に同じような葛藤を経験する傾向があることが見られる（Yau & Smetana, 2003）。中国の青年は，活動の選択，学校の勉強，個人的な人間関係，家事の手伝い，などの日常的な問題について，両親との間に不一致があると報告している。葛藤は青年期初期の方が後期よりも強く，青年期は最初のうちは個人的な自主性を主張することで，葛藤を正当化するが，ほとんどの葛藤は親の要求に従うことで解決される。このように見ると，ヤウらの研究での中国の青年は，彼らの現状よりも，もっと両親から独立したいという気持ちを持っていることを示しているのは，驚くべきことではない。

　ヘルウィッグら（2003）の研究の焦点は，中国の青年（13歳～18歳）は，3種の異なる社会的場面——仲間関係，家庭，学校——で誰が決定すべきかについて，どのように考えているかということに当てられている。提示されたシナリオは，仲間関係ではどの映画を見に行くか，家庭関係では週末の外出にどこへ行くか，学校関係ではクラスの遠足はどこへ行くか，どの科目を選ぶか，などの決定に関するものである。3つの場面を通じて，決定するための最も民主的な方法として，「多数決の法則」が一般的に支持されている。しかし，場面によっていくつかの違いがある。多数による決定は，仲間の中での決定で一番強く，次に家族との外出，その次にクラスでの遠足の決定であり，学校でのカリキュラムでは大人による決定が一番強く支持された。多数決について，中国の青年は大人と子どもを区別しておらず，家族に関しての決定は，誰も同じ発言権があると考えている。

　ヘルウィッグら（2003）の中国の青年についての研究全体を通して，イスラムと非イスラムの比較から得られる状況が支持されてい

る。青年期では，社会的，道徳的判断の形成において社会的状況に徐々に敏感になってくる。青年後期では，適切な行動を決定する前に，いろいろな異なった要因について配慮できるようになり，同様に，道徳的推理の発達もコールバーグが示唆している6段階モデルよりもかなり複雑なものになっているように思われる。

性　差

　青年期の道徳性の発達を適切に説明するもう1つの領域は，性差である。ギリガン（Gilligan, 1982）は男性と女性の間には体系的な差があるとの見解の有力な支持者であった。彼女は青年期によりはっきりしてくる道徳性の発達の性差について，男性は正義に，女性は配慮と責任に重点を置くと主張している。彼女はこのような重点の置き方の違いは，根底にある男性と女性の人間関係の見方の違いが反映されていると主張する。人間は個々別々の存在であり，互いにいつも葛藤を感じているものだと考えると，規則や約束が含まれる正義の倫理が求められる。配慮と責任の倫理――ギリガンが女性の特性と見ている――は，人間の相互の繋がりの見地から生じている。

　道徳的な志向性には，性に基づく差異があることを示すよい事実がある。例えば，実生活で最近経験した道徳性のジレンマを思い起こすように求められると（Walker, deVries, & Trevethen, 1987），女性は，他の人との関係に関わることが男性よりも多く，男性は，個人に関係のない一般的なジレンマを多く答える。個人的なジレンマは，質問されたその人が強い関係を持つ家族や親しい友人などの，個人かグループに関するものであるが，それに対して一般的なジレンマは，質問される人が個人的な関係を持っていない人に関するものである。個人的な道徳性のジレンマの例は，年配の両親を，本人の意思に反して養老院へ入れるか，入れないかという事柄や，自分のパートナーがなんらかの問題を持っていることを誰かに話すか，話さないか，というような事柄である。個人に関係のない一般的ジレンマは，仕事に関することが多く，従業員の過ちを正すかどうか，従業員の賃金を下げるかどうか，あるいはその代わりに利益をカットするかどうか，などである。しかし，さまざまな課題にわたって，ウォーカーらの研究での男性も女性も，正義と責任や配慮に従っているので

あり，道徳的志向性に性差がある程度はあるにしても，その差はギリガンが主張するほどはっきりしたものではないことが示されている。

17.2 人間関係

西洋社会では，一生を通じて人間関係に大きな変化が見られる（van Lieshout & Doise, 1998）。児童中期には，母と父は最もよく情緒的に支えてくれる人である。子どもが青年期に入ると，同性の友人が両親と同じように支援してくれる人と受け取られ，青年中期までには，同性の友人が主たる支援者となる。青年後期には恋愛相手が，友人や母親とともに非常に重要な情緒的な支えとなるが，そこには興味深い性差が見られる。男性は恋愛関係を最も支えとなる関係と捉えているが，女性は母親，友人，きょうだいなどさまざまな人を，恋愛相手と同じように支えとなる関係と受け止めている（Furman & Buhrmester, 1992）。争い，処罰，権力，などの受け止め方にも，年齢による違いが見られる。中国の青年についての研究で見たように，親子関係での緊張は，青年期の初期から中期にかけて大きく，青年後期には少なくなる（Yau & Smetana, 2003）。

友人や家族との，このような重要な関わりの発達的変化を説明する1つの方法は，自分からの打ち明け話のパターンを見ることである。私たちが友人関係の検討で見たように，親密な関係は，自己の打ち明け話（つまり，誰が好きとか嫌いだとか，将来の計画とか，最も重要な個人情報を他の人に話すこと）から特徴付けることができる。重要な個人の打ち明け話の研究では（Buhrmester, 1996），アメリカの2年生（7歳）と5年生（10歳）では，重要な個人情報を両親に最もよく話すが，10年生（15歳）になると，大きな変化があり，友達に最もよく話し，両親に話すことは最も少なくなることが示されている。恋人への打ち明け話も両親よりは多い。大学生年齢では，恋人と友人は同じように重要であるが，興味深いことに，両親に話すこともまた多くなってくる。勿論，このような打ち明け話の経時的パターンは一般的なものであり，大きな個人差もある。全体的に見ると，少女は少年よりも打ち明け話は多く，母と娘の関係は青年期を通じて強いままであることが多い。兄弟姉妹や祖父母など家族

初期青年期から同性の友人が徐々に重要な支えとなる。

の他のメンバーも，個人的な情報を共有するのに重要な相手である。

　ファーマンら（Furman & Buhrmester, 1992）は，個人的な人間関係の中で，いろいろな人たちが受ける支援が発達的に変わっていくことには，多くの要因があることを示唆している。青年期には，通常自分と家族との間に距離を持ち，友人との多くの時間を過ごすようになる。初めは，この関係は同性との友人関係であるが，青年期には，恋愛関係が次第に重要なものになってくる。青年期の認知的，社会的能力の伸びは，自己探求と青年としての自己概念の確認を進める。そして青年の自立への模索は，家庭外での物事や人間関係への関心を徐々に強めるようになる。

　友人間の類似性は，前章で見たように，発達を通じて普通のことであるが，青年期での友人の選択の方法は，グループ間で興味深い違いが見られる。ハータップ（Hartup, 1998）は，青年期の友人関係についての研究をまとめて，2つの領域で友人同士は，友人ではないもの同士よりも互いによく類似しているという。これらは，学校や成績に対する見方と，喫煙，飲酒薬物使用及び反社会的行動のような非規範的な行動の見方である。また友人同士は同じ活動を好む傾向がある。性的な行動の類似点は，男女間に興味深い違いがある。アメリカの青年期の同年代の女性は——白人もアフリカ系アメリカ人も——性的行動について非常に似かよった態度をとり，似たような性的行動をとることが示されている。しかし，男性青年の間の類似性は低くなる。特に，性的行動のレベルは類似していない（Hartup, 1988）。

　一生を通じて友人関係は，社会的，情動的成長の状況に影響を与える。80〜90%の人は相互の友情関係を持っているが，友人関係の特徴は年齢，性別，地域や職業のパターンなどに依存している。ストレスに遭遇した時，友人は安全や情動的支援を提供してくれる。子どもにとって，これは両親の離婚，両親からの虐待や，学校での緊張などのストレスである。青年や大人にとっては，友情は仕事関

係の問題や，人間関係の困難さへの情動的な支えとなる。友人はまた，年少児が初めての学校へ入った時，あるいは，年長児が転校した時などの安全と支援を提供してくれる。問題を持つ子どもや，クリニックに紹介される子どもは，問題のない子どもよりも友人がいない傾向がある。

人は友人を選ぶことはできるが，家族を選ぶことはできない。家族のメンバーは家族の中で，母，父，息子，娘，兄弟姉妹，祖父母，あるいは継親，継子として，それぞれ独特な役割を持っている。家族の中で，子どもたちの間では生まれた順番で，例えば，一番上の子どもと末っ子とは，家族の中で違う役割を担う。家族のメンバー一人一人の行動は，ある程度家族の他のメンバーの行動によって決まる。また，過去の経過からの一連の独特の関係から決まる。

時代や文化によって家族の形態は大きく変わる。この写真のような多世代家族は今ではほとんど見られない。多くは核家族となっている。

家族の形態は時代と文化によりいろいろな形をとる。第二次大戦以降，複数世代の家族——両親と子ども，それに祖父母など年取った家族——が，その大部分は両親二人と子どもとの核家族に変わってきた。更に最近は多様になり，片親の家族が多くなり，一人で生活している大人が増えてきている。アメリカでは，10歳代の未婚の母親が急速に増えて，その割合はヨーロッパよりもずっと高くなっている。

家族間の関係の質は，同じ家族の他のメンバーに影響する。両親相互の関係，両親と子どもとの関係の質に焦点を当てた従前の68の研究についてエレルら（Erel & Burman, 1995）がメタ分析を行った。両親相互の関係を，関係の全般的な質，結婚生活への満足度と明らかな争いのないことで測定した。親と子どもとの関係は全体的な質で測定したが，親の行動の一貫性，満足度，否定的な支配と厳しい罰の有無及びその関係でも測定した。エレルらは，この研究で親の夫婦関係の質と，親子の関係の質は強く関係しているという「波及効果仮説（spillover hypothesis）」を強く支持していることを見出している。相互に強い支持的関係を持っている両親は自分たちの子どもにも慎重に反応しており，相互に否定的な，衝突し合う関係にあ

ボックス17-1　精神障害の世代間効果

　親と子どもの間の精神障害の結びつきは，遺伝子が共通するということのみではなく，育児の効果もある。ある研究（Andrews, Brown, & Creasey, 1990）では，母親と娘に，過去12か月の間に精神医学的な徴候を経験したかどうか，そして母親には，子どもの頃そのような経験をしたかどうか，また娘には，自分の受けてきた家庭での世話の質，母親への気持ち，身体的，性的虐待の有無など，初期の家族内での経験について質問した。

　精神医学的に重度な徴候を経験していた母親は，2つのカテゴリーに分けられた。1つは，娘時代に1か月以内の鬱病状態を1回だけ経験したものであり，他の1つは，慢性的あるいは再発性の障害を経験していたものである。前者の母親は，鬱状態を経験していない母親よりも障害を持つ娘を持つ可能性は少なく，障害を持った娘は5％のみであった。しかし後者の母親は，その娘も障害を持つ確率は25％であった。アンドリューらは，初期の家族との関係も，娘の精神的健康を予測するのに重要な因子であることを見出している。精神障害を持つ娘の89％は，初期の家族関係において逆境的な経験があり，これに対して，障害を持っていない娘は27％に過ぎない。この差は，鬱状態の娘は，自分の子どもの頃の経験についてより否定的に捉えていることもあるだろうが，病的グループと病的ではないグループの違いをはっきりと示している，とするより厳格な解釈もある。

　母親も父親も，両方が初期の逆境的な影響に関係しているので，この研究での因果関係の正確な傾向は，決め難い。例えば，母親の鬱状態は，結婚生活に否定的に影響するので，父親の行動に間接的に影響している場合もあれば，あるいは父親も母親と同様に精神的障害の影響の下にある場合もある。しかしこの研究から，母親の永続する障害と子どもの障害との関係は，家族の中での娘の初期の経験に依るものであることが明らかである。

> この研究で関心が持たれる最後のポイントは，娘の精神的障害の性質である。娘は母親よりもこのインタビューより前の年に病的鬱状態になっていた傾向は少ないが，精神的障害の全体的な頻度は，両群とも類似している。これは，娘の中には摂食障害，アルコール中毒などが不安とともにあることに依る。母親の不安は，——逆境的な家族経験とともに——娘の鬱状態を生じさせるだけではなく，その他の精神的障害にも関わっている。

る親は，自分の子どもに優しくつきあうことは少なかった。たぶん、配偶者間の関係がうまくいかず、情動的に疲れ果てているためであろうと思われる。

愛着行動

　青年期での人間関係の質は，乳児期の愛着関係の質（6.4参照）に影響されている。ウォーターズらの20年にわたる縦断的研究（Waters, Merrick, Trebous, Crowell, & Albaersheim, 2000）では，50人の若年成人（20歳〜21歳）に，彼らは12か月の時にも観察されたのだが，成人愛着関係質問紙（Adult Attachment Interview; George, Kaplan & Main, 1985）を行っている。追跡研究の時，45％は大学の寄宿舎で，24％は家族と，ほかの24％は自立して暮らしていた。残りの少数は軍隊など他の所で生活していた。

　初期の1年目の時の，ストレインジ・シチュエーション（strange situation paradigm; 6.4参照）を用いた評価では，乳児は安定（secure），不安−回避（insecure-avoidant），不安−抵抗（insecure-resistant）と分類されていた。メインらによる不安−分裂（insecure-disorganization）の分類は1986年まで開発されておらず，1976年の最初の評価では用いられていない。幼児期の愛着の分類評価と，大人での愛着との関係を検討するために，人生での出来事についてインタビューした。それは，親との死別，親の離婚，子どもか親の重大な病気，親の精神的な病気（ボックス17-1），身体的または性的虐待など，好ましくない出来事によって，児童期の愛着は破壊されるとの考えからである。そのような出来事に関する情報は，成人愛着

質問紙（AAI）で集められたが，18歳以前に生じたことのみを考察の対象とした。それは，より最近の出来事はその影響がまだ愛着行動へ十分達してはいないと思われるからである。

乳児期からの母親に対する愛着の安心感があることは，AAIの安心の評価と密接に関連している。50人の被験者の内36人は，12か月の時と20年後の安心と不安の分類評価が同じで，20年後に分類が変わったのはほぼ3分の1のみであった。ストレスのある出来事からの影響からは，愛着が保持されていた乳児が，成人期初期には愛着が欠けている方に分類されやすくなる。しかし，ストレスに満ちた出来事は若い成人層を必ずしも低い愛着へ導くわけではない。好ましくない人生経験をした8人の被験者は，安定した愛着に変化は見られなかったが，そのような報告のない9人は，愛着が不安になっていた。ある1つのケースでは，児童期に生涯にわたる病気にかかった子どもに親が注意深く関わり，愛着は乳児期から青年期にかけて増大していた。

これらの結果から，乳児期での母親に対する安定した愛着は，多くのケースで他の愛着関係が作られる基になるということは明らかである。しかし，好ましい経験と好ましくない経験のどちらも成人期の愛着のあり方に，そして勿論家族の他のメンバーに対する安定した愛着に重要な役割を持っている。それらはウォーターズらの研究（Waters et al., 2000）では評価されていないが，意外なことは，初期の愛着がその後の愛着にもたらす影響がどれほど強く，12か月から21歳までの間の，いろいろな幅広い経験と，この間に生ずる大きな認知上の変化に影響を与えているかということである。

17.3 青年期の友人関係の性差

青年期の友情のパターンには，明らかな性差があることをこれまで示唆してきた。このことは男女の間で，友人関係について違った「捉え方」があるという主張によって最近数多く研究されていることである。

マッコービー（Maccoby, 1990）は，男性同士の関係が個人の確立により向けられているのに対し，通常，女性同士の関係は個人間の

つながりを築くことを重視していると論じた最初の研究者の一人であった。バームスター（Buhrmester, 1996）らによる研究では，若年青年層に，前日の社会的な関わりについてインタビューした結果，女性は男性よりも同性の友人との関わりが多く，日常の関わりで男性が示すよりも自己開示，情動的な支えが多いことを示している。このことは，女性同士の関係は「対面」(face to face) で，話すことに重きを置いており，男性同士の関係は，「横並び」(side by side) で，特にスポーツなど競争的なゲームを一緒に行うという印象と一致する。

　バームスター（1996）は男性の友人同士が話している時，その話し合いは，スポーツのチームや個人の成績とか，仲間の学力やスポーツの評価のように，「代表者志向（agentically oriented）」のものであると言っている。このような友人関係のパターンについての性差は，マッコービーの男女，特に青年期の男女では，職場での社会化のプロセスに違いがあるという主張を支持するものである。男性の友人関係の典型的なパターンでは，青年男子を，成績を上げること，認められること，力をつけることへ向かわせるような立場に置くことになる。

　男性と女性の友人関係のパターンの違いは，彼らが勧める特有の基準に明らかに見られる。女児の友人関係の基準は，親密な自己開示を見返りとして積極的に行って感情的なサポートを与えるようなものであり，あからさまな競争を避け，立場の違いを問題にしないものである（Brown & Gilligan, 1992）。このパターンは，友人よりもよく見られようとする青年期の態度の研究でも見られる（Benenson & Schinazi, 2004）。

　ベネンソンらは，カナダの学校に就学している13～15歳の青年に質問紙調査を行っている。質問は，青年期に典型的な4つの領域での成功への希望に関するもので，恋愛関係，親密な友人関係，学業成績，スポーツでの成功についてである。例えば，学業での成功に関しては，6段階の尺度で，よい成績をとることをどのくらい気にしているか，そして，それができなかった時どう思うか，の質問を行う。そして，質問紙の第2部で，同性の2人の仲良しの友人の名前を挙げ，その友人よりも自分の方の成績がよかったらどう思うか。

そして友人はどう思うだろうかを問う。最後に4つの領域での最近の自分の状態について質問した。

この4つの領域のそれぞれでどのくらいの人が成功したいと思っているかは男女で差がなかった。また年齢の差も見られなかった。しかし、女性は友達よりもよい成績をとることに関して、男性よりも否定的で、より配慮していると答えている。このような違いは、実際の達成のレベルとは関係していない。同じようなパターンが、18歳についてのもう1つの研究で、友人よりよくできた状態と、同じレベルである状態への反応でも見られた。女性は友人よりも優れている結果よりも、友人と同じレベルであるような結果を好むが、男性はどちらも同じように評価している。

家族内での関係は、若者が人生のいろいろな段階を経るに従って変わるが、いくつかの性差は残っている。このことは20～35歳の若者についての研究（Carbery & Buhrmester, 1998）で明らかにされている。対象者は、家族の役割で決める3つの状態、独身（恋愛関係なし）、結婚しているが子どもはいない状態、結婚して子どもがいる状態（既婚子どもあり）のどれかである。対象者は、友人や家族から社会的サポートを受けている程度に関して評価した。全体的に、社会的ニーズを満たすために友人に頼っている程度は、独身が一番大きく、結婚して子どもがいない状態、子どもがいる状態となるに従って小さくなる。3つの状態にわたって、女性は友人からの社会的支援、特に情動的支援が男性よりも高いレベルであった。

友人からの社会化についての効果に関する多くの研究（特にマッコービー、Maccoby, 1990）は、男性の友人関係のネガティブな側面を強調している。しかし、女性同士の友人関係の特徴である相互的な支え合いに較べて、男性同士の友人関係はネガティブな影響を持つというのは単純過ぎるであろう。チームとして働き、成功することを学ぶことは、ポジティブな面から見ることができ、男性と女性はどちらの友人関係も成人として巧く機能するのに重要なスキルの発達と見ることができる。

17.4 争いと攻撃的行動

　多くの縦断的研究で，子どもが青年期に入ると，身体的攻撃は一般的に少なくなることを示している。しかし，重大な攻撃的行動が少数の間で増えるのもこの時期である（Dodge, Coie, & Lynam, 2006）。そのような行動は，男性間で生ずるのが普通である。アメリカでの青年期の行動についての大規模な縦断的研究（Elliott, 1994）では，攻撃的な暴力行為は，例外なく青年期に始まることを示している。重大な暴力的攻撃（加重暴行，強盗，強姦など）についての申告は，12歳から20歳にかけて急速に増加し，そのような行動が20歳を過ぎて初めて生ずるのは1％より少ない。少年犯罪者（10～16歳）のほぼ75％は，17歳から24歳の間に再び繰り返している。暴力行為の発生率のピークは17歳である（Dodge et al., 2006）。

　攻撃的行動の性差は，発達の初期から引き続いて明らかである。アメリカ，カナダ，ニュージーランドでの6地方での攻撃的行動に関する縦断的研究（Broidy et al., 2003）の資料によると，男性は児童期から青年期まで，初期の身体的攻撃と強く関連して，問題行動は明らかに継続している。児童中期に頻発する身体的攻撃行動は，他の攻撃的ではない非行と同じように，青年期の継続的な身体的暴力となるリスクを大きくする。しかし，女性では，児童期の身体的攻撃と青年期の犯罪との明らかな関係は見られない。身体的攻撃全般にわたって，どの年齢層でも女性の方が男性よりも少ない。

　攻撃的行動や非行は一貫して男性の方が女性よりも多い。ある研究（Crijnen, Achenbach, & Verhulst, 1997）では，児童の行動チェックリストを用いて，異なる文化を持つ12カ国（オーストラリア，ベルギー，中国，ドイツ，ギリシャ，イスラエル，ジャマイカ，オランダ，プエルトリコ，スウェーデン，タイ，アメリカ）の6～17歳での内面的行動（internalising behaviours），外面的行動（externalising behaviours）のパターンを比較している。このチェックリストは，子どもの行動のいろいろな異なった側面について，両親に質問するもので，内面的行動や外面的な行動を含む多くの尺度を導き出すのに使われているものである。内面的な行動とは，子どもが感想や感

> **KEY TERMS**
>
> **ネットによるいじめ**
> インターネットやモバイル技術を通して特定の相手を繰り返し攻撃する。

情を自分の内部へ向けるもので，外面的行動は，感想や感情を外に向け，非行や攻撃的行動とするものである。

内面的行動と外面的行動の傾向は，いろいろな国を通して非常に一致しており，外面的行動のスコアは年齢とともに少なくなるが，内面的行動は年齢とともに増加する。そして，男性は女性よりも外面的行動が多く見られ，内面的行動は女性よりも少ない。暴力的行動傾向の性差は非常に明白であり，アメリカでは男性は，女性の8倍も暴力的犯罪で検挙されている。ただし，この状況はある程度変わりつつある。ドッジら（Dodge et al., 2006）は，女性が重大な暴力に関わることが増え，この割合は時とともに少し減少する傾向が見られているという。エリオットが報告している国の青年調査の資料（Elliott, 1994）では，若い時に暴力的攻撃行動に関わったのは，女性では16％であり，男性では42％であるという。最初の反則的行動のピーク年齢は，男性は16歳，女性は14歳で，明らかな性差が見られる。

この調査の資料は，暴力的犯罪の発達の前兆を描き出している。子どもは，学齢期初期に軽度の攻撃的行動と非行を始め，17歳までに重大な攻撃的行動を繰り返すようになる。薬物使用と性的非行の始まりは，青年期を通じての攻撃的行動のリスクを増加させる。軽度の非行とアルコールの使用は，より重大な暴力行為の典型的な前兆となり，加重暴行は，その85％は強盗の前兆となり，強盗の72％は強姦の前兆となる。このようにドッジら（2006）が指摘するように，少数の人によって示される行動が，年齢とともに重度化し，より攻撃的になるような発達の道筋に，気の滅入るような必然性が見られるのである。しかし幸いなことに，このような状態は，自己申告の攻撃的行動は18〜25歳の間に減少しており，青年期を過ぎると変わってくるのであり，国の調査資料が示すように，成人になってから始まる反社会的行為が新しく見られることは事実上ほとんどない。

ネットワークによる弱者いじめ（Cyber-bullying）

攻撃や弱いものいじめはいろいろな形をとる。最近見られることはネットによるいじめである。一般に弱いものいじめは繰り返し対象者（つまり被害者）に直接向けられた身体的あるいは言語的攻撃

のことを指す。**ネットによるいじめ**はインターネットを通しての攻撃である（Eメール，文字やビデオメッセージ，ウェブサイトなど）。ネットによるいじめの機会は，モバイルフォンやコンピューターが広く使われるようになって広まっている。最近の報告（YouGov, 2006）では，イギリスの10歳児の半数以上がモバイルフォーンを持っており，12歳ではこれが91％に及ぶことが知られている。更に，ほとんどの子どもは家や学校でコンピューターにアクセスできるようになっている。

　心理学者は最近ネットによるいじめの研究を始め，そこには従来のいじめの形の特徴の多くが見られることを報告している。11～16歳の600人以上を対象とした調査で（Smith et al., 2008）子どもの通常のいじめとネットでのいじめの両方の最近の経験を報告している。半数近く（46％）が2か月以内にいじめられた経験があり，ほぼ4分の1（22％）はネットによるいじめを経験している。ネットのいじめは，学校以外で行われることが最も多く，電話と文字によるメッセージが最も多く見られる。ビデオクリップを用いたいじめはあまり一般的ではないが，被害者には大きな影響を与えると受け止められている。ネットによるいじめの多くは，一人の生徒か数人のグループによって行われ，1週間かそれ以上続く。

　ネットによるいじめの被害者は，自分の経験を他の人に話すことは少ない。これは，いじめの被害者に共通したパターンである。友人が子どもに社会的な支えや自信を与える存在であることを考えると，しつこくいじめられる被害者は，不安がり，落ち着かず，他の仲間たちから孤立するのは当然のことである。彼らは，自尊心や自信をなくし，社会的スキルもなくしている（10.2参照）。

　前に述べた身体的な攻撃と違って，ネットによるいじめを行う人は，男性と同じように女性にも見られる。これは，身体的攻撃は女性では男性より少ないが，身体的ではない攻撃は男女同じように見られるという一般的な結果と一致する（Dodge et al., 2006）。身体的ではない攻撃は心理的にダメージを与え，自尊心と社会的立場を傷つけることに向けられる。ネットによるいじめも心理的打撃を与えるものであるので，まさに被害者を傷つけるものである。

17.5　家族の中での性的役割

　子どもがその中で育つ文化は，この数十年で大きく変わってきている。注目すべきことは，家族の役割や働くパターンも変わってきていることである。多くの女性——子どものいる人も含めて——が今はフルタイムかパートタイムで働いており，「家にいる夫」は10年間で3倍になり3％弱になった（Sinno & Killen, 2011）。しかし多くの場合，子どもが小さい時は，子どもの世話をする責任は未だ女性に残っている。

　最近のある研究（Fulcher & Coyle, 2011）では，子どもと16〜17歳の青年，大学生について，家族の役割と自分の家族としての役割への態度と期待について調べている。この研究が行われたアメリカの西部の州では，他の多くの西洋諸国と同様に，男女がいる世帯の中で女性の大多数は雇用されているが，男性は家族を経済的に支える大きな責任を持ち，女性は家事を担い育児をする責任を依然として持っている。性的役割（gender roles）の発達についての社会認知的理論では（Bussey & Bandura, 1999），子どもは性的役割としての適切な行動についての情報を得るのに，環境の中での大人のモデルに頼っているとしている（14.4参照）。ファルチャーらは，男性は一家の稼ぎ手であり女性は世話をする人，という伝統的な性的役割をモデルとしていた両親は，自分の子どもたちに同じような考え方を伝えるだろうし，このような性的役割の薄い家族は，違った価値観と期待を子どもに伝えるだろうという。彼らはまた，男性は女性よりも，伝統的な稼ぎ手と世話をする人，という考え方を支持していると予測して，男性と女性の態度の違いに関心を寄せている。

　予測の通り，男性の青年や大学生は，この年齢の女性よりも強く伝統的な家族の役割を支持しているが，この性的違いは，児童中期のグループでは明らかではない。男性被験者は年齢を超えて女性よりも，子どもを持っても働き続けると考えている。子どもや若年層の人たちでは，自分の家族の価値観を反映するのに，明らかな性差が見られる。母親の働くパターンは，娘たちが，将来外で働くか家で子どもの世話をするかを決めるのに，影響している。母親が伝統

的とは異なる働き方をしていると，その娘も同じように，将来伝統的ではない働き方をしようと考えるようになるが，母親が伝統的な働き方をしていると，娘は，自分も同じような働き方をすることを心に描くようになる。しかし，息子では，自分の期待と家族の中での働き方のパターンとの間に，はっきりした関係は見られず，一般的に男性は家で子どもの世話をするよりも，家族を経済的に支える役割を将来像として持っている。

同じようなことがアメリカでの最近の研究でも示されている（Sinno & Killen, 2011）。この研究も，世話をする役割に対する態度に焦点を当てたものである。この研究では，働く母親と父親の，保育所以外で子どもの世話をする，いわゆる「第二シフト育児（second-shift parenting）」を描いたシナリオを用いるもので，子ども（10歳）と若年層（13歳）に対して，父親か母親のどちらかが第二シフト育児を行っている仮想的な家族についての意見を求めた。第二シフト育児の父親のシナリオは次の通りである。

性的役割の発達についての社会的認知理論によると，子どもは周りの大人をモデルとして，性的に適切な行動についての情報を得ている。

> スミスさんの家族には，父親と母親と7歳の子どもがいます。スミスさん夫妻はどちらもコンピューター会社で，常勤で働いています。夫のスミスさんは，家族のための夕食の準備をし，学校へ子どもを迎えに行き，寝るお世話もしています。土曜日には，スミス夫人が子どもを公園に連れて行きます。

第二シフト育児での母親のシナリオは，両親の役割がこれと逆になる。全ての子どもに両方のシナリオを同じように提示した。

対象者に，家族のあり方についての考え方を質問して，それが親や子どもにとってどのように良いのか，その考え方を正当化する説明を，選択肢から選ばせた。そして自分の親の働き方について質問した。

全体として，家族全体のための第二シフト育児の担い手として，母と父のどちらが適任かについての判断に，差はなかったが，正当化する理由には差が見られた。被験者は父親よりも母親に関して，社会的慣習としての正当性を多く選択した。社会的慣習からの正当性として，「家族のために良く機能する」や，「両親がその家族のために一番良いやり方を決めた」などがあった。第二シフト育児の親

自分の家族との経験は，自分自身の家族としての役割への期待に大きく影響する。

としての父親についての判断は，余分な世話の義務を父親に持たせるのは「不公平」であるとする意見が多かった．

子どもの2つのグループで反応に差が見られた．10歳群が公平性をより重視したのに対して，13歳児群は，社会慣習としての正当性を，特に母親に対して重視した．これらの判断は，彼ら自身の親の働き方のパターンに影響されていた．両親が常勤で働いているか，父親よりも母親の方がより多く働いている子どもは，公平性を強く主張し，父親だけが働いている子どもは，社会慣習としての正当性をより多く選択した．

仮想家族の子どもにとって，そのような父母の配置が良いかどうかの判断は，第二シフト育児としての母親を良いとする傾向があるが，女性の被験者は男性よりも，どちらの親についても第二シフト育児に否定的な反応をより多く示した．第二シフト育児の母親が良いとするのに，母親は育児に向いており，育児が良くできる，というステレオタイプな性的役割の考え方をする被験者もいた．社会的慣習としての正当性が，特に母親との関係で青年期でより強く用いられるのは，青年期の人が自分自身のアイデンティティを発達させる時点で，性的役割の基準についてだんだん目覚め，それに頼るようになってきたことの反映と見ることができる．

17.6 まとめ

14章で見たように，道徳的推理の発達は，ピアジェやコールバーグらの先駆的な理論からかなり発達してきている．この章では，人間の権利についての推理は，特別な宗教や民族の一員であることにより，強く影響されていることを見てきた．このことは，道徳的推理の発達は普遍的というより社会文化的なものであることを示している．道徳的な気遣いもまた男性と女性では少し違って見られるものである．

男性と女性の友情についての違いは，青年期によりはっきりとしてくるが，男性，女性どちらにとっても，恋愛的関係は特に重要なものになってきて，仲間や恋愛の相手と過ごす時間は，家族からの独立が進むに従って多くなる．しかし，家族の中での関係性は，青

年の家族以外の人間関係の質に重要な影響を与えるもので，初期の愛着の質が長い間影響を与え続けることは明らかである。

　男性と男性，女性と女性の関係の違いは，青年期にはよりはっきりとしてくる。女性は女性の友人から高いレベルの社会的支えを受ける経験をする傾向があり，そのような友人との自己開示のレベルは高くなる。男性は友人と何かを行うことに，より注意が向けられ，一緒にスポーツやゲームを楽しむ傾向がある。

　身体的攻撃は青年期にははっきりと減少するが，ごく少数のものは，重大な暴力的行動を増大させる。それが生ずる場合，暴力的な攻撃行動は一般的に青年期に始まり，女性よりも男性に一般的に見られる。しかし，ネットによるいじめは，青年期にはよく見られることであるが，それは女性にも男性にも同じように見られる。

　家族の役割についての青年期の経験は，自分自身の家族としての役割への期待に強く影響する。母親の働くパターンは，その娘が自分の子どもを持った時に，外へ働きに出るか，家にいるかを決めるのに影響する。

参考文献

Broidy, L. M., Nagin, D. S., Tremblay, R. E., Brame, B., Dodge, K. A., Fergusson, D., . . . Laird, R. (2003). Developmental trajectories of childhood disruptive behaviors and adolescent delinquency. *Developmental Psychology*, *39*(2), 222–245.

Fulcher, M., & Coyle, E. F. (2011). Breadwinner and caregiver: A crosssectional analysis of children's and emerging adults' visions of their future family roles. *British Journal of Developmental Psychology*, *29*(2), 330–346.

Verkuyten, M., & Slooter, L. (2008). Muslim and non-Muslim adolescents' reasoning about freedom of speech and minority rights. *Child Development*, *79*(3), 514–528.

Waters, E., Merrick, S., Trebous, D., Crowell, J., & Albaersheim, L. (2000). Attachment security in infancy and early adulthood: A twenty year longitudinal study. *Child Development*, *71*(3), 684–689.

質問に答えてみよう

1. 青年期の道徳的推理が，社会文化的文脈にどのように影響されるか，例を挙げてみよう。
2. 青年期を通して，社会的支えを提供する家族や友人の役割は何か。
3. 青年期の男女の友人関係のパターンはどのように違うか。
4. ネットによるいじめの与える影響はどのようなものか。その影響に特に弱い人がいるのはなぜか。

文 献

Ahrens, R. (1954). Beitrage zur Entwicklung des Physiognomie – und Mimerkennes. *Zeitschrift für Experimentelle und Angewandte Psychologie, 2*, 599–633.

Ainsworth, M. D. S. (1969). Object relations, dependency, and attachment: A theoretical review. *Child Development, 40*, 969–1025.

Ainsworth, M. D. S., & Bell, S. (1970). Attachment, exploration and separation: Illustrated by the behaviour of one-year-olds in a strange situation. *Child Development, 41*, 49–67.

Ainsworth, M. D. S., & Marvin, R. S. (1994). On the shaping of attachment theory and research: An interview with Mary D. S. Ainsworth. *Monographs of the Society for Research in Child Development, 60*(2/3), 3–21.

Ainsworth, M. D. S., & Wittig, B. A. (1969). Attachment and exploratory behavior of one-year-olds in a strange situation. In B. M. Foss (Ed.), *Determinants of infant behaviour* (Vol. IV). London: Methuen.

Alexander, A. L., Lee, J. E., Lazar, M., Boudos, R., DuBray, M. B., Oakes, T. R., . . . Lainhart, J. E. (2007). Diffusion tensor imaging of the corpus callosum in autism. *Neuroimage, 34*(1), 61–73.

Amiel-Tison, C., & Grenier, A. (1985). *La surveillance neurologique au cours de la premiere annee de la vie.* Paris: Masson.

Andrews, B., Brown, G. W., & Creasey, L. (1990). Intergenerational links between psychiatric disorder in mothers and daughters: The role of parenting experiences. *Journal of Child Psychology & Psychiatry & Allied Disciplines, 31*, 1115–1129.

Arnett, J. J. (1999). Adolescent storm and stress, reconsidered. *American Psychologist, 54*, 317–326.

Baddeley, A. D. (2000). The episodic buffer: A new component of working memory. *Trends in Cognitive Science, 4*(11), 417–423.

Baddeley, A. D., & Hitch, G. J. (1974). Working memory. In G. A. Bower (Ed.), *The psychology of learning and motivation, Vol. 8* (pp. 47–89). New York: Academic Press.

Baillargeon, R. (1987). Object permanence in three and a half- and four and a half-month-old infants. *Developmental Psychology, 23*, 655–664.

Baillargeon, R., Spelke, E. S., & Wasserman, S. (1985). Object permanence in five-month-old infants. *Cognition, 20*(3), 191–208.

Baines, E., & Blatchford, P. (2009). Sex differences in the structure and stability of children's playground social networks and their overlap with friendship relations. *British Journal of Developmental Psychology, 27*, 743–760.

Bakeman, R., & Adamson, L. B. (1984). Coordinating attention to people and objects in mother–infant and peer–infant interaction. *Child Development, 55*(4), 1278–1289.

Baldwin, D. A., & Markman, E. M. (1989). Establishing word–object relations: A first step. *Child Development, 60*, 381–398.

Barnett, A. L. (2008). Motor assessment in developmental coordination disorder: From identification to intervention. *International Journal of Disability, Development & Education, 55*(2), 113–129.

Baron-Cohen, S. (1989). The autistic child's theory of mind: A case of specific developmental delay. *Journal of Child Psychology and Psychiatry, 30*(2), 285–297.

Baron-Cohen, S., Allen, J., & Gillberg, C. (1992). Can autism be detected at 18 months? The needle, the haystack, and the CHAT. *The British Journal of Psychiatry, 161*(6), 839–843.

Baron-Cohen, S., Leslie, A. M., & Frith, U. (1985). Does the autistic child have a theory of mind? *Cognition, 21*, 37–46.

Barry, C. (1994). Spelling routes (or Roots or Rutes). In G. D. A. Brown & N. C. Ellis (Eds), *Handbook of spelling* (pp. 27–50). Chichester: Wiley.

Bates, E. & MacWhinney, B. (1989). Functionalism and the competition model. In B. MacWhinney & E. Bates (Eds.) *The cross-linguistic study of sentence processing* (pp. 3–73). Cambridge: Cambridge University Press.

Beauchamp, G. K., Cowart, B. J., Mennella, J. A., & Marsh, R. R. (1994). Infant salt taste: Developmental, methodological, and contextual factors. *Developmental Psychobiology, 27*(6), 353–365.

Belsky, J. (2001). Emanuel Miller Lecture: Developmental risks (still) associated with early child care. *Journal of Child Psychology and Psychiatry, 42*(7), 845–859.

Benenson, J. F., & Schinazi, J. (2004). Sex differences in reactions to outperforming same-sex friends. *British Journal of Developmental Psychology, 22*, 317–333.

Bennett, M., & Sani, F. (2008). Children's subjective identification with social categories: A self-stereotyping approach. *Developmental Science, 11*, 69–65.

Berko, J. (1958). The child's learning of English morphology. *Word*, *14*, 150–177.

Berninger, V., Vaughan, K., Abbott, R., Begay, K., Byrd, K., Curtin, G., ... Graham, S. (2002). Teaching spelling and composition alone and together: Implications for the simple view of writing. *Journal of Educational Psychology*, *94*, 291–304.

Bertenthal, B. I., & Fischer, K. W. (1978). Development of self-recognition in the infant. *Developmental Psychology*, *14*, 44–50.

Best, C. T., McRoberts, G. W., & Sithole, N. M. (1988). Examination of perceptual reorganization for nonnative speech contrasts: Zulu click discrimination by English-speaking adults and infants. *Journal of Experimental Psychology: Human Perception & Performance*, *14*, 345–360.

Bigelow, B. J. (1977). Children's friendship expectations: A cognitive-developmental study. *Child Development*, *48*(1), 246–253.

Birch, S. A. J., & Bloom, P. (2004). Understanding children's and adults' limitations in mental state reasoning. *Trends in Cognitive Sciences*, *8*(6), 255–260.

Birnholtz, J. C., & Benacerraf, B. R. (1983). The development of human fetal hearing. *Science*, *222*, 516–518.

Bishop, D. V. M., & Adams, C. (1990). A prospective study of the relationship between specific language impairment, phonological disorders and reading retardation. *Journal of Child Psychology and Psychiatry*, *31*, 1027–1050.

Bishop, D. V. M., & Edmundson, A. (1987). Language-impaired 4-year-olds: Distinguishing transient from persistent symptoms. *Journal of Speech and Hearing Disorders*, *52*, 156–173.

Blasi, A., Mercure, E., Lloyd-Fox, S., Thomson, A., Brammer, M., Sauter, D., ... Murphy, D. G. M. (2011). Early specialization for voice and emotion processing in the infant brain. *Current Biology: CB*, *21*(14), 1220–1224.

Bogartz, R. S., Shinskey, J. L., & Schilling, T. H. (2000). Object permanence in five-and-a-half-month-old infants? *Infancy*, *1*(4), 403–428.

Botting, N. (2005). Non-verbal cognitive development and language impairment. *Journal of Child Psychology and Psychiatry* (46), 317–326.

Bowlby, J. (1958). The nature of the child's tie to his mother. *International Journal of Psychoanalysis*. XLI, 1–25.

Bowlby, J. (1969). *Attachment and loss* (Vol. 1). Harmondsworth: Pelican Books.

Bradley, L., & Bryant, P. E. (1983). Categorising sounds and learning to read: A causal connection. *Nature*, *301*, 419–521.

Braine, M. (1976). Children's first word combinations. *Monographs of the Society for Research in Child Development*, *41*(1), 1–104.

Bremner, J. G. (1988). *Infancy*. Oxford: Blackwell.

Bremner, J. G., & Knowles, L. S. (1984). Piagetian stage IV search errors with an object that is directly accessible both visually and manually. *Perception*, *13*(3), 307–314.

Broidy, L. M., Nagin, D. S., Tremblay, R. E., Brame, B., Dodge, K. A., Fergusson, D., ... Laird, R. (2003). Developmental trajectories of childhood disruptive behaviors and adolescent delinquency. *Developmental Psychology*, *39*(2), 222–245.

Brown, A. L., Kane, M. J., & Long, C. (1989). Analogical transfer in young children: Analogies as tools for communication and exposition. *Applied Cognitive Psychology*, *3*(4), 275–293.

Brown, G., & Harris, T. (1980). *The social origins of depression*. London: Tavistock.

Brown, J. S., & Burton, R. R. (1978). Diagnostic models for procedural bugs in basic mathematical skills. *Cognitive Science*, *2*, 155–192.

Brown, K. & Hanlon, C. (1970). Derivational complexity and order of acquisition in child speech. In J. Hayes (Ed.), *Cognition and the development of language*. New York: Wiley.

Brown, L., & Gilligan, C. (1992). *Meeting at the crossroads: Women's psychology and girls' development*. Cambridge, MA: Harvard University Press.

Bruner, J. S. (1975). The ontogenesis of speech acts. *Journal of Child Language*, *2*(1), 1–19.

Bruner, J. S. (1983). The acquisition of pragmatic commitments In R. M. Golinkoff (Ed.), *The transition from prelinguistic to linguistic communication* (pp. 27–42). Hillsdale, NJ: Erlbaum.

Bryant, P. E., & Nunes, T. (2011). Children's understanding of mathematics. In U. Goswami (Ed.), *Childhood cognitive development, 2nd edition* (pp. 549–573). Chichester: Wiley-Blackwell.

Bryant, P. E., & Trabasso, T. (1971). Transitive inferences and memory in young children. *Nature*, *232*, 456–458.

Buhrmester, D. (1996). Need fulfilment, interpersonal competence, and the developmental contexts of early adolescent friendship. In W. M. Bukowski, A. F. Newcomb & W. W. Hartup (Eds), *The company they keep: Friendship in childhood and adolescence*. Cambridge: Cambridge University Press.

Bullock, M., & Lütkenhaus, P. (1988). The development of volitional behavior in the toddler years. *Child Development*, *59*, 664–674.

Burnham, D., & Mattock, K. (2010). Auditory development. In J. G. Bremner & T. D. Wachs (Eds), *The Wiley-Blackwell handbook of infant development* (Vol. 1, pp. 81–119). Chichester: Wiley-Blackwell.

Bushnell, I. W. R. (2003). Newborn face recognition. In O. Pascalis & A. Slater (Eds), *The development of face processing in infancy and early childhood* (pp. 41–53). New York: Nova Science Publishers.

Bussey, K., & Bandura, A. (1999). Social cognitive theory of gender development and differentiation. *Psychological Review, 106*(4), 676–713.

Butler, S. C., Berthier, N. E., & Clifton, R. K. (2002). Two-year-olds' search strategies and visual tracking in a hidden displacement task. *Developmental Psychology, 38*(4), 581–590.

Butterworth, B., Varma, S., & Laurillard, D. (2011). Dyscalculia: From brain to education. *Science, 332*, 1049–1053.

Butterworth, G. E. (2001). Joint visual attention in infancy. In G. Bremner & A. Fogel (Eds), *Blackwell handbook of infant development* (pp. 213–240). Malden, MA: Blackwell.

Butterworth, G. E., & Itakura, S. (1998). Development of precision grips in chimpanzees. *Developmental Science, 11*(1), 39–44.

Calkins, S. D. (2002). Does aversive behaviour during toddlerhood matter? The effects of difficult temperament on maternal perceptions and behavior. *Infant Mental Health Journal, 23*(4), 381–402.

Cameron, J. L. (2004). Interrelationships between hormones, behavior, and affect during adolescence: Understanding hormonal, physical, and brain changes occurring in association with pubertal activation of the reproductive axis. *Annals of the New York Academy of Sciences: Adolescent Brain Development: Vulnerabilities and Opportunities, 1021*(June), 110–123.

Campos, J. J., Bertenthal, B. I., & Kermoian, R. (1981). Early experience and emotional development: The emergence of wariness of heights. *Psychological Science, 3*, 61–64.

Campos, J. J., & Stenberg, C. R. (1981). Perception, appraisal and emotion: The onset of social referencing. In M. E. Lamb & L. R. Sherrod (Eds), *Infant social cognition: Empirical and theoretical considerations* (pp. 274–313). Hillsdale, NJ: Erlbaum.

Camras, L. A., & Sachs, V. B. (1991). Social referencing and caretaker expressive behavior in a day care setting. *Infant Behavior & Development, 14*(1), 27–36.

Caravolas, M., Volín, J., & Hulme, C. (2005). Phoneme awareness is a key component of alphabetic literacy skills in consistent and inconsistent orthographies: Evidence from Czech and English children. *Journal of Experimental Child Psychology, 92*(2), 107–139.

Carbery, J., & Buhrmester, D. (1998). Friendship and need fulfillment during three phases of young adulthood. *Journal of Social and Personal Relationships, 15*(3), 393–409.

Carey, N. (2012). *The epigenetics revolution: How modern biology is rewriting our understanding of genetics, disease, and inheritance.* New York: Columbia University Press.

Carpenter, M. (2006). Instrumental, social, and shared goals and intentions in imitation. In S. J. Rogers & J. H. G. Williams (Eds), *Imitation and the social mind: Autism and typical development* (pp. 48–70). New York: Guilford.

Catherine, A. (1994). Quantitative morphology of the corpus callosum in attention deficit hyperactivity disorder. *American Journal of Psychiatry, 151*(5), 665–669.

Chase, M. A., & Dummer, G. M. (1992). The role of sports as a social status determinant for children. *Research Quarterly for Exercise and Sport, 63*(4), 418–424.

Chliounaki, K., & Bryant, P. E. (2002). Construction and learning to spell. *Cognitive Development, 17*, 1489–1499.

Chomsky, N. (1965). *Aspects of the theory of syntax.* Cambridge, MA: MIT Press.

Chomsky, N. (1986). *Knowledge of language: Its nature, origins and use.* Westport, CT: Praeger.

Christophe, A., & Morton, J. (1998). Is Dutch native English? Linguistic analysis by 2-month-olds. *Developmental Science, 1*, 215–219.

Clark, E. (1995). *The Lexicon in acquisition.* Cambridge: Cambridge University Press.

Clearfield, M. W., & Mix, K. S. (2001). Amount versus number: Infants' use of area and contour length to discriminate small sets. *Journal of Cognition and Development, 2*(3), 243–260.

Cohen, L. B. (2001) An Information-Processing Approach to Infant Perception and Cognition. In T. Simone & G. Butterworth (Eds.), *Development of sensory, motor, and cognitive capacities in early infancy* (pp. 277–300). Hove: Elsevier.

Cole, M., & Cole, S. R. (1993). *The development of children (2nd edition).* New York: Freeman.

Cole, P. (1986). Children's spontaneous control of facial expressions. *Child Development, 57*, 1309–1321.

Connelly, V., Dockrell, J. E., & Barnett, J. (2005). The slow handwriting of undergraduate students constrains overall performance in exam essays. *Educational Psychology, 25*(1), 97–105.

Connelly, V., Johnston, R., & Thompson, G. B. (2001). The effect of phonics instruction on the reading comprehension of beginning readers. *Reading and Writing, 14*(5–6), 423–457.

Cornish, K., & Wilding, J. (2010). *Attention, genes, and developmental disorders.* New York: Oxford University Press.

Corriveau, K., Fusaro, M., & Harris, P. L. (2009). Going with the flow: Preschoolers prefer nondissenters as informants. *Psychological Science, 20*(3), 372–377.

Corriveau, K., & Harris, P. L. (2009). Choosing your informant: weighing familiarity and recent accuracy. *Developmental Science, 12*(3), 426–437.

Cossu, G. (1999). The acquisition of Italian orthography. In M. Harris & G. Hatano (Eds), *Learning to read and write: A cross-linguistic perspective* (pp. 10–33). Cambridge: Cambridge University Press.

Crain, W. (2005). *Theories of development: Concepts and applications* (5th ed.). London: Pearson Education.

Crijnen, A. A., Achenbach, T. M., & Verhulst, F. C. (1997). Comparisons of problems reported by parents of children in 12 countires: Total problems, externalizing and internalizing. *Journal of the American Academy of Child and Adolescent Psychiatry, 36*, 1269–1277.

Crook, C. K. (1978). Taste perception in the newborn infant. *Infant Behavior and Development, 1*, 52–69.

Cunningham, A. E., & Stanovich, K. E. (1997). Early reading acquisition and its relation to reading experience and ability 10 years later. *Developmental Psychology, 33*(6), 934–945.

Dahl, R. E. (2004). Adolescent brain development: A period of vulnerabilities and opportunities. *Annals of the New York Academy of Sciences, 1021*(1), 1–22.

Damon, W. (1977). *The social world of the child*. San Francisco: Jossey-Bass.

Damon, W. (1980). Patterns of change in children's social reasoning: A two-year longitudinal study. *Child Development, 51*, 1010–1017.

Dasen, P. (1972). Cross-cultural Piagetian research: A summary. *Journal of Cross Cultural Psychology, 3*, 29–39.

Davis, B. E., Moon, R. Y., Sachs, H. C., & Ottolini, M. C. (1998). Effects of sleep position on infant motor development. *Paediatrics, 102*(5), 1135–1140.

Davis, T. (1995). Gender differences in masking negative emotions: Ability or motivation? *Developmental Psychology, 31*, 660–667.

de Wolff, M. S., & van Ijzendoorn, M. H. (1997). Sensitivity and attachment: A meta-analysis on parental antecedents of infant attachment. *Child Development, 68*, 571–591.

DeCasper, A. J., & Fifer, W. (1980). Of human bonding: Newborns prefer their mothers' voices. *Science, 208*, 1174–1176.

DeCasper, A. J., Lecanuet, J.-P., Busnel, M.-C., Granier-Deferre, C., & Maugeais, R. (1994). Fetal reactions to recurrent maternal speech. *Infant Behavior and Development, 17*, 159–164.

DeCasper, A. J., & Spence, M. J. (1986). Prenatal maternal speech influences newborns' perception of speech sounds. *Infant Behavior and Development, 9*, 133–150.

DeLoache, J. S., Miller, K. F., & Pierroutsakos, S. L. (1998). Reasoning and problem solving. In D. Kuhn & R. S. Siegler (Eds), *Handbook of child psychology: Cognition, perception, and language* (pp. 801–850). Hoboken, NJ: Wiley.

Dennis, W., & Dennis, M. G. (1940). The effect of cradling practice upon the onset of walking in Hopi Indians. *Journal of Genetic Psychology, 56*, 77–86.

Dennis, W., & Najarian, P. (1957). Infant development under environmental handicap. *Psychological Monographs, 7*, 1–7.

deRegnier, R.-A., & Desai, S. (2010). Fetal development. In J. G. Bremner & T. D. Wachs (Eds), *The Wiley-Blackwell handbook of infant development* (Vol. 2, pp. 9–32). Chicester: Wiley-Blackwell.

Diamond, A. (1988). Abilities and neural mechanisms underlying AB performance. *Child Development, 59*, 523–527.

Dockrell, J. E., & McShane, J. (1992). *Children's learning difficulties: A cognitive approach*. Oxford: Blackwell.

Dodge, K. A., Coie, J. D., & Lynam, D. (2006). Aggression and antisocial behavior in youth In N. Eisenberg (Ed.), *Handbook of child psychology Vol. 3: Social, emotional, and personality development* (pp. 779–862). New York: Wiley.

Donaldson, M. C. (1978). *Children's minds*. London: Croom Helm.

Dunn, J., Cutting, A., & Fischer, N. (2002). Old friends, new friends: Predictors of children's perspectives on their friends at school. *Child Development, 73*(2), 621–635.

Dunn, J., & Kendrick, D. (1982). *Siblings: Love, envy, and understanding*. Cambridge, MA: Harvard University Press.

Ehri, L. C., & Robbins, C. (1992). Beginners need some decoding skills to read words by analogy. *Reading Research Quarterly, 27*(1), 12–26.

Eimas, P., & Quinn, P. (1994). Studies on the formation of perceptually based basic-level categories in young infants. *Child Development, 65*, 903–917.

Eimas, P. D., Siqueland, E., Jusczyk, P. W., & Vogorito, J. (1971). Speech perception in infants. *Science, 171*, 303–306.

Einav, S., & Robinson, E. J. (2012). When being right is not enough: Four-year-olds distinguish knowledgeable informants from merely accurate informants. *Psychological Science, 22*(10), 1250–1253.

Eisenberg, N., Fabes, R. A., & Spinrad, T. L. (2006). Prosocial development. In N. Eisenberg (Ed.), *Handbook of child development* (pp. 646–718). Hoboken, NJ: Wiley.

Eisenberg, N., Miller, P. A., Shell, R., McNalley, S., & Shea, C. (1991). Prosocial development in adolescence: A longitudinal study. *Developmental Psychology, 27*(5), 849–857.

Elliott, C. D., Smith, P., & McCulloch, K. (1996). *British Ability Scales II (BASII)*. Windsor: NFER-Nelson.

Elliott, D. S. (1994). Serious violent offenders: Onset, developmental course and termination: The American Society of Criminology 1993 Presidential Address. *Criminology, 32*, 1–21.

Ellis, R., & Wells, G. (1980). Enabling factors in adult–child discourse. *First Language, 1*, 46–62.

Ellis, S. (1997). Strategy choice in sociocultural context. *Developmental Review, 17*(4), 490–524.

Ellman, J. L., Bates, E. A., Johnson, M. H., Kamiloff-Smith, A., Parisi D., & Plunkett, K. (1996). *Rethinking innateness. A connectionist perspective on development.* Cambridge, MA: MIT Press.

Erel, O., & Burman, B. (1995). Interrelatedness of marital relations and parent–child relations: A meta-analytic review. *Psychological Bulletin, 118*(1), 108–132.

Evans, A. C. (2006). The NIH MRI study of normal brain development. *NeuroImage, 30*(1), 184–202.

Fabricus, W. (1988). The development of forward search planning in preschoolers. *Child Development, 59*(6), 1473–1488.

Falck-Ytter, T., Gredebäck, G., & Von Hofsten, C. (2006). Infants predict other people's action goals. *Nature Neuroscience, 9*(7), 878–879.

Fantz, R. L. (1965). Visual perception from birth as shown by pattern selectivity. *Annals of the New York Academy of Sciences, 118*, 793–814.

Feigenson, L., Carey, S., & Spelke, E. (2002). Infants' discrimination of number vs. continuous extent. *Cognitive Psychology, 44*(1), 33–66.

Fenson, L., Dale, P., Resnick, S., Bates, E., Thal, D., & Pethick, S. J. (1994). Variability in early communicative development. *Monographs of the Society for Research in Child Development, 59*(5), 1–73.

Fenson, L., Dale, P., Resnick, S., Bates, E., Thal, D., Reilly, J., & Hartung, J. (1990). *MacArthur communicative development inventories: Technical manual.* San Diego: San Diego State University.

Field, T. M., Hernandez-Rief, M., Diego, M., Figueiredo, B., Schanberg, S., & Kuhn, C. (2006). Prenatal cortisol, prematurity and low birthweight. *Infant Behavior and Development, 29*, 268–275.

Field, T. M., Woodson, R. W., Greenberg, R., & Cohen, C. (1982). Discrimination and imitation of facial expressions by neonates. *Science, 218*, 179–181.

Fisher, S. E. (2006). Tangled webs: Tracing the connections between genes and cognition. *Cognition, 101*(2), 270–297.

Flavell, J. H., Beech, D. R., & Chinsky, J. M. (1966). Spontaneous verbal rehearsal in a momery task as a function of age. *Child Development, 37*, 283–299.

Flavell, J. H., Miller, P. H., & Miller, S. A. (1993). *Cognitive development.* New Jersey: Prentice Hall.

Fogel, A. (1993). *Developing through relationships: Origins of communication, self and culture.* Hemel Hempstead: Harvester Press.

Fox, S. E., Levitt, P., & Nelson, C. A. (2010). How the timing and quality of early experiences influence the development of brain architecture. *Child Development, 81*, 28–40.

Fraiberg, S. (1974). *Insights from the blind.* New York: Basic Books.

Freeman, N. (1980). *Strategies of representation in young children: Analysis of spatial skills and drawing processes.* London: Academic Press.

Freeman, N. (1987). Current problems in the development of representational picture-production. *Archives de Psychologie, 55*, 127–152.

Freese, J., & Powell, B. (2003). Tilting at windmills: Rethinking sociological responses to behavioral genetics. *Journal of Health and Social Behavior*, 130–135.

Freud, S. (1927). Some psychological consequences of the anatomical distinctions beween the sexes. *International Journal of Psychoanalysis, 8*, 133–142.

Frith, U. (1985). Beneath the surface of surface dyslexia. In K. E. Patterson, J. C. Marshall & M. Coltheart (Eds), *Surface dyslexia* (pp. 301–330). London: Erlbaum.

Fulcher, M., & Coyle, E. F. (2011). Breadwinner and caregiver: A cross-sectional analysis of children's and emerging adults' visions of their future family roles. *British Journal of Developmental Psychology, 29*(2), 330–346.

Fulkerson, A. L., & Waxman, S. R. (2007). Words (but not tones) facilitate object categorization: Evidence from 6- and 12-month-olds. *Cognition, 105*(1), 218–228.

Furman, W., & Buhrmester, D. (1992). Age and sex differences in perceptions of networks of personal relationships. *Child Development, 63*, 103–115.

Gallistel, R., & Gelman, R. (1991). Preverbal and verbal counting and computation. In S. Dehaene (Ed.), *Numerical cognition.* Oxford: Blackwell.

Galton, F. (1869). *Hereditary genius.* London: Macmillan.

Gathercole, S. E. (2006). Nonword repetition and word learning: The nature of the relationship. *Applied Psycholinguistics, 27*, 513–543.

Gathercole, S. E., Willis, C. S., Baddeley, A. D., & Emslie, H. (1994). The children's test of nonword repetition: A test of phonological working memory. *Memory, 2*, 103–127.

Gauvain, M. (1995). Thinking in niches: Sociocultural influences on development. *Human Development, 38*, 25–45.

Gelman, R., & Gallistel, C. R. (1978). *The child's understanding of number.* Cambridge, MA: Harvard University Press.

Gelman, S. A., & Coley, J. D. (1990). The importance of knowing a dodo is a bird: Categories and inferences in 2-year-old children. *Developmental Psychology, 26*(5), 796–804.

Gentry, J. R. (1982). An analysis of developmental spelling in 'GNYS AT WRK'. *The Reading Teacher, 36*(2), 192–200.

George, C., Kaplan, N., & Main, M. (1985). *The adult attachment interview.* Berkeley: University of California.

Gervain, J., Mehler, J., Werker, J. F., Nelson, C. A., Csibra, G., Lloyd-Fox, S., . . . Aslin, R. N. (2011). Near-infrared spectroscopy: A report from the McDonnell infant methodology consortium. *Accident Analysis and Prevention, 1*(1), 22–46.

Gibson, E. J. (1988). Exploratory behavior in the development of perceiving, acting, and the acquiring of knowledge. *Annual Review of Psychology, 39*, 1–41.

Giedd, J. N. (2004). Structural magnetic resonance imaging of the adolescent brain. *Annals of the New York Academy of Sciences, 1021*(1), 77–85.

Gilligan, C. (1982). *In a different voice*. Cambridge, MA: Harvard University Press.

Gopnik, A., & Choi, S. (1995). Names, relational words and cognitive development in English and Korean speakers: Nouns are not always learned before verbs. In M. Tomasello & W. E. Merriman (Eds), *Beyond names for things: Young children's acquisition of verbs* (pp. 83–90). Hillsdale, NJ: Erlbaum.

Goswami, U. (2008). *Cognitive development: The learning brain*. Hove: Psychology Press.

Goswami, U. (2011). Inductive and deductive reasoning. In U. Goswami (Ed.), *Childhood cognitive development, 2nd edition* (pp. 399–419). Chichester: Wiley-Blackwell.

Goswami, U., & Brown, A. L. (1990). Melting chocolate and melting snowmen: Analogical reasoning and causal relations. *Cognition, 35*(1), 69–95.

Gottlieb, G. (1998). Normally occurring environmental and behavioral influences on gene activity: From central dogma to probabilistic epigenesis. *Psychological Review, 105*(4), 792–802.

Gough, P. B., Hoover, W. A., & Peterson, C. L. (1996). Some observations on a simple view of reading. In C. Cornoldi & J. Oakhill (Eds), *Reading comprehension difficulties: Processes and interventions* (pp. 1–13). Mahwah, NJ: Erlbaum.

Groen, G. J., & Parkman, J. M. (1972). A chronometric analysis of simple addition. *Psychological Review, 79*, 329–343.

Grolnick, W. S., Gurland, S. T., Jacob, K. F., & Decourcey, W. (2002). The development of self-determination in middle childhood and adolesecence. In A. Wigfield & J. S. Eccles (Eds), *Development of achievement motivation* (pp. 147–171). San Diego, CA: Academic Press.

Grossman, K., Grossman, K.E., Spangler, G., Suess, G. & Unzner, L. (1985). Maternal sensitivity and newborns' orientation responses as related to quality of attachment in Northern Germany. *Monographs of the Society for Research in Child Development, 50*(1/2), 233–256.

Haith, M. M. (1998). Who put the cog in infant cognition? Is rich interpretation too costly? *Infant Behavior and Development, 21*(2), 167–179.

Halit, H., de Haan, M., & Johnson, M. H. (2003). Cortical specialisation for face processing: Face-sensitive event-related potential components in 3- and 12-month-old infants. *NeuroImage, 19*(3), 1180–1193.

Hall, G. S. (1904). *Adolescence: Its psychology and its relations to physiology, anthropology, sociology, sex, crime, religion and education, Vol. 2*. New York: Appleton.

Happé, F. G. (1993). Communicative competence and theory of mind in autism: A test of relevance theory. *Cognition, 48*(2), 101–119.

Harlow, H., McGaugh, J. L., & Thompson, R. F. (1971). *Psychology*. San Francisco: Albion Publication Co.

Harris, M. (1992). *Language experience and early language development: From input to uptake*. Hove: Lawrence Erlbaum Associates.

Harris, M. (1996). *Language development (An Open University Study Guide)*. Milton Keynes: Open University Press.

Harris, M., & Giannouli, V. (1999). Learning to read and spell Greek: The importance of letter knowledge and morphological awareness. In M. Harris & G. Hatano (Eds), *Learning to read and write: A cross-linguistic perspective* (pp. 51–70). Cambridge: Cambridge University Press.

Harris, M., Barlow-Brown, F., & Chasin, J. (1995). The emergence of referential understanding: pointing and the comprehension of object names. *First Language, 15*, 19–34.

Harris, M., Barrett, M., Jones, D., & Brookes, S. (1988). Linguistic input and early word meaning. *Journal of Child Language, 15*, 77–94.

Harris, M., Jones, D., Brookes, S., & Grant, J. (1986). Relations between the non-verbal context of maternal speech and rate of language development. *British Journal of Developmental Psychology, 4*, 261–268.

Harris, M., Yeeles, C., Chasin, J., & Oakley, Y. (1995). Symmetries and asymmetries in early lexical comprehension and production. *Journal of Child Language, 22*, 1–18.

Harris, P. L. (1989). *Children and emotion*. Oxford: Blackwell.

Harris, P. L. (2000). *The work of the imagination*. Oxford: Blackwell.

Harris, P. L. (2006). Social cognition. In D. Kuhn & R. S. Siegler (Eds), *Handbook of child development* (Vol. 2) (pp. 811–858). Hoboken, NJ: Wiley.

Harris, P. L., Brown, E., & Marriott, C. (1991). Monsters, ghosts and witches: Testing the limits of the fantasy-reality distinction in young children. *British Journal of Developmental Psychology, 9*, 105–123.

Harrison, L., & Ungerer, J. A. (2002). Maternal employment and infant–mother attachment security at 12 months postpartum. *Developmental Psychology, 38*(5), 758–773.

Hartup, W. W. (1998). The company they keep: Friendships and their developmental significance. In A. Campbell & S. Muncer (Eds), *The social child* (pp. 143–164). Hove: Psychology Press.

Hartup, W. W., & Laursen, B. (1992). Conflict and context in peer relations. In C. H. Hart (Ed.), *Children on* playgrounds: Research perspectives and applications (pp. 44–84). Albany, NY: State University of New York Press.

Hatano, G. (1990). Towards the cultural psychology of mathematical cognition. *Monographs of the Society for Research in Child Development, 55*(1–2), 108–115.

Hatcher, P. J., Hulme, C., & Snowling, M. J. (2004). Explicit phoneme training combined with phonic reading instruction helps young children at risk of reading failure. *Journal of Child Psychology & Psychiatry, 45*(2), 338–358.

Hay, D. F., Pedersen, J., & Nash, A. (1982). Dyadic interaction in the first year of life. In K. H. Rubin & H. S. Ross (Eds), *Peer relationships and social skills in childhood* (pp. 11–40). New York: Springer-Verlag

Hay, D. F., & Ross, H. S. (1982). The social nature of early conflict. *Child Development, 53*, 105–113.

Hayiou-Thomas, M. E., Bishop, D. V. M., & Plomin, R. (2005). Genetic influences on specific versus non-specific language impairment in 4-year-old twins. *Journal of Learning Disabilities, 38*, 222–232.

Heijmans, B. T., Tobi, E. W., Stein, A. D., Putter, H., Blauw, G. J., Susser, E. S., ... Lumey, L. H. (2008). Persistent epigenetic differences associated with prenatal exposure to famine in humans. *Proceedings of the National Academy of Sciences of the United States of America, 105*(44), 17046–17049.

Helwig, C. C. (1995). Adolescents' and young adults' conceptions of civil liberties: Freedom of speech and religion. *Child Development 66*(1), 152–166.

Helwig, C. C., Arnold, M. L., Tan, D., & Boyd, D. (2003). Chinese adolescents' reasoning about democratic and authority-based decision making in peer, family, and school contexts. *Child Development, 74*(3), 783–800.

Henderson, S. A., Sugden, D., & Barnett, A. L. (2007). *The movement assessment battery for children: 2.* London: Harcourt Assessment.

Henry, L. (2012). *The development of working memory in children.* London: Sage.

Hepach, R., & Westermann, G. (2013). Infants' sensitivity to the congruence of others' emotions and actions. *Journal of Experimental Child Psychology 115*(1), 16–29.

Heyes, C. & Galef, B.G. (1996). *Social learning in animals.* US: Academic Press.

Hirsh-Pasek, K., & Golinkoff, R. M. (1996). *The origins of grammar.* Cambridge, MA: MIT Press.

Hitch, G., Halliday, M. S., & Littler, J. E. (1989). Item identification time and rehearsal rates as predictors of memeory span in children. *Quarterly Journal of Experimental Psychology, 41A*, 321–337.

Holmes, J. (1993). *John Bowlby and attachment theory.* London: Routledge.

Holyoak, K. J. K., Junn, E. N. E., & Billman, D. O. D. (1984). Development of analogical problem-solving skill. *Child Development, 55*, 2042–2055.

Hoover, W. A., & Gough, P. B. (1990). The simple view of reading. *Reading and Writing, 2*(2), 127–160.

Hornik, R., Risenhoover, N., & Gunnar, M. (1987). The effects of maternal positive, neutral, and negative affective communications on infants' responses to new toys. *Child Development, 58*, 937–944.

Horwitz, A. V., Videon, T. M., Schmitz, M. F., & Davis, D. (2003a). Double vision: reply to Freese and Powell. *Journal of Health and Social Behavior*, 136–141.

Horwitz, A. V., Videon, T. M., Schmitz, M. F., & Davis, D. (2003b). Rethinking twins and environments: Possible social sources for assumed genetic influences in twin research. *Journal of Health and Social Behavior*, 111–129.

Howe, N., & Ross, H. S. (1990). Socialization, perspective-taking, and the sibling relationship. *Developmental Psychology, 26*, 160–165.

Hsu, F.-H. (2002). *Behind deep blue: Building the computer that defeated the world chess champion*: New Jersey: Princeton University Press.

Hughes, M. & Donaldson, N. (1979). The use of hiding games for studying the coordination of viewpoints. *Educational Review*, 31(2), 133–140.

Hulme, C., & Snowling, M. J. (2009). *Developmental disorders of language learning and cogntion.* Chichester: Wiley-Blackwell.

Hulme, C., Thomson, N., Muir, C., & Lawrence, A. (1984). Speech rate and the development of short-term memory span. *Journal of Experimental Child Psychology, 38*, 241–253.

Hyams, N. (1986). *Language acquisition and the theory of parameters.* Dordrecht: Reidel.

Ifrah, G. (1985). *From one to zero: A universal history of numbers.* New York: Wiley.

Inagaki, K. (1990). The effects of raising animals on children's biological knowledge. *British Journal of Developmental Psychology, 8*(2), 119–129.

Inagaki, K., Morita, E., & Hatano, G. (1999). Teaching–learning of evaluative criteria for mathematical arguments through classroom discourse: A cross-national study. *Mathematical Thinking and Learning, 1*(2), 93–111.

Inhelder, B., & Piaget, J. (1958). *The growth of logical thinking from childhood to adolescence.* New York: Wiley.

Inhelder, B., & Piaget, J. (1964). *The early growth of logic in the child: Classification and seriation.* London: Routledge & Kegan Paul.

Isaacs, E. B., Edmonds, C. J., Lucas, A., & Gadian, D. G. (2001). Calculation difficulties in children of very low birthweight: A neural correlate. *Brain, 124*, 1701.

Ivry, R. (2013). Big data has left the station. *APS Observer, 26*. Retrieved from http://www.psychologicalscience.org/index.php/publications/observer/2013/january-13/big-data-has-left-the-station.html

James, W. (1890). *The principles of psychology*. New York: Dover.

Jansen, B. R. J., & van der Maas, H. L. J. (2002). The development of children's rule use on the balance scale task. *Journal of Experimental Child Psychology, 81*(4), 383–416.

Johnson, E. K., & Jusczyk, P. W. (2001). Word segmentation by 8-month-olds: When speech cues count for more than statistics. *Journal of Memory and Language, 44*, 548–567.

Johnson, M. H., & de Haan, M. (2011). *Developmental cognitive neuroscience* (3rd edition). Chichester: Wiley-Blackwell.

Johnson, M. H., & Morton, J. (1991). *Biology and cognitive development: The case of face recognition*. Oxford: Blackwell.

Joshi, M. S., & MacLean, M. (1994). Indian and English children's understanding of the distinction between real and apparent emotions. *Child Development, 65*, 1372–1384.

Jusczyk, P. W., & Aslin, R. N. (1995). Infants' detection of the sound patterns of words in fluent speech. *Cognitive Psychology, 29*, 1–23.

Jusczyk, P. W., Cutler, A., & Redanz, N. J. (1993). Infants' preference for the predominant stress patterns of English words. *Child Development, 64*, 675–687.

Kaitz, M., & Eidelman, A. I. (1992). Smell-recognition of newborns by women who are not mothers. *Chemical Senses, 17*(2), 225–229.

Karmiloff-Smith, A. (1979). *A functional approach to child language*: Cambridge: Cambridge University Press.

Karmiloff-Smith, A., Thomas, M., Annaz, D., Humphreys, K., Ewing, S., Brace, N., . . . Campbell, R. (2004). Exploring the Williams syndrome face-processing debate: The importance of building developmental trajectories. *Journal of Child Psychology and Psychiatry, 45*(7), 1258–1274.

Karp, R. J. (2010). Health. In J. G. Bremner & T. D. Wachs (Eds), *The Wiley-Blackwell handbook of infant development* (Vol. 2, pp. 62–86). Chichester: Wiley-Blackwell.

Kaufman, J., Csibra, G., & Johnson, M. H. (2003). Representing occluded objects in the human infant brain. *Proceedings of the Royal Society of London Series B-Biological Sciences, 270*, S140–S143.

Kelly, D. J., Quinn, P. C., Slater, A. M., Lee, K., Ge, L., & Pascalis, O. (2007). The other-race effect during infancy: Evidence of perceptual narrowing. *Psychological Science, 18*, 1084–1089.

Kirjavainen, M., & Theakston, A. (2012). Naturalistic data. *The encyclopedia of applied linguistics*. Chichester: Wiley-Blackwell.

Klahr, D. (1985). Solving problems with ambiguous subgoal ordering: Preschoolers' performance. *Child Development, 56*, 940–952.

Klahr, D., & Robinson, M. (1981). Formal assessment of problem-solving and planning processes in preschool children. *Cognitive Psychology, 13*, 113–128.

Koenig, M. A., & Harris, P. L. (2005). Preschoolers mistrust ignorant and and inaccurate speakers. *Child Development, 76*, 1261–1277.

Kohlberg, L. (1963). The development of children's orientations toward a moral order. I: Sequence in the development of moral thought. *Human Development, 51*, 8–20.

Kreitler, S., & Kreitler, H. (1987). Conceptions and processes of planning: The developmental perspective. In S. L. Friedman, E. K. Scholnick, & R. R. Cockings (Eds), *Blueprints for thinking: The role of planning in cognitive development*. New York: Cambridge University Press.

Kuhl, P. K., & Meltzoff, A. N. (1982). The bimodal perception of speech in infancy. *Science, 218*, 1138–1141.

Kurtz-Costes, B., DeFreitas, S. C., Halle, T. G., & Kinlaw, C. R. (2011). Gender and racial favouritism in Black and White preschool girls. *British Journal of Developmental Psychology, 29*(2), 270–287.

Ladd, G. W., Kochenderfer-Ladd, B., & Rydell, A.-R. (2011). Children's interpersonal skills and school-based relationships. In P. K. Smith & C. H. Hart (Eds), *The Wiley-Blackwell handbook of social development, 2nd edition* (pp. 181–206). Chichester: Wiley-Blackwell.

Laeng, B., Sirois, S., & Gredeback, G. (2012). Pupillometry: A window to the preconscious? *Perspectives on Psychological Science, 7*(1), 18–27.

Lai, C. S., Fisher, S. E., Hurst, J. A., Vargha-Khadem, F., & Monaco, A. P. (2001). A forkhead-domain gene is mutated in severe speech and language disorder. *Nature, 413*, 519–523.

Landau, B. & Gleitman, L. (1985). *Language and experience: Evidence from the blind child*. Cambridge, MA: Harvard University Press.

Laplante, D. P., Brunet, A., Schmitz, N., Ciampi, A., & King, S. (2008). Project Ice Storm: Prenatal maternal stress affects cognitive and linguistic functioning in 5 1/2-year-old children. *Journal of the American Academy of Child and Adolescent Psychiatry, 47*, 1063–1072.

Leaper, C. (2011). Research in developmental psychology on gender and relationships: Reflections on the past and looking into the future. *British Journal of Developmental Psychology, 29*(2), 347–356.

Leman, P. J., Ahmed, S., & Ozarow, L. (2005). Gender, gender relations, and the social dynamics of children's conversations. *Developmental Psychology, 41*(1), 64–74.

Leslie, A. M. (1991). The theory of mind impairment in autism: Evidence for a modular mechanism of development? In A. Whiten (Ed.), *Natural theories of mind* (pp. 63–78). Oxford: Blackwell.

Leslie, A. M. (1992). Pretense, autism, and the Theory-of-Mind module. *Current Directions in Psychological Science, 1*(1), 18–21.

Leslie, A. M. (1995). A theory of agency. In D. Sperber, D. Premack & A. J. Premack (Eds), *Causal cognition: A multidisciplinary debate* (pp. 121–149). Oxford: Clarendon Press.

Levin, H. S., Culhane, K. A., Hartmann, J., Evankovich, K., Mattson, A. J., Harward, H., . . . Fletcher, J. M. (1991). Developmental changes in performance on tests of purported frontal lobe functioning. *Developmental Neuropsychology, 7*(3), 377–395.

Levy, S., Sutton, G., Ng, P. C., Feuk, L., Halpern, A. L., Walenz, B. P., . . . Denisov, G. (2007). The diploid genome sequence of an individual human. *Plos Biology, 5*(10), e254.

Lewis, M. (1999). Social cognition and the self. In P. Rochat (Ed.), *Early social cognition: Understanding others in the first months of life* (pp. 81–100). Mahwah, NJ: Erlbaum.

Liebermann, P. (1992). Human speech and language. In S. Jones, R. Martin, & D. Pilbeam (Eds), *The Cambridge encyclopaedia of human evolution*. Cambridge, UK: Cambridge University Press.

Linnell, M., & Fluck, M. (2001). The effect of maternal support for counting and cardinal understanding in preschool children. *Social Development, 10*(2), 202–220.

Locke, J. (1690). *An essay concerning human understanding*. London.

Lundberg, I., Olofsson, A., & Wall, S. (1980). Reading and spelling skills in the first school years predicted from phonemic awareness skills in kindergarten. *Scandinavian Journal of Psychology, 21*, 159–173.

Lytton, H., & Romney, D. M. (1991). Parents' differential socialization of boys and girls: A meta-analysis. *Psychological Bulletin, 109*, 267–296.

Maccoby, E. E. (1990). Gender and relationships: A developmental account. *American Psychologist, 45*, 513–520.

Maccoby, E. E., & Jacklin, C. N. (1974). *The psychology of sex differences*. Stanford, CA: Stanford University Press.

Maccoby, E. E., & Jacklin, C. N. (1987). Gender segregation in children. In H. W. Reese (Ed.), *Advances in child development and behavior* (pp. 239–287). New York: Academic Press.

MacFarlane, A. (1975). Olfaction in the development of social preferences in the human neonate. *CIBA Foundation Symposium, 33*, 103–117.

MacLeod, C. (1991). Half a century of research on the Stroop effect. *Psychological Bulletin, 109*, 163–203.

Main, M., & Solomon, J. (1986). Discovery of a new, insecure disorganized/disoriented attachment pattern. In M. Yogman & T. B. Brazelton (Eds), *Affective development in infancy* (pp. 95–124). Norwood, NJ: Ablex.

Mandler, J. M. (2000). Perceptual and conceptual processes in infancy. *Journal of Cognition and Development, 1*(1), 3–36.

Mans, L., Cicchetti, D., & Sroufe, L. A. (1978). Mirror reactions of Down's syndrome infants and toddlers: Cognitive underpinnings of self-recognition. *Child Development, 49*(4), 1247–1250.

Marcus, G. F., Pinker, S., Ullman, M., Hollander, M., Rosen, T. J., & Xu, F. (1992). Overregularization in child language. *Monographs of the Society for Research in Child Development, 57*(4).

Mareschal, D., Johnson, M. H., Sirois, S., Spratling, M. W., Thomas, M. & Westermann, G. (2007). *Neuroconstructivism: How the brain constructs cognition*. Oxford, UK: Oxford University Press.

Mareschal, D., & Kaufman, J. (2012). Object permamence in infancy: Revisiting Baillargeon's drawbridge study. In A. M. Slater & P. C. Quinn (Eds), *Developmental psychology: Revisiting the classic studies* (pp. 86–100). London: Sage.

Martin, C. A., Kelly, T. H., Rayens, M. K., Brogli, B. R., Brenzel, A., Smith, W. J., & Omar, H. A. (2002). Sensation seeking, puberty, and nicotine, alcohol, and marijuana use in adolescence. *Journal of the American Academy of Child and Adolescent Psychiatry, 41*, 1495–1502.

Marzke, M. W. (1992). Evolution of the hand and bipedality. In A. Lock & A. Peters (Eds), *Handbook of human symbolic evolution* (pp. 126–154). Oxford: Oxford University Press.

Maslen, R. J. C., Theakston, A. L., Lieven, E. V. M., & Tomasello, M. (2004). A dense corpus study of past tense and plural overregularization in English. *Journal of Speech, Language and Hearing Research, 47*(6), 1319–1333.

Masten, C. L., Guyer, A. E., Hodgdon, H. B., McClure, E. B., Charney, D. S., Ernst, M., . . . Monkg, C. S. (2008). Recognition of facial emotions among maltreated children with high rates of post-traumatic stress disorder. *Child Abuse & Neglect, 32*(1), 139–153.

Mayer, R. E. (1992). *Thinking, problem solving, cognition* (2nd edition). New York, NY: W H Freeman.

Mayer, R. E., Sims, V., & Tajika, H. (1995). A comparison of how textbooks teach mathematical problem solving in Japan and the United States. *American Educational Research Journal, 32*(2), 443–460.

McGarrigle, J., & Donaldson, M. (1975). Conservation accidents. *Cognition, 3*(4), 341–350.

McGraw, M. B. (1943). *The neuromuscular maturation of the human infant*. New York: Hofner.

McKone, E., Kanwisher, N., & Duchaine, B. C. (2007). Can generic expertise explain special processing for faces? *Trends in Cognitive Sciences, 11*(1), 8–15.

McNeill, D. (1966) Developmental psycholinguistics. In I. Smith and G. A. Miller (Eds.), *The genesis of language: A psycholinguistic approach*. New York: Harper and Row.

Mehler, J., & Dupoux, E. (1994). *What infants know*. Oxford: Blackwell.

Mehler, J., Jusczyk, P. W., Dehaene-Lambertz, G., Dupoux, E., & Nazzi, T. (1994). Coping with linguistic diversity: The infant's viewpoint In J. L. Morgan & K. Demuth (Eds), *Signal to syntax: Bootstrapping from speech to grammar in early acquisition* (pp. 101–116). Mahwah, NJ: Erlbaum.

Meins, E., Fernyhough, C., Wainwright, R., Das Gupta, M., Fradley, E., & Tuckey, M. (2002). Maternal mind-mindedness and attachment security as predictors of theory of mind understanding. *Child Development, 73*(6), 1715–1726.

Meltzoff, A. N., & Decety, J. (2003). What imitation tells us about social cognition: A rapprochement between developmental psychology and cogntive neuroscience. *Philosophical Transactions of the Royal Society B, 358*, 491–500.

Meltzoff, A. N., & Moore, M. K. (1977). Imitation of facial and manual gestures by human neonates. *Science, 198*, 75–78.

Meltzoff, A. N., & Moore, M. K. (1989). Imitation in newborn infants: Exploring the range of gestures imitated and the underlying mechanisms. *Developmental Psychology, 25*, 954–962.

Meltzoff, A. N., & Moore, M. K. (1992). Early imitation within a functional framework: The importance of person identity, movement, and development. *Infant Behavior and Development, 15*, 479–505.

Meltzoff, A. N., & Williamson, R. A. (2010). The importance of imitation for theories of social-cognitive development. In J. G. Bremner & T. D. Wachs (Eds), *Infant development* (Vol. 1) (pp. 345–364). Chichester: Wiley-Blackwell.

Meltzoff, A. N., Kuhl, P. K., Movellan, J., & Sejnowski, T. J. (2009). Foundations for a new science of learning. *Science, 325*, 284–288.

Millar, S. (1975). Visual experience or translation rules? Drawing the human figure by blind and sighted children. *Perception*, 4(4), 363–371.

Miller, E. K., & Cohen, J. D. (2001). An integrative theory of prefrontal cortex function. *Annual Review of Neuroscience, 24*, 167–202.

Mischel, W. (1966). A social learning view of sex diffferences in behavior. In E. E. Maccoby (Ed.), *The development of sex differences* (pp. 56–81). Stanford, CA: Stanford University Press.

Miura, I. T., Okamoto, Y., Kim, C. C., Change, C.-M., Steere, M., & Fayol, M. (1994). Comparisons of children's cognitive representations of number: China, France, Japan, Korea, Sweden and the United States. *International Journal of Behavioral Development, 17*, 401–411.

Miyake, K., Chen, S.-J., & Campos, J. J. (1985). Infant temperament, mother's mode of interaction, and attachment in Japan: An interim report. *Monographs of the Society for Research in Child Development 50*(1–2), 276–297.

Moll, H., & Tomasello, M. (2007). How 14-and 18-month-olds know what others have experienced. *Developmental Psychology, 43*(2), 309–317.

Moll, H., & Tomasello, M. (2012). Three-year-olds understand appearance and reality—just not about the same object at the same time. *Developmental Psychology, 48*(4), 1124–1132.

Moore, C., & Frye, D. (1986). The effect of experimenter's intention on the child's understanding of conservation. *Cognition, 22*(3), 283–298.

Moshman, D. (1998). Cognitive development beyond childhood. In D. Kuhn & R. S. Siegler (Eds), *Handbook of child psychology Vol. 2: Cognition, perception and language* (pp. 947–978). New York: Wiley.

Murray-Close, D., Ostrov, J. M., & Crock, N. R. (2007). A short-term longitudinal study of growth of relational aggression during middle childhood: Associations with gender, friendship intimacy, and internalizing problems. *Development and Psychopathology, 19*(1), 187–203.

Muter, V., Hulme, C., Snowling, M. J., & Stevenson, J. (2004). Phonemes, rimes, and language skills as foundations of early reading development: Evidence from a longitudinal study. *Developmental Psychology, 40*, 663–681.

Neel, R. S., Jenkins, Z. N., & Meadows, N. (1990). Social problem-solving behaviors and aggression in young children: A descriptive observational study. *Behavioral Disorders, 16*, 39–51.

Nelson, C. A., Thomas, K. M., & de Haan, M. (2006). Neural basis of cogntive development. In D. Kuhn & R. S. Siegler (Eds), *Handbook of child psychology* (Vol. 2) (pp. 3–57). Hoboken, NJ: Wiley.

Nelson, K. (1977) First steps in language acquisition. *Journal of the American Academy of Child Pyschiatry*, 16(4), 563–583.

Newcombe, N. S. (2002). The nativist–empiricist controversy in the context of recent research on spatial and quantitative development. *Psychological Science, 13*(5), 395–401.

Newcombe, N. S. (2011). What is neoconstructivism? *Child Development Perspectives*, doi: 10.1111/j.1750–8606.2011.00180.x

Nikolopoulos, D., Goulandris, N., Hulme, C., & Snowling, M. J. (2006). The cognitive bases of learning to read and spell in Greek: Evidence from a longitudinal study. *Journal of Experimental Child Psychology, 94*, 1–17.

Nucci, L. P., & Gingo, M. (2011). The development of moral reasoning. In U. Goswami (Ed.), *Wiley-Blackwell handbook of childhood cognitive development, 2nd edition* (pp. 420–445). Chichester: Wiley-Blackwell.

Nunes, T., & Bryant, P. E. (1996). *Children doing mathematics*. Oxford: Blackwell.

Nunes, T., Bryant, P. E., & Bindman, M. (1997). Morphological spelling strategies: Developmental stages and processes. *Developmental Psychology, 33*(4), 637–649.

Oakhill, J., & Yuill, N. (1996). Higher order factors in comprehension disability: Processes and remediation. In C. Cornoldi & J. Oakhill (Eds), *Reading comprehension difficulties: Processes and intervention*. Hillsdale, NJ: Erlbaum.

Oller, D. K. (1980). The emergence of speech sounds in infancy. In G. H. Yeni-Komshian, J. F. Kavanagh & C. A. Ferguson (Eds), *Child phonology, Volume 1: Production* (pp. 93–112). New York: Academic Press.

Oller, D. K., & Eilers, R. E. (1988). The role of audition in infant babbling. *Child Development, 59*, 441–449.

Oller, D. K., Niyogi, P., Gray, S., Richards, J. A., Gilkerson, J., Xu, D., . . . Warren, S. F. (2010). Automated vocal analysis of naturalistic recordings from children with autism, language delay, and typical development. *Proceedings of the National Academy of Sciences of the United States of America, 107*(30), 13354–13359.

Pacton, S., Fayol, M., & Perruchet, P. (2002). The acquisition of untaught orthographic regularities in French. In L. Verhoeven, C. Elbro & P. Reitsma (Eds), *Precursors of functional literacy* (pp. 121–137). Dordrecht, the Netherlands: Kluwer.

Pan, Y., Gauvain, M., Liu, Z., & Cheng, L. (2006). American and Chinese parental involvement in young children's mathematics learning. *Cognitive Development, 21*, 17–35.

Papousek, H., & Papousek, M. (1989). Forms and functions of vocal matching in interactions between mothers and their precanonical infants. *First Language, 9*, 137–158.

Pascalis, O., de Haan, M., & Nelson, C. A. (2002). Is face processing species-specific during the first year of life? *Science, 296*, 1321–1323.

Pasterski, V., Golombok, S., & Hines, M. (2011). Sex differences in social behaviour. In P. K. Smith & C. H. Hart (Eds), *The Wiley-Blackwell handbook of social development, 2nd edition* (pp. 281–298). Chichester: Wiley-Blackwell.

Pena, M., Maki, A., Kovacz, D., Dehaene-Lambertz, G., Koizumi, H., Bouquet, F., & Mehler, J. (2003). Sounds and silence: An optical topography study of language recognition at birth. *Proceedings of the National Academy of Sciences, 100*(20), 11702–11705.

Perner, J. (1991). *Understanding the representational mind*. Cambridge, MA: MIT Press.

Piaget, J. (1932). *The moral judgment of the child*. New York: Free Press.

Piaget, J. (1951). *Play, dreams and imitation in childhood*. London: Routledge.

Piaget, J. (1955). *The construction of reality in the child*. London: Routledge & Kegan Paul.

Piaget, J. (1962). *Play dreams and imitation in the child*. New York: Norton.

Piaget, J. (1976). *The grasp of consciousness: Action and concept in the young child*. Cambridge, MA: Harvard University Press.

Piaget, J., & Inhelder, B. (1956). *The child's conception of space*. London: Routledge.

Piattelli-Palmarini, M. (2001). Speaking of learning. *Nature, 411*(21 June 2001), 887–888.

Pine, D. S., Mogg, K., Bradley, B. P., Montgomery, L.-A., Monk, C. S., McClure, E., . . . Kaufman, J. (2005). Attention bias to threat in maltreated children: Implications for vulnerability to stress-related psychopathology. *American Journal of Psychiatry, 162*, 291–296.

Pinker, S. (1999). *Words and rules*. New York: Morrow Press.

Pinker, S., Lebeaux, D. S., & Frost, L. A. (1987). Productivity and constraints in the acquisition of the passive. *Cognition, 26*, 195–267.

Plunkett, K. (1997). Theories of early language acquisition. *Trends in Cognitive Sciences, 1*(4), 146–153.

Popper, K. (1999). *All life is problem solving*. Abingdon: Routledge.

Posada, G., & Kaloustian, G. (2010). Attachment in infancy. In J. G. Bremner & T. D. Wachs (Eds), *The Wiley-Blackwell handbook of infant development* (pp. 483–509). Chichester: Wiley-Blackwell.

Povinelli, D. J. (1995). The unduplicated self. In P. Rochat (Ed.), *The self in infancy: Theory and research* (pp. 161–192). Amsterdam: North-Holland/Elsevier Science Publishers.

Povinelli, D. J., & Simon, B. B. (1998). Young children's understanding of briefly versus extremely delayed images of the self: Emergence of the autobiographical stance. *Developmental Psychology, 34*(1), 188–194.

Premack, D., & Woodruff, G. (1978). Does the chimpanzee have a theory of mind? *Behavioral and Brain Sciences, 1*, 515–526.

Quartz, S. R., & Sejnowski, T. J. (1997). The neural basis of cognitive development: A constructivist manifesto. *Behavioral and Brain Sciences, 20*(4), 537–596.

Quine, W. V. (1960). *Word and object*. Cambridge, MA: MIT Press.

Quinn, P. C., & Eimas, P. D. (1996). Perceptual cues that permit categorical differentiation of animal species by infants. *Journal of Experimental Child Psychology, 63*(1), 189–211.

Quinn, P. C., & Eimas, P. D. (2000). The emergence of category representations during infancy: Are separate perceptual and conceptual processes required? *Journal of Cognition and Development, 1*(1), 5561.

Quinn, P. C., Eimas, P. D., & Rosenkrantz, S. L. (1993). Evidence for representations of perceptually similar natural categories by 3-month-old and 4-month-old infants. *Perception, 22*(4), 463–475.

Quinn, P. C., Westerlund, A., & Nelson, C. A. (2006). Neural markers of categorization in 6-month-old infants. *Psychological Science, 17*(1), 59–66.

Quinn, P. C., Doran, M. M., Reiss, J. E., & Hoffman, J. E. (2010). Neural markers of subordinate-level categorization in 6- to 7-month-old infants. *Developmental Science, 13*(3), 499–507.

Reddy, V. (2003). On being the object of attention: Implications for self–other consciousness. *TRENDS in Cognitive Sciences 7*(9), 397–402.

Riley, M., Greeno, J. G., & Heller, J. I. (1983). Development of children's problem solving ability in arithmetic. In H. Ginsburg (Ed.), *The development of mathematical thinking* (pp. 153–196). New York: Academic Press.

Rivera, S. M., Wakeley, A., & Langer, J. (1999). The drawbridge phenomenon: Representational reasoning or perceptual preference? *Developmental Psychology, 35*(2), 427–435.

Rochat, P. (2010). Emerging self-concept. In J. G. Bremner & T. D. Wachs (Eds), *The Wiley-Blackwell handbook of infant development* (Vol. 1) (pp. 320–344). Chichester: Wiley-Blackwell.

Ronqvist, L. & Van Hoften, C. (1994). Neonatal finger and arm movement as determined by a social and an object context. *Early Develoment and Parenting, 3*, 81–94.

Rose-Krasnor, L., & Denham, S. (2009). Social-emotional competence in early childhood. In K. H. Rubin, W. M. Bukowski & B. Laursen (Eds), *Handbook of peer interactions, relationships and groups* (pp. 162–179). New York: Guilford Press.

Roseboom, T., de Rooij, S., & Painter, R. (2006). The Dutch famine and its long-term consequences for adult health. *Early Human Development, 82*(8), 485–491.

Rosenblum, S., & Livneh-Zirinski, M. (2008). Handwriting process and product characteristics of children diagnosed with developmental coordination disorder. *Human Movement Science, 27*, 200–214.

Rotzer, S., Kucian, K., Martin, E., Aster, N. V., Klaver, P., & Loennexer, T. (2008). Optimized voxel-based morphometry in children with developmental dyscalculia. *Neuroimage, 39*, 417.

Roy, D. (2009). *New horizons in the study of child language acquisition*. Paper presented at the Proceedings of Interspeech 2009, Brighton. http://dspace.mit.edu/handle/1721.1/65900

Roy, D., Patel, R., DeCamp, P., Kubat, R., Fleischman, M., Roy, B., ... Guinness, J. (2006). *The human speechome project*. Paper presented at the Proceedings of the Twenty-Eighth Annual Meeting of the Cognitive Science Society. Mahwah, NJ: Lawrence Erlbaum Associates. http://link.springer.com/chapter/10.1007/11880172_15

Roy, P., & Chiat, S. (2012). Teasing apart disadvantage from disorder: The case of poor language. In C. R. Marshall (Ed.), *Current issues in developmental disorders* (pp. 125–150). Hove: Psychology Press.

Rubin, K. H., Chen, X., McDougall, P., Bowker, A., & McKinnon, J. (1995). The Waterloo Longitudinal Project: Predicting internalizing and externalizing problems in adolescence. *Development and Psychopathology, 7*, 751–764.

Russell, J. (1978). *The acquisition of knowledge*. London: Macmillan.

Russell, J., Mauthner, N., & Sharpe, S. (1991). The 'windows task' as a measure of strategic deception in preschoolers and autistic subjects. *British Journal of Developmental Psychology, 9*(2), 331–349.

Rvachew, S., Abdulsalam, A., Mattock, K., & Polka, L. (2008). Emergence of the corner vowels in the babble produced by infants exposed to Canadian English or Canadian French. *Journal of Phonetics, 36*, 564–577.

Rykhlevskaia, E., Uddin, L. Q., Kondos, L., & Menon, V. (2009). Neuroanatomical correlates of developmental dyscalculia: Combined evidence from morphometry and tractography. *Frontiers in Human Neuroscience, 3*(1).

Saarni, C. (1984). An observational study of children's attempts to monitor their expressive behavior. *Child Development, 55*, 1504–1513.

Saarni, C., Mumme, D. L., & Campos, J. L. (1988). Emotional development: Action, communication and understanding. In N. Eisenberg (Ed.), *Handbook of child psychology Vol. 3: Social, emotional, and personality development*. (Editor in chief W. Damon). (pp. 237–309). New York: Wiley.

Sadato, N., Pascual-Leone, A., Grafman, J., Ibañez, V., Deiber, M.-P., Dold, G., & Hallett, M. (1996). Activation of the primary visual cortex by braille reading in blind subjects. *Nature, 380*, 526–528.

Sagi, A., Koren-Karie, N., Gini, M., Ziv, Y., & Joels, T. (2002). Shedding further light on the effects of various types and quality of early child care on infant–mother attachment relationship: The Haifa Study of Early Child Care. *Child Development, 73*(4), 1166–1186.

Sapp, F., Lee, K., & Muir, D. (2000). Three-year-olds' difficulty with the appearance–reality distinction: Is it real or is it apparent? *Developmental Psychology, 36*(5), 547–560.

Saxe, G. B. (1981). Body parts as numerals: A developmental analysis of numeration among the Oksapmin in Papua New Guinea. *Child Development, 52*, 306–316.

Saxton, M. (2000). Negative evidence and negative feedback: Immediate effcts on the grammaticality of child speech. *First Language*, 20(3), 221–252.

Saxton, M., Kulcsar, B., Marshall, G., & Rupra, M. (1998). The longer-term effects of corrective input: an experimental approach. *Journal of Child Language*, 25, 701–721.

Scholfield, P. J. (1994). Writing and spelling: the view from linguistics. In G. D. A. Brown & N. C. Ellis (Eds), *Handbook of spelling* (pp. 51–71). Chichester: Wiley.

Seymour, P. H. K., Aro, M., & Erskine, J. M. (2003). Foundation literacy acquisition in European orthographies. *British Journal of Psychology, 94*(2), 143–174.

Seymour, P. H. K., & Elder, L. (1986). Beginning reading without phonology. *Cognitive Neuropsychology, 3*, 1–36.

Shafer, G. (2005). Infants can learn decontextualised words before their first birthday. *Child Development, 76*, 87–96.

Shaklee, H., Holt, P., Elek, S., & Hall, L. (1988). Covariation judgment: Improving rule use among children, adolescents, and adults. *Child Development, 59*, 755–768.

Shalinsky, M. H., Kovelman, I., Berens, M. S., & Petitto, L.-A. (2009). Exploring cognitive functions in babies, children and adults with near infrared spectroscopy. *Journal of Visualized Experiments,* (29). Retrieved from http://www.jove.com/index/Details.stp?ID=1268

Siegal, M. (1988). Children's knowledge of contagion and contamination as causes of illness. *Child Development, 59*(5), 1353–1359.

Siegal, M. (1997). *Knowing children: Experiments in conversation and cognition.* Hove: Psychology Press.

Siegler, R. S. (1976). Three aspects of cognitive development. *Cognitive Psychology, 8*, 481–520.

Siegler, R. S. (1995). How does change occur: A microgenetic study of number conservation. *Cognitive Psychology, 28*(3), 225–273.

Siegler, R. S. (1996). *Emerging minds: The process of change in children's thinking.* New York: Oxford University Press.

Siegler, R. S., & Chen, Z. (2002). Development of rules and strategies: Balancing the old and new. *Journal of Experimental Child Psychology, 81*, 446–457.

Siegler, R. S., & Mu, Y. (2008). Chinese children excel on novel mathematics problems even before elementary school. *Psychological Science, 19*(8), 759–763.

Silk, A. M. J., & Thomas, G. V. (1986). Development and differentiation in children's figure drawings. *British Journal of Psychology, 77*, 399–410.

Simion, F., Valenza, E., Macchi Cassia, V., Turati, C., & Umiltà, C. (2002). Newborns' preferences for up-down symmetrical configurations. *Developmental Science, 5*, 427–434.

Sinclair, A. (1988). La notation numerique chez l'enfant. In H. Sinclair (Ed.), *La production de notations chez le jeune enfant: langage, nombre, rhymes et melodies*. Paris: Presses Universitaires de France.

Sinclair, D. (1978). Factors influencing growth and maturation. In D. Sinclair & P. Dangerfield (Eds.), *Human growth after birth*, 3rd edition (pp. 140–160). London: Oxford University Press.

Sinno, S. M., & Killen, M. (2011). Social reasoning about 'second-shift' parenting. *British Journal of Developmental Psychology, 29*, 313–329.

Slater, A. M. (1989). Visual memory and perception in early infancy. In A. M. Slater & G. Bremner (Eds), *Infant development* (pp. 43–71). Hove: Lawrence Erlbaum.

Slegel, L. S., & Ryan, E. B. (1989). The development of working memory in normally achieving and subtypes of learning disabled children. *Child Development, 60*, 973–980.

Smith, L., & Yu, C. (2008). Infants rapidly learn word-referent mappings via cross-situational statistics. *Cognition, 106*(3), 1558–1568.

Smith, L. B. (2005). Cognition as a dynamic system: Principles from embodiment. *Developmental Review, 25*(3–4), 278–298.

Smith, L. B., & Sheya, A. (2010). Is cognition enough to explain cognitive development? *Topics in Cognitive Science, 2*(4), 725–735.

Smith, L. B., & Thelen, E. (2003). Development as a dynamic system. *Trends in Cognitive Sciences, 7*(8), 343–348.

Smith, L. B., Thelen, E., Titzer, R., & McLin, D. (1999). Knowing in the context of acting: The task dynamics of the A-not-B error. *Psychological Review, 106*(2), 235–260.

Smith, P. K., Mahdavi, J., Carvalho, M., Fisher, S., Russell, S., & Tippett, N. (2008). Cyberbullying: Its nature and impact in secondary school pupils. *Journal of Child Psychology and Psychiatry, 49*(4), 376–385.

Snow, C.E. (1989). Social perspectives on the emergence of language. In B. MacWhinney (Ed.), *The emergence of language* (pp. 257–276). Mahwah, NJ: Erlbarum.

Snowling, M. J. (1981). Phonemic deficits in developmental dyslexia. *Psychological Research, 43*(2), 219–234.

Snowling, M. J., Gallagher, A., & Frith, U. (2003). Family risk of dyslexia is continuous: Individual differences in the precursors of reading skill. *Child Development, 74*, 358–373.

Sodian, B., & Frith, U. (1992). Deception and sabotage in autistic, retarded and normal children. *Journal of Child Psychology and Psychiatry, 33*, 591–605.

Spelke, E. S. (1998). Nativism, empiricism, and the origins of knowledge. *Infant Behavior and Development, 21*, 181–200.

Spelke, E. S. (2003). What makes us smart? Core knowledge and natural language. In D. Gentner & S. Goldin-Meadow (Eds), *Language in mind: Advances in the study of language and thought* (pp. 277–311). Cambridge, MA: MIT Press.

Spelke, E. S., & Kinzler, K. D. (2007). Core knowledge. *Developmental Science, 10*(1), 89–96.

Stack, D. M. (2010). Touch and physical contact during infancy: Discovering the richness of the forgotten sense. In J. G. Bremner & T. D. Wachs (Eds), *The Wiley-Blackwell handbook of infant development* (Vol. 1, pp. 352–567). Chichester: Wiley-Blackwell.

Stack, D. M., & Muir, D. W. (1990). Tactile stimulation as a component of of social interchange: New interpretations for the still-face effect. *British Journal of Developmental Psychology, 8*, 131–145.

Stanovich, K. E. (1986). Matthew effects in reading: Some consequences of individual differences in the acquisition of literacy. *Reading Research Quarterly, 21*(4), 360–407.

Steiner, J. (1979). Human facial expression in response to taste and smell stimulation In H. Reese & L. P. Lipsitt (Eds), *Advances in child development and behaviour* (pp. 257–295). New York: Academic Press.

Stern, D. (1985). *The interpersonal world of the infant*. New York: Basic Books.

Stevenson, H. W., Lee, S.-Y., Chen, C., Stigler, J. W., Hsu, C.-C., Kitamura, S., & Hatano, G. (1990). Contexts of achievement: A study of American, Chinese, and Japanese children. *Monographs of the Society for Research in Child Development, 55*(1–2), 1–107.

Striano, T., & Reid, V. M. (2006). Social cognition in the first year. *Trends in Cognitive Sciences, 10*(10), 471–476.

Suarez, S. D., & Gallup, G. G. (1981). Self-recognition in chimpanzees and orangutans, but not gorillas. *Journal of Human Evolution, 10*(2), 175–188.

Sugden, D., & Wade, M. (2013). *Typical and atypical motor development*. London: Mac Keith Press.

Tam, H., Jarrold, C., Baddeley, A. D., & Sabatos-DeVito, M. (2010). The development of memeory maintenance: Children's use of phonological rehearsal and attentional refreshment in working memory tasks. *Journal of Experimental Child Psychology, 107*, 306–324.

Tanner, J. M. (1978). *Fetus Into Man*. Cambridge, MA: Harvard University Press. In Gottlieb, G. (1998) Normally occurring environmental and behavioural influences on gene activity: From central Dogma to probabilistic epigenesis. *Psychological Review, 105*(4), 792–802.

Tanner, J. M. (1990). *Fetus into man: Physical growth from conception to maturity, Revised edition*. Cambridge, MA: Harvard University Press.

Tardif, T. (1996). Nouns are not always learned before verbs: Evidence from Mandarin speakers' early vocabularies. *Developmental Psychology, 32*, 492–504.

Thomas, G. V. (1995). The role of drawing strategies and skills. In C. Lange-Kuttner & G. V. Thomas (Eds), *Drawing and looking* (pp. 107–122). Hemel Hempstead: Harvester.

Thomas, G. V., & Tsalimi, A. (1988). Effects of order of drawing head and trunk on their relative sizes in children's human figure drawings. *British Journal of Developmental Psychology, 6*(2), 191–203.

Thomas, J. R., & French, K. E. (1985). Gender differences across age in motor performance: A meta-analysis. *Psychological Bulletin, 98*(2), 260–282.

Thomas, M. S. C., & Johnson, M. H. (2008). New advances in understanding sensitive periods in brain development. *Current Directions in Psychological Science, 17*(1), 1–5.

Thompson, P. M., Giedd, J. N., Woods, R. P., MacDonald, D., Evans, A. C., & Toga, A. W. (2000). Growth patterns in the developing brain detected by using continuum mechanical tensor maps. *Nature, 404*(9 March 2000), 190–193.

Thorkildsen, T. A. (1989). Justice in the classroom: The student's view. *Child Development, 60*, 323–334.

Thorstad, G. (1991). The effect of orthography on the acquisition of literacy skills. *British Journal of Psychology, 82*, 527–537.

Tizard, B., & Hughes, M. (1984). *Young children learning: Talking and thinking at home and at school*. London: Fontana.

Tomasello, M. (1992). *First verbs: A case study of early grammatical development*. Cambridge: Cambridge University Press.

Tomasello, M. (2006). Acquiring linguistic constructions. In D. Kuhn & R. S. Siegler (Eds), *Handbook of child psychology* (pp. 255–298). Hoboken, NJ: Wiley.

Tomasello, M., Akhtar, N., Dodson, K., & Rekau, L. (1997). Differential productivity in young children's use of nouns and verbs. *Journal of Child Language, 24*, 373–387.

Tomblin, J. B., Records, N. L., Buckwalter, Z. X., Smith, E., & O'Brien, M. (1997). Prevalence of specific language impairment in kindergarten children. *Journal of Speech and Hearing Research, 40*, 1245–1260.

Towse, J. N., & Hitch, G. J. (2007). Variations in working memory due to normal development. In A. R. A. Conway, C. Jarrold, M. J. Kane, A. Miyake & J. N. Towse (Eds), *Variations in working memory* (pp. 109–133). Oxford: Oxford University Press.

Towse, J. N., & Saxton, M. (1998). Mathematics across national boundaries: Cultural and linguistic perspectives on numerical competence. In C. Donlan (Ed.), *The development of mathematical skills* (pp. 129–150). Hove: Psychology Press

Tronick, E. Z., Als, H., Adamson, L., Wise, S., & Brazelton, T. B. (1978). The infant's response to entrapment between contradictory messages in face-to-face interactions. *Journal of the American Academy of Child Psychiatry, 17*, 1–13.

Turati, C. (2004). Why faces are not special to newborns: An alternative account of the face preference. *Current Directions in Psychological Science, 13*, 5–8.

Turiel, E. (1983). *The development of social knowledge: Morality and convention*. Cambridge: Cambridge University Press.

Turiel, E. (2006). The development of morality. In N. Eisenberg (Ed.), *Handbook of child psychology: Volume 3, Social, emotional and personality development* (pp. 789–857). Hoboken, NJ: Wiley.

Valenza, E., Simion, F., Macchi Cassia, V., & Umiltà, C. (2002). Face preferences at birth. *Journal of Experimental Psychology: Human Perception and Performance, 22*, 892–903.

Van Geert, P. (1991). A dynamic systems model of cognitive and language growth. *Psychological Review, 98*(1), 3.

van Lieshout, C. F. M., & Doise, W. (1998). Social development. In A. Demetriou, W. Doise & C. F. M. van Lieshout (Eds), *Life-span developmental psychology* (271–316). New York: Wiley.

Vaughn, B. E., Deane, K. E., & Waters, E. (1985). The impact of out-of-home care on child–mother attachment quality: Another look at some enduring questions. *Monographs of the Society for Research in Child Development, 50*(1/2), 110–135.

Verkuyten, M., & Slooter, L. (2008). Muslim and non-Muslim adolescents' reasoning about freedom of speech and minority rights. *Child Development, 79*, 514–528.

Vihman, M. M. (1992). Early syllables and the construction of phonology In C. A. Ferguson, L. Menn & C. Stoel-Gammon (Eds), *Phonological development: Models, research, implications* (pp. 393–422). Timonium, MD: New York Press.

Vygotsky, L. S. (1934/1962). *Thought and language*. Cambridge, MA: MIT Press.

Vygotsky, L. S. (1980). *Mind in society*. Cambridge, MA: Harvard University Press.

Waddington, C. H. (1957). *The strategy of the genes*. London: Allen & Unwin.

Wagner, L., Swensen, L. D., & Naigles, L. (2009). Children's early productivity with verb morphology. *Cognitive Development, 24*(3), 223–239.

Wakeley, A., Rivera, S., & Langer, J. (2000). Can young infants add and subtract? *Child Development, 71*(6), 1525–1534.

Walker, L. J., de Vries, B., & Trevethen, S. D. (1987). Moral stages and moral orientations in real-life and hypothetical dilemmas. *Child Development, 58*, 842–858.

Wang, L., Huettel, S., & De Bellis, M. D. (2008). Neural substrates for processing task-irrelevant sad images in adolescents. *Developmental Science, 11*(1), 23–32.

Wang, L., McCarthy, G., Song, A. W., & LaBar, K. S. (2005). Amygdala activation to sad pictures during high-field (4 tesla) functional magnetic resonance imaging. *Emotion, 5*(1), 14.

Waters, E., Merrick, S., Trebous, D., Crowell, J., & Albaersheim, L. (2000). Attachment security in infancy and early adulthood: A twenty-year longitudinal study. *Child Development, 71*(3), 684–689.

Wellman, H. M., Lopez-Duran, S., & LaBounty, J. (2008). Infant attention to intentional action predicts preschool theory of mind. *Developmental Psychology, 44*(2), 618–623.

Wellman, H. M., Cross, D., Bartsch, K., & Harris, P. L. (1986). Infant search and object permanence: A meta-analysis of the A-not-B error. *Monographs of the Society for Research in Child Development, 51*(3), 1–51.

Werker, J. F., Gilbert, J. H. V., Humphreys, G. W., & Tees, R. C. (1981). Developmental aspects of cross-language speech perception. *Child Development, 52*, 349–355.

Werker, J. F., & Tees, R. C. (1984). Cross-language speech perception: Evidence for perceptual reorganization during the first year of life. *Infant Behavior and Development, 7*, 49–63.

Westermann, G., & Ruh, N. (2012). A neuroconstructivist model of past tense development and processing. *Psychological Review, 119*, 649–667.

Westermann, G., Mareschal, D., Johnson, M. H., Sirois, S., Spratling, M. W., & Thomas, M. S. C. (2007). Neuroconstructivism. *Developmental Science, 10*(1), 75–83.

White, B. L., Castle, P., & Held, R. (1964). Observations on the development of visually-directed reaching. *Child Development, 35*, 349–364.

WHO Motor Development Study: Windows of achievement for six gross motor development milestones, 2006. *Acta Paediatrica Supplement, 450*, 86–95.

Wigfield, A., Eccles, J. S., Schiefele, U., Roeser, R. W., & Davis-Kean, P. (2006). Development of achievement motivation. In N. Eisenberg (Ed.), *Handbook of child psychology* (pp. 933–1002). Hoboken, NJ: Wiley.

Willatts, P. (1990). Development of problem-solving strategies in infancy. In D. F. Bjorklund (Ed.), *Children's strategies: Contemporary views of cognitive development* (pp. 23–66). Hillsdale, NJ: Lawrence Erlbaum Associates.

Willatts, P. (1997). Beyond the 'couch potato' infant: How infants use their knowledge to regulate action, solve problems, and achieve goals. In J. G. Bremner, A. Slater & G. Butterworth (Eds), *Infant development: Recent advances* (pp. 109–135). Hove: Psychology Press/Erlbaum.

Williams, D. M., & Lind, S. E. (2013). Comorbidity and diagnosis of developmental disorders. In C. R. Marshall (Ed.), *Current issues in developmental disorders* (pp. 19–45). London: Psychology Press.

Wilmut, K., & Wann, J. (2008). The use of predictive information is impaired in the actions of children and young adults with Developmental Coordination Disorder. *Experimental Brain Research, 191*(4 December), 403–418.

Wimmer, H., & Perner, J. (1983). Beliefs about beliefs: Representation and constraining function of wrong beliefs in young children's understanding of deception. *Cognition, 13*(1), 103–128.

Wojslawowicz Bowker, J. C., Rubin, K. H., Burgess, K. B., Rose-Krasnor, L., & Booth-La-Force, C. (2006). Behavioral characteristics associated with stable and fluid best friendship patterns in middle childhood. *Merrill-Palmer Quarterly, 52*, 671–693.

Wolke, D., & Meyer, R. (1999). Cognitive status, language attainment, and pre-reading skills of 6-year-old very preterm children and their peers: The Bavarian longitudinal study. *Developmental Medicine and Child Neurology, 41*, 94–109.

Wonjung, O., Rubin, K. H., Bowker, J. C., Booth-LaForce, C., Rose-Krasnor, L., & Laursen, B. (2008). Trajectories of social withdrawal from middle childhood to early adolescence. *Journal of Abnormal Child Psychology, 36*(4), 553–566.

Woodhead, M. (1989). 'School starts at five . . . or four years old?': The rationale for changing admission policies in England and Wales. *Journal of Education Policy, 4*(1), 1–21.

Woods, S. S., Resnick, L. B., & Groen, G. J. (1975). An experimental test of five process models for subtraction. *Journal of Educational Psychology, 67*, 17–21.

Woolley, J. D., & Van Reet, J. (2006). Effects of context on judgments concerning the reality status of novel entities. *Child Development, 77*, 1778–1793.

Woolley, J. D., & Wellman, H. M. (1993). Origin and truth: Young children's understanding of imaginary mental representations. *Child Development, 64*, 1–17.

Wynn, K. (1992). Addition and subtraction by human infants. *Nature, 358*(6389), 749–750.

Xu, F., & Spelke, E. S. (2000). Large number discrimination in 6-month-old infants. *Cognition, 74*(1), B1–B11.

Xu, F., Spelke, E. S., & Goddard, S. (2005). Number sense in human infants. *Developmental Science, 8*(1), 88–101.

Yau, J., & Smetana, J. (2003). Adolescent–parent conflict in Hong Kong and Shenzhen: A comparison of youth in two cultural contexts. *International Journal of Behavioral Development, 27*(3), 201–211.

YouGov. (2006). The Mobile Life Youth Report: The impact of the mobile phone on the lives of young people. Retrieved from http://cdn.yougov.com/today_uk_import/YG-Archives-lif-mobileLife-YouthReport-060919.pdf

Younger, B. A., & Cohen, L. B. (1986). Developmental change in infants' perception of correlations among attributes. *Child Development, 57*, 803–815.

Zelaso, N. A., Zelaso, P. R., Cohen, K., & Zelaso, P. D. (1993). Specificity of practice effects on elementary neuromotor patterns. *Developmental Psychology, 29*, 686–691.

Zimmerman, F. J., Gilkerson, J., Richards, J. A., Christakis, D. A., Xu, D., Gray, S., & Yapanel, U. (2009). Teaching by listening: The importance of adult–child conversations to language development. *Pediatrics, 124*(1), 342–349.

Zoia, S., Barnett, A. L., Wilson, P., & Hill, E. (2006). Developmental coordination disorder: Current issues. *Child: Care, Health and Development, 32*(6), 613–618.

Zosuls, K. M., Martin, C. L., Ruble, D. N., Miller, C. F., Gaertner, B. M., England, D. E., & Hill, A. P. (2011). 'It's not that we hate you': Understanding children's gender attitudes and expectancies about peer relationships. *British Journal of Developmental Psychology, 29*(2), 288–304.

索 引

● KEY TERMS　索引

あ行

愛着（アタッチメント）　第6章-162
アルファベット方略　第13章-313
併存症　第9章-244
いたずらなクマ実験　第8章-202
1対1対応　第12章-294
一卵性　第1章-16
意味的ブートストラップ　第9章-230
喉頭　第5章-134
ウィスコンシンカード分類課題　第15章-356
FOXP2遺伝子　第9章-246
エンボディメント　第2章-69
横断法　第1章-24
音韻ループ　第12章-292
音素　第5章-130

か行

可逆性　第8章-195
蝸牛　第3章-93
学習障害　第3章-84
過大規則化による誤り　第9章-239
感覚運動期　第2章-53
規準喃語　第5章-134
基数　第12章-294
期待違反法　第4章-112
機能的磁気共鳴画像法（fMRI）　第1章-32
共同注視　第5章-136
均衡化　第2章-52
近赤外線分光法（NIRS）　第1章-35
具体的操作段階　第2章-53, 第12章-281
位の大きさ　第12章-300
位の保持　第12章-300
形態素　第9章-236
形態論　第5章-136
言語生得説　第5章-136

コア認識　第4章-122
高貴な野蛮人　第1章-15
向社会的行動　第10章-256
刻印づけ（インプリンティング）　第1章-21, 第2章-61
心の理論　第8章-214
誤信念課題　第8章-214
コネクショニストモデル　第1章-37
コルチゾール　第3章-81

さ行

最適期　第1章-21
サリーとアンの課題　第8章-215
シェマ　第2章-52
視空間的メモ　第12章-292
自己統制　第10章-254
自己体制化　第2章-65
自己中心性　第8章-196
事象関連電位（ERP）　第1章-32
実行機能　第4章-117
シナプスの形成　第11章-270
自閉症　第7章-184
社会的参照　第6章-175, 第14章-344
縦断法　第1章-24
熟知・新奇性選好法　第4章-102
象徴遊び　第10章-260
推移的推論　第12章-283
髄鞘形成　第11章-272
スティルフェイス実験　第6章-158
ストレインジ・シチュエーション　第6章-167
スマーティ課題　第8章-215
生活年齢　第3章-84
正書法的透明性　第13章-318
正書法方略　第13章-313
精神年齢　第3章-84
選好注視法　第5章-146
前成理論　第2章-45
前操作的段階　第2章-53
前頭前皮質　第15章-356
早産　第3章-82

創発　第2章-63

た行

胎児性アルコール症候群　第3章-80
タブラ・ラサ　第1章-15
段階　第2章-52
注意欠如多動症　第11章-272
中枢管理　第12章-292
調節　第2章-52
同化　第2章-52
統計的学習　第5章-142
統語的ブートストラップ　第9章-230
特異的言語発達障害　第9章-243
読解障害　第11章-272

な行

馴化　第1章-28
握りしめ　第3章-89
二卵性　第1章-16
脳波（EEG）　第1章-32
脳梁　第7章-184

はまやらわ行

バックプロパゲーション・アルゴリズム　第1章-40
エピジェネティクス　第1章-16
発達の最近接領域　第2章-56
ハノイの塔　第8章-206
バランス棒課題　第12章-287
反復喃語　第5章-134
ビックデータ　第1章-27
ヒルクライミング　第8章-208
プロソディのパターン　第5章-130
平均発話長　第9章-236
歩行反射　第3章-86
マッカーサー乳幼児言語発達質問紙　第9章-236
メモリースパン　第12章-292
目的-手段の分析　第8章-205
表語文字方略　第13章-313
物の永続性　第4章-111
野生児　第1章-16

U字型発達　第2章-66
陽電子放出断層撮影法（PET）　第7章-184
臨界期　第1章-21
臨床的面接　第1章-27
ルージュ課題　第6章-174
ワーキングメモリ（作業記憶）　第12章-291

●**本文索引**

あ行

INRCグループ　368
IQ　83
ICD-10　243
愛情の欠如　58
愛着　391
愛着関係の質　391
愛着対象　167
アイテムのるいすい　209
アイデンティティ　259
アイトラッキング　30
悪意　340
遊び　136
アフォーダンス　172
アルコールの影響　80
アルファベット方略　318
安全基地　59
安定した愛着　167
いじめ　397
イスラム　384
イタール　16
遺伝子　18, 78
イナイナイバー　136
意味的カテゴリー　230
インターネット　397
インヘルダー　367
ヴァン・ガート　65
ヴィゴツキー　54
ウィリアムズ症候群　71
ウィン　122
ウェルマン　218
ウォディントン　68
ウォンユング　338

「氏か育ちか」の論争 15
打ち明け話 387
英国能力尺度II 328
エイナブ 263
エインズワース 60, 163
ADHD 273
A-not-Bエラー 111, 117
エストロゲン受容体 360
絵による構成 187
FOXP2 245
エミール 48
エンセルメント 69
エンソーシャルメント 70
エンブレインメント 69
オクサプミン 296
親の行動のワーキングモデル 60
親の接近性や応答性 60
拇指先把握 90
音韻 245
音声的簡素化 148
音素スキル 322
音素的認識 325
音素の弁別能力 131

か行

カーミロフ=スミス 201
階層性の感覚 385
解読 316
外面的行動 396
顔の学習 156
科学的思考 367
加算 298
家族間の関係の質 389
家族の役割 398
課題空間 285
学校教育 286
カテゴリー 101
カニンハム 318
カフマン 116
からかい 161
刈り取り 271
カリフォルニア言語学習課題 378
感覚運動的プリミティブ 101

感覚間選好注視法 29
慣習的道徳性 342
感情の理解 344
感情表出 345
ガンマバンド活動 32
記憶方略の課題 378
機会の平等 372
ギブソン 172
虐待 178
吸啜の実験パラダイム 131
きょうだい 256
共同注意 139
共変性 373
ギリガン 386
近接追求行動 167
クイン 103
クーイング 133
クラー 208
クワイン 145
経験と言語環境 228
系列化 283
KE家族 245
結婚 362
ゲルマン 109
言語構造 232
言語使用 232
言語的課題 213
言語的不利 246
言語的ラベル 108
言語的リハーサル 294
言語特殊的 229
減算 298
語彙の理解 144
行為のプランニング 118
高機能自閉症 219
公正 340
後成的風景 68
行動の統制 335
後頭皮質 272
広汎性発達障害 243
コールバーグ 340
後慣習的道徳性 342
告白 48

個人的なジレンマ　386
ゴスワミ　209
子どもの運動評価バッテリー２　185
語の境界　140
コホート　25
ゴリンコフ　240
ゴルトン　14
コンピューターモデリング　36

さ行

サーニ　347
サックス　296
サックストン　233
三項関係の形成　139
産出語彙　148
シーグラー　288, 370
CDI　238
シェイファー　147
視覚的断崖　176
軸語スキーマ（ピボット・スキーマ）　237
刺激志向　360
思考の体制化　195
自己感　171
自己中心的言語　55
自己認識　174
思春期　268
実行機能　376
児童中心主義　50
自閉スペクトラム症　219
社会経済的状態（Socio-Economic Status：SES）　247
社会契約論　48
社会的学習理論　347
社会的慣習　399
社会的絆　59
社会的認知　214
社会的問題解決　255
社会文化的ツール　55
シャクリー　376
従属制御システム（slave systems）　292
熟知 - 選好注視法　29

ジュシック　141
手掌把握　90
出生時体重　81
出生前発達の期間　81
狩猟採集社会　85
ショウイング・オフ　161
職業決定　363
初潮の平均年齢　361
神経構成主義　68
人工知能　36
身体的危害　372
身体的攻撃性　339
身体的または性的虐待　391
心的状態への言及　217
心的表象　53
心拍数　129
数量化　283
ストループの課題　356
スノウリング　245
スペルキ　112
スレイター　102
性差　384
正書法の透明性　318
成人愛着質問紙（AAI）　392
性的行動　388
性的自己認識　348
性的役割　398
生物学的過程の概念的理解　203
ゼラゾ　88
前音声的段階　321
前慣習的道徳性　342
前社会的道徳的推理　371
選択的信頼　263
前頭皮質　118
前頭前皮質　272
前頭前皮質腹内側部（VmPFC）　359
全般的学習障害　244
想像　213
ゾーサル　349
属性相関　106

た行

ダーウィン　14

ダール 355, 360
ダイアモンド 118
体型の変化 185
対象の同一性 117
ダイナミックシステムズ 119
ダイナミックシステムズ理論 64
第二シフト育児 399
代表者志向 393
小さな大人 45
知能指数 83
注意欠如多動症 184
中国 384
注視行動 122
中前頭回（MFG） 359
チュラティ 156
聴覚と視覚との協応 157
超早産児 82
チョムスキー 227
綴り 320
つり上げ橋研究 115
DSM-IV 324
DNA 18
デイケア 61
デイケアの質 170
ディスレクシア 326
デイモン 343
デカスパー 93
デローチェ 208
伝統社会 362
トゥーリエル 342
統計的学習 231
統語 245
統合教育 383
統語的カテゴリー 230
統語的規則 229
動作的表象 58
動詞の語尾の学習 241
動詞のタイプ 230
頭足人画 187
道徳的推理 340
ドーパミン 274
トーマス 187
ドナルドソン 197

トマセロ 218
友達 334
トラバッソ 284
トランスクリプト 27

な行

内言 55
内面的行動 396
仲間はずれ 339
二次的心の理論課題 219
二足歩行 86
人間関係の質 391
人間発達 13
農耕社会 85
脳の発達の速さ 271

は行

ハーシュ-パセック 240
バーターワース 139
ハータップ 253
ハーロウ 163
波及効果仮説 389
罰 47
初語 149
発生遺伝学 18
発達障害 273
発達的変化 13
発達認知神経科学 32
発達理論 62
バッドレー 292, 376
ハリス 149, 262
反抗的挑発性障害 273
ハンド・リガード 173
ピアジェ 50, 196, 280, 367
非イスラム 384
引きこもり 336
非言語的IQ 244
非言語的課題 212
非言語的文脈 234
非行 395
微細運動 134
非重複性の喃語 135
ビショップ 244

非線形的 63
非単語 325
ピッチ 133
ビデオ録画 25
ビネー 51, 83
ビネー・シモン検査 83
ピボット語（軸語） 237
ヒューズ 199
ヒューム 245
表象的思考 53
ピンカー 230, 231
ピンチ状把握 90
ファーマン 388
ファンツ 155
フォニックス法 314
複数世代の家族 389
双子研究 18
ブライアント 284
ブラウン 210
フラッシュカード 313
ブラッドレー 315
フラベル 212, 293
ふり 260
フリス 312
プリマック 214
ブルーナー 56, 136
ブレイン 237
フロイト 347
プロソディ 130
分配の公平さ 343
分離への抵抗 167
分類 283
ベイラージョン 112
ペスタロッチ 50
ヘンリー 294, 376
保育所 252
報酬 47
ボウルビィ 58, 162
ホール 354
ボガーツ 116
ボキャブラリースパート 64
保存課題 195, 281, 369
ホピインディアン 87

微笑み 161

まやらわ行

マタイ効果（Matthew effect） 317
マッカーサーコミュニケーション発達尺度 144
マッコービー 349, 392
見かけ 212
ミッシェル 347
三つ山課題 196
Muter 327
ムッター 327
名称の学習 38
メタ分析 317
メルツォフ 158
モール 218
モジュール 71
モッシュマン 367
模倣 157
指さし 139
欲得ずくの愛情 164
読みの理解能力 327
ラッセル 285
リーパー 348
リヴェラ 115
理解語数 145
リタリン 274
リテラシー 294
リハーサル 292
流暢さ 378
倫理的な配慮 26
ルーティン 136
ルソー 15
ルビン 336
レディ 161
恋愛関係 388
ロイ 247
ローゼンブルム 329
ローレンツ 21
ロシャ 171
ロック 15
ワーキングメモリ 377
私のようだ（like me） 160

訳者あとがき

　本書は，Margaret Harris と Gert Westermann による *A Student's Guide to Developmental Psychology*, Psychology Press, 2015年の翻訳である。

　著者の一人であるマーガレット・ハリス氏は，現在，オックスフォード・ブルックス大学心理学科の教授で，長年，言語発達研究を進め，特に読みの障害や聴覚障害の子どもの言語発達に関しての業績がある。もう一人のガート・ウェスターマン氏は，現在，ランカスター大学心理学科の教授で，乳幼児の知覚認知発達が専門分野である。神経構成主義や即時マッピングに関しての多くの論文がある。彼の最近の著書には，*Early Word Learning*, Routledge, 2017年があり，これもとても興味深い本である。2011年まで，オックスフォード・ブルックス大学に勤め，同大学のベビー・ラボの発展に寄与した。本書は二人の共著である。

　本書との出会いは，訳者の一人である小山が2012年1月に，客員研究員としてオックスフォード・ブルックス大学にお世話になったことから始まる。その時の受け入れ教授がハリス氏であった。小山がブルックスを訪れた時には，ウェスターマン氏は，ランカスター大学に移っており，残念であった。客員研究員終了後も定期的にハリス氏とミーティングを持ち，2013年に，本書をハリス氏らが執筆されていることを知り，刊行されるのを楽しみにしていた。出来上がった時には，日本語での訳書を出版したいという旨を彼女に伝えると，「ぜひ日本語版を見たい」と言ってくれた。

　出来上がった原著を読むと，ミーティングでも，必ず「発達」の考え方に話が展開したが，本書では，発達を考えるうえで重要かつ最新の資料が盛り込まれ，その根底に発達の捉え方の原著者らの的確さと深さを感じる。第1章の冒頭にも述べられているように，これからの子どもの教育や子育てに役立つ点からの著述が本書に浸透しており，日本語出版する意義を改めて感じた。

　翻訳を進めるにあたり，以前に同じくハリス氏らの著書を共訳させていただいた松下　淑先生（愛知教育大学名誉教授）に名古屋で

お目にかかり，相談した。松下先生は，私が，愛知教育大学でご一緒に仕事をさせていただいていた頃から，研究者として，そして教育者として，尊敬する先生である。松下先生は私の申し出を快くお引き受け下さり，明石書店との交渉も進めていただいた。そして，二人で翻訳に取り組むことになった。訳出は，第1章から第10章を小山が，第11章から第17章を松下先生が，それぞれ担当することにした。その後，名古屋で二人で相互に全体を検討した。訳出の過程では，松下先生に細かな点までご意見を頂戴し，全体の統一を行った。

本書は，人間発達における重要な時期に焦点を当てている。そして，本書には，エビデンスに基づく，子どもの発達を考えるうえで役立つ多くの資料を取り上げられており，子どもの発達と教育を考えるうえで役立つ書である。例えば，発達障害に関しても，最近の英国の研究を踏まえ，的確に述べられている。

子どもの中に生じる変化への疑問に答えることが，「子どもが成長し幸福になること，よい環境を創り出すこと，人間発達への更なる理解のための科学に役立つといったさまざまな観点からとても重要である」と本書で述べているように，原著者らの発達の捉え方を本書の随所で学ぶことができ，研究の新たなアイディアにつながる新しさを感じることができる。また，発達心理学を学ぶ学生だけでなく，子育てを行っている親たちにも本書の内容を伝えていくことが今後のわが国での子育て支援を進めていくうえで大切であるように思う。理論的にもピアジェの認知発達，ボウルビィの愛着の発達を基本に，現代の神経構成主義への系譜を丁寧に説明してくれている。

訳稿がほぼできた2017年3月のオックスフォードでのハリス氏とのミーティングの際に，日本語での翻訳の現状について話し，日本語版への序をお願いすると，快く引き受けていただき，日本語版読者への貴重な序をいただくことができた。その折に，いくつかの訳語についても確認させていただいた。2018年3月のミーティングでは，訳書の内容を踏まえて，子どもの発達についてディスカッションした。

ハリス氏は，言語発達における多様性についても関心を持っており，言語間の比較は必ず，ミーティングでも1つの話題となった。

そのような多様性を説明する発達理論の構築とそれに向けての研究のヒントが本書には盛り込まれているとともに，それを踏まえた臨床・実践的研究を進めていくことは，私たちにとって今後の課題でもある。

　最後に，日本語版刊行に当たっては，翻訳権の交渉，取得から明石書店社長大江道雅氏には大変にお世話になった。また明石書店編集部の清水　聰氏には，編集，校正において大変お世話になった。心よりお二人に感謝のことばを述べたい。

　　2018年10月　　　　　　　　　　　　　　訳者を代表して
　　　　　　　　　　　　　　　　　　　　　　　小山　正

著者紹介

マーガレット・ハリス　Margaret Harris
オックスフォードブルックス大学健康生活学部心理学科 教授
主著：*Exploring Developmental Psychology*. Sage, 2008 年
Developmental Psychology: A Student's Handbook. Psychology Press, 2002年（George Butterworthとの共著）
Principles of Developmental Psychology. Lawrence Erlbaum Associates, 1994 年（George Butterworth との共著，邦訳 村井潤一（監訳）『発達心理学の基本を学ぶ——人間発達の生物学的文化的基盤』，ミネルヴァ書房，1997 年）
専攻：発達心理学

ガート・ウェスターマン　Gert Westermann
ランカスター大学心理学部 教授
主著：*Early Word Learning*, Routledge, 2017 年
Neuroconstructivism, Vol.1, Vol. 2, Oxford University Press, 2007 年
専攻：発達心理学

訳者紹介

小山　正（こやま ただし）
神戸学院大学心理学部 教授
主著：『言語発達』，ナカニシヤ出版，2018 年
『言語獲得期にある子どもの象徴機能の発達とその支援』，風間書房，2009 年
『自閉症スペクトラムの子どもの言語・象徴機能の発達』（編著），ナカニシヤ出版，2004 年
専攻：発達心理学，言語発達心理学

松下　淑（まつした ふかし）
愛知教育大学 名誉教授
主訳書：『学力・リテラシーを伸ばす ろう、難聴児教育——エビデンスに基づいた教育実践』（共訳），明石書店，2017 年
『聴覚障害児の読み書き能力を育てる——家庭でできる実践ガイド』（共訳），明石書店，2009 年
専攻：聴覚言語障害児教育

発達心理学ガイドブック
子どもの発達理解のために

2019年3月25日　初版第1刷発行
2024年5月10日　初版第3刷発行

著　者　マーガレット・ハリス
　　　　ガート・ウェスターマン
訳　者　小　山　　　正
　　　　松　下　　　淑
発行者　大　江　道　雅
発行所　株式会社　明石書店
　　　　〒101-0021　東京都千代田区外神田 6-9-5
　　　　電　話　03 (5818) 1171
　　　　F A X　03 (5818) 1174
　　　　振　替　00100-7-24505
　　　　https://www.akashi.co.jp/

装　　丁　明石書店デザイン室
印刷／製本　モリモト印刷株式会社

Japanese translation © 2019 Tadashi Koyama, Fukashi Matsushita
ISBN978-4-7503-4770-7
Printed in Japan
(定価はカバーに表示してあります)

心の発達支援シリーズ
【全6巻】

[シリーズ監修]
松本真理子、永田雅子、野邑健二

◎A5判／並製／◎各巻2,000円

「発達が気になる」子どもを生涯発達の視点からとらえなおし、保護者や学校の先生に役立つ具体的な支援の道筋を提示する。乳幼児から大学生まで、発達段階に応じて活用できる使いやすいシリーズ。

乳幼児
第1巻 育ちが気になる子どもを支える
永田雅子【著】

幼稚園・保育園児
第2巻 集団生活で気になる子どもを支える
野邑健二【編著】

小学生
第3巻 学習が気になる子どもを支える
福元理英【編著】

小学生・中学生
第4巻 情緒と自己理解の育ちを支える
松本真理子、永田雅子【編著】

中学生・高校生
第5巻 学習・行動が気になる生徒を支える
酒井貴庸【編著】

大学生
第6巻 大学生活の適応が気になる学生を支える
安田道子、鈴木健一【編著】

〈価格は本体価格です〉

発達とレジリエンス 暮らしに宿る魔法の力
アン・マステン著　上山眞知子、J.F.モリス訳
◎3600円

発達相談と新版K式発達検査 子ども・家族支援に役立つ知恵と工夫
大島剛、川畑隆、伏見真里子、笹川宏樹、梁川恵、衣斐哲臣、菅野道英、宮井研治、大谷多加志、井口絹世、長嶋宏美著
◎2400円

子ども・家族支援に役立つ面接の技とコツ 〈仕掛ける・さぐる・引き出す・支える・紡ぐ〉
宮井研治編　児童福祉臨床
◎2200円

医療・保健・福祉・心理専門職のためのアセスメント技術を高めるハンドブック[第3版] ケースレポートとケース記録の方法からケース検討会議の技術まで
近藤直司著
◎2000円

医療・保健・福祉・心理専門職のためのアセスメント技術を深めるハンドブック 精神力動的な視点を実践に活かすために
近藤直司著
◎2000円

ワークで学ぶ 子ども家庭支援の包括的アセスメント 要保護・要支援・社会的養護児童の適切な支援のために
増沢高著
◎2400円

里親になるためのハンドブック
スキル・トゥ・フォスター 里親認定前研修・里親用
フォスタリングネットワーク編　上鹿渡和宏、御園生直美、森田由美、門脇陽子訳
◎2200円

里親トレーナーのためのガイドブック
スキル・トゥ・フォスター 里親認定前研修・講師用
フォスタリングネットワーク編　上村宏樹、藤林武史、山口敬子、三輪清子監訳　上鹿渡和宏、御園生直美、森田由美、門脇陽子訳
◎12000円

心理教育教材「キックスタート、トラウマを理解する」活用ガイド 問題行動のある知的・発達障害児者を支援する
本多隆司、伊庭千惠著
◎2000円

非行少年に対するトラウマインフォームドケア 修復的司法の理論と実践
ジュダ・オウドショーン著　野坂祐子監訳
◎5800円

虐待された子どもへの治療[第2版]
ロバート・M・リース、ロシェル・F・ハンソン、ジョン・サージェント編　亀岡智美、郭麗月、田中究監訳
◎20000円

非行少年の支援から学ぶ学校支援
宮口幸治著
◎1800円

教室の困っている発達障害をもつ子どもの理解と認知的アプローチ
宮口幸治編著
◎2000円

性の問題行動をもつ子どものためのワークブック 発達障害・知的障害のある児童・青年の理解と支援
宮口幸治、川上ちひろ著
◎2600円

自分でできるコグトレ【全6巻】 学校では教えてくれない困っている子どもを支えるトレーニングシリーズ
宮口幸治編著
◎各巻1800円

福祉心理学 〈日本福祉心理学会研修テキスト〉 基礎から現場における支援まで
日本福祉心理学会監修　米川和雄編集代表　大迫秀樹、冨樫ひとみ編集
◎2600円

ケースで学ぶ 司法犯罪心理学[第2版] 発達・福祉・コミュニティの視点から
熊上崇著
◎2500円

〈価格は本体価格です〉

モンゴル国における知能検査の開発
子どもに寄り添った発達支援を目指して
永田雅子・野邑健二・名古屋大学心の発達支援研究実践センター編
◎3600円

児童期・青年期のADHD評価スケール
ADHD-RS-5〔DSM-5準拠〕 チェックリスト、標準値とその臨床的解釈
ジョージ・J・デュポールほか著 市川宏伸、田中康雄、小野和哉監修 坂本律訳
◎3200円

ウィニコットがひらく豊かな心理臨床
「ほどよい関係性」に基づく実践体験論
明石ライブラリー149 川上範夫著
◎3500円

応用行動分析学
ジョン・O・クーパー、ティモシー・E・ヘロン、ウィリアム・L・ヒューワード著 中野良顯訳
◎18000円

ダイレクト・ソーシャルワーク ハンドブック
対人支援の理論と技術
ディーン・H・ヘプワース、ロナルド・H・ルーニーほか著 武田信子監修 山野則子、澁谷昌史、平野直己ほか監訳
◎25000円

ソーシャルワーク 人々をエンパワメントする専門職
ブレンダ・デュボワ、カーラ・K・マイリー著 北島英治監訳
◎20000円

3000万語の格差
赤ちゃんの脳をつくる、親と保育者の話しかけ
ダナ・サスキンド著 掛札逸美訳 高山静子解説
◎1800円

ペアレント・ネイション
親と保育者だけに子育てを押しつけない社会のつくり方
ダナ・サスキンド、リディア・デンワース著 掛札逸美訳
◎1800円

社会情動的スキル 学びに向かう力
経済協力開発機構(OECD)編著 ベネッセ教育総合研究所企画・制作 無藤隆、秋田喜代美監訳
◎3600円

社会情動的スキルの国際比較 教科の学びを超える力
〔第1回OECD社会情動的スキル調査(SSES)報告書〕
経済協力開発機構(OECD)編著 矢倉美登里、松尾恵子訳
◎3600円

「保育プロセスの質」評価スケール
乳幼児の「ともに考え、深めつづける」と「情緒的な安心・安定」を捉えるために
イラム・シラージ、デニス・キングストン、エドワード・メルウィッシュ著 秋田喜代美、淀川裕美訳
◎2300円

育み支え合う 保育リーダーシップ
協働的な学びを生み出すために
イラム・シラージ、エレーヌ・ハレット著 秋田喜代美監訳 鈴木正敏、淀川裕美、佐川早季子訳
◎2400円

「体を動かす遊びのための環境の質」評価スケール
保育における乳幼児の運動発達を支えるために
キャロル・アーチャー、イラム・シラージ著 秋田喜代美監訳 淀川裕美、辻谷真知子、宮本雄太訳
◎2300円

世界の保育の質評価 制度に学び、対話をひらく
秋田喜代美、古賀松香編著
◎3200円

OECDスターティングストロング白書
乳幼児期の教育とケア(ECEC)政策形成の原点
経済協力開発機構(OECD)編著 一見真理子、星三和子訳
◎5400円

幼児教育・保育の国際比較 働く魅力と専門性の向上に向けて
OECD国際幼児教育・保育従事者調査2018報告書〔第2巻〕
国立教育政策研究所編
◎4500円

〈価格は本体価格です〉